IFÁ

Uma Floresta de Mistérios

IFÁ

UMA FLORESTA DE MISTÉRIOS

NICHOLAJ DE MATTOS FRISVOLD

Todos os direitos reservados © 2025

É proibida qualquer forma de reprodução, transmissão ou edição do conteúdo total ou parcial desta obra em sistemas impressos e/ou digitais, para uso público ou privado, por meios mecânicos, eletrônicos, fotocopiadoras, gravações de áudio e/ou vídeo ou qualquer outro tipo de mídia, com ou sem finalidade de lucro, sem a autorização expressa da editora.

Dados Internacionais de Catalogação na Publicação (CIP)

P917i   Frisvold, Nicholaj de Mattos

Ifá: uma floresta de mistérios / Nicholaj de Mattos Frisvold; traduzido por Aluísio Berezowski, Eduardo Regis; ilustrado por Diógenes Costa. - São Paulo : Arole Cultural, 2022.

448 p. : il. ; 16cm x 23cm.
Tradução de: Ifa: a forest of mystery
Inclui índice e bibliografia.

ISBN: 978-65-86174-22-9

1. Espiritualidade africana. 2. Ifá. 3. Religiões afro-brasileiras. 4. Orixás. I. Berezowski, Aluísio. II. Regis, Eduardo. III. Costa, Diógenes. IV. Título.

	CDD 299.6
2022-1454	CDU 299.6

Elaborado por Odilio Hilario Moreira Junior - CRB-8/9949

Índices para catálogo sistemático:

1. Religiões africanas 299.6
2. Religiões africanas 299.6

SUMÁRIO

Dicas dos tradutores ao leitor 7

Regras gerais da pronúncia do Yorùbá 7

Algumas palavras e nomes Yorùbá mais conhecidos no Brasil e a sua transliteração: 9

Prefácio 10

Introdução 17

PARTE I: UMA FILOSOFIA DO CARÁTER 23

A sabedoria atemporal de Ifá 25

O escolhido e o mercado 33

A mulher como símbolo do caráter 39

Ìwà e orí 42

Ìwà e àtúnwá 46

Òrìṣà: fragmentos de consciência 47

Òbàtálá: a fonte da consciência 53

Ògún: o ígneo que fez os caminhos 56

Ọya: o vento branco que alimenta mil fogos 60

Ṣàngó: a espada dupla da justiça 63

Òṣun: a turbulência criativa das caudalosas águas doces 66

Òsányìn: o senhor estrelado das matas e bosques 71

Ọbalúwayé: rei do mundo, senhor da peste 78

Olókun e Yẹmọja: a sabedoria radical das águas salgadas 81

Egúngún: os ossos que somos 86

Èṣù: o doce magma que move a encruzilhada do mundo 89

O nosso mundo misterioso 93

Tradição e iniciação 94

Òrúnmìlà e a estrutura secreta dos Odù 99

A encruzilhada da confusão 108

A origem do mistério 114

Èlà: o coração no centro espiritual 117

A arte oracular 119

Fazendo a leitura oracular do passado para ler o futuro 120

A estrutura dos versos divinatórios 125

A importância das alegorias e da narração de histórias...................... 128

O significado do sacrifício 129

Elementos de sacrifício 132

A prática do sacrifício 138

O mistério do tabu.. 140

A cosmologia de Ifá.. 143

Uma corrente dourada.. 145

A sabedoria dos mundos 147

Dezesseis ventres (e mais um).. 149

PARTE II: UMA FLORESTA DE MISTÉRIOS 151

Èjì Ogbè... 153

Òyèkú Méjì.. 171

Ìwòrì Méjì... 185

Òdí Méjì... 199

Ìròsùn Méjì.. 215

Òwònrín Méjì 233

Òbàrà Méjì 251

Òkànràn Méjì.. 267

Ògúndá Méjì... 285

Òsá Méjì 301

Ìká Méjì 319

Òtúrúpòn Méjì... 341

Òtúrá Méjì... 355

Ìretè Méjì 373

Òsé Méjì... 393

Òfún Méjì 409

Òsétúrá.. 425

Glossário 435

Referências Bibliográficas 440

DICAS DOS TRADUTORES AO LEITOR

Os tradutores desta obra executaram seu trabalho num espírito filosófico na sua acepção mais literal, isto é, numa atitude de *amor à sabedoria* (*philo – amor / sophia – sabedoria*). Isso porque a obra que você tem em mãos é verdadeiramente sapiencial, ou seja, é um repositório da sabedoria sem idade, por vezes denominada de *Sophia Perennis* ou apenas de Tradição.

Por isso mesmo, este livro tem muitas camadas, que podem ser sintetizadas (I) numa camada informativa, mais superficial (embora enciclopédica), e (II) noutra formativa, profunda, que se desdobra continuamente mais e mais, como as pétalas de um botão de rosa.

Portanto, recomenda-se a sua leitura na exata sequência em que se apresenta, vez que a complexidade de *Ifá* é explicitada, capítulo a capítulo, em voos circulares cada vez mais abrangentes e fundos. Leia, inclusive, o prefácio e a introdução, partes essenciais e indispensáveis dos bons livros, mas não raro desprezadas pelo leitor brasileiro. Leia este livro, aliás, mais de uma vez. Permita-se informar sobre essa extraordinária filosofia, mas também aceite formar um novo caráter, lançar um novo olhar sobre o mundo e, assim, seguir rumo a uma vida mais plena e mais feliz.

REGRAS GERAIS DA PRONÚNCIA DO YORÙBÁ

Neste livro, em respeito à tradição nele retratada, as palavras em *Yorùbá* preservam a sua grafia original e são trazidas em itálico. Assim, para que se possa compreendê-las, são importantes rudimentos dessa complexa língua tonal, mas nada difíceis de se aprender.

Todas as vogais que têm um ponto embaixo de si são lidas com o som aberto. Assim:

- Ọ / Ọ̀ / Ọ́ são lidas como em **bola, cola**.
- Ẹ / Ẹ̀ / Ẹ́ são lidas como em **ela, dela**.

As vogais sem esse ponto são lidas com som fechado. Assim:

- O é lido como em **bolo, tolo.**

- E é lido como em **ele, dele.**

O **S** com um ponto embaixo de si - **Ṣ** - é lido como **X** ou **CH**, como em **xadrez, chuva.**

Os acentos agudo e grave modificam o tom da sílaba. Não são importantes para a compreensão das palavras trazidas neste livro, mas, para que se tenha uma ideia, o acento agudo assinala uma entonação alta, o acento grave indica uma entonação grave, mais baixa, e a ausência de acento orienta uma entonação média ou normal. Assim:

OKÓ – enxada

OKO – marido

OKÒ – carro

Os sons **AN** e **ỌN** são praticamente iguais. Seu som é como em **OM.**

Quando uma palavra termina com uma vogal nasal e é precedida por **M** ou **N**, não se escreve o **N** da vogal nasal, mas ele é pronunciado como em **ỌNA** (*ónã*) ou **NANA** (*Nanã*).

A letra **P** é pronunciada como **KP** como em **ỌPÈLÉ** (*Ókpélè*)

A letra **J** é pronunciada como em **Djalma.**

A letra **H** é aspirada, como em **carro.**

A letra **G** é sempre gutural, como em **guerra.**

A letra **W** sempre tem o som de **U.**

A letra **R** sempre é forte, como em **rato.**

Em complemento, esclareça-se que, como o plural da língua *Yorùbá* é formado de modo bastante diferente daquele utilizado nas línguas ocidentais e, sobretudo, do Português, optou-se por trazer as palavras do *Yorùbá* sempre no singular.

ALGUMAS PALAVRAS E NOMES YORÙBÁ MAIS CONHECIDOS NO BRASIL E A SUA TRANSLITERAÇÃO:

Àṣẹ - Axé

Ẹbọ - ebó

Èṣù - Exu

Ọbalúwayé – Obaluaiê / Obaluaê / Abaluaê

Òbàtálá - Obatalá

Ògún - Ogum

Òriṣà - Orixá

Òrúnmìlà - Orumilá

Òṣàálá - Oxalá

Òsányìn - Ossaim

Òṣóòsì - Oxóssi

Òṣun - Oxum

Ọya - Oiá

Ṣàngó – Xangô

Yẹmọja – Iemanjá

Por fim, muito embora os tradutores tenham realizado uma minuciosa revisão do *Yorùbá* desta obra, pedem eles compreensão ao leitor erudito nesse idioma, dada a sua complexidade. Como exemplo do quão fácil é que se escape um único sinal gráfico capaz de mudar todo o sentido de uma palavra, temos as palavras *ìgbá* e *igbá*, que diferem tão somente pela presença de um único acento grave na primeira, de sorte que, <u>com</u> esse acento, significa *tempo* e, <u>sem</u> ele, *cabaça*.

PREFÁCIO

Este livro garantirá que *Ifá* se espalhe pelo mundo, algo que não é apenas animador, mas também divino. Na minha percepção, essas pessoas que disseminam *Ifá* como consequência de terem integrado seus princípios como um modo de vida, uma filosofia ou religião, deveriam ser conhecidas como ọmọ ìrúnmọlẹ, "verdadeiros filhos da divindade." Essas pessoas, independentemente de cor, raça, sexo, costumes, cultura e credo são, de fato, os verdadeiros filhos da divindade. Eles falam *Ifá*, agem ifá, demonstram *Ifá*, aprendem *Ifá* e ensinam *Ifá* para o mundo e, assim, representam a própria tradição.

Que outra palavra poderia ser usada para qualificar essas grandes almas e esses grandes seres senão o uso do termo de *Ifá ìṣeṣe*? Da perspectiva de *Ifá*, *ìṣeṣe* significa "a grande tradição", no sentido de ser uma filosofia religiosa venerável e antiga, mantida e preservada por pessoas devotadas e confiáveis que clamam por conhecimento, sabedoria, compreensão e bom caráter no plano físico da existência. *Ìṣeṣe* é a verdadeira língua de *Ifá*, que faz com que *Ifá* se espalhe pelo mundo.

Para mim, pessoalmente, Nicholaj é um dos maiores ọmọ ìrúnmọlẹ que já eu encontrei. Sua dedicação, seu modo de vida e seu caráter são testemunhos disso. Ele fala, aprende, ensina, vive e escreve *Ifá*. Ao fazer isso, ele está se assegurando de que o conhecimento de *Ifá* não seja velado em segredo, mas disseminado através do mundo à medida que esse conhecimento é transformado em textos escritos, na forma de um livro que irá beneficiar a humanidade. Este trabalho é o resultado de um desejo de crescer em espírito e em dedicação a *Ifá*, sendo apenas possível a um verdadeiro devoto. Este livro demonstra como o princípio de *Ifá* flui na corrente sanguínea de Nicholaj e faz dele a própria tradição. Nenhuma outra palavra que não *ìṣeṣe* pode ser usada quando prudência intelectual, sabedoria de expressão e luz de conhecimento tomam a forma de *ìwà rere* (bom caráter) como neste livro.

Como um verdadeiro discípulo de *Olódùmarè*, um iniciado de *Ifá* e um membro da *Ọgbóni*, a sociedade de homens sábios, Nicholaj, com esse trabalho, estabelece seu nome na mente, alma e espírito das pessoas sempre que *Ifá* for mencionado. O que esse trabalho alcança é um marco, a anunciação de um século de milagres e de maravilhas para *Ifá*. Eu digo que é um milagre e uma maravilha porque nós vemos, hoje, muitas pessoas iorubasnas que, ao invés de abraçarem seus próprios costumes, religião, cultura e filosofia, estão deixando-os para trás. Portanto, é, na verdade, um milagre ver como um homem ocidental abraçou os princípios de *Ifá*, esse grande depósito de sabedoria que oferece clareza sobre a mente misteriosa de *Olódùmarè* – o ser infinito e o espírito eterno que trouxe todas as coisas à existência – com tamanha sabedoria, que foi passado adiante por meio de seu adivinho e mensageiro conhecido como *Ọ̀rúnmìlà bara Agbonniregun akeyo Ifá akeyo gbogbo agbaye* (*Ọ̀rúnmìlà* pai de *Agbonniregun*, o professor de *Ifá* e o renomado mestre da Terra).

E assim como *Ọ̀rúnmìlà*, Nicholaj não apenas abraçou *Ifá*, mas fez um esforço para espalhar a sua sabedoria. Ao fazer isso, ele não apenas trouxe *Ifá* às pessoas não familiarizadas com a tradição, mas também tornou possível às pessoas levarem essa fé antiga e venerável às vidas de outras, melhorando a qualidade de vida de toda a humanidade agora e no futuro. Eu estou ciente de que estou elogiando muito, mas, de verdade, este trabalho é realmente espetacular. Não apenas em sua maneira de disseminar a sabedoria de *Ifá*, mas também em como permite que o legado de *Ifá* se perpetue sobre a terra. Para aqueles que lerem este livro, ele trará esperança, pois este trabalho irradia luz e sabedoria, o tipo de luz que nós encontramos na fonte de todas as coisas.

Eu sou grato a *Olódùmarè* e aos seus *irúnmọlẹ* tanto quanto o sou pela confiança de Nicholaj em mim, a tal ponto que eu fui convidado a escrever este prefácio para este grande trabalho. Eu sou grato pela dedicação, companheirismo e apoio de Nicholaj a mim, a *Ifá* e à sua família.

Eu rezo para que *Olódùmarè* sempre ilumine Nicholaj e sua *apeṭẹbi*, *Adétutu*, e que sua família, onde quer que esteja no mundo, seja abençoada, pois para um verdadeiro devoto de *Ifá*, a humanidade é a sua família. Este livro brilha vindo de *aafín imọ* (palácio de esplendor e luz) e transmite *iṣeṣe* ao mundo. Este livro é uma lembrança a todos os filhos de *Odùduwà* de como a sua cultura, tradição, religião e sabedoria realmente são ricas.

Nicholaj é um bom estudante, um grande professor, um sacerdote fiel, um autor laureado, um pesquisador impressionante, um educador louvável, um desbravador meritório e eu espero que esse grande trabalho seja apenas o começo da disseminação da sabedoria de *Ifá*. De modos sábios, Nicholaj agiu com paciência para criar um trabalho como esse e conseguiu preencher uma lacuna entre o mundo ocidental e o iorubano com um trabalho de unificação e de compreensão que beneficia ambos os mundos e os faz um só. Ele agiu de acordo com o que *Èjì Ogbè* diz em um de seus versos:

oju ko kan mi

emi ko kan ju

ni o difa fun ero pese

ti o nlo se oko ìgbín

ìgbín nwa oko

ero pese nwa iyawo

Awo n mejeeji wa lo si ile alawo ni otooto

ero pese wa bere lowo ifa wipe nje oun le ni aya

ìgbín naa bere lowo alawo re wipe nje oun le ni oko

Awo n babalawo awo n mejeeji so fun won wipe,

ki won lo rubo ki won si tun lo ni opolopo suuru

wipe ati oko ati aya yio pade ara won

bayi ni olukaluku won ba lo ru ebo ti babalawo won ka fun

won nitori ototo ni won lo si ile alawo

ti o si je odu kan naa ni o yo fun awo n mejeeji lai mo ara won ri

bi won se rubo tan ni ero-pese pade ìgbín

ni won ba soro ti oro won ye ara won,
 ti won wa gbe ara won ni iyawo
ni nkan won ba bere si ni dara si,
 ti oro won ba dero ti ayo idunnu owo,
alafia ati ire gbogbo bere si ni to won lowo
ni won wa njo ni won wa nyo

Eu não estou com pressa
Eu não estou afobado
Foi o Ifá adivinhado para Ero Pese (Paciência)
Quando ele ia se casar com Ìgbín (Caramujo)
Ìgbín estava procurando por um marido
Ero Pese estava procurando por uma esposa
Eles foram ambos na casa de diferentes adivinhos
*Ero Pese perguntou ao adivinho de Ifá se ele conseguiria encontrar uma
 boa esposa para se casar*
*Ìgbín perguntou ao seu próprio sacerdote de Ifá se ela conseguiria
 encontrar um bom marido para se casar*
Os dois diferentes adivinhos os instruíram a oferecer sacrifício
E aguardar calmamente e pacientemente pelo apoio divino
Dizendo que tanto o marido quanto a esposa seriam encontrados
*Eles ofereceram o sacrifício conforme instruídos por Ifá e como
 direcionado*
Pelos seus respectivos sacerdotes e adivinhos
O mesmo odù apareceu para ambos sem que eles mesmos se conhecessem
Imediatamente após o sacrifício ter sido feito, Ero pese conheceu Ìgbín
*Eles se conheceram e se aproximaram, se apaixonaram e depois se
 casaram*
*A vida se tornou agradável para os dois. Felicidade, alegria, riqueza,
 posses,*
Vitória, força e vida longa se tornaram seu destino

Eles foram ambos preenchidos com alegria abundante, dançando em felicidade

A paciência e a dedicação a *Ifá* e a seus princípios foi o que permitiu a Nicholaj fazer um bom casamento entre dois reinos ou mundos iluminados, uma união que pode apenas resultar em sabedoria e bênção. É o tipo de casamento que gerará muitos filhos, que terão seus destinos refinados e preenchidos. Eu não tenho dúvida de que o trabalho de Nicholaj enriquecerá as vidas daqueles que estão no caminho da vida e do conhecimento. Ele é mesmo uma pessoa abençoada e detém uma grande posição no mundo de *Ifá*.

A dupe! (Obrigado!)

Chefe Ògúnṣínà Babatúndẹ́ Ọlàyínkà Adéwuy

Introdução

Ifá é uma filosofia, uma teogonia, uma teologia e uma cosmologia baseada numa metafísica particular, que se preocupa com o real e com o ideal, com o mundo e com o seu início. Está baseada na constituição do homem, no propósito da vida e na natureza do destino. *Ifá* é uma filosofia do caráter. A filosofia de *Ifá* repousa na raiz de qualquer culto ou organização religiosa envolvendo a veneração aos *òrìṣà*.

Este livro é sobre *Ifá*, é um trabalho que objetiva apresentar as suas cosmologia e metafísica como uma filosofia que é projetada para atrair a boa sorte[1] às nossas vidas. Por meio de histórias e lendas, versos oraculares e provérbios, essa filosofia se revelará pouco a pouco até que o cenário esteja colocado diante de você.

Dada a premissa deste trabalho, também foram referenciadas filosofias ocidentais. Isso foi feito visando a explicar *Ifá* em termos mais habituais aos leitores não familiarizados com as culturas africanas em geral e a dar exemplos da tradição de sabedoria do Ocidente.

Ao longo deste trabalho, eu entendi que o projeto poderia facilmente se estender por vários volumes. Claro que é uma boa coisa descobrir que se tem material em demasia, mas, ao mesmo tempo, foi muito árduo escolher as partes mais vitais para apresentar os temas mais importantes. Assim, este livro

---

[1] NT: no original, *good fortune*. Os tradutores ora optaram por traduzir a expressão como *boa sorte*, ora como *boa fortuna*, ora como *boa sina* ou, ainda, *bom destino*. Infelizmente, nenhuma delas, na língua portuguesa contemporânea, parece-lhes adequada. A palavra *sorte* é atualmente associada inadequadamente apenas a eventos bons e fortuitos; *fortuna*, tão somente à riqueza material; *sina* está praticamente em desuso e *destino* conta com uma associação de ideias vinculadas a eventos mágicos, inflexíveis e mesmo à deturpada ideia ocidental de *karma*.

é um apanhado de uma paisagem que pode apenas levar ao reconhecimento do escopo profundo da tradição.

Meu objetivo é apresentar uma filosofia da consciência passo a passo. Nós embarcaremos numa jornada, expondo a filosofia de *Ifá* e e o seu método oracular adivinhação na primeira parte do livro e, então, daremos alicerce a elas com o relato detalhado das mensagens dos dezesseis *méjì odù* e de *Ọ̀ṣẹ́túrá*, sob os quais a filosofia de *Ifá* se apoia. As investigações filosóficas de *Ifá* estão baseadas em uma realidade harmônica que está sujeita à inquirição constante. Nós podemos dizer que *Ifá* seja monista e que tenha ideias similares àquelas do panteísmo e que seja ressonante com as ideias desenvolvidas em particular por Giordano Bruno (1548-1600). Isso significa que *Ifá* encontra coisas em comum com a tradição neoplatônica ocidental, o que pode, portanto, ser utilizado como uma ponte para se alcançar as dimensões atemporais e perenes de *Ifá*.

Minha própria jornada dentro desses mistérios começou nos anos 90, quando fui a Cuba e fiz *tefá* (iniciação) com Lazara Cuesta, Eddy Silva e Eddy Silva Jr. em Pogolotti, Havana. Foi uma experiência profunda e sempre serei grato a esses três homens sábios. Alguns anos depois desse encontro inicial com *Ifá*, eu encontrei outros *Bàbáláwos* até que eu finalmente conheci o Chefe Ògúnṣínà Adéwuyì, que me abriu as portas da sua casa, do seu coração e da sua família e ensinou-me o valor da generosidade, da bondade, dos segredos da abundância e da paciência. Isso levou à minha aceitação no *Awo Ọgbọ̀ni Funfun* em *Abeokuta*, Nigéria, por meio do *Olúwo Sunday* Àgbefayọ̀lọ̀lọ̀, e eu recebi a benção de comandar um *Ẹgbẹ̀ Ifá* em minha própria terra.

Este livro é uma maneira de retribuir o que eu ganhei; há uma generosidade de sabedoria codificada nestas páginas que eu quero passar adiante na esperança de que a sabedoria de *Ifá*, que sem dúvidas fez minha vida melhor, possa ter o mesmo efeito sobre as suas vidas.

Os versos de *Ifá* neste livro são, em sua maioria, retirados da coleção feita pelo *awo* Abimbọla e encontrados em seu livro *Ifá Divination Poetry*

IFÁ: UMA FLORESTA DE MISTÉRIOS

(1977) e também do livro de Pópóọlá *Ifá Didá* (2009), bem como do livro de Karenga *Odù Ifá: The Ethical Teachings* (1999). Esses textos são altamente recomendados como fontes para aprofundar a compreensão de *Ifá* e eu espero que este livro aumente a beleza do legado apresentado por esses três homens sábios e que a apreciação pelos seus trabalhos se espalhe. As traduções dos versos de *Ifá* são minhas (salvo quando for indicado o contrário). Eu conferi minhas traduções com a desses escritores e com o que me foi passado por *Baba* Ògúnṣínà. Eu fiz um esforço genuíno de traduzir o *Yorùbá* litúrgico da melhor maneira possível, uma tarefa assustadora, que eu espero tenha alcançado, ao passo que admito abertamente que eu me baseei fortemente no trabalho feito pelos *Bàbáláwos* supracitados. A maioria das histórias recontadas neste livro pode ser encontrada em uma versão ou em outra do livro *Ifá Didá* de *awo* Pópóọlá, que eu sugiro como um trabalho de referência acessível.

Eu também agradeço a Pierre Colonna, bom irmão em muitos mistérios, e ao *awo* Fálokún, que, por meio da sua amizade, generosidade e bom caráter, ensinou-me sobre a metafísica de *Ifá* por mais de uma década. Eu também quero oferecer reverência à minha amada *apetẹbi*, Adétutu Èyẹ́bọnmi Ìyámissè, sem a qual eu não estaria onde estou, e ao *Bàbálórìsà* Ade Oke e ao *Conjureman Ali*, que são verdadeiramente meus irmãos ao longo de mil encarnações, e também ao meu bom amigo Childerico, por prover as ilustrações; e, finalmente, a Peter e Alkistis, por serem joias raras de consciência clara e bênçãos infinitas neste mundo de mistério perpétuo.

Com estas palavras, farei o que é apropriado e darei reverência às forças que não foram nomeadas, mas que fizeram estas páginas possíveis:

Ìbà

Eu presto meu respeito ao senhor do Céus e aos espíritos da Terra

Eu presto meu respeito ao rei do Mundo, Àquele que nós louvamos primeiro

Enquanto eu dou reverência a Ọ̀rúnmìlà, o Espírito do Destino

Eu presto meu respeito aos dezesseis ventres do mundo

E ao seu mensageiro

Aquele que chamamos de o mais jovem

O mais querido na encruzilhada dos mundos,

Aquele que chamamos de Èṣù

Eu cumprimento os poderes do Leste

Eu cumprimento os poderes do Oeste

Eu cumprimento os poderes do Sul

Eu cumprimento os poderes do Norte

Eu cumprimento o rei da cidade do Amor

Eu presto homenagem aos ventos nos reinos invisíveis

Eu presto homenagem ao senhor da Terra

Eu que sou apenas uma criança do mistério

Eu que sou grato

Eu presto homenagem ao espírito da Montanha

Eu presto homenagem ao espírito do Oceano

Eu presto homenagem a Àkódà

Eu presto homenagem a Àsedá

Eu presto homenagem aos espíritos que movem o mundo

Eu presto homenagem aos ossos de meu sangue

Eu preto reverência ao Oni de Ilé Ife

Por tudo que ele representa sendo o pilar

Entre os mundos

Eu presto homenagem

Eu presto respeito

Aos meus Pais e Mães

Ao senhor do Céu e da Terra

Ao meu Orí

Eu presto homenagem a Òrúnmìlà, o espírito do Destino

Eu presto homenagem a Ikú, o espírito da Morte

Eu presto homenagem a Ònilé, o senhor da Terra

Eu presto homenagem a Ìyàmí Òsòròngà, a Poderosa

E eu rogo para que o poder da palavra

Abra as dezesseis portas da criação

Sábia e gentilmente

Em amor despretensioso, eu dou minhas palavras

Para que se espalhem ao redor do mundo

Gentilmente e com dignidade

Que as palavras neste livro

Tragam honra a Òrúnmìlà

E à minha família de Ifá

Que são muitos

Àṣe

Nicholaj de Mattos Frisvold

Awo Balogún Ifásòtitọ Òṣòwalé Àgbefayòlòlò

21 de setembro de 2014

PARTE I

UMA FILOSOFIA DO CARÁTER

A SABEDORIA ATEMPORAL DE IFÁ

Ifá é a preservação da sabedoria ancestral na cultura Yorùbá, a qual dá orientação sobre como tomar decisões certas na jornada rumo ao desenvolvimento do bom caráter. Ifá não é uma doutrina de crença; ele é um modo de olhar o mundo.

Awo Fa'lokun Fatunmbi, 2013.

Ifá é uma palavra que não tem uma tradução direta. Em vez disso, ela reflete um conceito de sabedoria. Ela carrega o segredo da criação e a chave para a nossa felicidade. *Ifá* tem sido definido como um sistema divinatório, como um nome alternativo para o seu profeta, *Òrúnmìlà*, um nome dado à religião do povo *Yorùbá* na atual Nigéria e mais além. Ele toca tudo isso, mas, em seu coração, *Ifá* está relacionado ao poder da sabedoria para se aproximar do misterioso e, por meio disso, para oferecer uma compreensão dos mundos visível e invisível através dos quais nossas vidas, coletivas e únicas, tornam-se acessíveis.

Ifá diz respeito a abordar tudo como misterioso. Seja o mistério grande ou pequeno, *Ifá* nos convida a nos maravilharmos com sua beleza à medida que crescemos em sabedoria. O mistério está codificado em todas as coisas que silenciosamente revelam como tudo está conectado em uma dança em torno de polaridades que mutuamente se afirmam e movem o mundo para frente. Quer seja o mistério da vida, da criação, de Deus, de uma planta ou de um problema técnico que nos vemos incapazes de resolver, estaremos tocando *Ifá*. Ele concerne a tocar todas as coisas e toda situação com curiosidade, porque tudo está codificado em mistério, admiração e enigmas. *Ifá* é a chave que nos possibilita decodificar esses enigmas e mistérios à medida que surgem em nossas vidas, em todos os domínios do ser e da existência.

Se buscamos compreender o mistério, precisamos nos aproximar de tudo livres de julgamento baseado em nossa percepção limitada do mundo e da vida, ousando caminhar fora das nossas verdades e ver toda situação a partir de ângulos diferentes. A compreensão do misterioso é transmitida por meio de versos poéticos, contos, provérbios, encantamentos e tradição. *Ifá* considera *Èṣù* como o guardião do mistério, como o senhor das encruzilhadas que tanto juntam como separam o visível e o invisível.

No seu talento como linguista, *Èṣù* serve como uma ponte e um mediador em todos os reinos e permite a comunicação entre espíritos e homens, homens e plantas, animais e espíritos. *Èṣù* é também o guardião da verdade e corporifica o princípio da escolha e, por isso, ele é identificado com estradas e cruzamentos. A verdade, tal qual *Èṣù*, nunca é estática, mas sempre dinâmica e num estado de fluxo, como a lava vulcânica que dá fogo à sua alma. A verdade é doutrina e não dogma. É uma experiência de sabedoria e mistério que resulta em conhecimento puro e seguro. Essa verdade, essa sabedoria é então usada para melhor compreender a jornada humana que estamos encetando, a fim de que possamos conhecer nosso destino. Destino, na visão de *Ifá*, denota a rota única rumo à felicidade e à satisfação. Destino é algo que nós fazemos. As escolhas que nos levam mais perto do contentamento, da paz, da alegria e da abundância são sinais de que estamos caminhando na senda do nosso destino.

Ifá vê tudo como um simples pulso ou função binária, seja inalação/exalação, ser/não ser, vida/morte. É o algoritmo matemático dos códigos binários que faz você ser ou não ser (e, na verdade, tudo). Diz respeito a ausência e presença, aos poderes fundamentais que geram o átomo, a ameba, uma forma de vida animada ou uma galáxia; é tanto simples quanto intensamente complexo, uma vez que é o ritmo em cada e toda escolha e situação que convida a uma ação ou reação. Toda situação tem uma miríade de soluções, toda solução implica uma escolha e toda escolha implica novas direções. Os padrões energéticos de frequências envolvidos em qualquer situação são codificados no corpo de sabedoria conhecido como *Ifá*. *Ifá* carrega o segredo de decodificar e de entender os padrões energéticos envolvidos em situações tanto benévolas quanto malévolas. Sorte e azar são medidos com o mesmo interesse, de modo a podermos descobrir como transformar azar em sorte e como fazer a nossa sorte multiplicar. *Ifá* traduz-se em possuir a sabedoria e a disposição que nos permitem sempre ver claramente, de modo que possamos discernir os meios necessários para assegurar estabilidade e equilíbrio, não apenas em nossas vidas, mas de forma tal que possam se expandir e tornar-se uma força estabilizadora no mundo.

Ifá não é uma religião; é uma arte, uma filosofia de vida. *Ifá*, como filosofia, pode ser formatado e dar origem a religiões, assim como *Ifá* abraçado como uma arte pode produzir aventureiros místicos e sábios. Isso é dito pela palavra *Yorùbá ẹsin*, a qual significa servidão e é usada em referência a religiões como o Cristianismo, o Islã e o Judaísmo. O povo *Yorùbá* denomina o que faz como *asa* ou *oro ibile*, que se refere a um costume relacionado à terra, uma conotação que possui uma forte natureza ancestral.

Ifá é monista no sentido de sustentar que toda possibilidade se tornou factível a partir de uma condição singular, ou fonte, que detém todas as possibilidades na forma de ser; isso é, ao mesmo tempo, o ser absoluto e a ausência absoluta. O início de todas as coisas é visto como luz surgindo das trevas. Através da liberação de raios de luz, todas as coisas são habilitadas a receber forma e expressão. *Ifá* diz respeito ao início da consciência, porque consciência é o começo de todas as coisas. Podemos dizer que *Ifá* representa a realidade da consciência na qual o mundo ideal ou invisível é visto como mais "real" do que o mundo material.

Uma consequência dessa visão da realidade é o que ocorre com a faculdade de julgamento. Ao longo do conjunto dos versos divinatórios de *Ifá*, veremos que quaisquer julgamentos sujeitos às verdades temporais são aqueles que acessamos a partir de uma esfera limitada de ação pessoal, vivida numa realidade horizontal com uma perspectiva limitada. *Ifá* é a iluminação que expande a nossa visão e nos ajuda a tomar escolhas melhores à luz da compreensão do nosso mundo misterioso. Nós julgamos em conformidade com a proximidade e a distância, a familiaridade ou a alienação – e com o que experimentamos como real e material. *Ifá* representa a luz da claridade que emana do início dos tempos, a qual podemos escolher acessar ou não. Pode-se dizer que *Ifá* é um idealismo filosófico, noético por temperamento – ainda que filosofias positivas, teorias evolucionistas e a mecânica quântica naturalmente encontrem seu lugar na sua sabedoria abrangente.

O idealismo de *Ifá* aspira ser inclusivo, porque é uma filosofia concernente à totalidade da experiência humana. Ele carrega como um axioma que somos seres espirituais empreendendo uma jornada humana. *Ifá* nos presenteia com um mundo encantado no qual tudo está vivo, animado com a luz e a potência divinas. Podemos dizer que *Ifá* é "tradicional" e "hermético", e que há uma profunda harmonia entre ele e a filosofia platônica que descende de Proclo, Plotino e Ficino. Igualmente, é fácil encontrar ressonância entre *Ifá* e filósofos modernos como Hegel, Schopenhauer e Leibiniz. Mas mais do que isso, podemos analisar os dezesseis pares de *odù* como apresentando um dado raio[2], ou filosofia, dentro da filosofia maior de *Ifá*, que ilustra como essa rota particular age nos mundos visível e invisível. Uma premissa constante em *Ifá* é que a filosofia deve ser uma boa contemplação, ela deve ser um tipo de conhecimento que nos permite fazer boas escolhas, uma vez que ela cultiva discernimento e claridade. Dito isso, talvez Boécio (475 – 526 d.C.) seja o filósofo ocidental que tenha mais íntima ressonância com *Ifá*.

A filosofia de Boécio é firmemente ancorada no conceito de Destino, que ele apresentou numa visão de mundo similar à visão expressa no *corpus* de

---

2 NT: Isto é, a metade do diâmetro de uma circunferência.

Ifá. Boécio foi um estudante de Plotino e ele, similarmente, deu grande importância à lógica aristotélica, considerando que ela não interferia com a sua orientação neoplatônica maior, uma vez que somente dizia respeito ao campo da experiência sensorial. *Ifá* veria isso da mesma maneira, a lógica sendo vinculada ao mundo sensorial na forma de *ara* (corpo), *ìwà* (caráter) e *orí* (consciência) os quais, juntamente com *èmí* (alento) constituem as partes fundamentais do ser humano e torna-nos possível experienciar o mundo. A obra mais conhecida de Boécio é "A Consolação da Filosofia", na qual ele expressa a opinião de que a filosofia deveria ensinar e estimular as pessoas a buscarem a felicidade. Ele afirma que tudo é bom; até mesmo aquilo que julgamos mau pode servir para nos tornar pessoas melhores ou ser o obstáculo de que precisamos para ver claramente onde devemos buscar a nossa felicidade. A maldade somente se tornará má se permitirmos que ela se multiplique, convidando-a para a nossa vida e encobrindo a nossa visão da felicidade, porque ela não é parte da bondade – e a bondade é Deus. Assim, uma vez que ela não é parte do que é bom, ela irá desintegrar-se e autodestruir-se como a maioria das chamas anormais no tecido cósmico. Esse argumento é retirado do "Górgias" de Platão, no qual ele argumenta, com perfeita erudição, a respeito do impotente estado da maldade. Esse argumento é, mais tarde, aprofundado e expandido em "A República", onde Platão menciona que o destino não é atribuído, mas escolhido. Esse comentário é muito frequentemente interpretado de uma maneira materialista, a qual contém apenas uma parte da verdade. Boécio, como Platão, sustenta que aquilo que é perfeito, bom e belo é não somente uma qualidade de Deus, mas é, para todos os efeitos, a própria divindade. Isso significa que o destino é visto como algo bom, perfeito e belo, mas são as nossas escolhas que nos levam a ele ou nos afastam dele. Em outras palavras, a nenhuma pessoa é atribuído um mau destino; ao contrário, um mau destino é trazido à manifestação pelas nossas escolhas. No mesmo diapasão, *Ifá* é da opinião de que todos nascemos bons, abençoados e destinados ao bem e à felicidade. Estamos aqui na terra para fazer o bem, exatamente como Platão, ao dizer, no "Górgias", que todos querem a felicidade e veem-na como equivalente ao que é bom. Muito simplesmente, se a bondade e a felicidade são a verdadeira matéria da criação e da divindade, a ausência do que é bom irá naturalmente diminuir, pois ela é contraproducente por si mesma. Não só isso, pois, em "Górgias", Platão argumenta que a maldade faz as pessoas usarem sua humanidade de maneiras constantemente autoflagelantes e, assim, elas regridem gradualmente em formas inferiores de existência no seu estado de infelicidade.

Boécio sustenta que Deus é tanto a causa final quanto a causa eficiente de todas as coisas. Assim fazendo, ele dá atenção primordial à importância de se reconhecer o que é bom no mundo material, daí o foco no conceito de "destino" e de "consolação" que percorre o seu discurso filosófico. Como veremos mais adiante neste capítulo, essas ideias encontram ressonância no fundamento filosófico de *Ifá*, uma vez que está alicerçado na premissa de que a bondade é a essência essencial[3] do ser e a perfeição é o tecido usado para esculpir a beleza na criação. *Ifá* é revelado por meio de axiomas filosóficos codificados em canções, versos e provérbios que fazem parte do *corpus* de *odù*, os quais podemos definir como "palavras do útero da criação". Um desses versos de *odù*, conhecido como *irosùwòrì*, ensina o seguinte sobre o propósito da jornada humana, aqui na tradução de M. Karenga (1999: 228 – 233):

> *Façamos as coisas com alegria*
> *Quem quiser ir, deixemos ir*
> *Quem quiser ficar, deixemos ficar*
> *Obviamente, os homens escolheram trazer*
> *O Bem ao mundo*
> *O Onisciente, sacerdote de Òrúnmìlà*
> *Interpretou o ensinamento de Ifá para Òrúnmìlà*

---

3 O pleonasmo é proposital e consta do original como recurso estilístico de ênfase.

IFÁ: UMA FLORESTA DE MISTÉRIOS

Ele disse que as pessoas do mundo viriam
Para perguntar-lhe uma determinada questão
Ele disse que Òrúnmìlà deveria sacrificar
Òrúnmìlà ouviu e cumpriu
Um dia, todo tipo de gente, boa gente e
Aqueles que não permitem o bem nas vidas
Dos outros se reuniram
Eles foram a Òrúnmìlà
Eles disseram: 'Ir e voltar da terra
Cansa-nos, Òrúnmìlà.
Assim, por favor, permita-nos descansar no céu'
Òrúnmìlà disse: 'Vocês não podem evitar
Ir e voltar da terra,
Até que vocês tragam a boa condição que
Olódùmarè ordenou para todo ser humano.

O povo da terra pergunta-lhe o que é boa condição e *Òrúnmìlà* diz que corresponde a um mundo bom, à abundância de conhecimento, de felicidade e de paz, e à ausência de medo, ansiedade, pobreza e miséria. Ele prossegue afirmando que o remédio para isso reside em desenvolver bom caráter e força interior, a fim de que possamos amar fazer o que é bom. Até que todos alcancem essa condição, as pessoas continuarão a andar de um lado para o outro, do céu à terra, até que sejam "reconhecidas como seres humanos" ou *ènìyàn*.

Essa abordagem de *Ifá* como uma filosofia orientada em torno do caráter como uma fonte de boa sorte subjacente a qualquer expressão religiosa é fortemente expandida por muitos escritores *Yorùbá* e, em particular, por Yemi D. Ogunyemi, que insiste na separação entre filosofia e religião na pluralidade das expressões de fé que encontramos na Iorubalândia. Ele sumariza o componente religioso de *Ifá* como estando relacionado à sua dimensão ética quando escreve: *"o aspecto mais importante da ética Yorùbá não é obediência, desobediência, recompensa ou punição. É Ìwà (caráter)"* (1998: 14).

Ifá, desse modo, é a filosofia espiritual do caráter tal como mantida, desenvolvida e cultivada pelos povos de língua *Yorùbá* da África ocidental e das muitas nações vizinhas. Considerar *Ifá* como um depósito de sabedoria acessado para as necessidades da comunidade e como a constituição energética de uma comunidade e de seus próprios atores leva a uma grande variedade de escolas e de tradições de *Ifá*. É, portanto, difícil definir *Ifá* como uma religião no sentido comum ocidental; há uma ausência de dogma religioso em favor de doutrinas místicas.

Quando a palavra *Ifá* é mencionada, a associação mais comum é com suas artes oraculares e com a divinação geomântica que, embora frequentemente chamada de *Ifá*, é mais corretamente nomeada *dafá*, significando "espalhar sabedoria". A iniciação de *Ifá* é conhecida como *téfá*, uma palavra que significa "compelir e disseminar a sabedoria da atração e da sorte". Essa distinção é importante, pois quando *Ifá* é posto em ação para o propósito de divinação, ele toma um significado e função particulares. *Ifá* é o depósito de sabedoria, manipulado e revelado durante o processo de *dafá* e *téfá*. *Ifá* é um envolvimento ativo com a potência da sabedoria.

Como dito no início deste capítulo, há muitas opiniões para o significado da palavra *Ifá*, e, ao longo dos anos, eu concluí que a visão do líder Ògúnṣìnà Adéwuyì a respeito é a mais clara. Ele estabelece que *Ifá* significa "instigar uma atração". Se olharmos para o uso das palavras *fa*, *fá*, *fà* e *fá* na língua *Yorùbá*, veremos que elas sempre são usadas com relação a submeter algo, a desenraizar, a desvelar ou a atrair. O som *I* é frequentemente usado como um sinal de iniciar o processo de atração, de forma que *Ifá* pode ser uma elisão de *iré fa*, "a arte de atrair boa sorte" ou mesmo "a arte de submeter a sorte a seu favor". Não importa como escolhamos interpretar a palavra, *Ifá* diz respeito a como atraímos boa sorte, portanto é a partir dessa premissa que eu o compreendo como uma filosofia viva e oracular que nos ensina como podemos trazer o que é bom e feliz às nossas vidas. Dessa simples premissa, a bela complexidade de *Ifá* surge em enigmas e versos, axiomas e provérbios que visam a nos fazer entender a dinâmica entre presença e ausência como o impulso primordial da criação, do ser e da vida. Por exemplo, um provérbio *Yorùbá* enfatiza que a boa sorte vem com o conhecimento do azar: *tí àbà njè ohùn àlàdídùn laì jè òrógbó, ónje yío pàdánù àdùn ré*, que pode ser traduzido como "se comermos coisas doces e evitarmos a amarga noz de cola, toda a comida perderá o seu sabor".

O ESCOLHIDO E O MERCADO

Um famoso provérbio de *Ifá* estatui: *ayé l'oja, òrun n'ilé*, significando "isto, nosso mundo, é um mercado, mas o céu é o nosso lar". Quando *Ifá* identifica este mundo com um mercado, compreende o campo de atividade humana como um campo de interações, acordos, transações e troca. É um campo de movimento que nos desafia em muitos níveis. No mercado, encontramos uma pletora de energia, de frequência e de vibração sempre cambiante. Experimentamos o lado ativo de *Ifá* no reino das possibilidades. Isso é sempre causado pela manifestação de um dos 256 *odù*, as vibrações energéticas da criação, que podem ser compreendidas como frequências específicas que servem tanto como causas quanto como esclarecimentos às nossas experiências. Ademais, é na literatura de *Ifá*, escrita e oral, que encontramos o vasto campo de conhecimento pertencente a *Ifá*, novamente refletido pelas lentes dos 256 *odù*. Adekson escreve:

> *Ifá tem ideias desafiadoras que geram conhecimento filosófico em metafísica, ética, epistemologia e ciência... Òrúnmìlà (Ifá) possui conhecimento dos seguintes assuntos: o estudo da natureza (física), dos animais (biologia), das plantas (botânica), dos encantamentos orais (ofò), da divinação (predição), das plantas medicinais (herbalismo), de fisiologia (anatomia) e das ciências associadas com a cura das doenças (medici-*

na)... Ifá prediz por advertência e provê soluções para eventos ou problemas antecipados (2003: 24).

Ifá é a filosofia espiritual que embasa conceitos como *mérìndínlógún* (divinação com búzios), *obí àbàtà* (divinação com noz de cola ou *obi*), *òrìṣà* (forças espirituais deificadas) e *egún* (espíritos dos mortos e ancestrais), que formam um núcleo nas crenças da diáspora africana como Santeria, Lukumi, Candomblé e o culto *Ṣàngó* em Trinidad e Tobago. Também está presente no mistério conhecido como *Milocan* – ou, algumas vezes, apenas *Ifé* – no Vodou Haitiano, e encontramo-lo sob o nome de *Fá/Afá* no coração do Vodu do Benin e de Togo, que consistentemente apontam para o distrito de fala *Yorùbá* de Ketu como a fonte do seu *Fá*, assim como vários terreiros de Candomblé.

É interessante que Ketu seja frequentemente mencionado, pois é o lar de *Èṣù*. Por vezes encontramos o termo Nagô/Anagô sendo usado, que define uma pessoa que fala *Yorùbá* num distrito atualmente pertencente ao Benin onde se encontra com a Nigéria – esse é basicamente o povo de Ketu. Porque *Èṣù* é o poder das encruzilhadas, ele também é o poder da dispersão, o potencial para a ação e a consequência que brota de *Ifá*. Podemos entender o seu papel no mundo como sendo a energia que move as várias frequências que encontramos no mercado. Desse modo, compreender essa força é crucial para o entendimento de *Ifá* e de como o mundo funciona em sua complexidade simples.

Ifá, como um sistema de divinação, pode ser encontrado na prática árabe de *'ilmalraml* ou entalhe na areia. Partindo daí ela passa, por meio dos sábios da Renascença, à geomancia ocidental. Podemos entender geomancia como divinação por meio de terra ou areia que leva os corpos estelares em consideração – assim, ela é profundamente relacionada à astrologia ou aos caminhos do céu. *Ifá* é divinação terrena e, como tal, oferece solução para situações que ocorrem na terra, que alcançam tudo aqui.

Ifá: Uma Floresta de Mistérios

Ifá está relacionado com o individual e o grupal. É uma filosofia que insiste na necessidade de encontros harmoniosos. Insiste em que todos nós nascemos bons e abençoados. *Ifá* vê a jornada humana como empreendida por seres espirituais, de maneira que a nossa vida na terra deve ser uma bela experiência posicionada entre a amargura e a doçura, a qual nos levará a uma estação feliz e completa. Uma falta de alegria é entendida como um desafio ou como um erro, vez que tudo tem uma solução. *Ifá* vê a verdade como sendo nascida da percepção de que nós, como indivíduos, estamos em comunhão com tudo no cosmo e evita o dogma propondo uma doutrina de luz.

Ifá reconhece que tudo que existe consiste de raios de luz e suas vibrações, de sorte que é importante reconhecê-los e entendê-los, quer provenham de um amigo ou de um inimigo, avaliando-os sem manter qualquer apego pessoal ao julgamento que fazemos. O conceito de luz é equiparado ao de consciência – assim, tudo no cosmo, na criação e na natureza possui luz na forma de consciência. Quanto maior a nossa compreensão dos vários raios de luz e das frequências energéticas que tomam forma no mundo, mais livremente seremos capazes de nos movermos no mundo e de participarmos neste mercado com elegância, virtude e gentileza, e assim colhermos sorte duradoura. Parafraseando Ogunyemi (1998): "*todos têm algo a vender, mesmo que ninguém queira o nosso produto*". Se o nosso produto não é valorizado, temos de avaliar o que estamos oferecendo e considerar profundamente quem nós somos, a fim de que o nosso produto, os efeitos do nosso caráter, que fazem parte do que temos a oferecer, possa ser oferecido no mercado.

O conceito de mercado é importante. É o campo no qual transações, acordos, pactos e relações, tanto bons quanto maus, são firmados. *Ifá* estatui que o mercado pertence à mulher e, assim, sugere que ela sustenta esse campo, com a transação como uma forma de *àṣẹ* ou poder que naturalmente pertence a ela. Nós estamos aqui na terra por causa da mulher e devido à mulher podemos construir uma sorte boa ou ruim para nós, assim como podemos fazer um acordo bom ou ruim.

Encontramos constantemente, tanto nos versos de *Ifá* quanto na sua interpretação filosófica, que uma dada situação tem milhares de reflexos em todas as possíveis direções e dimensões. *Ifá* é todo sobre o axioma hermético assim em cima como embaixo – o embaixo é sempre visto como uma encruzilhada e a cadeia de escolhas feitas em cada uma dos seus quatro portais revela imagens do mundo invisível em cima. Como M. A. Màkindè escreveu ao citar um provérbio de *Ifá* (1984: 88):

> *A sabedoria é conhecida como Ifá*
> *Conhecimento é o outro nome para Òpèlé Ifá*
> *Porque estamos fadados a ter problemas.*
> *É para sermos informados sobre algo de que somos ignorantes*
> *Que Ifá existe para nos ajudar.*

O ser humano é conhecido como *ènìyàn*, *eni*, ou *ará Ayé* e esses termos condensam diferentes qualidades. Ao passo que *eni* e *ará Ayé* referem-se a um único ser humano, um habitante da Terra, *ènìyàn* é uma composição de palavras que sugere angústia, mas também a sua solução através da análise cuidadosa. Assim, devemos ver uma distinção aqui entre *ènìyàn* como alguém que, em alguma extensão, reteve uma convicção ou uma memória do seu estado espiritual, e *ará Ayé*, que não detém essa qualidade e pode referir-se a qualquer um que caminhe sobre a terra – assim, encontramos *ènìyàn* significando "uma pessoa de poder", em referência a alguém que possui *àjé*, no sentido de poder bruxo e da capacidade de gerar abundância. No conceito de *ènìyàn*, encontramos os mistérios da morte, da humanidade e da divindade entrelaçados em um segredo, pois a nossa condição humana é causada pela morte e é por meio da experiência humana que podemos nos dar conta da nossa divindade.

Nas interpretações mais religiosas de *Ifá*, nas crenças derivadas da África que tomaram forma no novo mundo como uma consequência da travessia transatlântica, é perceptível que essas três partes estejam comumente separadas. A morte e os ancestrais, *egún*, são considerados diferentes de *ènìyàn* e de *òrìṣà*, enquanto este último assumiu o papel de divindade e é visto como separado tanto dos humanos, quanto dos mortos. Contudo, na filosofia tradicional de *Ifá*, *egún* e *òrìṣà* são partes do ser humano, e morrer, o estado de *egún*, é um pré-requisito para se assumir o próprio estado natural como um *òrìṣà* em potencial.

A ascensão da luz na cosmologia de *Ifá* a vê como emanando de uma única fonte e espalhando-se pelo cosmos, até ser refletida de volta no mundo material, tal como a cosmologia noética descrita por Plotino nas *Enéadas*. Em sua obra, Plotino deliberadamente não dá um local ao Um, o impulso original que se manifestou na criação. O começo e o fim permanecem presenças não fixas, o que permite a tensão entre a unidade absoluta e a variedade de presenças únicas e a multiplicidade de formas de consciência na criação.

Segue-se que devemos ver um jogo entre presença e deslocamento tecido na metafísica de Plotino, a qual é extraordinariamente similar ao que encontramos nos fundamentos de *Ifá*. Na terminologia de *Ifá*, o Um de Plotino é chamado de *òyígíyìgì*, "a pedra que inicia os inícios". Ela é concebida como uma pedra primordial que explode com calor luminoso, encontrando seu reflexo no magma que flui no centro da nossa terra, que é o reino de *Èṣù*. Essa é parte da razão pela qual a essa força espiritual é dada uma posição única na metafísica de *Ifá*.

Èṣù é o mais jovem dos *òrìṣà* que vieram ao *Ayé* – mas, no mundo espelhado em que vivemos, isso significa que ele era o mais velho. Ele era a pedra primordial alojada no *Ayé*, mantendo uma consciência pura e absoluta do início dos inícios e, portanto, ele apareceu por último. Ele se elevou de dentro da terra como a pedra e a encruzilhada primordiais depois de os habitantes do céu terem feito sua morada aqui. Assim, ele deu a impressão de ser o mais jovem, aquele que veio por último, ainda que ele tenha estado aqui o tempo todo.

Èṣù é um paradoxo em todos os sentidos. Ele é o mais jovem, ainda que seja o mais velho, ele foi gestado como uma mulher, mas foi transformado em homem, ele é uma pedra, mas também o fogo. Ele é escolha, bênção e morte. Ele é o poder do enigma no mundo que faz possíveis as maravilhas. Mas, uma vez que ele é um paradoxo dos inícios e dos fins, dele se deve falar aos poucos até que esteja completamente revelado no capítulo final desta obra. Retornemos, agora, à pedra primordial da criação, que é concebida como descansando no útero primordial, *odù*, uma matriz cósmica, uma forma de brancura energética, ou luz, que implode num êxtase nuclear e, então, se expande em possibilidades brilhantes de poderes.

Do útero de alvura, *odù*, manifestou-se uma luz primordial que gerou as potências energéticas fundamentais na criação, que *Ifá* chama de *ìmọ̀lẹ̀*, significando "habitantes na luz" ou "brilho". O princípio fundamental num processo cósmico de expansão é conhecido como *ìrúnmọlẹ*, o que significa "os gérmens dos filamentos da alvura" ou "os habitantes celestiais brotados na luminosidade". Awo Fa'lokun observa que isso é similar ao nascimento de uma supernova. Em outras palavras, é uma explosão estelar de energia e luminosidade enormes, levando à geração de uma nova estrela. As estrelas e os planetas são conhecidos como *igbámọ̀lẹ̀*, significando "cabaças de luz" e eles, por sua vez, irradiam *òrìṣà ìkòlè òrun*, "os fragmentos de consciência que habitam o céu". Alguns deles vêm à terra e são chamados *òrìṣà ìkòlè ayé*, "os fragmentos de consciência que habitam o reino da terra". Quando essa forma de consciência entra na terra, é conhecida como *egún*, ou *òrìṣà orí egún*, que significa "a consciência que traz brilho aos ossos". Isso culmina no conceito de *orí inu*, a consciência interna de toda e qualquer coisa na terra, seja humano, animal, vegetal ou mineral. Isso significa que todos nós e cada um de nós possuímos uma consciência supracelestial. Por meio do nosso *orí inu*, estamos em contato com o reino da eternidade e dos inícios. Nós somos, como Fa'lokun estatui em vários dos seus livros, "os olhos do criador olhando para si mesmo". Ao mesmo tempo, todas as coisas na natureza compartilham essa memória, o que é evidente no modo como os versos divinatórios de *Ifá* não fazem distinção entre o ser humano, as divindades, as plantas e os animais quando ilustram o contexto e a natureza de uma situação.

A MULHER COMO SÍMBOLO DO CARÁTER

No centro da filosofia de *Ifá*, encontramos *orí*, que se encontra na raiz da palavra *òrìṣà*. *Orí* é constantemente relacionado a *ìwà*, caráter, e é necessário dar alguma atenção a esses conceitos. No centro dessa inquirição na natureza do caráter ou *ìwà* em *Ifá* descobrimos que o nosso propósito é cultivar *ìwà rere* ou *ìwà pèlè*, significando um bom ou feliz caráter. *Ifá* vê a relação entre o ser humano e *ìwà* como similar à relação entre um homem e uma mulher e, portanto, podemos transpor essas recomendações em como os homens devem tratar as mulheres.

O *odù Ogbè Alárá* conta-nos que *Ìwà* era uma mulher bela, mas não era fácil viver com ela. Ao contrário, o *odù* fala dela como preguiçosa, lasciva e com uma língua venenosa. Depois de muitos anos de casamento, *Ọrúnmìlà* não pôde mais prover a sua bela esposa e a mandou embora. Como consequência, ele começou a se sentir miserável e logo perdeu status, dinheiro, amigos e a sua própria felicidade. Depois de consultar *Ifá*, ele compreendeu que atraíra esse azar sobre si mesmo e decidiu ir atrás da sua bonita e rebelde *Ìwà*. Ele fez *ẹbọ* (oferenda) a *Egúngún* (a sabedoria coletiva dos ancestrais) e partiu em busca de *Ìwà*. Ele foi a todos os dezesseis reis dos reinos à sua procura e, finalmente, encontrou-a na casa de *Olójó*, no bosque de *Egúngún*, e a tomou de volta.

Há muitas coisas a se aprender dessa história, a mais importante sendo que toma tempo para construir um bom caráter ou *ìwà rere* – portanto, o ditado: *Sùúrú ni baba ìwà rere*, "a paciência é o pai do bom caráter". O *odù* é, portanto, um aviso sobre ser julgador e crítico tanto para conosco mesmos, quanto para com os outros. Aqui, precisamos encaminhar e entender o propósito de *ègbín*, significando "sujeira" e "lixo". Essa palavra é comumente usada em referência a coisas, atos e atitudes consideradas sujas e depravadas. *Ìwà* é tratada, nesse verso, como uma bela mulher de hábitos imorais. Nisso, encontramos um aviso sobre julgar atos e pessoas. Devemos notar que *Ifá* compreende que a criação, o Grande Projeto, é exatamente como deve ser, e quando entramos em condenação, dogmatismo e exercemos difamação moral estamos mostrando falta de compreensão baseada numa percepção distorcida do assunto em questão.

Vemos isso no reino de *Òsányìn - òrìṣà* das ervas, raízes e folhas – onde encontramos uma curiosa similaridade entre o herbalismo tradicional de *Ifá* e a alquimia vegetal no Ocidente. Os primeiros estágios da alquimia são focados no que é chamado de enegrecimento da matéria, onde morte e impureza são extraídas da essência. Da impureza, uma essência final e muito peculiar é derivada para completar o remédio ou medicinal herbal. A mesma preparação é feita em muitos trabalhos de preparação de *óògún*, um remédio poderoso no qual o resíduo da planta pode ser reutilizado e, com o auxílio do fogo, a virtude final da planta é extraída e reintroduzida no remédio.

Se esse paralelo é aplicado à relação que encontramos entre o ser humano em crescimento e *iwà*, vemos que gerar *iwà rere* é um processo pelo qual gradualmente deixamos a impureza e a escória em favor das essências puras de se preencher de virtude e de alegria. É, ademais, uma diretriz para não fazermos julgamentos apressados baseados em opiniões subjetivas. Podemos dizer que o verso fala sobre como a estrada rumo ao bom caráter começa com a aceitação do que somos, no que se inclui o bom e o ruim. É apenas quando aceitamos a nós mesmos que podemos nos desenvolver na direção de termos um bom caráter.

Abimbọla comenta em *Yorùbá Oral Traditions* (1975) que possuir *iwà rere* pode, por vezes, ser um fardo, do mesmo modo que uma esposa rebelde é um fardo. Ainda assim, aquele que possui *iwà rere* deve cultivá-lo, pois a presença dessa pessoa torna o mundo um lugar melhor. É um aviso para não se permitir cair na corrupção, mas, ao contrário, ser esperançoso e aproximar-se das mudanças com curiosidade e otimismo baseado na fé.[4] É verdade que há pessoas que sentem a presença de uma boa pessoa ao seu lado como algo mau, porque o contraste é muito grande entre a elevada alegria radiante da pessoa que tem *ìwà rere* e daqueles que são movidos pela ambição egoísta para satisfazer todas as suas urgências materiais. Por isso humildade, gentileza, generosidade e tranquilidade da mente são sempre expressões do bom caráter. No entanto, somente as pessoas que têm *ìwà rere* é que terão tudo, como assevera um provérbio de *Ifá*:

> *Se você tem dinheiro,*
> *Mas não tem um bom caráter,*
> *O dinheiro pertence a alguma outra pessoa.*

A mulher é o símbolo do caráter e é devido à sua ambiguidade que ela e *ìwà* são vistos compartilhando a mesma natureza. O *àṣẹ* da humanidade, tal como manifestado em *Ọ̀sá méjì*, representa a ideia de interferência das forças supernaturais, das forças maléficas no mundo, *ajogún* e o *àjẹ̀*, os poderes que as pessoas experimentam como ameaças à estabilidade da criação, embora eles sejam, na verdade, mecanismos divinos para trazer ordem cósmica como resultado da mudança constante. Por outro lado, encontramos em *Ọ̀ṣẹ́ méjì* a manifestação da doçura, da riqueza e da abundância na forma de *Ọ̀ṣun*.

Diz-se que *ìwá* pode refletir esses dois padrões da realidade cósmica, que se manifestam como bom e mau caráter. Isso não significa que *Ọ̀sá méjì*, seja um *odù* mau, mas que muitas pessoas têm problemas em compreender os seus mistérios magnificentes e então refletem uma distorção ou degeneração das suas maravilhosas qualidades. Compreende-se mulher como possuindo essas qualidades naturalmente e, além disso, ela também possui *odù* (o útero),

---

[4] NT: A fé é uma virtude e não se confunde com a credulidade.

o que significa que o acesso do homem ao *odù* é demonstrado olhando para o seu *ìwà* em ambos os sentidos da palavra, como seu caráter e como sua mulher ou esposa. A mulher é, portanto, o centro enigmático de toda possibilidade, especialmente aquela do cultivo de *ìwàrere*.

Precisamos compreender que a nossa sorte e felicidade futuras são completamente dependentes de como nos aproximamos de *ìwà* e o compreendemos. O caráter é belo, ele é um modo de se existir no mundo. Esse é o significado da contração *i-wá* em *ìwà*, o caminho de se existir no mundo. Fa'lokun Fatunmbi assinala repetidamente que os termos *Yorùbá* importantes relacionados ao caráter e ao propósito são aqueles como *ẹgbẹ* (companheiros reunidos como em sociedade), *ọkàn* (coração) e *ìfé* (amor). O coração e o amor são os alicerces para se construir o bom caráter. Isso significa que o centro de *Ifá*, *Ilé Ifè*, de fato contém uma referência sutil como sendo a "Casa do Amor". O amor é o alicerce de *Ifá*. Assim como um casamento é um processo rumo à união e à compreensão mútua que permite criar uma união estável de felicidade fundada no amor, assim é a jornada rumo à compreensão, à integração e ao reflexo da felicidade proporcionada ao se abraçar *ìwà*.

ÌWÀ E ORÍ

Ìwà rere é um termo que contém uma rica teia de conexões, porque aquele que possui as qualidades que são descritas como bom caráter experienciará toda a bondade da vida. Tal pessoa sempre colherá benevolência dos poderes governantes, tanto espirituais quanto sociais, como resultado de ser um elemento harmonioso em todos os mundos. *Ìwà* dá direção ao nosso *orí*, consciência. *Ògúndá méjì* diz que nenhum ser divino abençoa um ser humano sem o consentimento ou o conhecimento do seu *orí*. *Orí* é intimamente conectado com *ìwà* porque *orí* é a sua divindade pessoal, por alegoria, seu gênio ou *daimon*. O *orí* fala com a língua do ar, do vento e do coração. Uma vez que o mundo se afasta da riqueza da sabedoria tradicional, fica cada vez mais difícil compreender os caminhos pelos quais *orí* interage conosco e esse distanciamento produz um sentimento de se estar perdido. *Orí* é a divindade que é responsável pelo sucesso e pelo fracasso na vida e é *orí* que abre e fecha portas e oportunidades. Atos de autossabotagem, seja pela rejeição de oportunidades, seja por se fazer escolhas erradas são causados pela nossa recusa em aceitar as bênçãos que os *òrìṣà* querem nos dar. Isso pode ser o resultado de descrença, sentimentos de inferioridade, vergonha ou autodepreciação em múltiplas formas.

Abimbọla (1975) observa que, quando escolhemos o nosso *orí* no sentido de uma fusão de consciência, divindade guardiã e *ìpín* ou *kádárá*, assim como a sorte a nós destinada, também escolhemos uma rota específica na qual devemos embarcar para colher os frutos felizes da vida. Quando estamos na casa do escultor *Àjàlá* para escolhermos os nossos *orí* e destino, *Ọ̀rúnmìlà* está presente como *elérí-ìpín* (testemunha do destino) e torna-se, nesse momento, a bússola da nossa jornada pela experiência humana.

Ogbègùndá fala-nos sobre os elementos envolvidos na transição dos seres divinos que escolhem experimentar a vida humana eo tema recorrente em *Ifá* de paciência, honra e humildade é também encontrado aqui. Isso envolve ouvir o conselho dos mais velhos e ser lento no julgamento, se algum dia tiver de julgar. O *odù* narra vários desafios a que somos apresentados, os quais, por sua vez, geram escolhas e, assim, fazem o mapa para a nossa jornada no mercado dos mundos. Isso significa que nós já escolhemos nossos ordálios e destino como seres humanos. Isso também significa que aqueles que sentem que receberam uma parcela de infelicidade não estão, na verdade, iniciando a sua jornada sob a perspectiva correta. Para cada obstáculo ou desafio há sempre muitas escolhas e ao menos uma dessas escolhas nos trará mais perto do nosso destino, carregados nas asas da sabedoria. *Èjì Ogbè* diz-nos: "aquele que é sábio, é feito sábio pelo seu *orí*" e isso é a consequência de se abraçar essa condição maravilhosa da vida na terra com o espírito correto. A sabedoria caminha lado a lado com o destino concedido. Outro ponto que eu sempre ouvi é que, ao se receber o *itá* (uma leitura que conclui a iniciação e revela, em parte, o destino escolhido), as pessoas podem considerar o odù que se revela como mau ou mesmo maligno. Essas pessoas engajam-se nos aspectos negativos de *odù Ìrẹtẹ̀ méjì*, a saber automaldição, uma reação muito comum em nosso mundo, onde a culpa e a distribuição da culpa são frequentemente encontradas na busca por se sentir bem consigo mesmo. Isso é evidente na mais simples unidade de interação social que temos atualmente, isto é, entre casais. Situações consideradas difíceis frequentemente se tornam um veículo para projetar para fora o próprio veneno acumulado e num dos parceiros em particular. Em muitos casos, isso leva a danos no senso de valor pessoal e, como consequência, escolhas piores são tomadas. Um círculo vicioso se inicia e um sentimento emergente de estar perdido torna-se uma amarga realidade. Tudo se resume a *orí*.

O conceito de *orí* é intrigante. Como mencionado, o *ìmọ́lẹ̀* a cargo desse processo é chamado *Àjàlá*, significando "Cão da Luz". Esse termo é uma referência aos cães como mensageiros do espírito e da luz, sendo a substância comum da qual todos participamos, de modo que nisso encontramos uma referência à direção dentro da luz, bem como a uma dada qualidade, que também encontramos em *òrìṣà*, sendo codificada em nossa consciência. *Àjàlá*, contudo, é descrito como um bêbado insuportável e um jogador; assim, a despeito dos seus talentos magistrais em esculpir a consciência, ele não obstante frequentemente comete erros – os *orís* que ele constrói quebram-se no fogo, queimam-se ou ficam muito moles. Antes de embarcarmos em nossa jornada humana, nós vamos à casa de *Àjàlá* para selecionar o nosso *orí*, mas a escolha nem sempre é fácil, já que as imperfeições em suas esculturas raramente são visíveis. Ao selecionar um *orí*, também escolhemos uma dada corrente energética e, com ela, um dado destino. Tal destino deve ser entendido como um modo de existir no mundo que nos levará a todas as boas coisas. Quando chegamos à terra com uma consciência prejudicada, esses defeitos podem ser corrigidos acumulando-se sabedoria posta em ação, *ẹbọ* (sacrifício) e através de iniciações. Outro provérbio *Yorùbá* diz: "pedaço a pedaço, comemos a cabeça do rato", significando que devemos ser pacientes no trabalho de reconstruirmos a nós mesmos.

Podemos conceber *orí* como uma bússola. Se ele é mal feito, isso nos levará à direção errada, ao passo que uma boa consciência sempre nos apontará escolhas corretas. A bússola de *orí* vem com intuição e intuição é uma frequência silenciosa que abre um caminho duplo entre você e a fonte.

Ifá diz que ele foi ao mercado para buscar uma esposa para *Orí* e lá ele encontrou *Èmí* (alento/alma). *Orí* se casou com *Èmí* e a colocou em seu coração. *Èmí* também é a palavra *Yorùbá* usada para designar uma pessoa específica, alguém com uma substância e uma essência. *Èmí* foi posta no coração, que jaz em *àyà* (o peito), e o peito refere-se tanto a uma armadura quanto à amizade. *Àyà* é o campo usado para abraçar alguém nos laços da amizade, de maneira que o nosso coração possa se encontrar com o deles. *Àyà* e também uma força espiritual em si mesma, o espírito da amizade.

Do peito, estendem-se os nossos braços, conhecidos como *owó*, uma palavra que é similar a *òwó* (abundância) e a *òwòòwó* (uma reunião, acúmulo). As mãos chegam do coração com o poder da abundância. Com as nossas mãos, podemos dar e receber abundância. Do nosso torso inferior, estendem-se as nossas pernas, (*ese*), o poder da força e da persistência em perseguir nossa direção e nossa senda. As pernas estão com *idí* (as nádegas), o que nos relembra da necessidade de descansarmos e de como o nosso descanso é muito melhor em companhia, quando duas metades se encontram para formar um lugar de descanso sólido e comum.

O corpo torna-se um símbolo da importância da reunião harmoniosa, assim como o nosso corpo é estruturado harmoniosamente. Nossa manifestação material como um ser espiritual em um corpo animado requer um caminho, um objetivo, um desvio, descanso, experiência e amizade. Tudo isso faz parte da reunião harmoniosa, assim como ameaças à harmonia oferecem-nos a oportunidade de avaliar o que temos e de fazer escolhas corretas. Tudo que acontece pode ser usado a serviço da escolha acertada se nós permitirmos que assim seja utilizado. Se resistimos à boa escolha, nós sempre temos a opção de retornar, o que *Ifá* chama de *àtúnwá*.

ÌWÀ E ÀTÚNWÁ

Àtúnwá é a ideia de reencarnação, literalmente "renascimento do caráter". A ideia do renascimento é representada pelo quarto dos dezesseis *odù* maiores, *Òdí méjì*. Esse *odù* representa o útero e o milagre do nascimento. Novamente, vemos a importância do feminino, da mulher, do nascimento ao renascimento. *Òdí* também fala da destruição do que é inútil e da emergência do novo, do bom e do abençoado – pois todos nascemos bons e abençoados. O caminho que nos afasta de abraçarmos o nosso destino feliz entra em jogo quando nos sujeitamos à socialização, direta ou indiretamente, fundada em valores materialistas num mundo espiritualmente degenerado.

Um renascimento comumente ocorre na linha familiar de descendência do pai ou da mãe, mas uma vez que o grupo ou a vila é considerado uma família estendida, a reencarnação também ocorre nesse ambiente maior e é, então, considerada como sendo causada por *òrìṣà*. Vemos, aqui, a consequência lógica e sociológica que emerge da família sendo formada tanto por filhos de sangue quanto por adotados.

O propósito da reencarnação, descer do nosso lar celestial no *Ọrun* para viajar por um tempo de vida na terra, é aproveitar o mistério da vida. *Agbó atò* (vida longa) é uma bênção, pois à medida que viajamos pela vida, cresceremos em sabedoria, nosso rebelde *ìwà* tornar-se-á doce e bom e falaremos com a voz do nosso *orí*. Uma vida longa permite-nos crescer sábios no mistério do ser e com a sabedoria vem a felicidade por meio da compreensão de que a vida é prazerosa. Amigos, prestígio, dinheiro, uma boa casa e um nome, um bom casamento, filhos e conforto, tudo é consequência de um trabalho gratificante e da busca ativa do bom caráter. Devemos compreender que o caminho que o destino nos preparou, a fim de recebermos todas as bênçãos possíveis.

Ifá diz que o objetivo é o mesmo – felicidade e contentamento – mas o caminho para atingi-lo é determinado pela singularidade da senda que escolhemos trilhar na terra. Isso é revelado por meio da cerimônia de nomeação, *esèntàyè*, que é usualmente realizada no terceiro dia depois do nascimento. Pela utilização da sabedoria oracular de *Òrúnmìlà*, o destino da criança é revelado e são dadas recomendações sobre como conduzir a vida para viver bem no mundo, juntamente com temas concernentes a profissões e aos vários procedimentos para a reparação de poderes supranaturais, a fim de que os caminhos possam estar claros e abertos. Quão diferente é isso dos caminhos modernos antinomianos e cheios de revolta, nos quais o ser humano olha apenas para si, a fim de buscar o que quer que ele acredite ser. Compare isso com a visão de mundo tradicional de *Ifá*, onde você se volta para a fonte, a fim de obter orientação no mistério da vida e descobrir as ferramentas para apropriar do seu o seu próprio destino.

Òrìsà: FRAGMENTOS DE CONSCIÊNCIA

Òrìsà é um termo que tem sido sujeito a muitas interpretações. A palavra em si é clara em significado, um "fragmento de consciência".

Uma história do *corpus* de *Ifá* fala sobre como *Òbàtálá*, quando estava trazendo a cabaça da criação à terra, veio à primeira montanha. Ele desceu numa corrente dourada, mas tropeçou ao chegar ao topo da montanha e a cabaça da criação quebrou-se em 201 partes. Desses fragmentos, *òrìsà* tomaram forma como uma manifestação única – e limitada – da pletora divina.

Num nível quase primitivo de constituição metafísica, é o que *òrìsà* é: potências divinas específicas e singulares que são despertadas quando atingem *Ayé* (a terra) e acendem uma forma particular de fogo divino. A faísca constitui o centro de toda manifestação material animada, animais, seres humanos, minerais, árvores e outros fenômenos naturais. Essa ideia de consciência compartilhada é crucial para a compreensão da filosofia e da cosmologia de *Ifá*. Uma vez que tudo que é partilha de um fogo divino compartilhado, tudo é divino. Podemos ver panteísmo ou animismo nisso tanto quanto um monismo qualificado. Esses discursos filosóficos são, na verdade, de menor importância em relação às faíscas divinas continuamente encontrando outras faíscas divinas, pois tudo possui *orí*, consciência. *Ifá* é uma filosofia sobre comunhão e divindade compartilhadas; tudo detém o fogo divino em si, seja forte ou fraco em sua dança cintilante.

Quando a cabaça da criação caiu no solo, também aprendemos que 200 fragmentos tomaram forma do lado direito, mas um fragmento tomou forma à esquerda. Essa dinâmica é replicada em nossas mãos, a esquerda sendo um símbolo de restrição, força e proteção, e a direita um símbolo de gratidão, acolhimento e bênção. As duas mãos demonstram a nossa capacidade de dilacerar e de recolher. Nós encontramos nas mãos, nos olhos, nas pernas, nas orelhas e nas nádegas uma rememoração da importância da unidade e também do poder que detemos ao sermos autores da sorte e do azar, da dispersão e da reunião. Essa ideia é codificada em uma das muitas interpretações da palavra *ènìyàn*.

Ènìyàn é um dos termos usados para descrever humanos – mas também bruxas – no *odù Òságúndá*. *Ènì* significa "pessoas" e *yàn* define uma capacidade de escolha ou de ser escolhido. Noutras palavras, *Ifá* é claro sobre o ser humano ter vindo à terra com livre arbítrio para escolher o que é bom e o que é mau, embora o termo *ènìyàn* implique o ato de escolher tanto quanto o de ser escolhido. Disso decorre que os seres humanos foram escolhidos para realizarem esta jornada porque foram eleitos para fazer o bem e reconhecer os fragmentos da consciência divina dispersos em tudo e, então, reuni-los harmoniosamente.

Assim como o corpo da árvore ou da montanha abriga uma centelha divina de consciência, assim também o faz o nosso corpo humano. Ele é uma casa sagrada para o fogo divino tomando uma forma única. Uma vez que tudo compartilha a mesma matéria divina, nossa própria constituição convida-nos e permite-nos aprender com as plantas, árvores, animais e espíritos. Neles, nós vemos a nossa própria riqueza, ou a falta dela, e trabalhamos no nosso aperfeiçoamento. Quando testemunhamos tudo como raios divinos em movimento, formando relações benévolas ou malévolas numa abordagem de mundo emocionalmente imparcial, mas interessada, cessamos de julgar e simplesmente experienciamos. Seremos como estrelas e árvores, seguras em sua consciência; montanhas de integridade e de bondade que espalham estabilidade e dão acolhida ao mundo. O objetivo é tornar-se *awo*, a personificação dos segredos que conhece a matriz e a espiral da consciência e do ser. Possuir *awo* permitir-nos-á rumar para o nosso destino com dignidade e movimento calculados. Experimentamos *awo* pela mediação de *àbá* e de *àṣẹ*, as ideias e a força pelas quais completamos essas ideias. O único *irúnmọlẹ* que detém ambos esses poderes era *Ọbàtálá*, o rei vestido de branco. Ele é a força espiritual que traz consigo ideias, sonhos e o *àṣẹ*, a força que faz disso uma realidade. Ele carregou a cabaça da criação para a terra e trouxe à luz todos os *òrìṣà* do depósito da sabedoria divina, o estado imóvel de ser e de todas as possibilidades de expressão que conhecemos como *Olódùmarè*. Não há santuários ou bosques dedicados a *Olódùmarè*. Podemos orar a ele, como uma declaração do nosso eixo (*axis*), uma afirmação de reconhecimento, mas isso será como sussurros tocando a neblina. *Olódùmarè* é a origem de tudo, mas é diferente de tudo que é e, por causa disso, ele é o polo que gera qualquer panorama, conhecido ou misterioso para nós.

A fim de que todo ser senciente venha a conhecer as suas origens, é necessário reconectar-se a tudo que é, em todas as suas variações possíveis: árvores, animais, plantas – ou, ainda mais desafiadoramente, outros seres humanos. *Ifá* ensina que se uma coisa existe, ela serve um propósito. Se nos tornamos agitados ou aborrecidos, perdemos sabedoria e, em assim fazendo, entramos na encruzilhada de *Èṣù*, onde escolhas têm que ser feitas. Essas escolhas podem ir a nosso favor ou contra nós, desafiar a sabedoria ou alimentá-la. Precisamos desse contraste em nossa vida. Precisamos da adaga embebida em mel tanto quanto precisamos do beijo molhado de vinagre, porque onde vemos o mal, o bem está ao virar da esquina, e onde quer que abracemos o bem, devemos permanecer no abraço do amor. Isso irá desviar toda a negatividade.

Nós somos fragmentos da consciência divina caminhando na terra. Com o nosso nascimento, incendiamos a terra com uma determinada energia. Abrimos a porta para uma experiência divina, nascendo como almas boas e abençoadas embarcando numa jornada que, às vezes, pode ser confusa e desafiadora, mas que é sempre gratificante desde que escolhamos o bem. Nós repetidamente vamos até a encruzilhada da escolha – alguns de nós nos tornamos guerreiros e interpretamos tudo como situações, enquanto outros interpretam essa condição como escravos, outros ainda como regentes. A partir desse ponto podemos entender o que somos e o que não somos, num espírito de convite e de interesse, enquanto gentilmente rejeitamos o negativo e alegremente convidamos o positivo. A sua vida é sobre você e as suas conquistas. É sobre como você abraça e ama o mundo, e aqui encontramos o conceito de *òrìṣà*. *Òrìṣà* é você. *Òrìṣà* é deus. *Òrìṣà* detém um fragmento único e limitado da consciência divina, que serve como um espelho para o seu vir a ser e permite a você tornar-se divino, processo esse mediado pela posse de *awo*.

O número dos *òrìṣà* que vieram ao *Ayé* foi 17. Esse número é significativo, pois 17 representa o princípio da multiplicação na cosmologia de *Ifá* e foi esse poder que a terra atraiu para si mesma. Esse é o número de *Èṣù* e de sua mãe, *Òṣun*, uma constante lembrança de que *Èṣù* veio à terra para ajudar o homem a escolher o bem, a escolher a doçura. *Ifá* realmente não tem uma hierarquia como tal – exceto pela cabeça, *Òbàtálá*, e pela cauda, *Èṣù* – que formam o ouroboros que encapsula a criação. A cabeça é o mediador gentil de todas as coisas, o que é ilustrado pelos dois olhos na cabeça da serpente e pela sua língua bifurcada. É ainda representado pela jiboia sagrada a *Òbàtálá*. *Èṣù* é a cauda, a encruzilhada que inicia um ciclo renovado ou leva você ao deserto para entrar no corpo da criação a partir de uma direção inesperada, um desafio que o impele para frente ou para a resistência.

Ifá vê tudo que existe como emanações de um único campo de ser difuso e misterioso, referido como *Olódùmarè*, o nome dado à força que repousa nos reinos invisíveis como um silencioso depósito de luz. Como antes mencionado, o conceito *Yorùbá* de deus é noético e alinhado com Plotino – mas também com o Neoplatonismo de Proclo. *Olódùmarè* está sempre escondido, é sempre um mistério. Esse mistério pode ser experimentado em fragmentos de beleza na criação, nos mundos visível e invisível. *Olódùmarè* é o poder criador, o calor do potencial divino e da luz. É o senhor do útero que origina as serpentes (jiboias e pítons) na forma de *òṣùmàré*, o arco-íris. É *Olòrun Àlá*, o senhor do tecido de luz no mundo invisível; e *Ẹ̀lẹ́dáa*, aquele que permite que a vida flua do seu terceiro olho. O seu poder é suportado por esses primeiros princípios, os primogênitos, *sùúrù* (paciência) e *Èlà* (sabedoria/pureza), por meio dos quais ele faz tudo que podemos conceber como possível, seja em sonhos, seja como uma extensão da consciência em movimento.

Esses poderes conhecidos como *òrìṣà* emanam de *irúnmọlẹ*, "espíritos das casas de luz", os quais vieram à terra com a tarefa específica de a tornarem um habitat em conformidade com o espírito social de *Ọ̀nilé*. Dezesseis poderes em particular foram cruciais para a construção da terra e de tudo que há nela, incluindo a humanidade. Devemos entender 16 não como uma quantidade fixa, mas, antes, como uma qualidade relativa ao poder de multiplicação. Essa mentalidade é mais adiante afirmada quando *Ifá* revela que, no começo dos tempos, quando *Ayé* se tornou um planeta animado, espíritos vieram da direita e da esquerda. Desses espíritos, 201 vieram da esquerda e foram associados à força e à *malefica*,[5] ao passo que 401 vieram da direita, representando benevolência e boa sorte. Esses números revelam que as forças da sorte ultrapassarão aquelas do azar.

---

5 NT: palavra latina associada a qualquer operação mágica voltada a causar dano.

Da esquerda, o lado da força, veio apenas um *òrìṣà*, e esse foi *Ògún*. Os remanescentes das forças espirituais que vieram da esquerda eram espíritos perniciosos ao bem-estar do ser humano. Eles são considerados como o arsenal necessário de defesas à disposição de *Ònilé*, com *Ògún* servindo como uma força estabilizadora no meio de todos esses espíritos de obstáculo e tristeza.

Da esquerda, temos espíritos conhecidos como *ajogún*, *elénìní* e *àjé*, os quais incluem fenômenos como as *ègbà* (paralisia), *òfò* (perda), *àrùn* (doença), *ikú* (morte), *èpè* (maldições), *ese* (aflição) e muitos mais. Isso não significa que *Olódùmarè* projetou um mundo onde a batalha entre o bem e o mal é constantemente promulgada, mas, ao contrário, um mundo onde há a necessidade de contraste radical na geração de um campo de experiência. Noutras palavras, para possibilitar a criação, contraste e oposição são essenciais. Essa polaridade necessária é encontrada no binário simples de 0 e 1, ausência e presença, noite e dia: desses princípios gerais, ela se estende numa multiplicidade de formas. A divindade habita numa atmosfera de contemplação e de mistério.

Uma vez que essas forças hostis são o resultado de uma necessidade cósmica que sustenta a criação, é importante entender como edificar a própria vida de tal modo que elas possam estar ausentes, ainda que presentes no mundo. *Ifá* estabelece no seu *corpus* que a ausência de *malefica* é alcançada pelo desenvolvimento do bom caráter, pela acumulação de sabedoria e pela paciência, pelo respeito para com os próprios ancestrais e pelo interesse no próprio meio social. Disso, a presença de *malefica* convida-nos a compreendê-las como forças que nos tentam e nos ajudam a fazer escolhas corretas e apropriadas.

A fim de acumular sabedoria, devemos entender a miríade de formas que têm consciência e, para tanto, é conveniente olhar mais de perto alguns dos *òrìṣà* mais conhecidos, pois eles revelam a condição energética do mundo e dos seres humanos.

Dentre os primeiros dezesseis *òrìṣà* importantes para o nosso mundo, encontramos *Ọbàtálá*, *Ògún*, *Ṣàngó*, *Ọya*, *Egúngún*, *Ọbalúwayé*, *Olókun/Ajé*

Ṣaluga, Ọ̀ṣun e *Èṣù*, todos eles representando poderes importantes em relação à criação. Essas potências também estão relacionadas ao estabelecimento do Império *Yorùbá* e suas 16 cidades-estado originais, com o *oni* (rei) de *Ilé Ifè* representando o eixo dessas dimensões místicas. Esse complexo é ilustrado por muitas histórias no *corpus* de *Ifá*, que falam da sorte e do azar de vários *òrìṣàs* ao longo da sua jornada no *Ayé*. Elas ensinam-nos que tipo de situações e de energias se devem evitar e como integrar as lições de vida para transformar azar em sorte. Também deve ser mencionado que essas histórias falam de pessoas que manifestaram essas qualidades em suas vidas e, assim, deram um exemplo para a posteridade. Ao se familiarizar com essas histórias e ensinamentos dos espíritos, homens, animais, árvores e plantas, aumentamos o nosso próprio conhecimento e prestamos atenção e respeito à nossa ancestralidade e ao nosso meio.

Olharemos, agora, mais de perto para *Ọ̀bàtálá*, que criou a terra seca e o corpo de tudo que tem uma alma. Também olharemos para *Ògún*, que fez os caminhos na terra e forjou a coluna vertebral e o esqueleto dos seres humanos e dos animais; para *Ọya*, a mãe do vento, e para o ígneo *Ṣàngó*. As águas férteis e doces de *Ọ̀ṣun* serão mencionadas, assim como a capacidade para a doença e para a cura detida por *Ọbalúwayé* e os segredos medicinais possuídos por *Ọ̀sányìn*. *Egúngún*, os ossos dos ancestrais e a encruzilhada da tradição serão levados em consideração, assim como o complexo aquático de *Olókun*, *Ajé Ṣaluga*, *Osupá* e *Yẹmọja*; e antes de concluir a apresentação dos *òrìṣà*, irei, obviamente, falar sobre *Èṣù*.

Ọ̀BÀTÁLÁ: A FONTE DA CONSCIÊNCIA

Ọ̀bàtálá é frequentemente referenciado como o rei dos *òrìṣà*. Sua força espiritual foi a ponte que trouxe a consciência e a forma à criação. Em sendo assim, *Ọ̀bàtálá* é equiparado à própria consciência, especificamente à consciência calma e fresca.

Ọ̀bàtálá é uma extensão do poder espiritual conhecido como sùúrù, paciência, e sòtítò, verdade e lealdade. Ọ̀bàtálá tem uma profunda ressonância com formas de vida primitivas; exemplos incluem répteis, serpentes, elefantes e, em particular, o caramujo. O caramujo não apenas carrega uma casa moldada em conformidade com a seção dourada em honra da perfeição e da sabedoria cósmicas, mas é composto de muco e músculo, representando o estágio da criação anterior à formação do esqueleto. O caramujo prefigura a forma original, com seu cérebro primevo quadripartite, o músculo serpentino e o muco que formam o seu corpo. O sangue branco do caramujo tem propriedades calmantes e o *corpus* de *Ifá* conta-nos que foi o sangue dos caramujos que Ọ̀bàtálá usou para acalmar as forças que ameaçaram causar uma catástrofe na terra. O caramujo é também sagrado ao ìmólè em sua condição de calma perfeita, que convocou o esqueleto e a coluna vertebral para transformar o habitante da paz num guerreiro determinado pelo poder de Ògún. Foi quando ganhamos a coluna vertebral e o esqueleto que a jornada humana começou do seu estado original cheio de paz e de paciência. Ọ̀bàtálá aparece tanto como um espírito masculino, quanto feminino nas histórias de *Ifá*, dependendo das tradições preservadas em diferentes distritos *Yorùbá*. Mais frequentemente, Ọ̀bàtálá é visto como o marido de *Yemòwó*, um espírito de pureza atribuído à argila branca e à criatividade, aquela que esculpe o mundo juntamente com ele. Algumas histórias contam que *Yẹmọja* nasceu dessa união primordial, ao passo que outras tradições dizem que Ọ̀bàtálá nunca teve um filho seu; sua capacidade é a força que fez o mistério da fusão do óvulo e do espermatozoide e, desse modo, ele é o pai de todos e de ninguém em particular. Essa é mais uma referência a Ọ̀bàtálá sendo o espírito que trouxe consciência ao mundo em todas as suas 256 formas, como expresso no *corpus* de *odù* de *Ifá*. Uma vez que Ọ̀bàtálá é a soma das consciências, todos nós somos, de certo modo, seus filhos.

O que pode parecer contraditório em muitas histórias é como a energia de Ọ̀bàtálá trabalha em nosso mundo. Ọ̀bàtálá pertence à classe de espíritos conhecida como *funfun*, o que é usualmente traduzido como "a brancura do branco" ou "esplendor". Todas essas forças espirituais são relacionadas às ideias de pureza, moderação, estabilidade, criatividade e criação, seja em termos de trazer à luz seres animados, seja de formar uma comunidade harmônica. Disso se segue que todos os espíritos *funfun* que vieram à terra tornaram-se governantes de cidades e de distritos devido à sua extraordinária capacidade de entendimento dos princípios fundamentais da criação e da organização cósmicas. *Funfun* é uma referência ao que é escondido e misterioso; daí os divergentes e por vezes contraditórios mitos e histórias sobre *Ọbàtálá*. A brancura dos espíritos *funfun* é um campo de paz tranquila que é contrastado com *dúdú* ou escuridão. *Dúdú* refere-se ao que é oculto e é isso que os espíritos *funfun* revelam na forma de um mistério. Desse modo, podemos entender *funfun* como sendo uma força que se revela pouco a pouco e, assim, traz o alerta de que estabilidade e calma são precondições necessárias para se fazer uso positivo da revelação do mistério. Aqui são vislumbradas dimensões que trazem à luz o dia da noite e uma criança do útero. Em adição a *funfun* e *dúdú* está *awon pupa*, o mistério da vermelhidão. *Awon pupa* representa as forças espirituais do fogo e da ferocidade e relaciona-se com o sangue, as paixões e é o princípio que ativamente infunde qualquer forma de germinação com poder.

Na metafísica de *Ifá*, o universo é um resultado do poder de expansão e de contração. Esse pulso cósmico é frequentemente referido como *òrìṣàko*, espíritos masculinos da brancura, e *òrìṣàbo*, espíritos femininos da escuridão, uma referência à interação entre *imo* (luz) e *aimoyé* (as trevas necessárias à manifestação).

Ọbàtálá representa a nossa jornada pelo mundo do paradoxo e do mistério para experienciar a bondade e chegar ao porto da tranquilidade. Isso se faz possível pelo acúmulo de sabedoria e de entendimento à medida que cultivamos nosso caráter e gradualmente crescemos em consciência, não apenas de nós mesmos, mas de como estamos conectados a tudo nessa teia de maravilhas.

ÀDÚRÁ ỌBÀTÁLÁ

Ọbàtálá yemi	Ọbàtálá, olhe para mim favoravelmente
Ni mo se da funfun	É por causa disso que você veste branco
Ọbàtálá yemi	Ọbàtálá, olhe para mim favoravelmente
Ni mo se da funfun	É por causa disso que você veste branco
Sebi aso iyi	É por causa disso que ele/ela é ilustre
Ohun le um sode i gbele	É como você costuma começar as festividades
Àṣẹ igben	Vestuário caro
Ohun le um sode i gbele	Era ele/ela que você usaria para começar as festividades
Alagbada elewu etù	Senhor da veste de galinha de angola
Esama sotito	Eles apenas fazem o bem
Òrìṣà mi gbemi o	Meu òrìṣà olha para mim favoravelmente

ÒGÚN: O ÍGNEO QUE FEZ OS CAMINHOS

Òg*ú*n detém importância primordial na cosmologia *Yorùbá* por causa da sua capacidade de trazer *awon pupa* (o mistério vermelho) à terra do modo particularmente necessário à evolução e sustentabilidade de toda coisa animada. Ele tem a maestria do ferro e do fogo e é um ferreiro, um guerreiro e patrono dos caçadores.

Ele é representado pela cor vermelha, mas ainda mais pelo azul profundo, que tipifica a parte mais quente da chama. Ele dá forma ao próprio fogo, como revelado no poder do ferro por ele domado. Ferro é representado pela barra que pode ser dobrada numa forma, e ferro é o componente vital do sangue, fazendo de *Ògún* o autor do esqueleto e do sangue. *Ògún* é a força que mantém tudo vido com a essência vital, determinação e movimento.

Ògún é o único *òrìṣà* que veio do lado esquerdo, daí a sua capacidade de exercer domínio sobre as energias que abrangem suas forças malévolas. *Ògún* é a inteligência espiritual que sabe como forjar esse transbordamento de energias crepitantes em estruturas e caminhos; ele é, correspondentemente, o impulso da guerra, da cópula e da agressão. Ele é a força em jogo quando o fazendeiro ara seu campo e abre a terra para plantar as suas sementes, assim como ele é aquilo que move a revolução, os militares e a sede de sangue de um assassino buscando alguma forma de justiça. Ainda que ele represente o controle dessa energia, a energia que ele controla não é tão facilmente manuseada pelos indivíduos. Desse modo, *Ògún* representa a força do fogo e a determinação presente em uma sociedade.

Enquanto *Ifá* fala do descenso das forças espirituais à terra em muitos *odù*, em *Ògúndá méjì* nos é narrada especificamente a manifestação de *Ògún* na terra e a organização da sociedade humana. Há, ao menos, quatro variações dessa história e todas elas expressam os mesmos princípios. *Ifá* nos conta que todas as estradas da terra foram feitas pela força espiritual conhecida como *Tobí Ode*, cujo nome significa "o caçador que possui grande talento". Antes do sucesso de *Tobí Ode*, *Ọbàtálá* fez uma tentativa de limpar os caminhos, a fim de que os reinos visível e invisível pudessem convergir. Ele fez uma faca de prata e começou a cortar o caminho entre a mata e a selva. Ele logrou cortar sob os arbustos para liberar raízes e criar algum espaço, mas quando chegou à parte mais difícil de se limpar, a faca de prata entortou e se quebrou. Por meio dessa ação, *Ọbàtálá* dotou as raízes de todas as plantas com o poder dos sonhos e tornou a comunicação entre elas possível. Compreendendo que um metal mais forte era necessário, ele convocou *Tobí Ode*, que possuía o poder do ferro, para limpar os caminhos entre os reinos visível e invisível e ele foi bem-sucedido em fazê-lo.

O sucesso de *Tobí Ode* tornou possível a chegada dos *òrìṣà* e de outras forças espirituais ao *Ayé*; ele foi honrado, celebrado e eleito o rei da cidade de *Ire*. Ele foi renomeado *Ògún Olorí*, que significa "o poder do ferro é dono da cabeça", numa alusão à sua absoluta supremacia sobre todos os seres vivos. *Ògún* recusou essas honrarias e foi para a floresta de mistérios. Ele viajou por ela até a montanha onde *Ọbàtálá* estava repousando em sonho e contemplação. Na ausência de *Ògún*, a população começou a ficar rebelde e briguenta, e não levou muito tempo para que ele fosse chamado de volta à cidade para restabelecer a ordem. Ele desceu da montanha e saiu da floresta, pintado com *efun* (argila branca) e vestido em *màrìwò* (folhas de dendezeiro) em honra ao verdadeiro rei da brancura e das matas, *Òbàtálá*. Como um senhor da floresta, à imagem de *Òbàtálá*, ele adentrou a cidade de *Ire* e pôs um fim em todas as forças hostis e negativas. Mais uma vez ele foi saudado como um rei com o nome de *Oniré*, que significa "rei da boa sorte". De *Ire*, *Ògún* foi de cidade em cidade restabelecendo a ordem, a harmonia e a sorte até que chegou a *Ilé Ifè*, onde ele deixou a sua coroa de realeza e colocou uma coroa de ferro em sua cabeça, saindo para as matas para esperar por novas aventuras e novos estágios de desenvolvimento do mundo.

Aqui nas matas, *Ògún* estabeleceu a primeira sociedade, a *Ẹgbẹ Ode*, a sociedade dos caçadores que se tornou o modelo de muitas outras e também fundou a sociedade *Ogbóni*. Em seu papel como um pai fundador de uma sociedade fechada, ele pode ser visto como um instigador de todas as formas de sociedade, assim como de avanços sociais no fluxo e refluxo da civilização. Para o povo *Yorùbá*, a civilização é movida pelos mesmos poderes que influenciam caçadores – a sociedade reflete as suas necessidades sociais e vice-versa. Isso é evidente na sucessão de chefes na sociedade de caçadores. *Ògún* foi o patriarca, sucedido por *Ọ̀ṣọ́ọ̀sì*, *Ològún Edé* e *Erinlè/ Inlé*.

Como patriarca dos caçadores, *Ògún* teve uma intensa relação com os poderes da má sorte e do desassossego, *àjé* e *ajogún*, e em particular com *Ònilé*, o espírito da terra, e, juntos, eles compartilharam uma veneração – e apetite – por cães negros. Em muitas tradições *Yorùbá*, cães, especialmente as fêmeas, são considerados como guardiões e mensageiros de *Ònilé*, dada a sua lealdade e capacidade de ver tanto o mundo visível, quanto o invisível.

Depois de *Ògún*, *Ọ̀ṣọ́ọ̀sì* foi o chefe seguinte da sociedade de caçadores e nele vemos um refinamento nos costumes da caça. *Ọ̀ṣọ́ọ̀sì* é associado ao poder da viagem astral para o propósito de rastrear a presa. Ele é também

IFÁ: UMA FLORESTA DE MISTÉRIOS

associado ao arco e à flecha. Enquanto *Ògún* precisava de proximidade do alvo, *Ọ̀ṣọ́ọ̀sì* podia caçar a sua presa à distância e com ele vieram todas as formas de arapucas e armadilhas inteligentes. Esse avanço continuou com o próximo chefe, *Ològún Edé*, o feiticeiro da cidade de *Edé*, que é reputado como tendo introduzido magia e ideias novas no conceito de caçada. *Ològún Edé* é usualmente representado com uma bolsa de ervas medicinais em suas mãos; isso revela uma relação com *Òsányìn*, o senhor das ervas e dos remédios, e, adicionalmente, do uso dos venenos.

Depois dele, *Erinlé* aparece, representando o aspecto curador do caçador e do pescador. Tanto *Ològún Edé* quanto *Erinlè* têm laços fortes com *Ọ̀ṣun*, que, em muitos mitos, é tida como a mãe de ambos. A entrada de *Ọ̀ṣun* no desenvolvimento do mistério dos caçadores também traz *Èṣù*, seu filho, e com eles vemos as camadas sociais representadas pelo avanço na sociedade dos caçadores provendo um modelo de evolução social. A respeito desses quatro poderes, podemos conceber o ritmo social de uma sociedade ou civilização como governado pelos seguintes princípios: o poder de *Ògún*, manifestado no ferro e na ferraria, limpa os caminhos e constrói as estruturas necessárias ao crescimento. *Ọ̀ṣọ́ọ̀sì* entra no construto social com foco e determinação para desenvolver as estruturas existentes; como tal, ele representa a ordem alcançada numa sociedade pela sua população. Depois, um elemento criativo na forma de *Ològún Edé*, um entusiasmo e uma volatilidade que é resolvida numa dança entre veneno e remédio, na qual *Erinlè*, o senhor dos remédios, atua como uma influência estabilizadora.

Precisamos entender que uma sociedade nasce por causa dos esforços de *Ògún*. *Ògún* vem do lado esquerdo, o que demonstra que tanto as forças benéficas quanto as maléficas são necessárias para o movimento de uma sociedade, o qual percebemos como progresso. A chave é seguir o seu exemplo e vestir-se de *efun* (brancura) e de *màrìwò*, para reconhecer a natureza pacífica de *Ọ̀bàtálá* como sendo a força que deveria participar de todo avanço social. *Ògún* é a espada passada no mel tanto quanto o sabor amargo numa doce vitória. Fundamentalmente, ele é a força que fez a substância da vida possível, como este *oríkì* comunica:

ORÍKÌ ÒGÚN

Òrìṣà bí Ògún	Não há divindade equiparável a Ògún
A ko roko	Sem Ògún não poderíamos limpar a erva daninha e as matas
A ko yènà	Sem Ògún nenhum caminho seria limpo
Ògún lo ni okó	A enxada pertence a Ògún
Ògún làgbède	Ògún é o ferreiro
Ògún làgbè oun naa ni jagùn jagùn	Ògún é o fazendeiro e o guerreiro
Bí o sí Ògún a ko jeun	Sem Ògún não teríamos comida

<u>ỌYA: O VENTO BRANCO QUE ALIMENTA MIL FOGOS</u>

Ọya é o vento e como o vento está constantemente mudando, assim ela é o poder por detrás da mudança. Seu nome é provavelmente uma elisão de *o ìyá mésan*, "mãe de nove". Esse epíteto refere-se aos nove filhos que ela gerou com Ṣàngó. Os oito primeiros eram mudos, mas o nono falou com uma voz estranhamente estridente. Esse era *Egúngún*, os outros sendo os oito ventos. Como a senhora dos ventos, ela tem uma importante função em como a sociedade muda e nos modos arbitrários e vacilantes da mente e do desejo humanos. Assim como o vento pode tomar a forma de brisa, tempestade e tornado, imitando estágios da nossa vida, ele também reflete a força inerente a uma dada sociedade, que se move entre brisa e tempestade, suavidade e destruição.

Ọya é um espírito guerreiro, tendo a sua origem no Rio Níger, e é frequentemente retratada como uma feroz amazona. Muitas canções e preces a ela estabelecem que ela deve ser bem mais temida do os seus maridos, *Ògún* e *Ṣàngó*, pois o seu "cutelo feito de vento mata mais do que qualquer espada" (veja seu *odù, Ọsá méjì*).

Ọya é uma força misteriosa, presente quando o vento se agita e pronuncia o trovão. Ela é o vento que alimenta o fogo e a força que excita paixões. Um objeto em rápido movimento gerará calor, e assim o movimento de Ọya gera calor e fogo, resultando nas condições atmosféricas que tornam possível o raio. Ela é o vento que se veste de fogo, pois ela o controla, acalma e excita. Mas o vento, o elemento aéreo, é uma referência ao domínio espiritual, uma vez que a corporalidade dos espíritos é formada de ar. Essa associação conta-nos que *Egúngún*, a memória coletiva dos ancestrais, é o vento envolto pela terra, e é por isso que ele fala com uma voz estridente e ventosa.

Essa é a dança de *Ọya* no mundo. Seus nomes de louvor são (dentre muitos): *Ọya Orire*: "Aquela cuja beleza é tão grande que não podemos desviar o olhar"; *Ọya Oriri*: "A encantadora"; *Aféfé lèlè*: "Grande vento"; *Aféfé ikú*: "Ventos da morte." Ela também é *Aféfé légé-legé tí í dá'gi l'okè-l'okè*: "O vento que corta a copa das árvores" e *Ìyáàmí arina bora bí aso*: "Minha mãe que se veste de fogo".

O vento é o portento da sabedoria empírica. É aqui que encontramos uma ligação entre a sabedoria ancestral e o que está escondido na terra como reflexo da sabedoria celestial original. As estrelas estão sempre bem debaixo dos nossos pés. É por isso que curvamos as nossas cabeças para o solo e pedimos a *Ònilé* aquilo de que precisamos para nos mantermos fortes e ardentes. Aquele que ouve é *Egúngún*, a memória ancestral, o vento subterrestre. Vento sobre vento, camada sobre camada, nove no total, formam o vestido usado por *Ọya*. *Ọya* corta as copas das árvores porque as árvores são os nossos ancestrais e ela desce sobre o topo das árvores como inspiração divina. Seu útero é o portal da sabedoria. Ela é a sabedoria que brilha no céu e acende o entendimento imediato. Ela é a sabedoria que nos torna humildes e, humildemente, prostramo-nos no solo. Enquanto nos deitamos ali com os ventos ancestrais murmurando sobre nossas costas, ela brilha nas tempestades acima de nós. Ela é a sabedoria que toca tudo com mãos invisíveis e incendeia mentes, corações e o mundo com paixão. É por isso que *Ṣàngó* precisa desesperadamente dela.

Ele necessita da fagulha de inspiração empírica para acompanhar a sua presença trovejante.

Ela é o vento da morte e, assim, ela é a justiça divina, assim como *Ọ̀bàtálá* é a mais pavorosa das mortes, "a morte branca", pois quando a doce brisa se transforma em tornado, a devastação é tão inevitável como quando a brancura de *Ọbàtálá* queima a terra com raios radioativos.

Ela é a sabedoria do equilíbrio repousando sobre os ombros de *Egúngún*. Ela é o útero que dá vigor à terra e o vento que fala da sua sabedoria, porque o vento carrega sementes e pólen para todos os lugares e é a força rebelde que pode mudar a sorte de uma mão para a outra, de uma nação para a outra. Como diz um *orin*:

É é è pà!	*Saudações*
Ọya o,	*Ó, Ọya*
Héè pa ri pà Ọya o	*Ó, Magnificente Ọya*
Eégún nlá inú aféfé	*Ó, Grande Espírito Ancestral que vive no vento*
Héè pà rí pa Ọya o	*Ó, grande Ọya*
Oòsá nlá ò	*A grande Òrìṣà*
Oòsà tó tóbi	*Òrìṣà de excelência*
A pani ma nágà	*Que mata sem se mover*
Tíí t'óko re léyìn o	*Que favorece seu marido*
Omo rè lá nse	*Somos seus filhos, incendei-nos*
Àwa loloya	*Nós nos dedicamos a Ọya*
Ọya wa, ti wa léyìn o	*Oya que é nossa, favoreça-nos*
E e e hèèpà o	*E e heepa o!*
Heepa!	*Saudações!*

Ifá: Uma Floresta de Mistérios

ṢÀNGÓ: A ESPADA DUPLA DA JUSTIÇA

Ṣàngó é um espírito associado ao trovão. Ele foi o quarto governador do Estado de Ọyọ; seu governo foi de militarismo e excelência estrutural e seu reino prosperou na arte das esculturas e entalhes em madeira, bem como em sabedoria. Sob seu governo, o Estado de Ọyọ tornou-se célebre pela sua excelência em organização e comércio, assim como em violência e horror.

Ṣàngó é vermelho na cor e é relacionado à política, à água e às mulheres. Ọya, o vento que agita as paixões, escolheu-o como seu marido ideal, ao passo que ela mesma é um poder que repousa dentro da veste branca de Ọbàtálá. Como vimos no caso de Ògún e está implícito em Ọya, todas as forças vermelhas que possuem entendimento suficiente compreenderão que elas precisam venerar a brancura de Ọbàtálá e, assim, submeter a sua paixão ígnea à calma, à mediação e à avaliação clara. Ao passo que Ògún é sustentado pelas trevas das quais ele veio, Ṣàngó, em sua força vermelha buscando a "brancura" não tem esse tipo de amparo cósmico fundamental. Com Ṣàngó, encontramos um homem nascido na memória ancestral que se eleva em divindade. É em Ṣàngó que encontramos o status divino dos humanos como seres espirituais numa jornada para recuperar a sua divindade. Ṣàngó é um exemplo perfeito da condição humana e, em particular, da natureza da política aqui no Ayé. Ṣàngó é o relâmpago e, desse modo, ele se mostra como alguém que reconhece a sua origem celestial. Todos somos nascidos de flashes de luz e fogo, as expressões vermelhas que dão vida a tudo. É com esse flash do relâmpago que ganhamos uma alma, e é a partir disso que desenvolvemos a nossa personalidade dentro do contexto social em que ela se encontra. Edwards e Mason (1985:54) dizem o seguinte sobre Ṣàngó:

> O relâmpago também simboliza a sua língua e é a sua língua que distingue a verdade da mentira. A língua permite a Ṣàngó viver em ambos os lados da realidade; no lado da verdade ou no lado da mentira. Ele é

um òrìṣà de opostos e é representado como honesto e desonesto, avarento e generoso, bondoso e cruel.

Ṣàngó é uma força complexa que constantemente se esforça para manter o equilíbrio, que é simbolizado pela sua machada dupla. Ele foi inspirado por um espírito de prosperidade, equanimidade e abundância, mas, num mundo de contradições, aquilo que é simples pode se tornar complicado. Isso está codificado na persona de *Ṣàngó*, que começou como um governante determinado, gentil e justo que, ao perceber a riqueza afluindo para si, também viu os pássaros das desgraças e da paranoia seguindo o seu rastro. Isso levou a demonstrações de poder violento e depravado no final do seu reinado.

Ṣàngó foi removido do seu posto real pela sociedade *Ìyàmí*. A mesma sociedade de mulheres sábias que o coroou ordenou-lhe que cometesse suicídio, pois esse era o veredito comum exarado para qualquer rei que fosse destronado por crueldade. Vários mitos contam-nos que ele compreendeu toda a condição e propósito da sua vida enquanto caminhava pela mata e que ele cometeu suicídio num estado de clareza e de aceitação. Isso permitiu a sua transição de humano para *òrìṣà* e tornou-lhe possível empreender essa transição em "alvura" e paz da mente.

Eu diria que *Ṣàngó* representa o ideal de aspiração humana; ele é o bom espírito que quer que todos prosperem, assim como ele é o andarilho solitário em busca de abundância para si mesmo. Ele é o *edún àrá*, a pedra de raio, e é, assim, o clarão relampejante da inspiração divina e da aspiração tomando forma terrena. *Ṣàngó* é ambivalente, mas sempre focado em assumir a coroa do destino. Ele é o caminho que todos os seres humanos seguem na busca dos seus objetivos, temporais ou eternos. Ele não é o instigador da batalha, mas a essência da batalha.

A forma da sua manifestação trovejante varia. *Oramfe* parece ser mais sereno e como Janus, ao passo que tanto *Jakuta*, quanto *Hevioso* parecem ser menos orgulhosos do que a representação, em *Ọyọ*, do espírito-trovão, *Ṣàngó*.

IFÁ: UMA FLORESTA DE MISTÉRIOS

Em *Ilé Ifè*, *Oramfe* é importante no festival *Odun Ose*, dedicado a *Omitutu*, o espírito deificado da água fresca. É central para esses rituais a aparição de *Òrìṣà Ito*, que se manifesta com o peixe-lama. O peixe-lama habita dois reinos ao mesmo tempo, tanto a água quanto a terra, e assim revela um segredo da natureza de *Ṣàngó*. O mesmo elemento bimórfico é encontrado no noitibó e no *okín* (papa-moscas), usados para representar o espírito do trovão. Isso sugere a importância da anomalia e da mudança no mundo animal e é uma referência à primazia ritual e política, representando a presença da diferença no esquema natural das coisas. E aqui encontramos o campo complexo de *Ṣàngó*, onde a política mundana reflete a ordem e a estrutura da organização cósmica perfeita, mostrando os caminhos cruéis, estranhos e misteriosos que compõem todas as possibilidades do projeto divino.

A partir de *Ṣàngó*, podemos aprender muito a respeito da condição humana. Vemos o que um excesso de fogo pode fazer quando o egocentrismo é combinado com poder político. Em *Ṣàngó*, encontramos a lição da humildade e dos segredos da presença divina na terra mediada pela sabedoria da ancestralidade e do espírito da nossa consciência. *Ṣàngó* traz-nos a mensagem de que todos podemos dar abundância e maravilha ao mundo ao tomarmos a coroa do nosso destino; de igual maneira, podemos trazer devastação e horror quando falhamos em ver a cintilante glória dourada do nosso porto feliz.

Ṣàngó é um rei que idealmente se veste com roupas femininas, não em virtude da sua sexualidade, mas porque ele sabe que a mulher lhe deu poder, que a mulher pode tirar o seu poder e que a mulher sustenta o seu poder. Ele se veste como uma mulher para homenagear a fonte do poder, pois a mulher é a coroa da realeza, e um rei que não tem o suporte das mulheres não é um rei. É um lembrete aos homens para sempre reconhecerem que eles são o que são por causa de *odù*, que a sabedoria do mundo pertence à mulher. *Ṣàngó* ensina-nos que sempre haverá consequências prejudicando a nossa boa sorte quando nos desviamos do que é bom, verdadeiro e justo. *Ṣàngó* representa o feroz senhor da guerra obcecado com ataque e defesa, pois a visão do sangue alimenta o seu fogo, ainda que ele sempre esteja necessitando de professores e conselheiros bons e sábios para domesticar o seu caos natural. Dito isso, *Sàngó* é uma "vermelhidão" e um fogo expansivos, como transmitido em um *àseofò* (encantamento). É o fogo da determinação de que precisamos para perseguir nossos objetivos:

> *Sángírí-lágírì*
> *Olàgírí-kàkààkà-kí igba edun bò*
> *O jájú mó ní kó to pa ní jé*
> *Ò ké kàrà ké kòró*
> *S'olórò dí jìnjìnnì*
> *Eléyinjú Iná*
> *Abá won já má jèbi*
> *Iwo ní mo Sá di o*

> *Aquilo que rasga e açoita as paredes*
> *Ele deixou as paredes rasgadas e colocou nelas duzentas pedras de raio*
> *Aquele que olha para as pessoas com terror e inspira medo antes*
> * de puni-las*
> *Ele fala com todo o seu corpo*
> *Ele fala como alguém poderoso*
> *Você deveria ter medo em seu coração*
> *Seus olhos são vermelhos como brasas ardentes*
> *Aquele que luta contra as pessoas, mas nunca vê condenação*
> *Porque nenhuma luta se faz sem justiça*
> *Nele eu busco meu refúgio.*

ÒṢUN: A TURBULÊNCIA CRIATIVA DAS CAUDALOSAS ÁGUAS DOCES

Òṣun é a força feminina arquetípica; ela contém a semente de todas as manifestações possíveis. Ela é saturada de mistério, tão rica em essência que não podemos vislumbrar a totalidade das suas possibilidades. Diz-se que *Òṣun* foi a primeira força feminina que chegou ao *Ayé*. Ela chegou à terra com mel, doçura e com os segredos do erotismo. Os mitos e histórias sobre *Òṣun* são numerosos, mas encontramos um tema comum nela ser um espírito livre que abandona seus opressores e críticos quando a sua liberdade de expressão é impedida. A sua ausência sempre traz devastação de algum tipo, pois ela é o mistério do reflexo, a senhora da dança e o espírito da beleza. Ela é o mistério erótico, pois é o desejo que nos move para frente. *Òṣun* é a força que muda o ferro em joia e a necessidade em elegância, porque ela é o espírito da elegância e da gentileza sedutora. *Òṣun* é representada por animais tais como a codorna, o pavão e o crocodilo, e por metais como bronze, latão e ouro.

As tradições *Òsogbo*, que são a origem do seu culto, comunicam que ela é uma manifestação direta de *Olódùmarè* e a esse respeito temos mitos incontáveis narrando como ela conquistou todos os poderes masculinos que se recusaram a reconhecê-la. Ênfase também é dada aos seus atributos como o espírito que assegura comércio bem-sucedido, que traz dinheiro e prosperidade e que toca tudo com beleza. Ela é *omi tutu*, águas doces e frias. Crocodilos e jacarés que vivem em águas frescas alagadiças representam o seu aspecto quando as suas águas frias são aquecidas.

Uma história, do Estado de *Ògún*, narra como *Òṣun* foi filha de *Yẹmọja*; é uma alegoria de um mistério mais profundo que narra como as águas salgadas de inspiração misteriosa deram à luz a doçura e a graça cósmicas. Essa história é importante para se compreender o papel vital que *Òṣun* detém na cosmologia *Yorùbá*. Ela conta como *Yẹmọja* experimentou dificuldades ao dar à luz uma criança em virtude de abortamentos constantes. Ela conseguiu engravidar por meio do conselho sábio de *Òrúnmìlà*, cujo aviso mais importante foi o de apenas tomar banho em água fria e evitar qualquer erva ou remédio. A gravidez foi um processo delicado, mas a criança nasceu, frágil e bela. Ela sofreu hemorragia severa no cordão umbilical e *Yẹmọja* ficou preocupada com a possibilidade de perder uma outra criança. Ela chamou

Ọ̀rúnmìlà imediatamente, o qual pegou sua placenta, dezesseis búzios, dezesseis nozes de cola, dezesseis nozes de cola amarga e fez um sacrifício a *Ọnilé*, o dono da terra. No dia seguinte, ele chamou *Ògún* para ajudá-lo a levar o sacrifício à parte mais funda do rio, onde a água era mais fria. Os búzios foram separados, oito foram pegos por *Ọ̀rúnmìlà* e os oito restantes por *Yẹmọja*. Os dezesseis búzios foram então dados a *Ọ̀ṣun*, que rapidamente cresceu em saúde e beleza.

Há muitas variações desse mito, mas todas elas transmitem a mesma mensagem. *Ọ̀rúnmìlà* ganhou um lugar especial na vida de *Ọ̀ṣun* e deu-lhe o dom de ler o oráculo dos búzios, o que levou *Ọ̀ṣun* a ser vista como a esposa original (*apetẹbi*) de *Ifá*. Com o dom oracular e o poder natural da beleza, trazendo crescimento com o poder das águas calmas e frias, a ela foi designado um lugar único na cosmologia. *Ògún* pode ser visto como seu padrinho, uma vez que foi ele que assumiu os passos necessários para completar o sacrifício que *Ọ̀rúnmìlà* iniciou, a fim de assegurar que a sua vida fosse feliz e abençoada. *Ọ̀ṣun* veio ao Ayé glorificada com força e sabedoria para suportar a sua beleza e elegância, e disso nasceu a perfeição feminina. *Ọ̀ṣun* é a água fria que torna a nossa consciência calma e pacífica, mas ela é também a paixão que vive em nosso coração, ou melhor, ela é o rio que conecta o *orí* ao coração.

Diz-se que *Ọ̀ṣun* representa o planeta Vênus na sua totalidade. Ela tem uma relação profunda com as *àjé*, ou bruxas, mas os seus caminhos de bruxaria são muito diferentes das energias cataclísmicas e caóticas normalmente associados a elas. *Ọ̀ṣun* e *àjé*, contudo, têm seu ponto de encontro no conceito de abundância (relacionado à paixão). Ela, porém, é uma Vênus crescendo em beleza sob o Sol, ao passo que *àjé* são poderes venusianos que derivam sua força da Lua.

Ọ̀ṣun manifesta-se em *Ọ̀ṣé Méjì*, que é relacionado à vitória obtida pela posse da sabedoria e da intuição, o que é visto como uma fórmula para abundância. *Ọ̀ṣé Méjì* conta-nos que *Ọ̀ṣun* aprendeu os segredos da abundância de *Ọ̀bàtálá*, especificamente, que ela aprendeu a como ativar a sua potência para gerar abundância e incrementá-la por meio do seu auxílio. O verso nos conta que ela alcançou isso usando seu *àṣẹ* de *funké*, o poder de atração, o qual frequentemente tem uma conotação erótica. Precisamos compreender que o erotismo está relacionado à afinidade entre duas forças que levam ao desejo de se fundir. Com *Ọ̀ṣun* e *Ọ̀bàtálá*, vemos um campo de desejo gerado por *omi tutu*, ou as águas frias buscando uma disposição calma e uma consciência feliz, a qual dá à luz a elegância e a criatividade. *Ọ̀ṣun* é o enxofre alquímico, a força que inflama. Ela inflama a paixão sexual e a criatividade dramática, assim como ela é a força que leva ao incremento e à abundância.

Ọ̀ṣun é poderosa, apesar de seu poder ser particularmente relacionado aos elementos frágeis da criação. Beleza e elegância são às vezes degradadas pela grosseria e pelo mau-caratismo. Uma história de *odiwori* conta que houve um tempo em que as pessoas da terra, em virtude da sua cobiça e egocentrismo, ficaram chateadas com sua rainha, *Ọ̀ṣun*. Elas já tinham o bastante, mas queriam mais, e a resposta de *Ọ̀ṣun* foi deixar o seu povo e suspender a chuva, o elemento por ela comandado. Com a sua rainha ausente e a seca causando dificuldades, elas começaram a fazer sacrifícios e a aplacá-la, a fim de persuadi-la a retornar, mas *Ọ̀ṣun* respondeu dizendo que não retornaria, mas que poderiam usar água fria e a planta conhecida como *òdúndún* para resolver os seus problemas. As pessoas fizeram como ela aconselhou e a abundância retornou com as chuvas, mas *Ọ̀ṣun* nunca retornou a elas.

Ọ̀ṣun é o princípio que inspira artistas e amantes, uma força que quer que a nossa grandeza se multiplique para o nosso benefício e o dos outros. Esse mesmo poder pode ser reduzido e limitado, tornar-se objetificado e devasso. Quando isso acontece, *Ọ̀ṣun* não está mais presente, pois ela é a abundância da calma e das águas tranquilizantes, como mostrado no seguinte *oríkì*:

> *Ọ̀ṣun siginsi*
> *Omi o sírí*
> *Omi gbegbe lulu*

Omi a wowo má dà

Òṣun, omi a sàn rere wolé òdàlè

Omi yà

Omi yù

Onímàle odò

Oládé-kolù

Òṣun gbinnIkúngbinnIkún

Lo la ilè délé aláfojúdi

Olówò jàràrà wokùn

O san rere wolé òdàlè

Kare o!

A fi ìlù gba àṣẹ

Àgbàjà obìnrin

A bímo màá bi olé

Ore Yèyé o

Òṣun de Ijèsà, senhora do pente de contas

As águas não fluem para trás

O rio abundante ensina que ele é sempre copioso

Como as águas da terra

Águas que fluem sem transbordar

Òṣun, a água que flui e invade a casa dos traidores

Possam as águas ir para lá

Possam as águas ir para todo lugar

Òṣun, espírito das águas

Abundância flui por meio do seu espírito

Òṣun, com o seu grande poder

Abra os caminhos até as casas dos irreverentes

Água que corre todo o caminho até o oceano

Correntes de água que fluem até mesmo para a casa

Do traidor

Reverência a você, gloriosa mãe, Ọ̀ṣun

Você que recebe oferendas ao som dos tambores

Mulher que protege a si mesma

Os filhos de Ọ̀ṣun não são preguiçosos

Ó, gloriosa mãe, Ọ̀ṣun.

Ọ̀SÁNYÌN: O SENHOR ESTRELADO DAS MATAS E BOSQUES

Ọ̀sányìn é conhecido como o médico dos òrìṣàs, um curador que possui o conhecimento das ervas, arbustos e árvores. Ele é considerado o irmão de Ọ̀rúnmìlà e sua própria origem é igualmente misteriosa. *Ifá* nos conta que Ọ̀sányìn caiu do Ọ̀run e mergulhou no solo numa cidade chamada Ìràwò. Ìràwò significa "estrela" e, assim, o significado mais profundo de sua queda é o de que ele, como uma estrela, tornou-se o primeiro impulso de todas as formas de vida no reino vegetal. Assim como Ọ̀sányìn era uma estrela, de igual maneira toda planta é uma estrela crescendo na terra. Seu nome é composto por *sán*, "aumento da saúde", e *yìn*, "ferver ou construir com o auxílio do fogo". Está ainda relacionado com *Ọ̀sá méjì*, em referência a um dos seus nomes de louvor, o qual o descreve como "aquele que ateia fogo nos pássaros", o que carrega, como veremos, aspectos místicos significativos. Ọ̀sányìn é a raiz que traz à luz plantas e, em sendo assim, é intimamente relacionado aos pássaros que repousam nas copas das árvores. Esses pássaros são relacionados com *àjé*. Ọ̀sányìn usa a essência dos pássaros, em particular suas cabeças, do mesmo modo que usa ervas. Ele é representado pelo *opa Ọ̀sányìn*, que é um bastão forjado em ferro, trazendo um disco e um pássaro ou uma coleção de pássaros. O bastão é usualmente plantado no chão e se transforma em Ọ̀sányìn mediante rituais secretos. Ọ̀sányìn vive nas partes mais profundas da floresta, quebrando o seu isolamento somente pelos *iwín*, espíritos como fadas associados às árvores e à clarividência, e dois ajudantes com cabeças de cachorro, Ààjà e Àrọ̀nì, que servem tanto como mensageiros quanto como sequestradores de crianças escolhidas para aprender os segredos de *Òsányìn*. Em algumas histórias, ele é representado como um espírito sábio e humilde, como convém a um irmão mais novo de *Òrúnmìlà*, enquanto, contrariamente, noutros, ele é apresentado como a personificação do egoísmo e da arrogância. Diz-se que ele tem uma grande predileção por gin e tabaco e é usado, algumas vezes, como um exemplo do infortúnio advindo do abuso de intoxicantes.

Ele é encontrado em vários odùs, mas *Òtúrúpòn méjì* é particularmente importante em relação a ele. A mensagem desse *odù* diz respeito a doença, contágio e cura. Abundância é frequentemente trazida por meio de dificuldades, pois o trabalho duro é necessário para promover a valorização. Quando trabalhamos duro para conquistar algo, a tendência humana é agarrarmos o resultado e tornarmo-nos egoístas em relação ao nosso prêmio. *Òsányìn* fez exatamente isso. Uma história fala sobre como ele obteve o conhecimento de todas as ervas e remédios ao longo de anos de trabalho duro como servente e jardineiro, de como, retirado na mata, isolou-se com o seu prêmio, recusando-se a compartilhá-lo. O tempo passou e o mundo precisou de sua sabedoria, mas ele não tinha tempo para o mundo, então *Ọya*, o espírito do vento, veio e sacudiu os segredos das folhas e dos remédios das suas mãos, espalhando-os por todo o mundo. O sábio espírito *Òsányìn* foi humilhado pela intervenção de *Ọya*.

Outra história narra como *Òsányìn* foi visitado por *Èṣù* para o mesmo propósito. Novamente, ele se recusou a compartilhar a sua sabedoria, o que resultou na perda de uma perna, de um braço, de um olho e da sua voz. Depois desse encontro com o Senhor das Encruzilhadas, seus segredos lhe foram tomados e ele só pôde falar através dos pássaros. *Òsányìn* é o mestre arquetípico da sabedoria e do conhecimento que cai presa do egoísmo e da misantropia. Em seu caso, o seu sacrifício seria *rúbo*, uma mudança de postura e uma atitude ativa. Ele foi tentado e forçado pelo destino a examinar o seu *orí* e a corrigir-se a si mesmo, a fim de que ele pudesse trazer à luz *ìwà rere*, uma disposição alegre e ser abençoado com o espírito da partilha. Egoísmo é uma doença e o seu remédio é a generosidade. Nós não possuímos nossas descobertas no mundo; tudo que descobrimos pertence a todos os humanos, seres divinos se aventurando pelas nossas encarnações.

Outras histórias contam exatamente o oposto e mostram Ọ̀sányìn como um espírito generoso que, de boa vontade, compartilhou o reino verde entre espíritos e humanos na proporção das suas necessidades e revelou as ressonâncias secretas entre os locais geográficos e os mistérios das matas.

Ọ̀sányìn é um mistério oculto e seu culto detém os segredos dos encantamentos e da feitiçaria. Em alguma extensão, há uma tensão a se encontrar entre Ọ̀sányìn e Ọ̀rúnmìlà, similar àquela entre o feiticeiro e o sábio. Ọ̀sányìn recorre a meios mágicos e feiticeiros na natureza, ao passo que Ọ̀rúnmìlà usa ẹbọ e oráculos para compreender a situação e gerar as soluções. Essencialmente, estamos falando de duas formas diferentes de àṣẹ, as quais possuem a capacidade de mudar um mau destino em um bom. Folhas são de importância fundamental em *Ifá*, daí o provérbio: "sem folhas nada podemos fazer, sem folhas não teríamos òrìṣà".

Pessoas muito versadas na tradição das plantas e do seu uso são normalmente *onìsegún* e *oloògùn*. Esses termos são ambos aplicados à própria prática e à pessoa com esse conhecimento específico. Também, *Bàbáláwos* são geralmente muito versados nas propriedades das ervas, assim como nos vários *ofò* (palavras de poder ou encantamentos), *èpè* (maldições) e *àpè* (rezas). Quanto a *èpè* e *àpè*, Buckley comenta de forma perspicaz que ambas as maneiras de conferir força a um remédio são relacionadas a falar a verdade (*òótò*), não em termos de afirmar fatos, mas no sentido de que as palavras da pessoa têm um impacto positivo ou negativo no mundo e no seu ambiente (Buckley 1997:141). Com ervas, pode-se curar ou causar uma doença. Ọ̀sányìn é a força espiritual na raiz desse mistério e isso revela a sua ambivalência. As ervas de *Ifá* são separadas em elementos e gênero, assim como em noturnas ou diurnas, calmantes (*ero*) ou estimulantes (*gún*). Temos ervas do ar (*ewé afeefe*), do fogo (*ewé inon*), da água (*ewé omi*), da terra e da floresta (*ewé igbó*). Dessas propriedades básicas são criados remédios, banhos curativos (*omi ero*), essências espirituais e prescrições mágicas por meios secretos com a ajuda do poder dos pássaros.

Há uma história que conta como *Òrúnmìlà* comprou *Òsányìn* como um escravo para ajudá-lo em sua fazenda. No caminho para a fazenda, *Òsányìn* foi atraído para a floresta, onde encontrou um anão feio com o nome de *Àrònì*. *Àrònì* era um espírito da floresta que confiou conhecimento sobre as folhas a *Òsányìn* e lhe ofereceu a sua amizade (Prandi 2001:152). Este *itán* sugere que esse espírito foi importado ao culto de *Ifá*. Mason (1985: 94) diz que "*Ọyọ beneficiou-se do comércio transaariano durante o período da ascendência Songhai (nos anos 1500), que, em seu apogeu, dominava tanto Nupe (Tápà) quanto Borgu (Ibàribá)*". Isso é interessante de se notar, já que alguns dos *oríkìs* a *Òsányìn* são pronunciados numa língua secreta que é similar ao dialeto *tápà*. Esse é o caso em Cuba, onde se refere a *Òsányìn* como mandingo ou falante de mandês. Isso sugere que o papel de *Òrúnmìlà* como um fazedor de pactos é importante. *Òrúnmìlà* vai ao habitat das bruxas para fazer um pacto com elas e compra *Òsányìn* como um escravo e acaba sendo seu estudante. Na Iorubalândia, o consenso parece ser o de que *Òsányìn* é da cidade de *Ìràwò*, que é próxima à fronteira do atual Benin. A palavra *ìràwò*, como já mencionado, significa "estrela", portanto pode ser que a história transmita a tradição que ele caiu das estrelas para a terra. Isso se harmonizaria com o seu epíteto *àrè*, "um estranho". Mason salienta que *Òsányìn* não era um dos companheiros de *Odùduwà* quando vieram a *Ifè*. A sua estranheza é ademais representada pela sua habitação, a floresta densa onde ele é acompanhado por criaturas estranhas, conversa com plantas e está em comunhão com os espíritos das árvores. Os seus ajudantes são *Àrònì*, um gnomo desfigurado com cabeça e rabo de cachorro e *Àajà*, a sua contraparte feminina. Esses dois seres são considerados raptores de crianças, levando-as para a floresta e desafiando-as. Se elas provam ser corajosas, são instruídas na tradição das folhas e dos remédios e, então, são mandadas de volta para as suas comunidades quando o seu treinamento é finalizado. Outro *òrìṣàs* próximos a *Òsányìn* são *Ògún*, o deus do ferro, *Òṣọọ̀sì*, o deus da caça, e *Erinlè*, um espírito que é considerado o médico de *Òbàtálá* e que também é conectado aos rios silenciosos e às forças mais misteriosas da floresta. Esses três espíritos usam as matas em virtude de receberem tutoria do seu senhor e, uma vez que este é *Òsányìn*, eles devem manter uma relação e um vínculo profundos com ele, a fim de usarem o seu reino. *Òsányìn* tem laços fortes com *Ṣàngó*, a quem ele deu apoio em sua vida militar, fazendo magia, curando e compondo remédios.

Òsányìn é uma figura muito complexa, tanto em origem, quanto em função. Mason diz que ele "*incorpora a ideia de enfrentar o lado maligno da existência (...) Ele é a mente equilibrada voando altaneira por sobre as dificuldades. Ele possui a mente e está sempre de guarda contra a desumanidade do ser humano para com o ser humano*" (ibid. 98). Os sacerdotes de *Òsányìn* são normalmente referidos como *Ol Òsányìn*, que significa, literalmente, "senhor do espírito da floresta". *Òsányìn* é um dos mais importantes espíritos de *Ifá*, pouco pode ser feito fora do reino desse espírito. A saudação seguinte para ele enfatiza isso, assim como a sua natureza estranha:

> *Ìbà O!*
> *Ìbà Olódùmarè Oba até rere k'Ayé!*
> *Ibá Olójó òní*
> *Ìbà Èṣù Láàlu Okiri òkò*
> *Èṣù ìwoni ìlera àbò igbega, ire, oro bem l'ówó ré,*
> *jòwó ki o wa fún mi ni nkan wonyi!*
> *Ìbà Òrúnmìlà Bara Àgbonmìrègún*
> *Ìbà Ìyáàmi Òsòròngá*
> *Ìbà Bàbá Òsányìn*
> *Ìbá Oní ewé*
> *Agbénígi òròmú adie abìdi sónsó*
> *Esinsin abèdò kíníkíní*

Kòògo egbòrò irín
Aképè nígbà òrò kò sunwòn
Tíotío tin, ó gbá aso òkùnrùn ta gìègìè
Elésèkan ju elésèMéjì lo
Aro abi-okó lìèlìè
Ewé gbogbo kíkí òògún
Ewé ò! Ewé ò! Ewé ò!

Àgbénigi èsìsì kosùn
Agogo 'nla se erpe agbára
Ógbà wón là tán, wón dúpé téniténi
Àrònì já si kòtò óògún máyà
Elésè kan ti ó lé elésèMéjì sare
Ewé gbogbo kìkì òògún
Ewé a jé òògún a jé fun mi
Loni emi fé ire ré
Òsányìn jòwó fún mi nire
Fún mi ni olá
Wa wo mi san
Ki o sí fún mi ni àbò, oro àtí àlàáfìà
A dupe Alagbo
Àsẹ ti Olódùmarè
Olódùmarè Àsẹ

Saudações!
Saudações a Olódùmarè, o rei que se espalha por todo o universo!
Saudações ao senhor do dia!
Saudações a Èṣù, senhor da cidade e de seus portões!
Èṣù, você é o senhor da saúde, da proteção, do progresso, da benevolência
e da prosperidade, eu peço respeitosamente que você me dê tudo isso!
Eu saúdo Òrúnmìlà, coco de grande sabedoria

Eu saúdo a Mãe dos Pássaros da Noite

Saudações a Òsányìn, meu Pai

Saudações ao guardião das folhas

Àquele que mora entre as árvores

O rastejante que se veste com farpas e espinhos

A mosca que tem um fígado muito pequeno

Àquele que é forte como uma árvore feita de ferro

Àquele que chamamos quando as coisas não vão bem

*O esbelto que, quando veste o manto da doença, move-se como se estivesse
  caindo*

*Àquele que tem uma perna, mas ainda assim é mais poderoso do que os
  que têm duas*

O fraco que tem um pênis fraco

Todas as folhas que possuem humidade podem ser usadas para a cura

Ó folhas! Ó folhas! Ó folhas!

Àgbénigi, o divino que se veste de palha

Grande sino de ferro que ressoa poderosamente

*Àquele a quem todos são incondicionalmente gratos depois de ele humi-
  lhar todas as doenças*

Àrònì, que pula no posso com amuletos amarrados no peito

Homem com uma perna que faz correr aqueles com duas pernas

Para você, toda folha é remédio

As folhas funcionarão bem para mim

Hoje, estou buscando a sua benevolência

Dê-me a honra

E me cure

Dê-me a sua proteção, dê-me prosperidade e paz

Eu presto homenagem ao senhor da medicina

Assim seja, Olódùmarè

Olódùmarè, assim seja

ỌBALÚWAYÉ: REI DO MUNDO, SENHOR DA PESTE

Ọbalúwayé é honrado como o senhor do mundo, ele é a força responsável pelo início da decadência e pelo nosso retorno ao Ọ̀run uma vez que o nosso corpo inevitavelmente retorna ao seu elemento, a terra. Ele é uma das forças espirituais que vieram ao Ayé com o objetivo de criar estabilidade, portanto ele é referenciado como èbora, "uma força de estabilidade". A fim de alcançar esse objetivo, ele trouxe a doença. Ọbalúwayé é a terra carnosa que cobre os ossos de Egúngún, que foram erigidos como uma encruzilhada circunscrita no âmago da terra. Ele é o rei do mundo. Quando viemos à terra é porque ele permitiu a nossa chegada e é por causa dele que nos fundimos à terra quando partimos. Ọbalúwayé é o próprio ciclo da vida. Ele é a febre que anuncia a enfermidade, por isso ele é louvado como o "o calor escaldante ao meio-dia" e como "as águas ferventes da terra", sendo associado com toda doença nascida de ventos quentes ou de insetos que picam, especialmente os mosquitos e as formigas que são seus mensageiros. Ele é representado pelo dendezeiro envolto em suas folhas, màrìwò, em honra à sua grande idade. Ele é uma força muito vermelha e quente que governa a corrente sanguínea em particular, ao passo que Ọ̀ṣun é a senhora de todo fluido que flui no corpo. Podemos entendê-lo como o guardião do Ayé. Sempre que os habitantes da terra se tornam muito abusivos, ou o seu caráter degenera, catástrofes e epidemias sempre vêm à tona como consequência. Ọbalúwayé é a força espiritual que controla e assegura a estabilidade da própria terra e, como tal, visto por alguns como o poder de retribuição codificado na terra e que se manifesta quando ela é "aquecida" pelo abuso. Edwards e Mason (1985: 72) resume Ọbalúwayé da seguinte maneira:

> Ele foi um boêmio que enfrentou o desafio da experiência, foi afligido, mas encontrou glória no final. Na sua juventude, ele foi um dançarino apaixonado por música e percussão. Ele foi considerado um mulherengo, que sempre se entregou aos vícios dos homens. Ele mora na floresta

profunda, fria, com Òsányìn e tem uma relação íntima com seu irmão Sàngó, Èṣù e Òrìṣà Oko.

Òrìṣà Oko serve como um contraste a Ọbalúwayé. Cada um deles tem uma forte relação com a doença e com o ofício de julgar, e ambos exemplificam as virtudes desse último. Eles são relacionados aos ventos, mas ao passo que Ọbalúwayé é o vento quente e escaldante do meio-dia, Òrìṣà Oko é o vento da noite, e ninguém sabe o que isso traz. Ambos têm conexão com insetos que picam, mas Òrìṣà Oko é o senhor das abelhas, ao passo que mosquitos são favorecidos por Ọbalúwayé.

A Ọbalúwayé pertencem todos os tipos de grãos e de sementes e, sobretudo, sementes de gergelim, que se considera tenham relação com a varíola. Amendoins também são sagrados a ele.

Suas cores são o vermelho e o violeta, o que imita a febre e o sufocamento causado pela doença que controla o equilíbrio da população na terra.

Seus santuários são comumente encontrados fora das áreas populosas, próximas à floresta, e seus rituais são serenos e cheios de temor. Em geral, não se fala muito dele, a fim de não o agitar, embora ele seja louvado como um grande médico, porque ele conhece os segredos das doenças e dos seus remédios. Aconselha-se a não usar seu nome verdadeiro, *Sòponnà*, que pode servir como um encantamento para trazer a sua presença, portanto ele é comumente louvado como Ọbalúwayé, o rei da Terra.

Frequentemente se diz que seus poderes curativos estão disponíveis mediante o trabalho com *Nana Bulukú*, que é considerada a sua mãe. Ela vive sozinha na floresta, onde ela supervisiona todas as fontes de água doce do mundo. Ela é representada pelo cânhamo de corda de arco africano (*Sansevieria*) e brotos de bambu, que simbolizam uma conexão ancestral por meio do espírito, o monte de terra imitando uma colina de cupins. Ela compartilha isso com Ọbalúwayé, e ambos têm uma preferência por serem cobertos por folhas de palmeira. Bambu é a planta que a manifestou na terra. Isso é muito apropriado, já que ele mantém a terra estável, prevenindo erosão e é benéfico ao meio-ambiente. O bambu é uma árvore que manifesta o *Ọṣé méjì* e é associado a *Ọ̀ṣun* e *Ọya*. *Ọ̀ṣun* é vista como a água que enche o bambu, enquanto *Ọya* é o vento que move suas folhas, indicando a presença delas, a qual é percebida como um senso de fragilidade, abundância e força.

Algumas tradições contam que *Nana Bulukú* é a esposa celestial de *Ọ̀bàtálá, Yemòwò*, que se manifesta nas 28 estações da lua, e é a senhora da sua luz. Foi *Ọbalúwayé* quem primeiramente a acompanhou à terra. Diz-se que ela caminha com os espíritos do fogo e em muitas das suas canções ela é saudada tanto como uma envenenadora, quanto como uma parteira perfeita.

Encontramos, aqui, os poderes de *Ọbalúwayé*, a presença do fogo e do calor necessitando ser equilibrada pela água fria de *Nana Bulukú*. Assim como encontramos a pestilência sendo equilibrada pela cura, e os espaços estrelados além da Lua sendo espelhados pela terra. Isso representa a totalidade de um ciclo que que se desenrola em calma e agitação, tanto de dia quanto de noite. *Ọbalúwayé* contém tudo isso, o que é a razão de um *adura* (reza) dizer o seguinte:

> *Adura Ọbalúwayé*
> *Òrìṣà jingbinni*
> *Òrìṣà tii mu omo ati iya*
> *Bi o ba um nwon tan*
> *O tun le pada wa um baba*
> *Òrìṣà bi aje*
> *O mo ilé Oso, O mo ilé àjɔ*
> *O gba oso loju*
> *Oso ku finrinfinrin*
> *O so aje lerukale*
> *Òrìṣà jingbinni*
> *A momo ohun*

O pomoolomo ku finrinfinrin

O foju omoolomo gbedoro

Jowo ma se mi

Òrìṣà das feridas borbulhantes

Òrìṣà que pode trazer doença à criança e à mãe

Quanto ele nos traz doença

Ele deve retornar e trazer doença ao pai também

Òrìṣà que é como um feiticeiro

Que conhece a casa do feiticeiro, que conhece a casa das bruxas

Ele bate na cara do feiticeiro

O feiticeiro morre sem se mover

O poder do mal foi tomado da feiticeira

Òrìṣà das feridas borbulhantes

Leve as coisas com consciência medida

Matou o filho alheio sem se mover

Usou a face do filho alheio para identificar a dor

Por favor, não nos machuque.

OLÓKUN E YEMOJA: A SABEDORIA RADICAL DAS ÁGUAS SALGADAS

Yemoja é uma força espiritual conhecida no novo mundo como um espírito do oceano e é o *òrìṣà* padroeiro do Brasil e de Cuba. Ela é associada às sereias, marinheiros e pescadores e considera-se que é a mãe das correntes sanguíneas da terra, nomeadamente das grandes águas salgadas, que podem ser vistas preservando os mistérios da gestação no útero. Toda a vida marinha é sagrada para ela, assim como os pássaros que vivem na costa litorânea e vicejam na água.

A lenda diz que ela nasceu na terra de *Takua*, onde o grande Rio *Ògún* começa, e que ela desposou *Ògún* depois que o seu casamento com *Okefè* terminou (mais conhecido como *Òòṣàoko*, um nome alternativo para o

Òrìṣà Oko). *Yẹmọja* é a padroeira da sociedade secreta conhecida como *Gẹlẹdẹ*, a qual se diz que se originou na terra de Ketu, mas que está estabelecida tanto no Benin quanto na Iorubalândia.

A Sociedade *Gẹlẹdẹ* originou-se quando uma filha de *Yẹmọja*, após vários abortos espontâneos, encontrou meios de aplacar o espírito do rio com bonecas de madeira e espetáculos. Isso permitiu que as mães, as senhoras dos poderes de *àjé*, fossem apaziguadas e liberassem raios benévolos dos poderes de *ìrókò* e de *Egúngún* para dar suporte ao àṣẹ de *Yẹmọja*, trazendo bênçãos às gestações e abrindo os caminhos para a prosperidade. Drewal & Drewal (1938:xv) dizem sobre *Gẹlẹdẹ*:

> *A etmologia da palavra Gẹlẹdẹ revela seu interesse central e seu significado final. Gè significa 'acalmar, aplacar, acariciar e mimar'; èlè refere-se às partes íntimas de uma mulher, aquelas que simbolizam os segredos das mulheres e seus poderes vivificantes; e dé conota 'suavizar com cuidado ou gentileza'. Juntas, essas ideias comunicam o significado de Gelede, atos cuidadosamente concebidos e executados para render homenagem a mulheres, a fim de que a comunidade possa compartilhar do seu poder inato em seu benefício.*

Uma história em *Ògúndá méjì* conta como uma manifestação de *Yẹmọja*, com o nome de *Mojelewo*, "aquela que possui os seios grandes, aquela que possui a floresta", casou-se com *Okeré*, "aquele com os olhos injetados de sangue (escarlates)", em preferência a *Ògún*. Ele queria desesperadamente se casar com ela. Ela estava verdadeiramente procurando por um bom homem e aceitou sua proposta com a condição de que ele não nunca visse seus seios grandes. Ele concordou e eles viveram juntos e felizes e tiveram muitos filhos, até que um dia *Okeré* chegou cedo em casa com um sorriso, uma vez que a sua esposa havia lavado todas as suas roupas e estava sem nada para cobrir seus seios. *Mojelewo* ficou enfurecida e fugiu dele. Quando ela escapou, caiu no Rio *Ògún* e foi transformada em *Ofiki*, que é o nome dessa parte do delta, porque ela estava fluindo em direção ao oceano para não pertencer a ninguém, e a todos.

Ìrẹtẹ̀ méjì fala sobre as consequências desse mergulho no rio. Ela mergulhou nas suas profundezas e, de fato, se você vir o Rio *Ògún*, ele se parece com um vasto oceano negro em que você não pode ver o outro lado. Foi aqui que *Mojelewo* caiu e compreendeu os mistérios de *àjé*. Quando ela chegou a *Olókun*, o dono dos oceanos, ele disse a ela que nunca havia visto poderes tão magníficos. Ela conseguiu equilibrar os poderes vermelhos da bruxaria com os poderes brancos do *irúnmọlẹ̀*. O seu feito foi "lavar ferro branco enferrujado com o sangue de ovelhas e de serpentes". *Olókun* reconheceu a sua chegada como a consecução do seu destino. Seu *awo* havia lhe dito que ele encontraria uma esposa que tornaria sua vida mais doce do que o mel.

Assim como *Yẹmọja*, *Olókun* é uma força espiritual complexa, o dono de todas as águas salgadas e riquezas, como se diz nesta canção para ele, coletada por John Mason (1996):

Olóòkûn lokún gbéra nilè o	*Forte senhora das contas de pedra,*
	surja da terra
Osìn erùpè gbéra lè	*Senhora do solo, surja da terra*
Omo omi Olóòkûn da owó	*Filhos da água, Olókun cria dinheiro*
Yèyé i dáàna Omo	*Mãe (Olókun) dê filhos como presentes*

O conceito de *Olókun* é de um mistério sem limites, pois ele veio à terra manifestando o próprio enigma revelado em previsões e profecias. Ele é uma força *funfun*, significando uma das forças espirituais originais que veio para o *Ayé*. A ele foi assinalada a missão de supervisionar e de proteger tudo que está abaixo da consciência de todos os seres viventes. Encontramos muitas histórias nas quais *Olókun* desafia *Olódùmarè* e *Òrúnmìlà* em termos de supremacia e sabedoria, porque seu domínio, afinal, é a maior parte do *Ayé* e a sua sabedoria penetra em tal profundidade que só ele conhece seus mistérios e segredos. Por causa disso, *Olókun* é, às vezes, retratado como um homem e, outras, como mulher; ele é, contudo, uma força masculina e sua expressão bipolar é simplesmente uma expressão do seu mistério.

Yẹmọja é a bruxa arquetípica, uma força associada à Lua, à prata, ao chumbo, ao estanho e a tudo que é branco e transparente. Isso é mediado com o verde e o azul (cores que são vistas como tons de preto no contexto Iorubá) e associadas com a sua essência original, a qual, por sua vez, relaciona-se com o verde da vegetação e com o espaço, seja líquido ou aéreo. Assim, seus santuários são localizados tanto na entrada das matas como na costa oceânica.

Yẹmọja conecta-se com *Ògún* em seu amor pelo pinheiro e com o oceano em seu amor pelos corais e pelas pérolas. Ela é a coroa de *Òsùmàrè* quando o arco-íris aparece, assim como a chuva é uma outra das suas manifestações. *Yẹmọja* é a "mãe das criaturas marinhas" e, desse modo, mãe de todos nós, em rememoração do tempo em que fizemos a transição das águas para a terra seca.

Yẹmọja guarda o cipreste e os manguezais, os quais selam esse mistério de como o oceano se funde com a terra. Ela é o movimento das ondas encontrando-se com a terra. Ela é um paradoxo que testemunhamos constantemente.

O oceano representa a memória e os inícios e é desse modo que *Yẹmọja* tornou-se a rainha dos oceanos. Ela é associada com o útero que é sempre fértil, porque seu próprio útero assemelha-se ao oceano. Ela é tanto a continuação do que existe quanto o *àṣẹ* das formas novas, diferentes e cambiantes, sendo o espírito que supervisiona a adaptação cultural. A sua proeminência no novo mundo atesta isso, demonstrando a sua habilidade de abranger a água e a terra. *Yẹmọja* é verdadeiramente a mãe de todos os *òrìṣà*. Ela é retratada, na diáspora, como uma sereia vestida de branco, elevando-se dos oceanos com sete estrelas e uma lua crescente adornando a sua cabeça. Essas associações são profundas, indo até os reinos misteriosos de *Olókun.*

Olókun é o dono do oceano e das águas em geral. Ele é o mistério da riqueza, assim como demonstra que a riqueza é um mistério. Por causa da sua prosperidade, ele cresceu arrogante e cheio de orgulho. *Olókun* é uma demonstração de grandeza que nos recorda de que a prosperidade e a abundância sem sabedoria irão apenas nos arrastar para profundezas misteriosas.

Yẹmọja e *Olókun* são poderes vinculados à prole e são considerados pais extremamente agressivos dos seus filhos. *Olókun*, como senhor do oceano, possui todas as criaturas dentro dele. *Yẹmọja*, sendo o próprio espelho do oceano, manifesta-se como um tubarão, um furacão, um rodamoinho ou uma sereia, um golfinho, uma baleia, uma rá ou um sapo. *Yẹmọja* usa tudo do reino de *Olókun* em conformidade com os seus poderes, seus trabalhos visam à multiplicação, ao crescimento, à abundância e à proteção. Tanto ela quanto *Olókun* são protetores ferozes e guerreiros em relação aos seus filhos, que não são apenas os seres marinhos, mas qualquer um possuído por uma consciência profunda. Como uma oração em reverência a *Yẹmọja* diz:

> *Ìbà Ìyá Yẹmọja mo juba o!*
> *Yẹmọja ooo!*
> *Wa gbo ẹbọ mi*
> *Ìwo ti nfún eniti nwa omo ni omo*
> *Jòwó mo pe o, fún mi ni omo*
> *So mi di oloro*
> *Yẹmọja, yéyé àwon eja, fi abo re bo mi*
> *Ki ikú àti àrùn má wo'lé to mi wa*
> *Ìyá mi jòwó so ekun mi dayo*
> *Àṣẹ to Olódùmarè*
> *Àṣẹ Olódùmarè*
>
> *Saudações a Yẹmọja*
> *Ó, Yẹmọja*
> *Ouça o meu lamento*
> *Você que dá filhos a quem quer que queira filhos*

Por favor, dê-me filhos
Faça-me próspero
Yẹmọja, mãe dos peixes, eu imploro pela sua proteção
Para que a morte e a doença não entrem em minha casa
Minha mãe, por favor, torne minhas lágrimas e sofrimento em felicidade
Que assim seja, Olódùmarè
Olódùmarè, que assim seja.

EGÚNGÚN: OS OSSOS QUE SOMOS

Egúngún é a memória coletiva da ancestralidade. Isso é frequentemente confundido com *egún*, a noção de um ancestral específico. Quando falamos de mais de um ancestral, podemos dizer que estamos a tratar de *Egúngún*, pois essa força é a soma do conhecimento ancestral. *Egúngún* são *ara òrun*, moradores do outro lado cujo objetivo é assegurar o alinhamento correto das encruzilhadas dos mundos. É uma força estabilizadora que também pode se manifestar em terremotos e erupções vulcânicas como um sinal de que a estabilidade que eles suportam está em desordem. Podemos apelar a essas forças para compreensão e apaziguamento, pois somos a continuidade vivente da ancestralidade.

Egùngùn é a ponte entre o *Ayé* e o *Òrun* e nos relembra da nossa natureza dual enquanto seres divinos numa jornada humana. A memória ancestral é o fio vermelho que torna essa jornada compreensível. *Egùngùn* põe em ordem a nossa conexão com o *Òrun*, uma vez que caminhamos na terra. *Egùngùn* é relacionado a *ikú* (a morte), porque a morte é uma benção divina: ela nos recorda de que a vida é temporária e de que estamos no nosso caminho de retorno ao eterno. Derramamos lágrimas de perda porque sentimos a separação.

A experiência de perder alguém é a mesma de ansiar pelo eterno. *Ikú* nos ensina que o mundo é um mercado, uma aventura e uma jornada através da alegria e da experiência, na qual comemos tanto folhas amargas, quanto mel. Eles servem como um lembrete do desígnio cósmico até que ele finalmente nos leve para casa.

Egúngún ensina que todos nós somos únicos e que o destino de ninguém é idêntico ao de uma outra pessoa. Isso deveria fazer com que saboreássemos a vida na terra, celebrando as nossas similaridades e diferenças. Contudo, a experiência mostra que esse nem sempre é o caso! Essa verdade é evidente nas canções, orações e declarações reverenciais ofertadas a *Egúngún*, que estão ligadas aos feitos e aos malfeitos de uma dada família e à sua memória como uma família agindo em uma comunidade e no mundo mais amplo. O trabalho com *Egúngún* é sempre orientado em direção a um entendimento de quem somos nós dentro de uma teia maior de eventos. *Egúngún* é a estrutura da nossa memória. São os três pregos dentro da sua alma que acendem o autoconhecimento.

As celebrações de *Egúngún* na Iorubalândia tomam a forma de uma festa à fantasia ou de um baile de máscaras. Os sacerdotes de *egúngún* vestem-se com roupas multicoloridas, cobrindo cuidadosamente todo pedaço do corpo e comumente usando uma máscara de madeira esculpida, muitas vezes alienígena e grotesca na forma. A festa com máscaras é uma brincadeira ou uma peça teatral entre os sacerdotes fantasiados e os celebrantes, na qual os *egúngún* perseguem as pessoas presentes e tentam bater nelas com seus bastões *atori*. É crucial não se deixar bater pelos *egúngún* porque isso chamará a atenção da morte sobre você e ao menos algumas dificuldades surgirão ao ser tocado por um *egúngún* aleatório. Isso lembra os participantes de que a morte está sempre presente e pode atacar quem merece tanto quanto uma pessoa justa que está simplesmente no lugar errado. Isso nos torna cônscios disso num nível pessoal, por mais que chame a nossa atenção para a complexidade da comunidade. Na festa de *egúngún*, ancestralidade toca ancestralidade. Quando isso acontece, encontramos tanto simpatia quanto antipatia, o que pode levar gerações da antipatia à simpatia, assim como provocar o oposto. A festa de *egúngún* imita a dança da vida numa graciosa zombaria da nossa existência terrena, pois a estranha máscara, que fala de tudo o que é noturno, estranho e que não é deste mundo, serve-nos como um lembrete de onde nós viemos: do reino do mistério.

Egúngún representa o mistério no qual nós constantemente vivemos, o encontro de amigos, inimigos e provocadores, assim como a maneira como isso sempre culmina numa dança de compreensão que torna essas relações ordenadas e compreensíveis. Com o pé esquerdo, resistimos; com o direito, aceitamos e, desse modo, dançamos pelo mundo dando três passos para trás ou dois para frente. É através da dança da ancestralidade que podemos compreender de onde viemos e, assim, ganhar sabedoria sobre "quem somos nós", tal como na prece seguinte, retirada de "Family Spirit" de Awo Fa'lokun (2006):

Oríkì Egún

Ilè mo pè ó o. Egúngún, mo pè o o.

Egúngún, mo pè o o. Egúngún, mo pè o.

Eti were ni ti èkuúté ilé o. Asùnmáparadà ni tigi àjà o.

Àgó kìí gbó ekun omo re kò máà tati were.

Àwa omo re ni a pé o; a wá láti se oún re.

Máà jé kí a pa odún je; máà jé kí odún ó pa àwa náà je.

Olódún kìí pa odún esin run. Egúngún kìí pa odún esin run.

Máà jé kí a rí ikú omom máà jé ki a rí ikú obinrin.

Máà jé kí a rí ìjà ìgbóná. Lilé ni kí a máà lé si, máà jé kí a pèdín. Àṣẹ.

Terra, eu a chamo. Ancestral, eu o chamo.

Terra, eu a chamo. Ancestral, eu o chamo.

Ratos domésticos são muito alertas. As vigas nunca mudam de posição.

A rata não desconsidera o choro dos seus filhotes.

Nós, seus filhos, reunimo-nos aqui para a sua cerimônia anual.

Não nos deixe morrer ao longo do ano.

Aqueles que dão as oferendas anuais não abolem voluntariamente a prática.

A sociedade dos médiuns não abole a sua prática anual.

Previne a morte dos filhos e das esposas.

Salva-nos da doença. Deixe-nos multiplicar e crescer. Assim seja.

ÈṢÙ: O DOCE MAGMA QUE MOVE A ENCRUZILHADA DO MUNDO

Èṣù detém uma posição única na cosmologia de *Ifá*. Ele é o mensageiro divino e a força que responde as nossas preces e torna os nossos sacrifícios efetivos. Diz-se que *Èṣù* é um trapaceiro, mas isso requer algumas considerações; ele é meramente o poder de escolha representado pela encruzilhada. Ele é a escolha em cada canto da encruzilhada, a qual dá início à decisão que se toma no seu centro. *Èṣù* foi traduzido como "diabo" no primeiro dicionário Inglês-*Yorùbá*, o é que interessante, vez que o diabo, nas tradições de bruxaria europeia, é associado ao acaso, à sorte e à escolha, um poder próximo a Deus, mas com um interesse e um apetite nos assuntos humanos. Há ressonância entre as duas figuras, mas o diabo, como o autor do mal, é um atributo sem sentido a se aplicar a *Èṣù*.

Diz-se que ele é a mais jovem das forças espirituais que vieram à terra, no sentido de que ele veio por último. Quando ele chegou aqui, todos os outros *òrìṣà* haviam tomado seus poderes e *Èṣù* aceitou o que sobrou como aquilo que ele queria ter: o *àṣẹ* da força vital de *Olódùmarè*, do qual ele se tornou o guardião. Noutras palavras, *Èṣù* foi agraciado com ser a extensão ativa da divindade. A ele foi dado um bastão mágico que lhe possibilitou atravessar o espaço e o tempo com grande rapidez, como Hermes. Como guardião da força vital, foi-lhe dado o ofício de superintendente dos *òrìṣà*, assim como o de ser o seu mensageiro. *Èṣù* é representado pelo bastão mágico, cabaças medicinais e clavas. Ele é o falo ereto que simboliza a lava ígnea no centro da terra. Isso dá à luz as pedras de laterita vulcânica, que são a primeira manifestação de *Èṣù*, assim como quaisquer pedras pretas que parecem crescer para fora da terra.

Èṣù pode ter sido o último a chegar na terra, mas ele era, originalmente, o líder das forças espirituais e era o poder que trouxe a luz às trevas. Nesse sentido, um conto narra como ele recuperou o seu *àṣẹ* original e foi reconhecido como o governante dos poderes de *Olódùmarè* e, assim, tornou-se o conhecido líder de todos os *òrìṣà*. *Òrúnmìlà* desafiou *Èṣù* chamando-o de mentiroso e dizendo que era impossível que ele, que era o mais novo de todos, pudesse ser o líder dos *òrìṣàs*. *Èṣù* convocou todos os outros *òrìṣà* à casa de *Olódùmarè*, onde *Olódùmarè* disse que eles deveriam aceitar *Èṣù* como o seu líder, mas eles se recusaram a aceitá-lo a menos que ele pudesse demonstrar que se sairia vitorioso numa batalha com eles. *Èṣù* aceitou o desafio e levou os *òrìṣà* à encruzilhada onde o céu e a terra se encontram e pediu que quem quer que quisesse lutar com ele desse um passo à frente. O primeiro a desafiá-lo foi *Ògún*, mas *Èṣù*, astutamente, deu um jeito de lançá-lo ao solo. *Ògún* foi à terra com vergonha e frustração, onde ele estabeleceu um culto em sua honra. *Ṣàngó* se apresentou em seguida, mas *Èṣù* o enganou também, jogando-o no chão. *Ṣàngó* deixou a terra ressentido e estabeleceu o seu culto. Então foi a vez de *Ọya*, mas ele também a derrotou, assim como fizera com *Ògún* e *Ṣàngó*. O mesmo se deu com os outros *òrìṣàs* que foram à frente. Quando ele derrotou todos os contendores, voltou a *Olódùmarè* e disse: "eu provei a mim mesmo, eu provei que sou o líder dos *òrìṣà*". *Olódùmarè* investiu-o com o *àṣẹ* de autoridade e respeito, e, além disso, deu-lhe o *àṣẹ* que destruiria o *àṣẹ* de qualquer *òrìṣà* que não o respeitasse.

O nome *Èṣù* sujeita-se a várias interpretações, mas uma das mais disseminadas é "aquele que une tudo novamente", e é nessa capacidade que ele é conhecido como "aquele que desafia a humanidade novamente e novamente". *Èṣù* é a ferocidade que nos puxa e empurra para perseguirmos o nosso destino e é o chicote em nossas costas a nos dirigir rumo à senda do destino quando fazemos escolhas contrárias ao nosso próprio bem. Ele é a força que liberamos em virtude da nossa falta de bom julgamento e de escolhas sábias. Ele tem muitos nomes laudatórios e é conhecido como "aquele que tem muitos nomes", "o senhor da estrada", "aquele que divide a estrada" e múltiplos outros. Eles refletem seu enorme dinamismo, que vai desde seu aspecto feminino e benevolente até o homem que detém a clava e tem o falo ereto, dando chicotadas num grupo de lutadores tão somente para lhes ensinar lições dolorosas.

Ifá nos ensina que o princípio e a ideia de luz é o que torna o mundo manifesto possível. As sombras de luz, com as suas frequências, são codificadas nos primeiros dezesseis pares de *odù*, ou *méjìs*, mas *Ifá* nos diz que um décimo sétimo princípio entra em jogo na liberação das suas potências. Podemos chamá-lo de +1 dos 16 *méjìs*. Isso é representado pela combinação do *odù* conhecido como *Òsétúrá*, que traz *Èsù* à manifestação, ao passo que ele é gestado em *Òfúnwónrín*, outra combinação de *odù*. Nesta discussão de mistura e fusão, começamos a compreender a complexidade de *Èsù*. O *odù* *Òfúnwónrín* detalha as consequências desse mistério, no qual *Èsù* transforma a fonte da luz e gera possibilidades. Quando *Èsù* media os poderes de *Òfún*, ele leva a diversidade a se manifestar. Essa diversidade toma forma em opiniões, pessoas e situações. Uma pletora de oportunidades e decisões abrem-se para nós. Isso é considerado bom, embora nos possa parecer amargo ou mau. A amargura da luz é a nossa percepção da sua manifestação, não necessariamente uma verdade cósmica.

Òwónrín é o poder da mudança e da transformação radicais, uma força que torna a noite em dia e manifesta o inexplicável. *Èsù* é uma concentração de poderes diferentes, mas é dentro dessa família energética que ele afirma o poder da transformação. *Òfúnwónrín* detém o segredo de como nos permitir andar no mundo graciosamente e com dignidade. Isso é causado tanto aceitando o estado do mundo, quanto caminhando em direção à mudança positiva. Diz respeito a como nos aproximarmos da diversidade maravilhosa da manifestação, se com resistência ou com interesse. Em todo canto, umbral, porta e encruzilhada, encontramos *Èsù* como o guardião da força vital que cria movimento, mudança e escolha no mundo. A combinação dessas forças, Òfún e Òwónrín, indica que os poderes que gestaram Èṣù estavam relacionados à maneira como a fonte da luz geraria mudança radical, enquanto o odù que o manifesta na terra, Òṣétúrá, fala da manutenção de uma visão clara na teia frágil do mundo.

Uma história de Òṣétúrá conta como Èṣù era, originalmente, um feto feminino, como todos somos ao tomar forma no útero, mas que as forças espirituais acharam necessário que ele devesse nascer como um homem. Ele nasceu de Òṣun, que foi o 17º ìrúnmọlẹ a vir à terra, e a única força feminina entre eles. Devemos olhar para os mistérios de Èṣù mais de perto ao longo deste texto e, em particular, no seu último capítulo, mas, por ora, é importante enfatizar a sua natureza enigmática. Também é necessário olhar mais criteriosamente para a sua relação com Òrúnmìlà, a fim de compreendermos inteiramente a sua essência. Assim, por enquanto, ele será resumido na forma dada na prece seguinte:

ADURA ÈṢÙ

Laalu, Èṣù o!	Senhor da cidade e dos seus portões, Èṣù
Èṣù Odara	Èṣù, o renomado
Omokunrin idolofin	Filho do Rei da cidade de Ofin
Ebita Okunrin	O enigmático
Asiwaju Orisa	Líder dos òrìṣà
A ba ni wa ija	Aquele que busca contenda e luta
Bi a o rida	Queiram as pessoas ou não
Ma pa okuta si ilé àṣẹ mi o	Não derrube a casa do meu poder
Laalu tare wa	Ó, mui renomado, traga coisas boas
Tare sasa owo	Traga muito dinheiro
Tare sasa àṣẹ nla nla	Traga muito poder
Iku, arun, ofo ki o	Para que a morte, a doença e a perda
Ma je tiwa o	Não se encontrem entre nós

Èṣù alaketu
Ara Ketu
Àṣẹ mi dowo re o

Èṣù, Rei de Ketu
Grande cidadão de Ketu
Meu poder está em suas mãos

O NOSSO MUNDO MISTERIOSO

O nosso mundo, *Ayé*, é dotado de um espírito assim como tudo que existe possui um espírito e uma consciência. *Ifá* é uma filosofia de consciência e caráter que contém a sabedoria e o conhecimento de todos fragmentos ou elementos de consciência que estão espalhados pelos mundos visível e invisível.

A fim de tornar a filosofia de *Ifá* mais inteligível aos leitores ocidentais, podemos nos referir à noção de consciência dos espíritos e das plantas nas obras de Paracelso, ou lermos as especulações de Giordano Bruno sobre as ligações energéticas entre diferentes formas de consciência e o seu longo discurso a respeito de como as imagens são dotadas da consciência da luz, a qual lhes dá forma e direção. Também podemos ver uma tendência ao panteísmo em *Ifá*, similar à de Spinoza. Quanto ao seu panteísmo, Spinoza introduziu conceitos como "substância pensante" e "substância estendida", os quais usou para explicar como o dualismo é uma experiência e não necessariamente uma experiência real no sentido ideal. Essa forma de panteísmo presume uma divisão entre o sobrenatural e o natural, na qual a natureza é percebida como uma extensão de Deus, de forma a podermos ver Deus em todo grão de areia e em toda pétala de rosa. Mas há uma diferença qualitativa entre a emanação da divindade e a divindade em si mesma, assim como há uma diferença entre as partes e a imagem toda. Se lermos Goethe, Schiller e Emerson juntamente com Spinoza, é possível encontrar um campo filosófico que ressoa com *Ifá* em alguma extensão.

Ifá dá importância máxima a *orí* e vê tudo que existe como possuindo consciência. Consciência é associada a luz, raios e sonhos, e emana da fonte de tudo o que existe. Portanto, estamos em comunicação profunda com todos os reinos – animal, vegetal e mineral –, e também com o mundo invisível, porque tudo que existe contém a consciência da sua fonte divina e, assim, tudo é feito à imagem divina. Desse modo, tudo que possui consciência pode ser como Deus quanto é "trabalhado" em direção ao alinhamento com a sua fonte. Isso indica que um despertar para os reinos visível e invisível deve ser constantemente treinado e cultivado, e é a partir disso que será gradualmente adquirida uma percepção de como todas as coisas são conectadas.

Vimos que a presença de forças espirituais na Terra veio tanto do lado direito, quanto do esquerdo, o que fala de uma polaridade inerente necessária a que a criação seja sustentada e produza energia. Essa polaridade é inerente a tudo, num tal grau que a filosofia de *Ifá* assevera que tudo que existe contém reflexos positivos e negativos da sua consciência única. Isso é verdade para as plantas e os seres humanos, assim como para os seres espirituais.

Vimos de que maneira os seres espirituais conhecidos como *òrìṣà* são extensões de forças mais altas e mais puras. Isso é similar ao conceito da cadeia dourada do *Timeu* de Platão, conforme adotado pelos filósofos herméticos e alquimistas do final da Idade Média e da Renascença. Essa teoria considera as emanações como uma cadeia descendente do reino puro das ideias à sua manifestação na terra. À medida que descem, sua impureza aumenta, razão pela qual o espírito na matéria é experienciado como um paradoxo e uma dualidade, quando, na verdade, é um campo estabelecido entre a fonte e seus reflexos.

TRADIÇÃO E INICIAÇÃO

Ifá é uma doutrina, uma filosofia, e não uma religião no sentido ocidental. A teologia de *Ifá* é parte da sua filosofia; isso jaz na raiz de qualquer

IFÁ: UMA FLORESTA DE MISTÉRIOS

expressão do culto ou religião de *òrìṣà* no novo mundo, seja Lucumi[6], culto de *Ṣàngó*[7] ou Candomblé. Isso se faz possível pelo idealismo teológico que forma parte da filosofia de *Ifá*. *Ifá*, em si mesmo, sempre será definido como *esin*, "seguir os caminhos da terra", e não como uma instituição religiosa. Os guardiões dos caminhos da terra são adivinhadores e profetas que asseguram que mantenhamos o fluxo tradicional da sabedoria. Uma tradição não é algo que tenha sido passado para poucas gerações; ela é algo mais profundo do que isso.

A tradição deve expressar algumas facetas particulares para ser corretamente referenciada como tal ou, do contrário, é uma tradição falsa, uma pseudotradição. Uma verdadeira tradição insere-se num saber primordial que se revela e numa visão de mundo particular. A visão de mundo que emerge do *Ifá* tradicional é aquela que convida a uma certa ordem e hierarquia, onde os extremos na criação são equilibrados por homens e mulheres detentores do mistério da existência. Isso revela que há uma ordem em jogo, a qual replicamos na estrutura simples da ancestralidade, onde o pai procura o avô para aconselhamento, assim como o filho procura os seus pais. Desse modo, a sabedoria é preservada por aqueles que estão vivendo o mistério que nós conhecemos como vida.

É essa sucessão de conhecimento ancestral acumulado pela experiência da vida que nos permite a conexão com o espírito e o conhecimento do nosso potencial divino, a fim de que possamos nos tornar *òrìṣà*, um fragmento único de consciência. Nas expressões religiosas que tomam *Ifá* como o seu

---

6 NT: em linhas gerais, culto afro-cubano equiparado, por alguns, à Santeria, e por outros como um culto autônomo. No geral, costumam ser considerados praticamente o mesmo culto a *Santeria*, a *Regla de Ocha* e a *Regla* Lucumí.

7 NT: em várias regiões do Caribe, o culto afrodiaspórico é denominado Ṣàngó. Curiosamente, no Brasil, há o Xangô de Pernambuco, culto afro-brasileiro que, embora seja semelhante ao Candomblé, com ele não se confunde.

fundamento filosófico, encontramos uma separação entre duas ideias de ancestralidade, *egùn* e *òrìṣà*. Este último é normalmente deificado num ideal inatingível e toma a forma de deuses e deusas, ao passo que *egùn* é algo obscuro, ancestral, frequentemente volátil e, por vezes, perigoso. Não há nada inerentemente errado nessas definições, mas é importante compreender que as duas estão intimamente ligadas, pois um ser humano que vive uma vida notável e colhe abundância se tornará *òrìṣà*. Esse conceito não é muito diferente daquele dos heróis gregos, que foram elevados ao status de deuses ou do processo de canonização, no qual um ser humano é elevado à santidade. Outro paralelo pode ser encontrado no *Mysterium Magnum* de Boehme, onde lemos:

> (...) *a criação dos anjos tem um início, mas as forças das quais eles foram criados nunca conheceram um início, mas estiveram presentes na origem do início eterno... Elas nasceram da Palavra revelada, fora da natureza eterna, escura, ígnea e luminosa, do desejo por revelação divina, e se tornaram imagens 'criadas'.*

Ou, como René Guénon comenta a respeito deste parágrafo, "fragmentadas em criaturas isoladas". Isso significa que os anjos representam ideias na razão divina que têm sido reveladas como "imagens" específicas ou partes da divindade. Noutras palavras, os planetas, as estrelas e as forças espirituais, assim como os *òrìṣà* possuem luz específica e restrita que expressa a sua natureza, tal como os animais, os vegetais e os minerais o fazem.

Boehme parece expressar uma visão de mundo similar àquela que encontramos em *Ifá*. As "forças" das quais ele fala são claramente sinônimos da tecitura energética da criação, a qual, em *Ifá*, é conhecida como *odù*. *Odù* são padrões energéticos da criação que fazem com que a experiência espiritual conhecida como *ìmọ̀lẹ̀* (brilho esplendoroso) seja trazida a um estado invisível. Isso dá origem à sua condição visível, *irúnmọlẹ*, que se revela na luz das estrelas e nos corpos planetários. Na terra, esses padrões de energia, todos os 256, expressam tipos diferentes de consciência. Eles tomam a forma de diferentes personalidades que expressam uma relação com um *òrìṣà* particular. Disso, derivamos o conceito de todos os seres humanos sendo filhos e filhas de um ou outro *òrìṣà*, uma aspiração rústica que pode ser refinada numa expressão pura e única de uma forma divina.

O conceito de *òrìṣà* deve ser entendido como um ideal e, ao mesmo tempo, como um retorno. É um campo específico de consciência a que aspiramos. A condição humana é que faz possível essa ascensão. À luz disso, ideias como *òrìṣà* estando bravos conosco, ou tomando formas punidoras, são, na realidade, os resultados de desalinhamento. Tais condições ocorrem porque os seres humanos tendem a medir o mundo usando o seu próprio ego e condição mundana como uma régua e compasso para o desejo e a realização. *Ifá*, por outro lado, mantém o desenvolvimento do bom caráter, que nos permite quebrar essa percepção limitada sobre quem nós somos e aspirar tornarmonos *òrìṣà*. Em suma, todos temos a semente de *òrìṣà* e a maneira como andamos no mundo ou nos trará essa semente, ou nos levará ao esquecimento.

Estas ideias são replicadas na iniciação a *Ifá* ou a qualquer *òrìṣà*. Iniciação é comumente referida como *igbódù*, que significa "floresta do útero" ou "floresta de mistérios". Esse termo faz referência a um lugar sagrado na mata onde os raios de *odù* se encontram presentes de tal maneira que efetuam uma mudança sutil no iniciado, trazendo consequências dramáticas. Esses lugares sagrados podem ser criados por aqueles que possuem os segredos para chamar *odù* a irradiar em um local específico. O ritual, então, é conduzido num ritmo de ocultação e de exposição aos mistérios que estão sendo trabalhados, o que literalmente lava a semente interna em sangue e ervas, a fim de que o *òrìṣà* residente possa começar a tomar forma e a crescer no indivíduo que está sendo iniciado. Ele ou ela é introduzido à vibração fundamental da criação, à medida que um raio específico é trabalhado e alojado no iniciado, que se torna o *ol' òrìṣà* de uma determinada força quando o ritual é concluído. A fertilização dessa semente é completada com um *dafá* (leitura oracular) que especifica como a pessoa pode melhor cultivar o poder em sua vida e começar o processo de se tornar o que ele ou ela detém. A iniciação é um começo, ela marca alguém que detém um poder e está a caminho de integrá-lo. O modo pelo qual a vida é vivida após a iniciação ou conduz a pessoa àquilo que ela detém até torná-la isso, ou a distancia mais e mais até que ela o perca.

Awo Fa'lokun Fatunmbi associa *igbódù* à ideia de *ìgòkè*, que podemos traduzir como "ascensão". *Ìgòkè* refere-se ao nosso rompimento dos limites da consciência individual e mundana rumo à fonte, como um resultado do processo de iniciação, o qual nos abre para que a nossa semente e potencial divinos possam desabrochar numa compreensão mais madura da nossa providência/proveniência divina. Isso é alcançado quando *orí inú* ou "eu interior" forma uma ponte com *iponri*, "o eu mais alto". Quando isso ocorre, a conexão com *òrìṣà* é feita num nível supremo e o *ol' òrìṣà* torna-se a manifestação do *òrìṣà* da pessoa. Em termos metafísicos, isso significa que o *ol' òrìṣà* está olhando para cima, em direção à fonte, a fim de formar uma ponte com a expressão tangível das ideais divinas que repousam em mistério. O *ol' òrìṣà* torna-se uma expressão natural de um padrão da criação, uma consciência trazida por *òrìṣà* e expressa por meios únicos através do alinhamento com a fonte, à medida que se põe em movimento o processo de se tornar *òrìṣà* por meio da iniciação. O processo é mediado por *Ọ̀rúnmìlà*, o espírito da sabedoria, por *Èṣù* e pela matriz da criação codificada em 256 *odù*.

ÒRÚNMÌLÀ E A ESTRUTURA SECRETA DOS ODÙ

Òrúnmìlà é o profeta do *Ifá* e, como tal, ele é o mestre das suas configurações, manipulações e charadas codificadas no oráculo também conhecido como *Ifá*. Òrúnmìlà significa "o céu traz o espírito de *Èlà* à terra." *Èlà* significica "salvação" e "destino", portanto *Èlà* é o espírito que revela que a salvação é o seu destino. Ser um profeta é ser um mensageiro, um vínculo e um mediador entre o que é manifesto e o que é invisível. Um profeta fala com a voz da fonte, a origem do desígnio cósmico. Uma *ìwàjú* (oração) diz o seguinte a seu respeito:

> *Mo juba awo Òrúnmìlà.*
> *Iwo ni iko Olódùmarè.*
> *Iwo ni olupilese awo odù Ifá. Iwo ni Ifá.*
> *Iwo ni oluwa awo igba owo-eyo.*
> *Iwo ni ohun idarisi.*
> *Iwo ni oluwa asiri iwa.*
> *Iwo ni òrìsà julo loye.*

> *Eu me apouco diante do mistério de Òrúnmìlà.*
> *Você é o mensageiro de Olódùmarè.*
> *Você é o autor dos mistérios do odù Ifá.*
> *Você é Ifá.*
> *Você é o senhor dos mistérios dos búzios.*
> *Você é a voz do destino.*
> *Você é o senhor dos segredos da existência.*
> *Você é o òrìsà mais inteligente.*

Ọrúnmìlà vê o futuro ao olhar para trás e, dessa maneira, nós somos os olhos do criador olhando de volta para nós mesmos conforme o desígnio cósmico se expressa em suas variações infinitas. A origem de Ọrúnmìlà é, como o significado da palavra *Ifá*, sujeita a diversas interpretações. Eu acredito que todas elas sejam verdadeiras e falem sobre como o espírito de *Èlà* se manifestou pelas esferas de várias formas atemporais, sábias e proféticas, de maneira a promover mistério, deslumbramento, reverência e sabedoria.

Um mito conta como *Ọrúnmìlà* veio do *Ọrun* (céu) junto de muitos outros espíritos e divindades e como se fixaram em *Ilé Ifè*. Ele decidiu se mudar para a periferia, para um local chamado *Òkè Ìgétí* (Morro Igeti). Após viver lá por algum tempo, ele decidiu se mudar para *Adó Èkítí*, onde ele ficou pela maior parte de sua vida. Enquanto vivia em *Ifè*, ele foi pai de oito crianças, príncipes que tomaram posse de vários distritos na África Ocidental. Ele ensinou aos seus filhos, bem como a oito outros estudantes, a arte da adivinhação de *Ifá*. Um dia, um dos estudantes o insultou e *Ọrúnmìlà* retornou ao *Ọrun*. Os filhos e os estudantes foram também ao *Ọrun* e procuraram por *Ọrúnmìlà*, tentando persuadi-lo a retornar. Ele se recusou e, ao invés disso, deu-lhes a autoridade de usarem as dezesseis *ikín* (nozes de dendezeiro) para que pudessem ler a matriz cósmica eles mesmos.

Outra história é dada no livro *The History of the Yorubas*, de Johnson, no qual ele relata que o culto de *Ifá* chegou aos *Yorùbá* por meio do povo *nupe*, por intermédio de um sábio cego chamado *Setilu*. Sua habilidade fez invejosos os muçulmanos que viviam na área e, então, *Setilu* fugiu e encontrou o caminho para o que atualmente chamamos de Benin e então para *Ifè*. De acordo com esse mito, o progenitor dos *Yorùbá*, *Odùduwà*, procurou *Setilu* e assim introduziu o *Ifá* para o seu povo. Um terceiro mito conta que *Ọrúnmìlà* nasceu em *Ifè* e que era um adivinho habilidoso, que se tornou um rei apesar do seu corpo aleijado e da sua saúde frágil. Ele era considerado um grande profeta e sábio e muitas pessoas vinham estudar com ele. De todos aqueles estudantes, apenas dezesseis foram escolhidos – uma referência aos dezesseis distritos originais na Iorubalândia – um para cada signo no sistema oracular de *Ifá*. Aqueles estudantes se tornaram adivinhos-chefes. Um quarto mito conta que *Òrúnmìlà* veio da terra dos muçulmanos e sugere que ele era um místico árabe com grande compreensão da arte divinatória de *khatt al-raml*, conhecida como "entalhar areia", que é praticada entre os sábios muçulmanos. De fato, há muitas similaridades entre esses dois oráculos.

Portanto, *Òrúnmìlà* é conhecido como *Eleri Ipin*, "a testemunha da criação e do destino", e como *Ibikeji Olódùmarè*, "segundo em relação ao criador, *Olódùmarè*". Renomado por sua sabedoria e compreensão da humanidade e da divindade, ele também é chamado de *Agbònnírégun*, uma elisão de *agbòn* com *ni ire gún*, "a sabedoria do coco não conhece limites, seja de misericórdia ou de bênçãos", assim enfatizando a sua onisciência e compaixão. Consequentemente, ele é conhecedor de todas as matérias divinas e humanas.

Èlà é a fonte de todo o conhecimento e *Òrúnmìlà* é o guardião desse conhecimento. Seu oráculo, *Ifá*, é um sistema geomântico binário, que tem raiz no contraste entre o positivo e o negativo. Essa polaridade é o mecanismo que sustenta a vida e permite a transformação. Quando a adivinhação de *Ifá* é executada, esse padrão binário é sempre utilizado como uma ferramenta para se definir em que tipo de matriz o cliente se encontra inserido. Portanto, o conselho é dado olhando-se para os exemplos do passado, pois eles falam do futuro.

Isso, porque repetimos padrões já estabelecidos no desígnio cósmico. O monismo binário de *Ifá* pode parecer como dualismo, mas não é. É o contraste necessário que gera o ser em uma afirmação mútua do centro sagrado e espiritual. Esse contraste, que experimentamos como "caos" e "ordem", como "bem" e "mal", é, na verdade, uma manifestação da ontologia binária de *Ifá* que torna a compreensão possível, que faz um centro espiritual possível.

Òrúnmìlà é originário da fonte de todas as coisas e forma parte da consciência divina. Tanto *Òrúnmìlà* quanto *Èṣù* representam as forças que ligam *orí*, a consciência humana, e *ìpònrí*, a consciência divina. Isso é alcança-

do por meio da chave e do vínculo de *èmí*, que é a alma divinizada no homem. O conceito de consciência é complexo e bonito e fala sobre um desígnio no qual o homem reflete a consciência divina. Nossa consciência é repre-

IFÁ: UMA FLORESTA DE MISTÉRIOS

sentada pela cabeça física, também chamada de *orí*. Na coroa da cabeça, encontramos nossa conexão com a fonte, *láyé láyé*, que é compreendida como sendo um estado de sonho expressivo. O pico da consciência é, ao mesmo tempo, a caverna da fonte. Em nossas testas, achamos *iwájú orí*, o terceiro olho, o portão para a profecia e a clarividência. Na base do crânio, achamos a encruzilhada da consciência, chamada *ìpàkò*, que, quando alinhada ao *àtárì*, torna possível a possessão. A possessão é, portanto, compreendida como um processo que se inicia dentro do homem e que vibra para fora em uma frequência espiritual, ou energia, que reconhecemos como uma força natural, ou *òrìṣà*.

Ìpàkó e *àtárì* representam duas formas de memória; a última é a memória natural coletada pela jornada na terra, a primeira é a memória divina. Elas se encontram em *orí inú*, a cabeça interior, na qual encontramos o assento no qual o autógeno repousa sobre *orí àpeere*, o espelho da matriz cósmica dentro da consciência humana. Esse construto de consciência possibilita perfeição e degeneração por meio da sua constante atração entre os contrastes deste mundo, que afirmam o eixo central da consciência, o qual possibilita *ipónrí*, a iluminação da consciência causada pelo seu alinhamento com a fonte. O desígnio cósmico é compreendido como espelhando essa estrutura em sua dança binária rumo à clareza e à compreensão, e é *Òrúnmìlà* quem possui o conhecimento que pode conectar a nossa consciência ao cósmico. *Òrúnmìlà* medeia todo e qualquer estado de ser, bem como todo reino, e são esses padrões que são lidos quando a leitura oracular de *Ifá* é realizada.

Os sacerdotes de *Ifá* são chamados de *Bàbáláwos*, que vem de *baba nl'awo*, significando "pai que tem o segredo". Esses segredos são revelados em mitos e histórias, preces e canções. Por meio da manipulação do oráculo de *Ifá*, o *Bàbáláwo* revelará certos sinais.

Esses sinais vêm com conselhos e procedimentos para que a situação em questão seja resolvida. Para *Òrúnmìlà*, nunca há quaisquer problemas, apenas situações, e para cada situação sempre há uma solução a ser encontrada dentro do *corpus* de *odù Ifá*. O *corpus* de *odù* consiste de dezesseis sinais principais chamados de *méjì*, que significam "gêmeos" ou "pares", os quais são combinados uns aos outros para produzir as 256 combinações completas. Estes dezesseis *odù* principais e suas propriedades são as seguintes:

1. *Èjì Ogbè* é o primeiro dos ventres energéticos na matriz cósmica da criação e representa a luz expansiva. Esse *odù* representa a plenitude da luz e da presença; é onde o reino do sonho dá seu primeiro passo no campo da matéria.

2. *Òyèkú méjì* é o espírito da Mãe da Morte. É escuridão, inalação e o ventre que gesta a luz. Esse *odù* trata da ausência temporária da luz enquanto ela passa por uma transformação mística, o processo pelo qual todas as coisas são dotadas de alma.

3. *Ìwòrì méjì* é o poder da transformação, a raiz da consciência moldada pelos polos de luz e sombra, o modelo do *Self*[8] e da psique e o fogo da paixão. Esse *odù* define natureza, direção e o momento de realização e de aceitação.

4. *Òdí méjì* trata dos poderes transformadores e dos seus resultados temporários, do desprendimento do passado para que se aprecie um novo ciclo de vir a ser, e do estabelecimento da fundação e do papel do indivíduo no mundo. Aqui, encontramos os temas da segurança e da tentação, assim como o mistério do renascimento e dos ciclos repetitivos.

---

8 NT: *Self* é uma palavra concernente à psicologia raramente traduzida para o Português. A sua tradução literal é *eu*, mas indica o âmago mais profundo da psique humana, a consciência de si. Trata-se de um conceito complexo, ainda em desenvolvimento, que tem suas origens em Platão, sendo desenvolvido por Descartes e Kant, até chegar à psicologia moderna, na qual foi objeto de estudo e desenvolvimento da parte de Piaget, Freud e Jung entre outros.

IFÁ: UMA FLORESTA DE MISTÉRIOS

5. *Ìròsùn méjì* molda esse potencial em conformidade com a ancestralidade e com o destino, sendo a causa radicular da nossa dignidade ou desgraça. É um *odù* no qual compreendemos o nosso poder e nos agarramos à corda do destino, o que pode trazer epifanias e delírios, a energia tanto do profeta quanto do charlatão.

6. *Ọ̀wọ́nrín méjì* é o poder da escolha e fala da necessidade do caos no universo. Ensina que os poderes misteriosos da matriz, os quais nós costumamos entender como negativos, podem ser vistos por múltiplas perspectivas. É daqui que *Èṣù* deriva seus poderes, uma verdadeira encruzilhada e o depósito de mudança e de escolha.

7. *Ọ̀bàrà méjì* é o poder que molda a vontade do caos e das possibilidades cósmicas, levando a um ciclo de transformação interna. Esse *odù* convida ao refinamento do que somos e é um poder que elimina forças hostis em todos os níveis. É a energia atribuída aos reis.

8. *Ọ̀kànràn méjì* trata do poder do coração. Permite o equilíbrio entre os mundos, com o coração como o centro espiritual. Fala da noite negra da alma e de toda a angústia que um coração pode causar. É a energia da contemplação e também do arrependimento, tanto quanto diz respeito a se definir objetivos bons e justos e à falha em atingi-los.

9. *Ògúndá méjì* é o poder do progresso e da remoção de obstáculos. É a disposição e a constituição de se apoderar do seu próprio destino e de se tornar o seu mestre. Uma energia denotando vitória e força, bem como a importância da força ser apoiada por outros poderes para que se mova elegantemente e graciosamente no mundo. É a energia crua que corre poderosamente pelo guerreiro.

10. *Òsá méjì* é um signo que traz espíritos de obstrução ao mundo e fala de mudança radical, porém purificadora. É uma energia que traz catástrofe e desastre. Todos os pássaros são encontrados aqui, indicando a natureza volátil e imprevisível dessa energia.

11. *Ìká méjì* representa o poder da contração, de concentrar o poder pessoal do indivíduo, que é então expresso na forma de palavras. É a energia da mentira e das maldições, da autossabotagem e das cobras. Esse *odù* representa o desafio dentro do desafio e é o poder que se move abaixo de nossas intenções e que gera harmonia ou desastre.

12. *Òtúrúpòn méjì* é o poder que trouxe doença ao mundo e também a medicina. É um poder de limpeza. Fala sobre a harmonia inerente aos mundos e à estrutura da terra. Nós precisamos entender a nossa própria estrutura para que possamos discernir entre o bem e o mal, não apenas para nós mesmos, mas para o mundo. É uma força que suscita um senso de responsabilidade em um contínuo (*continuum*) consciente de ações.

13. *Òtúrá méjì* é o poder que torna possível o alinhamento com a fonte. Revela a si mesmo em visão profética e clareza. Esse *odù* cria o caminho para visões e realizações. Os santos são moldados nesse *odù*, pois é uma força de verdade e de esperança que combate a doença, abrindo caminhos para o poder pessoal e as visões proféticas.

14. *Ìrètè méjì* é o poder da determinação. Promete mudança e transformação pela destruição do inútil e pelo cultivo do que é benevolente e bom. É a chamada para a guerra, tanto a guerra que declaramos contra os nossos próprios defeitos quanto os ataques sem sentido nos quais projetamos o nosso próprio sofrimento sobre o mundo.

15. *Ọṣẹ́ méjì* é o poder da doçura, da abundância e a da fragilidade da criação. É aqui que encontramos o poder da atração. É aqui que encontramos a memória da ancestralidade. É uma energia que nos lembra do quão suave e delicado o coração do mundo é, assim como o nosso próprio coração de quatro câmaras é suave e delicado. Esse *odù* é um chamado para a conscientização.

16. *Òfún méjì* é o avô dos *odù* e a fonte de luz, que é compreendida como uma alvura sonhadora. Aqui está a fonte dos milagres e da dispersão. Tudo que existe começou como uma possibilidade em *Òfún*. Podemos dizer que esse *odù* é o caos ofuscante, o buraco negro invertido que ofereceu luz como a fonte dos inícios antes dos inícios, uma energia pré-titânica que é a origem e o fim de tudo que existe.

Aqui precisamos falar sobre *Ọṣ́ẹtúrá*, o *odù* que gerou *Èṣù*. É a força que causa a manipulação cósmica, a qual, por sua vez, torna possível as 256 combinações de *Ifá*. É o poder que liga a cabeça da serpente à sua cauda e que conecta o alfa ao ômega. Novamente, estamos reduzidos a uma expressão binária na qual *Èṣù*, como uma luz expansiva e transformadora, usa o poder de *eros* e a visão para gerar mundos. Essa polaridade é frequentemente compreendida como estando alicerçada nos princípios de *àṣẹ* e *àláfiá*. O termo *àláfiá* significa o resultado desejado da vida e é talvez melhor compreendido como um estado de contentamento que abarca saúde, sucesso e prosperidade. *Àláfiá* reflete todas as condições possíveis e as situações que fazem boa a vida na terra, podendo incluir presentes, inclusive dinheiro e crianças, bem como paz de espírito e honra. *Àláfiá* é possibilitado pelo movimento do *àṣẹ*, uma palavra que significa "comando", "diretiva", "poder", "que assim seja". A mesma palavra combinada ao *iná* (fogo) forma *àṣẹ iná*, que quer dizer "poder ígneo" e é ocasionalmente utilizada para se referir à menstruação. *Àṣẹ* é a força que pulsa na totalidade do cosmos, em todos os mundos, a força que causa movimento, que sustenta e que transforma. *Àṣe* é *Èṣù*. Os dezesseis *méjìs* são os seguintes:

ÈJÌ OGBÈ ÒYẸ̀KÚ MÉJÌ ÌWÒRÌ MÉJÌ ÒDÍ MÉJÌ

ÌRÒSÙN MÉJÌ ÒWỌ̀NRÍN MÉJÌ Ọ̀BÀRÀ MÉJÌ Ọ̀KÀNRÀN MÉJÌ

ÒGÚNDÁ MÉJÌ Ọ̀SÁ MÉJÌ ÌKÁ MÉJÌ ÒTÚRÚPỌ̀N MÉJÌ

ÒTÚRÁ MÉJÌ ÌRẸTẸ̀ MÉJÌ Ọ̀ṢẸ́ MÉJÌ ÒFÚN MÉJÌ

A ENCRUZILHADA DA CONFUSÃO

Èṣù, o companheiro leal de *Ọ̀rúnmìlà*, é a deidade mais complexa e misteriosa. Ele é simultaneamente o mais novo e o mais velho, deliberadamente brinca com os papéis de gênero e ataca ferozmente qualquer tentativa de se estabelecerem dogmas. Os missionários, e depois Johnson, viram nesse ser a imagem do diabo e ele foi associado com o azar e com todos os tipos de maldades. *Èṣù* é um trapaceiro, mas a confusão que ele causa é um efeito da sua presença como poder do acaso, movimento e transformação. Quando *Èṣù* é visto na imagem de diabos e de demônios, pode sugerir que oportunidades foram perdidas.

O nome *Èṣù* pode ser dividido em dois fonemas: *È*, denotando algo expresso e *sù*, "fazer algo esférico". Se o acento for mudado, nós encontramos o princípio do escurecimento que jaz na raiz de *subú*, "colapsar" ou "fazer algo cair". Se *Èṣù* pode ser compreendido como o poder expressivo das esferas, ele é, de fato, o Senhor dos Mundos e um princípio metafísico similar à compreensão de *Iblis* por Ibn 'Arabi, aquele que define o limite de cada círculo de expressão criativa! Alguns até mesmo utilizaram o segundo fonema para atribuírem sua origem ao deus Egípcio *Shu* e localizá-lo como um migrante do Nordeste da África para o Sudoeste.

Em uma *oríkì* (prece) a *Èṣù* coletada por *awo* Fa'lokun, ele é reverenciado da seguinte maneira:

Oro Èṣù to to to akoni
Èṣù ori mi ma je nko o
Èṣù ohum ni'ma wa kiri
Èṣù ma se me o

A palavra do mensageiro divino é sempre respeitada
O mensageiro divino guia minha cabeça pelo caminho da transformação
O mensageiro divino possui a voz que ecoa pelo universo
Mensageiro divino, não me confunda

Èṣù é simbolizado por duas coisas em particular. Uma é *yàngí*, a laterita ou pedra vulcânica que representa a essência de *Èṣù*. Os mistérios da criação têm raiz no magma e na pedra central da gênese do universo, *òyígíyigì*, portanto *Èṣù* é reverenciado como a *ota* (pedra) dos *òrìṣà*. O outro símbolo importante para *Èṣù* é uma concha marinha cônica conhecida como *òkòtó*.

Esta concha, com sua forma piramidal perfeita, simboliza a transformação no tempo e, em extensão, a transformação na vida dos humanos.

O nascimento de *Èṣù* e a maneira pela qual ele passou a presidir esse *àṣe* em especial são contados no *odù Òṣétúrá,* que explica o tipo de *àṣe* que os seres divinos possuem e a qual propósito servem. *Òṣétúrá* é uma referência direta a *Èṣù,* simbolizado por um de seus aspectos mais importantes, aquele que transporta as oferendas, *Òjíṣẹ-ẹbọ*Isto é feito evidente por seu caráter como *Èṣù Elebo,* cujo domínio é o controle e a regulação do *ẹbọ* (oferenda ritual). *Èṣù* é também chamado de *Elèrù*, "Senhor de *Erù*", operador dos rituais.

Èṣù é a força espiritual que reestabelece a relação harmoniosa entre as *Ìyàmí* (poderes voláteis de enfeitiçar e de amaldiçoar) e os dezesseis *órísá-àgbá* ou os dezesseis *odù* primordiais, assim salvando a terra do caos e da aniquilação. Ele é a única divindade que pode abrir os portões para o *Òrun* e, assim, a relação dinâmica e harmoniosa entre *Òrun-Ayé* (os reinos invisível e visível) é causada por ele. Através deste papel, *Èṣù* está presente em todas as atividades que contenham movimento e transformação, como o mesmo *ìtàn* diz: "Tudo, cada ser não poderia existir sem seu próprio *Èṣù* em sua constituição, não poderia existir e nem poderia estar ciente da sua existência".

Em todos os processos, *Èṣù* é o elemento que simultaneamente solidifica e transforma o *àṣe. Èṣù* é encontrado nas vidas dos homens quando eles chegam em *òna pade,* a "junção na estrada". Podemos associar isso a uma situação na qual uma escolha foi feita. *Ifá* ensina que há apenas dois tipos de escolhas: aquelas que estão de acordo com *àyànmó* (destino) e aquelas que não estão. *Èṣù* é a forquilha na estrada e *Ifá* possui a resposta. Como a manifestação da escolha, *Èṣù* pode ser considerado o professor principal do homem no seu caminho rumo ao seu destino. Ele é a própria escolha, não sendo nem bom, nem ruim, e, portanto, é o próprio poder de transformação, seja boa a escolha feita, na qual as nossas decisões trazem um destino venturoso, ou

IFÁ: UMA FLORESTA DE MISTÉRIOS

ruim, trazendo-nos lições que demonstrem uma necessidade de crescimento e de compreensão.

Èṣù é aquele que carrega o àṣẹ e, como tal, a sua posição entre os homens é espelhada no desígnio cósmico. Èṣù é o poder da mudança – ele é o mercúrio da transformação – e isso é tanto as escolhas que fazemos, quanto também a fusão dos elementos e das energias que geram as 256 variedades de consciência.

Há pelo menos duas maneiras de atribuir *odù* a elementos. Uma é arranjar os *odù* em uma matriz de 4 x 4 em relação às suas harmonias celestiais:

DIREÇÃO/ELEMENTO	*ODÙ*	QUALIDADE/COR
Leste/Ar	*Ogbè, Ìròsùn, Ògún dá, Òtúrá*	*funfun*/branco
Oeste/Terra	*Òyẹkú, Òwónrín, Òsá, Ìrẹtẹ̀*	*dúdú*/preto
Norte/Fogo	*Ìwòrì, Òbàrà, Ìká, Òṣé*	*pupa*/vermelho
Sul/Água	*Òdí, Òkànràn, Òtúrúpòn, Òfún*	misto

Bàbá Medahochi, um *Bàbáláwo*/*bokono biní* que fundou o instituto *Akọda* em Atlanta, Geórgia, no fim dos anos 1980, disponibilizou uma série de lições para estudantes de *Ifá*, nas quais discutia as dimensões metafísicas do *Ifá*, atribuindo os *odù* às direções em concordância com *Okonron eguntan*. Isso compreende o pulso dos ventres primordiais, revelando como os poderes se organizam a si próprios na matéria ao longo de cada pulso diferente.

DIREÇÃO/ELEMENTO	*ODÙ*	QUALIDADE/COR
Leste/Ar	*Ogbè, Òbàrà, Òkànràn, Òtúrá*	*funfun*/branco
Oeste/Terra	*Òyẹkú, Òwónrín, Òtúrúpòn, Òṣé*	*dúdú*/preto
Norte/Fogo	*Ìwòrì, Ìròsùn, Ògún dá, Ìrẹtẹ̀*	*pupa*/vermelho
Sul/Água	*Òdí, Òsá , Ìká, Òfún*	misto

Okonron eguntan é um *odù* que fala do estabelecimento dos poderes no mundo. É a energia que manifesta a força necessária para se estabelecer algo. Nessa fase da evolução, é Ọ̀rúnmìlà que é creditado como o criador da terra. O verso conta como Ọ̀rúnmìlà se sentou no meio da ilha que ele havia feito e dirigiu os primeiros oito Ìmọ́lẹ̀ para tomarem seus lugares designados no mundo. Ele deu o reino do nascer do sol para Ogbè e o pôr do sol para Ọ̀yẹ̀kú. Ao Ìwòrì foi dado o portão do Norte e, ao Òdí, o portão do Sul, e os quatros odù restantes foram colocados em oposição equilibrada em relação a cada um: Ìròsùn no LNE; Ọ̀wónrín no OSO; Ọ̀bàrà no NNO; Ọ̀kànràn no SSE; Ògún dá no NE; Ọ̀sá no SO; Ìká no NO; Òtúrúpọ̀n no SE; Òtúrá no NNE Ìrẹtẹ̀ no SSE; Ọ̀séno ONO e Òfún no LSE. Essa organização de poder estabelece o ritmo e o pulso do mundo como o conhecemos, no qual qualquer coisa que se oponha à vibração também é o que a impulsiona para frente. O remédio e o veneno sempre são os mesmos, é apenas a situação, o reino de Èṣù, que muda. O quadrado, com seus quatro lados, replica a encruzilhada com seus quatro braços. Isso revela que a manifestação do espírito na matéria sempre está relacionada à encruzilhada, Èṣù sempre está lá. Isso é demonstrado em outro desenho da apresentação desse mistério por Bàbá Medahochi:

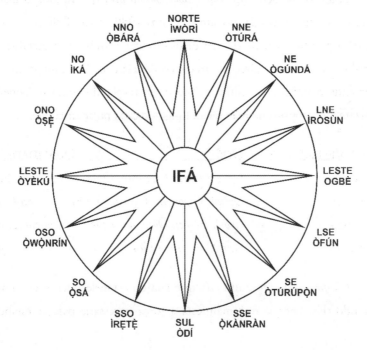

Se adicionarmos as direções "acima" e "abaixo" ao quadrado, teremos o número seis, que significa o trígono astrológico, sendo um número de perfeição de Vênus, uma harmonia fundamental trazida ao mundo por Òṣun. Se adicionarmos a isso a tétrade[9], os dez números significando potências cósmicas, temos uma matriz de dezesseis; o número sagrado de *Ifá*. Dezesseis também pode representar a polaridade dual dois oito ventos da Rosa dos Ventos, uma referência aos poderes que sustentam o equilíbrio. Novamente, estamos no domínio de Èṣù. Assim, chegamos a este desenho cosmológico:

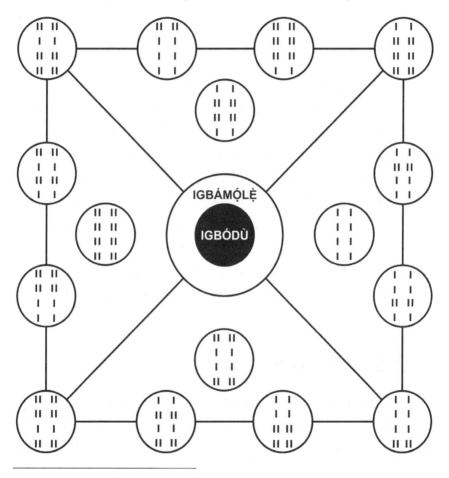

---

9 NT: Isto é, a *tetraktys* ou *tetráctis* de Pitágoras.

A matriz da criação tem raiz no número dezesseis e o desígnio cósmico é composto de 16⁴, resultando nas 256 combinações energéticas chamadas *odù*, que significam "ventre."[10] Eles são compreendidos como pontos nos quais a energia lampeja em suas permutações criativas. As quatro forças elementais multiplicam-se para gerar o padrão básico sexdécuplo pela cópula celestial – ou *funké*, um erotismo espiritual – gerando a matriz da gênese, a qual é de autoria de *Èṣù* e *Òṣun*. As 16 potências primordiais envolvem-se em outra cópula sexdécupla para gerar padrões de possibilidade, o arco, a matriz e a hélice que jazem na raiz de cada nuance de expressão conhecida no desígnio cósmico.

Ifá tem sua raiz em uma harmonia geométrica ao redor do polo da existência. A sabedoria é a habilidade de mediar a mão direita e a mão esquerda, para que se sustente o eixo polar. A mão esquerda representa defesa, negação e magia, enquanto a direita representa os poderes do amor, da generosidade e do compartilhamento. Da perspectiva de *Ifá*, um excesso de qualquer poder fará com que nos afastemos do centro do *Self* e da nossa conexão com a fonte. O *óṛo* (veneno) é inerente ao desígnio cósmico, mas é criado apenas pelo excesso. O excesso de qualquer tipo irá eventualmente se tornar um poder negativo e com isso quero dizer qualquer força ou obstrução à nossa felicidade. *Óṛo* apresenta uma similaridade linguística a *òró*, significando "palavras", portanto, palavras e alento estão no nascimento do que molda bênçãos e curas, bem como venenos.

A ORIGEM DO MISTÉRIO

A matriz do desígnio cósmico é mencionada no *omo odù Òṣágùndá*. Eu parafrasearei o mito como contado por *awo* Pópóọlá ao *awo* Fa'lokun. No início, havia *àkàmàrá*, uma palavra geralmente traduzida como "Deus", em-

---

[10] NT: Ou ainda "útero", como também foi utilizado ao longo deste texto.

IFÁ: UMA FLORESTA DE MISTÉRIOS

bora ela denote melhor "a origem do mistério". *Àkàmàrá* era uma composição de gases, caldo e umidade dançando na escuridão. O *Ìmọ̀lẹ̀* (ser espiritual primordial) chamado *Origún* moldou esses gases e caldos em estrelas e corpos astrais. O nome *Origún* significa "a consciência que pila simetria" ou "aquele que injeta consciência". A estrelas foram criadas conforme o caldo esfriava e gerava "casas de luz". Os corpos astrais eram ainda sem direção; isso foi concluído por *Ìmọ̀lẹ̀ Bàbá Asémù Egùn Sunwá*, cujo nome pode ser traduzido como "o pai que coloca as matrizes ósseas para o extravasamento do caráter". Ao cosmos, foi dado seu desígnio. Sua matriz foi compreendida como sendo uma combinação de dezesseis poderes que se envolveram em um *gún* cósmico, ou em cópula uns com os outros. Dezesseis vezes dezesseis produzem uma matriz composta de 256 correntes energéticas. Elas compreendem o *odù*, "ventre da energia", em referência à sua capacidade expansiva de "agitar a escuridão".

Olù Iwáyè, "o chefe da morada do caráter", entrou na matriz e os sistemas solares foram gerados, inclusive o nosso. Todos os planetas foram dados a um *Ìmọ̀lẹ̀* específico para habitar, e a Terra foi dada a *Ayé*. Portanto, em referência a ela, a Terra foi chamada de *Ilé Ayé*, a casa de *Ayé*. *Ayé* sentiu que a sua condição era solitária e procurou outros espíritos para viverem consigo. Aqui, o mito de criação possui diversas variações. Uma história conta como *Olódùmarè* (chefe do arco-íris celestial) primeiro enviou *Ògún* (o poder do ferro), que trouxe vários outros espíritos caçadores para a morada de *Ayé*, a fim de fazê-la habitável. *Ògún* não foi bem-sucedido, de modo que *Olódùmarè* enviou *Ọ̀bàtálá* (chefe do tecido branco/ dos sonhos brancos), que trouxe diversas outras forças junto de si, conhecidas como espíritos *funfun*, "espíritos brancos". Porém, ele também não foi bem-sucedido, de sorte que *Olódùmarè* enviou *Ọ̀rúnmìlà*. Em seu caminho ao *Ayé*, ele se encontrou com os *Bàbáláwos* no céu, que lhe deram as sementes necessárias para fazer o *Ayé* habitável. Vegetação, minerais e animais brotaram milagrosamente das sementes que *Ọ̀rúnmìlà* plantou e seres chamados de *ènìyàn* foram alocados no habi-

115

tat de *Ayé*. Num primeiro momento, tudo era harmonioso, mas então esses seres começaram a destruir seu lar. Vendo isso, *Olódùmarè* ordenou que as águas subissem e o *Ayé* foi coberto com água. A maioria dos *èníyàn* morreu, mas alguns sobreviveram e foram deles que derivaram os poderes das bruxas, *àjé*, e dos feiticeiros, *òṣò*.

A tarefa de transformar o *Ayé* num habitat recomeçou. Uma vez mais, *Ọbàtálá* foi enviado e, uma vez mais, ele não conseguiu completar a tarefa; então, *Olódùmarè* enviou *Odùduwà*, que consultou *Ọrúnmìlà* antes de viajar ao *Ayé*, chegando equipado com as sementes necessárias para gerar o habitat do *Ayé*. O local no qual *Odùduwà* começou a tornar o *Ayé* num habitat para plantas e feras foi chamado de *Ilé Ifè*, a casa do amor. Na casa do amor, os humanos foram criados em uma variedade de formas, as quais chamamos hoje de "raças". Esse é o estágio da criação no qual estamos agora e *Ifá* avisa que os seres humanos tentarão controlar e subjugar a natureza, ao invés de viver em harmonia com ela. A ameaça da destruição global chamará o espírito da sabedoria, *Èlà*, para perpetuar o mundo e lentamente se espalhará um retorno rumo ao viver tradicional e harmonioso no *Ayé*. Há algumas similaridades impressionantes entre o mito de criação de *Ifá* e o que é dito no *Poimandres*, no qual Hermes Trismegistus fala da queda do homem como a sua unificação aos poderes da natureza, espelhando como a mente divina "caiu sobre a criação". O homem, sendo o resultado da mente divina, é um ser espiritual, uma divindade velada em matéria e natureza. É dessa matriz que nasce o *odù Ifá* e *Èṣù* é o mediador desses padrões cósmicos que "nascem" ou se manifestam durante a leitura oracular por *Ifá*. Enquanto *Ọrúnmìlà* revela a matriz, *Èṣù* a move. O movimento de *Èṣù* é compreendido como sendo similar ao magma no centro da terra, como rios de lava em túneis subterrâneos e essas cavernas e túneis são a morada do espírito da sabedoria, *Èlà*.

ÈLÀ: O CORAÇÃO NO CENTRO ESPIRITUAL

Èlà é o espírito da sabedoria, compreendido como sendo testemunha do destino, embora o nome seja difícil de traduzir. Èlà é uma palavra que comunica expansão. O que Èlà expressa é a sua própria auto-expansão, uma chuva de sabedoria divina que reconhecemos pelo seu próprio poder de dar *imo*, "iluminação". Termos como *wà*, "ser trazido à vida" e *ifurè*, "ser trazido à consciência" são qualidades adicionais pertencentes à sabedoria ativa e expansiva de *Èlà*. Assim, *Èlà* é o poder que permite a expressão de qualquer tipo, o poder que move a matriz e a hélice da criação para gerar todas as coisas. É dito que *Èlà* reside em cavernas e que participa da rede de artérias subterrâneas do *Ayé* por meio da sua presença oculta e misteriosa. O simbolismo tradicional equaliza a caverna ao coração, e o coração à estrela Polar, o Norte no qual reside a perfeição. O Norte é a direção atribuída ao *odù Òyèkú méjì*, que significa a escuridão do ventre, querendo dizer que *Èlà* é o espírito que se move, em sua força expressiva, por debaixo do mistério e da transformação, bem como traz aquilo que gesta na escuridão e no sigilo ao vir a ser. Assim, a caverna representa o centro espiritual, conforme refletido no coração. *Inú* é a palavra que significa toda cavidade oculta, seja física ou simbólica. A compreensão do coração e da caverna como centros espirituais do mundo representa o caráter oculto e misterioso de *Èlà* como sendo o coração do centro espiritual encontrado no desígnio cósmico. *Òrúnmìlà* é uma manifestação desse poder em sua capacidade de compreensão de *oro*, palavras/sons/fonemas da matriz da criação codificadas nos 256 *odù* de *Ifá*. Essa matriz de 256 combinações e nodos pode ser compreendida como as leis misteriosas do desígnio cósmico, sua harmonia pré-estabelecida que dança entre os polos da luz e da escuridão, curando e limpando. Esse jogo cósmico é replicado no homem quando ele constrói *ìwà*, ou "caráter", em conformidade com a compreensão da combinação particular de poderes cósmicos que constituem a fundação da nossa consciência e ser. Nisso podemos entender o que de fato é o destino.

O destino é uma lei particular nascida de uma reunião de vibrações energéticas colocadas em harmonia pela sabedoria e pela nossa habilidade de entender a qualidade transformadora do cosmos. *Òrúnmìlà* é o guia no caminho da transformação e a transformação está no âmago do ser. Isso revela *Ifá* como sendo uma filosofia ativa de vida, que jaz na compreensão total da sabedoria que contém as matrizes e malhas do desígnio cósmico. Quando uma leitura oracular é executada, é o espírito de *Èlà* que move o adivinho para a compreensão dos princípios cósmicos em questão, mediado pela memória que ele ou ela possui de cada um dos 256 padrões energéticos codificados nos *odù*, que serão considerados no próximo capítulo.

A ARTE ORACULAR[11]

Como vimos, *Ifá* é alicerçado numa filosofia noética, que o psicólogo William James descreve em *As variedades da experiência religiosa: um estudo sobre a natureza humana*[12] (1990) como *"(...) estados de percepção nas profundezas da verdade sem o filtro do intelecto discursivo. São lampejos, revelações, cheios de significado e de importância, embora permaneçam inarticuladas e, como regra, trazem consigo uma curiosa sensação de autoridade".*

Nessa inclinação filosófica, encontra-se uma cosmologia de emanações que leva em consideração tudo que é visível e invisível existente em um cosmos de comunalidade, tempo e atemporalidade. Forças eternas e atemporais, visíveis e invisíveis entram em relacionamentos nos quais influências, laços e padrões são forjados, feitos e refeitos constantemente. É uma "repetição da diferença", emprestando-se um termo do filósofo francês Gilles Deleuze, cuja metafilosofia empírica pode ser aplicada ao que verdadeiramente ocorre por ocasião da leitura oracular de *dafá* ou *Ifá*.

Deleuze questiona se a diferença depende da identidade e se a identidade não é, na verdade, causada pela diferença. Assim fazendo, ele aplica o axioma hermético "assim como é em cima, é embaixo", mas de maneira reversa. Isso o leva a conceber a diferença como sendo "virtual", no sentido de ser

---

[11] NT: Quando possível, optou-se por substituir o substantivo *divination* e o verbo *to divine* por *leitura oracular* ou *consulta oracular*, pois o substantivo *divinação* é de uso raro na língua portuguesa, na qual inexiste, ademais, o verbo *divinar*. De todo modo, sempre que se usar o substantivo *adivinho* e o verbo *adivinhar*, a sua acepção será a de *aquele que se "utiliza de um oráculo"* e de *"realização de leitura oracular"*. Acresça-se que, na literatura especializada sobre as tradições *Yorùbá*, o epíteto de *Ifá* e *Òrúnmìlà* como *adivinho* já se encontra consagrado.

[12] NT: Título da edição em língua portuguesa pela editora Cultrix.

real, mas sem, necessariamente, ser posta em prática como tal. Deleuze toma as formas platônicas, o mundo das ideias, e as submete à experiência e, por meio disso, são gerados relacionamentos diferenciais, criando-se, assim, espaço e tempo. O cosmos se parece com um origami no seu constante dobrar e desdobrar de uma única substância num processo de diferenciação, o que faz da sua ideia de Deus um constante jogo de forças. Daí a sua alegoria paradoxal: pluralismo é igual a monismo. Esses pensamentos são interessantes no que concerne aos princípios atuantes no oráculo de *Ifá*, pois se trata de um oráculo que prediz olhando para trás e que percebe diferenças se desenrolando. Essas diferenças são sempre "virtuais" e precisam ser postas em prática para se trazer à tona as suas possibilidades.

Há muitos bons livros sobre o oráculo de *Ifá*, como o estudo seminal de William Bascom, *Ifá Divination, Ifá: The Key to its Understanding,* de *Fáṣìnà Fáládé,* e *Awo e Dafá,* de Fa'lokun Fatunmbi. Aqueles interessados numa compreensão da complexidade envolvida no oráculo de *Ifá* para além do que eu trago neste capítulo são encorajados a estudar esses livros.

FAZENDO A LEITURA ORACULAR DO PASSADO PARA LER O FUTURO

O oráculo de *Ifá* é baseado no reconhecimento de um dado padrão cósmico, o qual é revelado numa sequência de *odù* que dá um diagnóstico da situação em questão. A interpretação dos padrões é baseada no *corpus* de *Ifá*, nos muitos versos que contêm mitos, charadas, canções, encantamentos e conselhos de todo gênero relacionados com cada um dos 16 *méjì odù* e seus 240 *odù* combinados. Aquele que interpreta o oráculo precisa possuir um conhecimento íntimo da natureza metafísica de cada signo, assim como das orações, histórias, alegorias e recomendações pertencentes a cada um dos 256 *odù*. Isso significa que são revelados padrões que têm precedentes no passado. *Ifá* revela tanto as forças originais quanto o modo como essas forças foram trabalhadas e compreendidas nas vidas de seres humanos e de *òrìṣà* ao longo do tempo, estabelecendo um depósito de memória ancestral que fala de como os padrões cósmicos se manifestam e evoluem. Isso significa que *Ifá* não é um oráculo que vê o futuro, mas que prediz o desenvolvimento e o desfecho de uma situação por meio do conhecimento de como essas energias se manifestaram no passado. Por exemplo, um grande número de versos começa por dar o nome do cliente que recorreu a certo adivinho para uma leitura. Isso representa mensagens codificadas sobre o problema que são encontradas no nome do cliente, encontrando-se a sua solução no nome do adivinho. Isso é exposto no verso, onde o diagnóstico é realizado e uma solução é oferecida na forma de um sacrifício. Vejamos um exemplo de um verso de *Òdí méjì*:

> *Atẹlẹwọ̀ Abinutelu fez leitura de Ifá para Itẹrẹ*
> *Eles disseram que as suas ideias sempre se materializariam;*
> *Portanto, ele deve oferendar pregos*
> *Três bodes e três galos*
> *Itẹrẹ fez como lhe foi dito e fez o sacrifício*
> *Eles prepararam folhas de Ifá para ele beber*

Tudo neste verso deve ser submetido à exegese. Por exemplo, o nome do *awo* poderia ser lido como "a riqueza da palmeira dispersa inimigos", ao passo que *itẹrẹ* significa "um campo que busca atrair boa sorte". Temos, aqui, um diagnóstico preliminar e uma solução já expressos no cliente que apresenta suas colheitas estéreis como problema, e no *awo* que identifica o seu problema como tendo raiz em inimigos, bem como a solução na palmeira. A fim de se saber exatamente o que está envolvido na solução, é necessário um profundo conhecimento das qualidades da palmeira, das suas histórias, dos seus mitos e do seu lugar no *corpus* de *Ifá*, a fim de que se traga ao cliente o que ele precisa. Nisso, *Ifá* está dizendo ao cliente que ele tem um bom potencial para o sucesso, mas que ele precisa de algo que restaure a sua fé em si mesmo. A solução é dada como sendo pregos, três bodes e três galos.

Novamente, é necessário compreender a força gerada por uma combinação de pregos, caprinos e aves, a qual, neste caso, pode ser uma referência a *Ògún* e a *Èṣù*. Deve ser feito um sacrifício a *Ògún* e, então, ser deixado a *Èṣù* onde três estradas se encontrem (*ikoríta meta*), mas caprinos e aves também carregam um *àṣẹ* específico de proteção e de força, o que é necessário para ajudar o cliente a atrair boa sorte. O verso afirma que ele fez tal como instruído e que lhe foram dadas para beber folhas de *Ifá*. Onde quer que *Ifá* diga que um cliente fez como *Ifá* recomendou, isso demonstra uma pessoa de bom caráter e com boa vontade de realizar o sacrifício mais difícil, ou seja, mudar de atitude e aceitar bons conselhos. A preparação do remédio de *Ifá*, uma infusão herbal neste caso, indicaria que parte do problema pode ser biológico, fisiológico ou psicológico, daí a administração de um remédio para reforçar o efeito do sacrifício e, assim, atrair boa sorte.

Noutras palavras, se um cliente vem para uma leitura e esse *odù* aparece, ele está repetindo um padrão que pessoas antes dele experienciaram e para o qual encontraram soluções. Assim, as soluções para um mesmo problema no passado são aplicadas à mesma situação no presente. O oráculo de *Ifá* é um processo no qual *Olódùmarè* está olhando para trás em si mesmo.

O processo do oráculo de *Ifá* é realizado com itens da floresta, mas todos esses itens têm um significado que vai além da sua função mundana e revela um espelho de uma sintaxe cósmica e de uma ordem em atuação. O *awo* pode usar muitos oráculos como *obi*, *òpèlè* e *ikín*, e todos eles são baseados no mesmo ritmo cósmico. Tomemos o oráculo no qual se usam *ikín*, que são coquinhos colhidos de um parente próximo da palmeira da qual se extrai o azeite de dendê, chamada *ọpẹ Ifá* (*Elaeis guineensis*). Essa árvore é de tremenda importância devido à sua incapacidade de mentir ou enganar; assim, os *ikín* representam a verdade conferida por um caráter reto, simbolizada pelo aspecto firme e ereto da *Ọpẹ Ifá*. Os *ikín* são guardados no *ajere Ifá*, uma cabaça fechada, normalmente esférica, e são usados juntos com o *ọpọn Ifá*, o tabuleiro oracular, *iyèròsùn*, o pó oracular, e *oruke*, uma espécie de sino feito

IFÁ: UMA FLORESTA DE MISTÉRIOS

de madeira. O *opọn* representa o mundo, visível e invisível, *Ayé*, o lugar que conhecemos como o nosso mundo. O *opọn* é um espelho do céu e, assim, encontramos o tabuleiro dividido em quatro domínios similares àqueles que encontramos na astrologia, com o eixo do ascendente ao descendente e o eixo do meio do céu ao fundo do céu marcando as quatro principais energias na criação. Esses quatro quadrantes são tipificados por *Ẹ̀là* e *Èṣù*, que assistem à leitura oracular de cima para baixo e de baixo para cima, razão pela qual encontramos *Èṣù* no topo de alguns tabuleiros oraculares e, em outros, na base. O que se faz no *opọn* é submetido aos olhos atentos dos seres espirituais, os olhos de *Olódùmarè*.

O *opọn* é salpicado com *iyèròsùn*; *Òrúnmìlà* e *Ẹ̀là* são chamados à medida que o oráculo é manipulado; *odù* são traçados no *iyèròsùn* ao serem invocados e a língua do adivinho é untada com azeite de dendê e mel durante processo. A manipulação dos *ikín* é realizada rolando-os nas mãos para frente e para trás; eles são pegos com a mão direita até que um ou dois coquinhos remanesçam na mão esquerda. Se sobrarem dois, uma única linha é traçada, e se restar apenas um, marca-se uma linha dupla. Esse processo é realizado oito vezes até que uma grade dupla de quatro marcas se forme no *iyèròsùn*, o que indica que se está pronto para interpretar a leitura.

Além dos *ikín*, outra ferramenta oracular, o *ọ̀pẹ̀lẹ̀*, é usada junto com o *ibò*, o descobridor. O *ibò* é presidido por *Èṣù* e consiste de vários itens como cacos quebrados, ossos, sementes sagradas e búzios. Isso dá a orientação da leitura, apontando a fonte da sorte ou do azar. Isso também ajuda a definir o temperamento da leitura, indicando acuradamente o tipo de sorte ou de azar que está em jogo na situação ordenada no *opọn*. Desse modo, o *ibò* é importante para se descobrir a natureza precisa de uma dada situação e, em sendo assim, dará maior acurácia à situação, ajudando a mostrar o que pode ser feito para fortalecer o que é bom e transformar o que é negativo em boa sorte.

Ifá traça as marcas da direita para a esquerda e, como vimos, ambos os lados contêm grandes significados. Além de ser o lado que domina e invoca

123

os espíritos de força e de possível *malefica*, o lado esquerdo é também o lado feminino e a coluna de signos que fala do passado. Essa dicotomia fêmea/macho e passado/presente não é apenas assinalada à esquerda e à direita, mas também do topo à base. É, em última análise, um reflexo da dinâmica entre a ausência e a presença, como neste exemplo:

MASCULINO	*FEMININO*
Iná (fogo)	*Omi (água)*
Afẹ́ẹ́fẹ́ (ar)	*Ayé/Ilé (terra)*

Como vemos nesta linha de *Èjì Ogbè*, todos os elementos estão equilibrados, por isso esse signo é associado à abundância de luz. Se a linha for toda de linhas duplas, teremos *Ọ̀yẹ̀kú méjì*, que denota ausência de luz. A presença ou a ausência de luz afeta os elementos, gera contrastes e uma grande variedade de possibilidades que manifestam padrões, energias, situações, ideias, sentimentos e pensamentos.

Quatro marcas são conhecidas como uma perna. Uma leitura oracular de *Ifá* sempre envolve duas pernas (*méjì*), de sorte que temos um movimento do passado para o presente, da causa para a situação. Disso, um *méjì* adicional é marcado para se chegar a uma identificação firme da situação e das soluções apropriadas ao tema.

O oráculo de *Ifá* trabalha na base da randomização, em conformidade com o axioma hermético "assim como é em cima, é embaixo", mas de modo reverso. Portanto, a dinâmica entre um *ikín* deixado na palma da mão resulta em uma linha dupla e dois *ikín* dão uma linha única no *ọpọn*. O desenho que aparece é, então, mediado pelo *ibò*, que define acuradamente a causa da situação. Por exemplo, um búzio pode representar boa sorte, um osso pode significar morte, um caco quebrado pode ser uma perda, uma miçanga de *Ifá* pode conter uma promessa de abundância e assim por diante. Os *ibòs* são manipulados com a mesma estrutura em mente que na leitura em si mesma. Há várias maneiras de se fazer isso, e uma delas é o cliente embaralhar dois *ibòs*, um

IFÁ: UMA FLORESTA DE MISTÉRIOS

representando boa sorte (*ire*) e o outro representando a sua ausência (*ibí*), e, então, esconder um em cada mão. O *awo*, então, lançará o *òpèlè* ou usará *ikín* para determinar qual mão será aberta e, assim, revelar o caminho de configuração dos *odù* que aparecem no *opon*. Ele é escolhido jogando-se dois *odù*, os quais indicarão qual mão é aberta por ordem de senioridade. Novamente, uma reversão é notada: quando o primeiro *odù*, da direita, é sênior em relação ao segundo *odù*, da esquerda, a mão esquerda é que será aberta para revelar *ire* ou *ibí* e vice-versa. Isso é importante porque revela o estado mental trazido pelo cliente ao *opon*, lançando luz a problemas específicos que devem ser abordados na consulta.

Uma consulta de *Ifá* é similar a uma consulta com um médico, filósofo e psicólogo, mas com todos ao mesmo tempo. O diagnóstico do problema é importante, mas também o é a boa conversa sobre o que a leitura mostra ao *awo* e ao cliente. Uma consulta de *Ifá* é um encontro harmonioso de duas forças, a situação e a sua solução.

A ESTRUTURA DOS VERSOS DIVINATÓRIOS

Abimbola (1997: 43) afirma que *ese Ifá* é histórico em seu conteúdo e que sua estrutura é derivada da sua natureza histórica. Os *ese* (versos) comumente seguem uma estrutura octonária, espelhando os oitos signos que formam um *odù*, embora haja alguns que difiram disso tanto ao contraírem um verso numa mensagem menor, quanto ao estenderem o ritmo da poesia numa grande extensão. Novamente, segundo Abimbola, o formato mais comum de um verso de *Ifá* é a apresentação da identidade do adivinho na primeira parte. O nome do advinho pode ser o de um humano, de uma força espiritual, de uma planta ou de um animal. Alguns desses nomes podem ser muito obscuros, vez que representam a natureza da situação em termos da forma de conhecimento que está atuando no verso. A segunda parte nomeia o cliente. Isso segue uma ideia similar: pode ser uma planta, um animal, uma divindade, um ser humano ou mesmo uma comunidade que apresente uma situação para ser resolvida. A vibração de *Ifá* está presente nos nomes do adivinho e do cliente, os quais são significativos para comunicar uma ideia da energia codificada no *odù*. O lado direito representa o adivinho e o lado esquerdo, o cliente, numa reunião de soluções que representam a dinâmica fundamental em *Èjì Ogbè* e *Òyèkú méjì*, presente e passado, a luz e a sua ausência. A terceira parte do verso dá uma descrição da situação e a quarta confere as soluções. A quinta parte diz se o cliente cumpriu ou não o conselho de *Ifá*, ao passo que a sexta comunica as consequências da atitude expressa nas anteriores. A sétima parte traz uma determinada lição e a parte final traz a moral do verso na conclusão dos eventos que se desenrolaram entre duas forças se unindo para solucionar uma situação. Abimbọla dá vários exemplos disso e eu dou um dos seus exemplos aqui para ilustrar a dinâmica inerentes nos versos (ibid: 58):

> *I: A amizade não une três,*
> *A amizade une apenas dois*
> *II: a leitura oracular de Ifá foi realizada por Sóoróyè (um chefe)*
> *O filho daqueles que praticaram o oráculo de Ifá e a agricultura*
> *III: Foi-lhe pedido para realizar um sacrifício*
> *A fim de que ele pudesse ter dinheiro*
> *IV: Foi-lhe pedido para ofertar, como sacrifício,*
> *Dois ratos rápidos,*
> *Dois peixes que nadam graciosamente,*
> *Duas galinhas com fígados grandes,*
> *Duas cabras grávidas*
> *V: Ele ofereceu tudo isso como sacrifício*
> *Depois que ele ofertou o sacrifício*
> *VI: Ele se tornou próspero*
> *VII: Ele começou a louvar os seus sacerdotes de Ifá*
> *Enquanto os seus sacerdotes de Ifá louvavam Ifá*

Quando ele abriu a boca

Ele entoou a canção de Ifá

Quando ele esticou as pernas,

A dança as tomou

VIII: Ele disse

Agora é hora de Ifá

Tornar a minha casa um mercado

Eu realizei a leitura oracular de Ifá

E eu pratiquei a agricultura

Minha parte do destino deve ser melhor

Agora é hora

De eu ser próspero

Eu realizei a leitura oracular de Ifá

E eu pratiquei a agricultura

Minha parte do destino deve ser - melhor

Neste exemplo, podemos ver que o nome do adivinho indica que o cliente tem uma tendência a se dividir demais; ele deveria limitar as suas atividades apenas a duas coisas, ou seja, *Ifá* e agricultura. O problema é verificado como sendo de falta de dinheiro e a solução é um sacrifício. Os elementos do sacrifício representam energias e mensageiros de poderes precisos de boa sorte que o cliente atrairá à sua vida. Noutras palavras, o sacrifício de "dois peixes que nadam graciosamente" não diz respeito apenas a dar uma oferenda a *Ọ̀rúnmìlà, Yẹmọja* ou *Olókun,* que estão entre os poderes espirituais que elevam o sacrifício do peixe num raio energético, mas também uma chamada para que o cliente seja mais elegante em suas ações. Todo sacrifício comporta dimensões relacionadas ao nosso comportamento e às nossas atitudes. Por exemplo, neste caso, o sacrifício de dois ratos assinala a prescrição de um sacrifício às *àjé* (bruxas), mas também pode falar da necessidade de o cliente sacrificar certas formas de comportamento como as de um rato, enquanto mantém a agilidade e a velocidade de um rato. Desse modo, o sacrifício recomendado nas suas múltiplas dimensões prescreve um remédio que sempre envolve uma mudança de atitude ou busca reforçar aquelas já presentes, além de servir de alimento para as forças espirituais e para a comunidade. Na sexta parte do verso, vemos as consequências do seu sacrifício, ele se tornou próspero, e as duas últimas partes trazem a lição e a moral do verso, que são bastante diretas aqui, mas que podem ser crípticas em outros casos.

Todos os versos de *Ifá* contêm informações adicionais, preces ou encantamentos, mas todos eles seguem o ritmo do *odù* e, desse modo, a entonação e a divisão das palavras são sempre significativas na medida que replicam uma ressonância e um raio cósmicos muito específicos. Isso significa que o adivinho e o cliente recriam uma situação que tem precedentes no passado e trazem-nos para o presente, de modo que predições possam ser feitas sobre o futuro.

A IMPORTÂNCIA DAS ALEGORIAS E DA NARRAÇÃO DE HISTÓRIAS

Ouvimos vários relatos sobre o número de versos atribuídos a cada um dos 256 *odù*, o mais comum sendo o de que cada um deles têm dezesseis versos, somando um total de 4096 versos, embora alguns digam que ainda há muitos mais. Noutras palavras, *Ifá* é uma tradição viva e a sua sabedoria ainda está se acumulando. A repetição da diferença está em andamento e, à medida que cada novo tom e tonalidade se acumulam à energia básica, versos são adicionados ao *corpus*.

Isso está alicerçado na dinâmica do próprio oráculo, na qual o adivinho, que manifesta um dado princípio de um modo particular, encontra um cliente que reflete essa dinâmica. Portanto, é vital para o oráculo de *Ifá* que a comunicação que toma lugar no espaço sagrado deva estabelecer uma nova compreensão sobre os "ossos" da precedência.

Alguns versos podem parecer enigmáticos, como quando uma planta, árvore ou erva daninha representa o adivinho, e o cliente é representado por um animal; ou quando o próprio Ọ̀rúnmìlà aparece como o cliente pedindo aconselhamento a uma força espiritual ou planta. Aqui, temos muitas dimensões baseadas na crença de que tudo está conectado e que podemos experienciar uma variedade inteira de manifestações divinas num ciclo de renascimento. Renascer como um ser humano é significativo, pois, nessas encarnações, estamos ascendendo em direção à nossa divindade e caminhando pela senda de se tornar òrìṣà. Isso também significa que detemos a memória da planta e da besta, do mineral e da força espiritual jungidas na constituição energética do nosso vir a ser divino. Uma planta não é inferior a um ser humano, tampouco uma força espiritual é superior em qualidade, mas sim em função. A planta e as forças espirituais estão sempre conectadas por meio de seres amadurecidos, não importa a qual reino pertençam.

Tudo se baseia em odù: uma dada energia pode prover um grande número de narrativas fundadas no mesmo raio cósmico. Protagonistas, geografia e tempo são fatores de mudança, mas odù permanece o mesmo. A natureza é um fluxo e uma pulsação mediados por esses polos seguros de sabedoria ancestral ancorados no céu. Seguimos padrões que já foram estabelecidos e, desse modo, facilitamos uma variação dos mesmos encontros que sempre ocorreram. E, nisso, a beleza e a sabedoria dos odù Ifá é encontrada, pois Ifá é uma dança de formas energéticas em reunião, benignas e não tão benignas, com o propósito de crescimento e de compreensão, de forma que possamos entender melhor a harmonia natural e viver de acordo com ela.

O SIGNIFICADO DO SACRIFÍCIO

Ẹbọ, sacrifício, é rotineiramente associado a oferendas de força vital, mas essa é uma percepção muito limitada do que isso implica. De fato, Ifá é bastante rígido quanto ao Ẹbọ se iniciar com uma mudança de atitude, uma compreensão da necessidade de mudança e de se manter expectativas realistas. *Ẹbọ* é realizado a fim de se aprimorar algo que já é promissor, de se trazer novas oportunidades ou de se diminuir os efeitos de correntes negativas.

Um sacrifício pode ser feito para trazer boa sorte a uma viagem ou a uma empreitada comercial, ou para buscas uma boa esposa ou o bem-estar em geral; mas isso sempre vem com a indicação ao cliente para que preste atenção aos sinais. Noutras palavras, *Èṣù* está sempre presente no projeto.

Sendo tantas coisas, *Èṣù* é a língua divina, a semente da paixão e do desejo que se comunica com o mundo e o entre mundos, de forma que possamos acumular sabedoria. Sabedoria, como sacrifício, é acumulada como uma seiva divina que nos permite fluir e que nos preenche com vida e anelo. *Ògúndá méjì* diz o seguinte acerca de *ẹbọ*:

Igi gbígbe mà lé gànràngún	*Uma árvore seca fica de pé, mas não tem dignidade*
Igi gbígbe niò ní tòtò	*Folhas secas não têm seiva*
Díá fún Ẹbọ	*Isso Ifá declarou a Ẹbọ*
Tíí s'omo won lode Ògbólú	*A descendência da "cidade da sabedoria acumulada"*
Alárà, níbo l'Ẹbọó wà	*Criador, eu pergunto onde está Ẹbọ?*
Enu ènìyàn l'Ẹbọó wà	*Ẹbọ é a boca dos seres humanos*

O sacrifício se inicia com certas formas verbais que repousam em nosso *orí*. A boca representa o portal, a porta para o nosso *orí*. É através dessa porta que expressamos nossos desejos, pois palavras são expressões dos nossos anseios e, assim, são um veículo de manifestação. Nessa base, os iniciados em *Ifá* são advertidos a abençoarem a todos, a sempre falarem coisas boas e a absterem-se de maledicência e de conversas negativas em geral. Isso se vincula às dimensões morais de *Ifá*, que se relacionam à importância de sempre se ser verdadeiro e declarar os fatos. Mentiras, engano e fofoca são considerados o início do azar, pois aquilo a que damos forma em nossas palavras naturalmente busca manifestação.

Nessa forma de *ẹbọ*, o *ìrúbo*, fazemos sacrifício para fortalecer a boa sorte. Essas formas de sacrifício podem ser simples como uma mudança de atitude e o oferecimento de preces e canções a certa força espiritual, na qual a língua é diretamente alimentada com materiais que adoçam as nossas palavras ou lhes dão força. Essa forma de sacrifício é um tema constante em *Ifá*, com a sua ênfase em orações, cânticos e encantamentos. Todo sacrifício bem-sucedido começa com uma afirmação verbal clara. Há uma grande diferença entre pensamentos e palavras. Os nossos pensamentos são meramente potenciais até que lhes sejam dados uma voz e um nome; com isso, eles eclodem em energias e forças que crescem rumo à força e à materialização. Essa forma de *ẹbọ* é feita pelo *awo* todos os dias quando ele ou ela se levanta de manhã e louva o *orí*. O *awo* começa todos os dias com afirmações verbais do seu estado abençoado, porque, em assim fazendo, ele ou ela pode ser uma fonte de bênçãos e de boa sorte aos outros.

Ètùtù é o sacrifício para tornar uma situação maligna em uma positiva. Ele pode ser realizado para um indivíduo ou em favor de uma comunidade. Por vezes, essa transformação pode envolver passagens e passos complexos. Essa forma de *ẹbọ* é frequentemente dada a espíritos malevolentes ou ao *òrìṣà* que expressou os seus raios negativos, servindo para aplacá-los.

Ẹbọ é o sacrifício comum que envolve *adimu*, oferenda de comida e de força vital ao *òrìṣà*, sendo a forma de sacrifício usualmente associada à palavra *ẹbọ*.

Ìpèsè são tipos especiais de sacrifício ofertados às *àjé* ou bruxas. São oferendas destinadas a apaziguar essas forças turbulentas, os quais podem também ser usados como um ato de mediação para ganhar o seu favor. Podem ser feitos sacrifícios às bruxas em casos em que alguém é afligido pelos *ajogún*, os quais tomam a forma de azar em geral, ou pelas *àjé*, que podem ser reconhecidas pela ambivalência emocional e mental e pela turbulência. *Ìpèsè* pode ser oferecido como um meio de remover essas influências negativas e, assim, restaurar o equilíbrio.

ELEMENTOS DE SACRIFÍCIO

Os elementos de sacrifício são muitos e variados, retirados dos reinos mineral, vegetal e animal. Eles são cuidadosamente selecionados depois que uma situação foi definida e seu remédio estabelecido. Todos esses itens são relacionados a *odù*, assim como a *òrìṣà* e a *ìmọ̀lẹ̀*. Os elementos do sacrifício podem ser usados tanto na sua forma material quanto como exemplos de atitude e de presença de espírito que precisam ser melhoradas ou diminuídas. Trocando em miúdos, se uma leitura oracular de *Ifá* pede o sacrifício de uma ovelha, ela falará da necessidade de se focar nessa energia, tanto como de uma comunhão, como de uma atitude e aptidão. Na prática, pode significar que o sacrifício de uma ovelha a certa força espiritual e o consumo da carne do sacrifício animal abrirá caminhos à boa sorte e bloqueará o infortúnio, mas também pode falar de uma determinada atitude associada à ovelha que precisa ser contemplada. Deve-se mencionar que a carne é usada para alimentar a comunidade e que qualquer oferenda de força vital é venerada antes de dar o seu alento ou *èmí*. Desse modo, oferendas de força vital são feitas pelo povo *Yorùbá* seguindo um padrão similar ao encontrado entre os seguidores da fé mosaica, com o seu sacrifício *kosher*, ou entre os muçulmanos, no seu sacrifício *halal*.

❖ *Ẹlẹ́dẹ̀* (porco) é usado para trazer bençãos a crianças e para aumentar o conforto na vida da pessoa, assim como suaviza o que é tortuoso e errático. É sagrado a *Egúngún*, *Ọ̀rúnmìlà*, *Ìyàmí* e *Òrìṣà Oko*.

❖ *Àgùntàn* (ovelha) é importante aos *òrìṣà funfun* e para cultos como *Agemo*, que é relacionado ao culto de *Egúngún*, e para *Yẹmọja*.

IFÁ: UMA FLORESTA DE MISTÉRIOS

Diz-se que contém propriedades que afastam a morte e pode ser usada em ritos para a ressuscitação temporária de mortos.

❖ *Ewúré* (cabra) é um sacrifício muito comum, que pode ser ofertado a todas as forças femininas, *Ôbàtálá*, *Ọ̀rúnmìlà* e *Èṣù*. Considera-se que traz estabilidade, proteção e boa sorte em geral à comunidade envolvida na realização da oferta.

❖ *Òbúkọ* (bode) é usado quando se precisa de força e de fogo para aplicar na aspiração de uma pessoa com poder e direção. É particularmente sagrado aos espíritos caçadores e frequentemente usado em iniciações para forças espirituais masculinas.

❖ *Eranla* (vaca) é sagrada a *Ọ̀bàtálá* e às *Ìyàmí*. Traz prosperidade e abundância, especialmente por meio do comércio, e é uma energia que pode estimular a gravidez.

❖ *Erinla* (boi) é usado para trazer estabilidade à terra e é sagrado a *Egúngún* e a *Ọnilé*. Assim como a energia estabiliza a terra, ela também estabiliza a nossa vida.

❖ *Agbò* (carneiro) tem uma natureza muito vermelha e é usado em trabalhos de defesa, fortalecimento e transformação. Tem conexões profundas com *Ọya*, *Ògún*, *Ọ̀sányìn* e *Egúngún* em sua capacidade de apaziguar ancestrais.

❖ *Ajá* (cachorro) é particularmente sagrado a *Ògún* e a *Ọnilé*, induzindo serenidade e majestade nos espíritos caçadores.

❖ *Òkété* (rato) é usado para aplacar praticamente qualquer forma ou força que se torna turbulenta. Também pode ser usado tanto para aplacar quanto para agitar poderes vermelhos. É um grande sacrifício a se dar às *àjé* e aplacará, com azeite de dendê, qualquer dissonância gerada por elas, trazendo, assim, bênçãos ao invés de provações.

133

- *Ẹ́pẹ́yẹ* (pato) é sagrado a *orí* e a *Yẹmọja* e acalma a mente e os nervos, assim como neutraliza pensamentos negativos das outras pessoas. Carrega o *àṣẹ* de abrir as portas para a honra e o reconhecimento.

- *Ẹtù* (galinha d'angola) é uma das oferendas mais enaltecidas, dada a sua conexão com iniciação, elevação, posição e prestígio. É sagrada a *Ọbàtálá, Ọ̀ṣun, Ọ̀rúnmìlà* e muitos outros. É um símbolo do *ìyàwó*, o recém-iniciado, a quem dá boa sorte, prestígio e coragem.

- *Adìẹ* (galinha) é considerada possuidora do poder de transformar as nossas perspectivas e de trazer saúde e equilíbrio no plano material. Aplaca forças hostis e traz à tona forças benevolentes. Em alguma extensão, as cores da galinha são atribuídas a certos domínios em virtude das três cores preta, vermelha e branca, mas as suas propriedades essenciais permanecem as mesmas.

- *Ẹyẹle* (pombo) representa prosperidade, paz e vida longa, assim como honra e lealdade. O pombo branco é especialmente reverenciado, sendo sagrado aos caçadores, *ébórá* e *òrìṣà funfun*. Acredita-se que o pombo selvagem carrega propriedades muito diferentes e se diz que facilita a possessão e traz os poderes das *àjé*.

- *Àkùkọ* (galo) é importante à maioria dos òrìṣà masculinos e particularmente aos caçadores – *Èṣù, Ọ̀ṣun, Ọbalúwayé, Ṣàngó* – e a muitos outros em sua capacidade de prover defesa e proteção radicais.

- *Ìjàpá* (tartaruga) é um sacrifício feito para se ter acesso a segredos. É particularmente sagrada a *Ọ̀sányìn, Ṣàngó* e *Yẹmọja*, e se diz que induz poderes sobrenaturais e confere diligência e proteção.

IFÁ: UMA FLORESTA DE MISTÉRIOS

❖ *Ìgbín* (caramujo) é sagrado a todos os espíritos *funfun* e, em particular, a *Odù, Òrúnmìlà* e *Òbàtálá*. É o mais estimado para induzir paz e tranquilidade e é o alimento mais enaltecido para a consciência e a criatividade. O caramujo também possui propriedades medicinais e é um antídoto poderoso contra infecções e febres, assim como é um remédio para até mesmo as mais sérias situações, dada a sua capacidade de restaurar a paz onde há turbulência.

❖ *Ẹja* (peixe) e, particularmente, *ẹja aro* (peixe-lama) é usado para afastar a morte e propiciar longevidade. Uma vez que peixes vivem em cardumes, são usados para combater a solidão e como um fundamento para a gravitação em relação à parentela e a pares. Naturalmente, detêm o poder de trazer abundância, sendo sagrados a *Olókun* e a *Yẹmọja*. O peixe-lama é sagrado a *Òrúnmìlà* em sua capacidade de resistência e habilidade de viver tanto na terra quanto nas águas.

❖ *Ẹyin adìẹ* (ovo) possui propriedades de limpeza e de proteção, sendo particularmente sagrado às *Ìyàmí* e à *Ọgbóni*. Ovos podem ser dados a *Òṣun* e a *Òsányìn* quando ditam as circunstâncias, mas são tabus para muitas forças espirituais.

❖ *Efun* (argila branca) é sagrada a todos os *òrìṣà funfun*, como *Òbàtálá, Olókun, Òrìṣà Oko* e *orí*. É usada para atrair boa sorte, em particular dinheiro.

❖ *Osùn* (sândalo africano, *Baphia nitida*) é um pó vermelho usado tanto para cura quanto para agitar os espíritos. É sagrado para *Èṣù, Egúngún, Ìyàmí* e todos os espíritos vermelhos.

❖ *Egbò* (tubérculos) são sagrados a *Òrìṣà Oko, Egúngún* e *Ọbalúwayé*. Não apenas possuem propriedades estabilizadoras, como lembram aos poderes que sustentam a estabilidade da terra que nós, que os comemos, tencionamos manter a estabilidade.

❖ *Èkùyá* (vegetais) são usados para proteção e para reforçar a nossa subordinação à natureza.

❖ *Ẹmu* (vinho de palma) é um agente de limpeza e um estimulante, sendo especialmente apreciado por *Òrìṣà Oko, Ọ̀sányìn, Ògún* e *Èṣù*. Pode ser dado a *Ọ̀bàtálá* em porções moderadas, a fim de estimular a criatividade.

❖ *Iyọ̀* (sal) é usado para fortalecer o *àṣẹ* e erigir uma defesa. É sagrado a muitas das forças vermelhas e também a *orì*, servindo para fortalecer a nossa conexão com a fonte e firmar nossa determinação.

❖ *Orí* (manteiga de karité) representa a consciência e, particularmente, uma consciência boa e calma.

❖ *Ìrèké* (cana-de-açúcar) é particularmente sagrada a *Egúngún* e se considera que abre portas pelas quais a prosperidade pode entrar na forma de agilidade, boa saúde e oportunidades de negócios.

❖ *Ọ̀gèdè* (banana) é sagrada a *Egúngún*, assim como a *Ẹgbẹ*, conferindo o poder da longevidade e mantendo a nossa saúde conectada aos nossos amigos no *Ọ̀run*. É usada para atrair prestígio e bons parceiros, seja no casamento, seja nos negócios.

❖ *Àgbọn* (coco) é visto como um veículo do bom caráter e induz estabilidade e clareza. O *àgbọn* representa o *Ayé*.

❖ *Irù* (alfarroba cozida) é usada em vários *adimu* ou oferendas de comida voltadas a aplacar forças espirituais e a fortalecer o *àṣẹ* da boa sorte, como *èkuru*.

IFÁ: UMA FLORESTA DE MISTÉRIOS

❖ *Àmàlà* (farinha de inhame cozida) é usada para aplacar forças quentes. É uma comida dada para se tornar mais direto e focado.

❖ *Ẹ̀kọ* (farinha de milho branco cozida) é usada para atrair boa sorte e trazer um estado de calma e clareza mental.

❖ *Ówóẹyọ* (búzios) representam dinheiro. Simbolizam sacrifício, assim como proteção e a necessidade de se dar valor e atenção ao que se está fazendo. Essa oferenda envolve a chegada de boa sorte, mas também a necessidade de se desenvolver alguma forma de proteção, uma vez que a boa sorte de uma pessoa pode, às vezes, causar a inveja em um amigo.

Os elementos de sacrifício que são regularmente usados não apenas como parte de um *ẹbọ* maior, mas também para a prática semanal de *Ifá* são os seguintes:

❖ *Atàáré* (pimenta da costa) representa o poder da palavra e da determinação. É particularmente sagrada a *Ṣàngó* e usada para alimentar a língua quando são feitos encantamentos.

❖ *Omi tutu* (água fria) é um agente curativo, usado como libação em honra da terra, tornando-a fria e calma. Água fria prepara o espaço ritual, uma vez que cria um ambiente calmo.

❖ *Ọtí* (gin) traduz-se numa presença constante em todo trabalho feito com forças espirituais devido à sua capacidade de acelerar o *àṣẹ* e permitir que ele se dissemine. *Ọtí* não se refere apenas a gin, mas também a qualquer bebida alcoólica forte.

❖ *Oyin* (mel) é usado para trazer doçura à vida e como um lembrete do destino. Mel é o sabor do nosso destino.

❖ *Ẹpọ* (azeite de dendê) é usado como um substituto do sangue e representa o fluxo revigorante de poder em nossa vida.

❖ *Obí* (noz de cola) é frequentemente usada, vez que carrega a virtude de afastar a doença e a morte, e devido à sua habilidade de gerar uniões harmoniosas e estimular amizades.

❖ *Orógbó* (noz de cola amarga) representa a cabaça fechada, o mundo unido e aperfeiçoado. Ao provar da sua amargura, somos lembrados de que podemos escolher adoçar o mundo com mel.

A prática do sacrifício torna-nos conscientes do ser, da vida, dos ritmos e da alma do *Ayé*. Por exemplo, se você oferenda água fria à terra e faz uma prece por uma mente calma enquanto canta para *Ọnilé*, esses simples atos envolvem uma conexão com água e terra como um meio para acalmar os pensamentos e se fazer presente.

A PRÁTICA DO SACRIFÍCIO

O ciclo da terra é de nascimento, gestação, maturação e morte, seguido por ressurgimento; tudo que se encontra na terra está ligado a esse ciclo, até mesmo os seres humanos. *Ajogún* são parte da criação. Bàbá Ẹlẹbuibọn comenta, em *The Healing Power of Sacrifice* (2000), que esses poderes maléficos entraram no mundo no momento em que a primeira pessoa que podia discernir entre o bem e o mal escolheu este último. O sacrifício é necessário para manter o equilíbrio entre as forças opostas que emanam do Um, pois é apenas na oposição que o Um se mantém. É apenas pelo sacrifício que podemos manter o foco nos nossos objetivos. Os *ajogún* não são nossos inimigos, eles são forças que aparecem nas nossas vidas quando nós nos voltamos contra nós mesmos e embarcamos no processo de nos tornarmos nossos piores inimigos.

Ifá frisa, implacavelmente, que nascemos bons e abençoados, mas uma vez que entramos no mundo e somos submetidos à socialização e ao condicionamento, ganhamos a experiência da luta, do mal e da derrota. Isso faz parte da jornada humana, assim como o sacrifício. O sacrifício pode ser entendido como uma ação realizada para trazer harmonia e equilíbrio; pode ser uma mudança de atitude, seja em abrir mão de padrões negativos, seja em se alimentar um espírito com comida, bebidas e sangue. Também pode dizer respeito à iniciação por outros espíritos, os quais acumularão a sabedoria necessária para trazer equilíbrio à vida de alguém, que, então, poderá ir ao encalço de um destino feliz. A própria ideia de sacrifício fala-nos que o desequilíbrio não é desejado e também que tudo no mundo está incluído nessa dinâmica.

O maior sacrifício é sempre renunciar a padrões e a atitudes que prejudicam a nossa boa sorte, o que se demonstrou, no início deste capítulo, pelo exemplo de Ṣóóróyè. O seu principal problema era o modo como deu atenção às pessoas ao seu redor e, então, foi aconselhado a mudar essa atitude. Ele assim o fez e ofertou ẹbọ ao espírito, a fim de se alinhar com um fluxo espiritual particular com a mudança de atitude com a qual ele se comprometeu e, assim, foram-lhe garantidas bênçãos e boa sorte. Noutras palavras, ele sacrificou a sua atitude e ela se tornou tabu, o seu modo de assegurar que a boa sorte fluiria.

Todo sacrifício começa com a boca. Ela forma palavras para descrever a dor ou o problema experimentados, bem como preces ou juramentos. Palavras levam à ação, pois são símbolos que reúnem todos os reinos e todos os mundos, visíveis e invisíveis, ao local do sacrifício. Sacrifício é abrir mão de algo. Quando chamamos uma planta, um animal, uma pedra ou um espírito ao local do sacrifício, é para conferir equilíbrio e harmonia a alguém que está em busca da sua boa sorte. Isso nos dá alguma perspectiva sobre o conceito todo de ẹbọ, no qual àquele que o executa é pedido que renuncie aos seus maus caminhos ou que evite certas coisas. Sacrifício diz respeito a arquitetar o ciclo da vida em espírito de sabedoria; a pulsação da sabedoria é encontrada na contração e expansão, na inalação e exalação. Se trouxemos representantes de todos os reinos para tomar parte no sacrifício, também precisamos compartilhá-los com a comunidade. A intenção por detrás do sacrifício precisa ser demonstrada e os elementos do sacrifício precisam ser distribuídos entre a comunidade visível e invisível, a fim de gerar o fluxo necessário que proveja o retorno antecipado, manifestando-se em boa sorte para todos e tudo envolvidos.

O sacrifício nos lembra de como somos interdependentes, de que sempre precisamos da comunidade, consista ela de poucas pessoas ou de muitas, a fim de nos permitir espalhar a nossa bondade. Comunidade é importante e, de igual maneira, aquilo que distribuímos à nossa comunidade. Portanto, disseminemos sempre bondade onde estivermos, pois caminhar no mundo com elegância, graça e cheio de bondade é o maior *ębọ* que podemos realizar.

O MISTÉRIO DO TABU

Èèwọ̀ (tabu) é um conceito importante que é frequentemente mal interpretado dada a sua proximidade com o conceito de *èṣè*, que significa "escolher fazer o que é mau a despeito de se saber o que é bom". *Èèwọ̀* é realmente muito mais próximo, em significado, de sacrifício, "renunciar a algo", do que do uso que fazemos da palavra "tabu", que passou a significar "algo proibido". Um provérbio Yorùbá diz *Èèwọ̀ dùn ju oyin lọ*, significando "tabu é mais doce do que o mel". Tabus são dados porque eles bloqueiam os caminhos nos quais os *ajogún* podem interferir na sua vida e criar condições negativas. Portanto, quando se trata de tabu, o que é bom para uma pessoa é ruim para outra. Tabus podem ser permanentes ou transitórios, eles podem estar relacionados aos *odù* que vêm à tona em iniciações ou serem dados em relação ao *odù* e às forças espirituais, *òrìṣà* e família. Tabus marcam o caminho em direção à abundância.

Èèwọ̀ podem ser dados porque põem em risco a saúde do corpo, da alma e da mente, pois prejudicam o nosso circuito biológico, ou porque a comida ou os objetos proibidos servem como portas de entrada para a possessão por espíritos e, desse modo, são postos de lado em virtude de circunstâncias específicas. O que é proibido torna-se parte da geração de uma energia específica; por meio da sua renúncia deliberada, a boa sorte chega.

Lancemos os olhos para alguns tabus e os motivos por detrás deles. Digamos que uma a pessoa que esteja se submetendo à iniciação a Ṣàngó e seja dito que, em seu *dafá*, foi-lhe dado um tabu contra vestir uniformes, vestir-se de vermelho e comer pimentas. Um tabu como esse tem precedentes no *corpus* de *Ifá* em relação ao *odù* particular que surge, o qual falaria de abuso de poder e da inabilidade de se manter serenas as próprias emoções. Isso segue um motivo muito lógico, o de que Ṣàngó é o senhor da guerra, sendo o abuso de poder um dos traços encontrados em suas histórias. Embora Ṣàngó certamente possua outros aspectos mais elegantes e pacíficos, se esses tabus vêm à tona, eles demonstrarão que o *iyàwó* (o recém-iniciado) tem uma conexão forte com o fogo que tende a queimar muito quente. Por isso, o tabu contra usar uniformes serve como um lembrete de como o poder pode convidar os *ajogún*, e a cor vermelha e as pimentas servem como um aviso para não permitir que as paixões saiam de controle.

Há tabus que são mais difíceis de se entender, como aqueles contra comer batatas, amendoins ou feijões. Quando eles se aplicam aos reinos vegetal ou animal, os tabus são tríplices; podem ser dados por causa de uma força espiritual com a qual estamos em relacionamento ou porque eles geram um distúrbio em nosso circuito biológico num nível espiritual, ou, simplesmente, em virtude de serem prejudiciais à nossa saúde. Se o tabu de comida é relacionado a uma força espiritual, ele é dado porque, ao se evitar o alimento, será gerado um fluxo espiritual mais direto. Isso pode ser entendido compreendendo-se que também os *òrìṣà* têm seus tabus; Èṣù, por exemplo, é proibido de comer pimentas ardidas, pois isso agitará o seu fogo natural, e a Ọbàtálá é proibido o azeite de dendê, pois isso reforçará, de maneiras negativas, o seu estado de alvura impecável e estável. Continuando o exemplo com Ọbàtálá, se fizermos *ẹbọ* envolvendo essa força, podemos usar argila branca, caramujos, água, inhame – mas nunca milho e raramente sangue. Se adicionarmos esses itens ao sacrifício, criamos uma distorção na comunicação e na manifestação da presença. Dá-se o mesmo com os *èèwò* dados em iniciações: certos itens são proibidos porque impedem e nublam *ìpònrí*, a ponte entre os reinos visível e invisível. Nas religiões diaspóricas, não é incomum de se ouvir que quebrar um tabu leva à cólera do *òrìṣà*; isso não é verdade, mas faz com que o vínculo que mantemos em muitas direções seja abalado.

A COSMOLOGIA DE IFÁ

A cosmologia exposta em *Ifá* é cíclica. Além disso, *Ifá* convida à comparação com ideias pitagóricas, enxergando o *Ayé*, ou a terra, como um corpo que cerca ou circunscreve um fogo central. Se formos mais o fundo na metafísica de *Ifá*, encontraremos similaridades com o geocentrismo, o heliocentrismo, com ideias de Copérnico e de Ptolomeu e até com ideias similares às teorias de Al-Razi sobre o multiverso. Enquanto Boécio, Plotino e Bruno foram mencionados como referências para a compreensão da cosmologia de *Ifá*, podemos definir livremente *Ifá* como uma realidade noética consensual e, assim, essencialmente como uma filosofia atemporal.

Falando metafisicamente, *Ifá* enxerga os reinos visível e invisível como categorias em constante interação. Qualquer número de mundos ou de reinos pode se encontrar e interagir, e o nosso próprio, *Ayé*, é um dos muitos mundos possíveis. Assim como qualquer outro mundo, *Ayé* é dotado de um espírito divino imutável que lhe dá vida e uma forma, ritmo e perfeição únicos. Cada planeta e cada corpo estelar em nosso universo é habitado por um espírito com uma consciência particular. No caso de Vênus, é o espírito chamado de *Àguala*; o Sol é habitado pelo espírito chamado de *Àmòká*; e Sirius (a estrela canoa) é a habitação do espírito *Ìráwó Alé*. Estas ideias não são distantes daquelas que encontramos na teoria das Mônadas de Leibniz.

Ifá sustenta que o começo de tudo tem raiz na presença de uma luz misteriosa que começou a se mover e, enquanto se contraía e se expandia, gerou uma variedade de formas de luz. Todos esses raios que surgiram das explosões causadas pelo pulso de luz tornaram-se conscientes do seu raio como sua fonte. Assim, o início de tudo foi uma explosão de luz. Aquele que presidiu essa explosão foi a inteligência que habitava a luz primordial misteriosa, a qual chamamos de *Olódùmarè*, um nome que, em sua totalidade, significa "senhor das serpentes arco-íris que surgiram do ventre", mas que é usualmente referido como "o senhor do céu". Se nós buscarmos o simbolismo das serpentes surgindo de um ventre, encontraremos que as serpentes representam os raios primordiais do ser surgindo de *igbámólè*, "a cabaça de luz". Isso pode ser visto no espírito criador *Òbàtálá*, que tem a píton *(erè)* como um dos seus atributos; a píton é associada ao arco-íris (Bascom 1969: 267).

Não há hierarquia de valor como tal no *Ifá*, já que a hierarquia dos seres é ditada por alocação e ação. A ordem social é regulada pelo chefe de uma vila, cidade ou nação, mas *Ifá* também está preocupado com a maestria das situações e das habilidades. Por exemplo, se um rei procura aprender a arte de forjar o metal, ele precisa se aproximar de *Ògún*, não como um rei, mas sim como um estudante de metalurgia. Apesar de o ferreiro naturalmente tratar com todo o respeito o ofício do rei, o rei também precisa reconhecer que, quando no salão do ferreiro, ele não é o mestre na arte na qual ele está sendo treinado. Se estivermos forjando uma faca, aquele que sabe melhor como completar a tarefa deve ser aquele no comando, não importa o seu status social. Essa sensibilidade quanto ao papel e ao domínio, à habilidade e à sabedoria, flui abundantemente por *Ifá* e esses papéis não são apenas atribuídos à organização humana, mas também às plantas e aos animais. Por exemplo, um caçador procurando presas na floresta não é necessariamente o mestre do reino no qual está entrando. Entretanto, as árvores e as plantas podem funcionar como seus professores e aliados nesse reino.

Nas sociedades iorubanas, principalmente no campo, as trocas de papéis numa dinâmica hierárquica dão-se fácil e naturalmente. Isso ocorre em virtude da insistência em se construir um bom caráter em *Ifá*. Junto disso está o reconhecimento do que está sendo feito e a necessidade de se harmonizar ao ato executado. Essa atitude é possível, pois o caráter bom, a conscientização e a gentileza são virtudes de enorme importância na sociedade tradicional iorubana.

IFÁ: UMA FLORESTA DE MISTÉRIOS

Há uma hierarquia envolvida em *Ifá* e na sua cosmologia, mas essa é uma hierarquia de emanação natural e de atribuição adequada de um poder a uma dada tarefa. Por exemplo, quando *Ọbàtálá* foi enviado à terra para fazer a terra seca, ele não foi escolhido por ser mais o importante, mas em razão de ser a encarnação da consciência e do auxílio. O seu reconhecimento como o *òrìṣà* mais importante deu-se em razão do seu caráter, reconhecido por todos os seres da criação. O seu prestígio era o resultado dele próprio demonstrando o seu valor através de desafios e pela maneira com a qual ele resolvia situações complicadas.

UMA CORRENTE DOURADA

Ifá fala de como os seres espirituais baixaram uma corrente para tornar a terra habitável aos humanos. Há algumas variações nessa história, mas, mais comumente, relata-se como *Ọbàtálá* desceu ao *Ayé* em uma corrente de ouro (ou de ferro) forjada por *Ògún*. Ele carregou um saco de terra e uma galinha d'Angola, espalhando a terra por sobre as águas. Esse ato anunciou a chegada das forças espirituais numa grande quantidade de terra. Os primeiros poderes que vieram à terra foram os espíritos chamados *irúnmọlẹ,* espíritos da cabaça de luz. Junto deles, também vieram os *ajogún,* "poderosos que causam infortúnio".

No *corpus* de *Ifá*, encontramos alguma variação na quantidade de espíritos que vem do *Ayé,* mas a versão mais prevalente conta sobre 200 no lado esquerdo e 201 no lado direito, ou 400 na esquerda e 401 na direita. *Ògún* é a força de luz que causou a chegada dos *ajogún* na terra, por isso o leve desequilíbrio nos números, o qual é necessário ao movimento.

Os *irúnmọlẹ* representam o desígnio espiritual das formas no mundo. Infinitos e misteriosos, eles podem ser descritos como as várias formas da divindade que reconhecemos nos espíritos, plantas, animais, *òrìṣà* e humanos. Essas potências ativas de luz consciente acendem a chama da consciência em todas as coisas. Em sua capacidade de raios de luz, como arco-íris, eles também são espíritos que se inclinam à comunicação.

É entre esses 401 *irúnmọlẹ* viajantes que encontramos a manifestação de *òrìṣà* e a animação de cada planta, animal e mineral. Esses *irúnmọlẹ* viajantes podem tomar qualquer forma que desejem; são esses seres que são "deuses que andam entre os homens". Eles nunca são o que aparentam, mas, ao inverso, representam vibrações, forças e energias que animam todas as coisas e trazem consciência às situações, condições e memória. Esses *irúnmọlẹ* relacionam-se a elementos ou vibrações específicas, mas não podemos afirmar que eles sejam essas coisas, assim como não podemos afirmar que o espírito de *Ògún* seja o ferro, embora o ferro seja experimentado como *Ògún*, pois está animado com suas qualidades. Da mesma maneira, *Ọṣun* é sentida por meio das águas doces, dos rios e das cachoeiras, mas ela não é, em si mesma, aquilo que aparenta ser.

Os *irúnmọlẹ* sempre entram e saem do mundo de maneiras misteriosas, por isso nós encontramos muitas histórias conflitantes sobre *os òrìṣà*. Algumas falam em *irúnmọlẹ* particulares andando entre os homens e outras são histórias de mulheres e de homens incríveis que expressaram uma dada vibração numa situação específica de tal maneira que a expressão dessa luz particular levou a uma perfeição chamada de *òrìṣà*.

Òrìṣà é, portanto, um conceito complexo, pois um *irúnmọlẹ* "andando como um deus entre os homens" será reconhecido como um *òrìṣà*, mas também um ser humano sob a influência de um dado *irúnmọlẹ* e que viva a sua vida de acordo com o destino e com sua vibração natural irá, por seus atos, morte e memória tornar-se, por sua vez, *òrìṣà*. Isto significa que os mortos (*Egúngún*) são geralmente a fundação pela qual os *òrìṣà* surgem. *Òrìṣà* são fragmento de consciência, forças da natureza que se tornaram exemplares, bem como seres humanos executando façanhas extraordinárias ou deuses andando entre homens. Esse é o campo do *Ayé*, no qual os deuses se tornam homens e homens se tornam deuses. É aqui que os mundos visível e invisível

A SABEDORIA DOS MUNDOS

Em seus ensinamentos, *Bàbá* Medahoci divulgou diagramas que eu apresentarei de uma forma um tanto modificada (e elaborada). A figura 1 revela a cabaça da existência fechada e de que maneira tudo, invisível e visível, está conectado.

Quando a cabaça da existência é aberta, há um ritmo cósmico diferente, no qual ela ainda é um ponto que permite que a luz e a energia fluam para todos os locais. A cabaça aberta libera forças da "noite" e do "dia", que nos desafiam a desenvolver o bom caráter e cultivar as forças que o exemplificam. Uma ilustração do nosso mundo dentro dos mundos e da composição das forças às quais estamos submetidos se pareceria com a figura 2. Essas forças revelam que o mundo visível e invisível compreende uma unidade harmoniosa na qual o espírito de *Èlà* permeia toda a criação, em todos os níveis e em todos os planos. Tudo no mundo está infundido com o espírito da sabedoria. Elas revelam o potencial tremendo que temos em *Ilé Ayé*, a nossa terra, de nos tornarmos sujeitos à sabedoria de todas as formas, em muitos tons e frequências de luz. Nosso mundo se pareceria então com a figura 3.

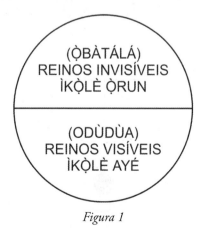

Figura 1

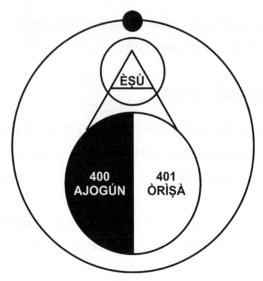

Figura 2

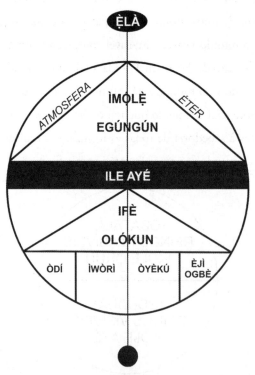

Figura 3

DEZESSEIS VENTRES (E MAIS UM)

É necessário algum comentário antes de embarcarmos na segunda parte do livro, a qual apresentará os dezesseis pares de *odù* e mais um; o *odù* atribuído ao *Èṣù*, *Òṣétúrá*. *Òṣétúrá* foi o *odù* que *Òrúnmìlà* revelou a *Èṣù* quando *Òrúnmìlà* e *Èṣù* se tornaram companheiros. Assim, o nascimento de *Èṣù*, que se dá em *Òṣétúrá*, será usado como uma base para o sumário da apresentação do décimo sexto *odù méjì*. Com isso, eu pretendi dar uma noção compreensiva da complexidade dessas forças originais da criação. Isso envolve uma boa dose de narração de histórias, que provê pontos de referência múltiplos para a sabedoria poética dos versos. Eu abordei essas questões tal qual um *awo* tentando formular as energias fundamentais da criação e, ao fazer isso, não fiz distinção entre os seres animados, sejam eles espíritos, plantas, animais ou humanos. Isso significa que, na apresentação dos *odù*, vocês encontrarão sábios que serão desde árvores a animais para a leitura oracular e encontrarão as vidas e feitos de plantas e de animais apresentados lado a lado aos dos humanos.

Eu evitei deliberadamente uma ordem rígida na minha apresentação, pois um *odù méjì* é uma concentração complexa de manifestação de uma dada vibração. Assim como nós, em nossa jornada humana, precisamos experimentar a totalidade de uma vibração para defini-la, eu me esforcei em fazer o mesmo, em demonstrar as várias facetas conectadas a um raio de luz ou vibração particular.

Os dezesseis *odù* são um ciclo, do início da luz em *Èjì Ogbè* até a sua inalação cósmica em *Òfún méjì*. Os dezesseis pares demonstram como os poderes vieram ao mundo e como tudo que é vivo ou dotado de uma alma é espelhado num desses dezesseis *odù*. O ciclo também fala do desenvolvimento de comunidades, sejam elas cidades ou reinos. Nascimento, morte, e renascimento estão codificados ao longo da criação: tudo que acontece e tudo que existe tem, em última análise, raiz em um *odù*. Cada par de *odù* possui uma consciência e mãos, uma marcada com o Sol e a outra com a Lua. Cada vibração pode proteger ou reter, assim como pode dar e abençoar. Porém, faríamos bem de nos lembrarmos de que a benção de uma serpente pode estar em seu veneno.

Em todas as suas histórias, versos, provérbios, canções, orações e encantamentos, *Ifá* chama a nossa atenção para o que todos nós compartilhamos. *Ifá* apresenta a sabedoria do mundo de tal maneira que possamos entender a origem de um certo ato, energia, palavra ou situação, não deixando espaço para a compreensão equivocada e para o ressentimento. Esse discernimento é fundamental para uma compreensão profunda de *Ifá*.

Ifá insiste em que todos nós nascemos únicos, carregamos uma qualidade distinta que pode, no entanto, ser identificada como vinda de um raio de luz claramente identificado. Se tivermos sabedoria suficiente, iremos naturalmente transformar isso em benevolência, mas, se nos faltar sabedoria, cometeremos erros de julgamento e estabeleceremos um padrão negativo. Há uma questão na raiz da pesquisa filosófica, que é: o que é real? *Ifá* é uma filosofia clássica e, como qualquer boa filosofia, não responde à pergunta, mas apenas aponta o caminho e envia vibrações que permitem um conhecimento do que é bom e verdadeiro. O mundo é bom, é perfeito. Se não enxergamos a perfeição no projeto, talvez nos falte perspectiva. O aumento dessa perspectiva é o que proverá a apresentação da sabedoria encontrada no décimo sexto *méjì odù*, que se seguirá na segunda parte.

PARTE II

UMA FLORESTA DE MISTÉRIOS

Èjì Ogbè

O Ar Úmido da Consciência

Èjì Ogbè é o clarão de luz que atinge as águas primordiais. É um *odù* que contém a plenitude de todas as coisas, sejam elas desejadas ou não.

Ònilé, o espírito habitante do *Ayé*, a terra, manifestou-se neste *odù*, tendo surgido, no *odù* seguinte, os cães, que são os seus guardiões. Cadelas são consideradas a sua expressão em alguns distritos da Iorubalândia, pois os cães são protetores e territorialistas por natureza e também têm o *àṣẹ* da lealdade.

Èjì Ogbè significa levantar as duas mãos para o céu e receber tanto o que é bom, quanto o que é mau. Daí porque o primeiro *ìrúnmọlẹ* a ativar este *odù* tenha sido *Sùúrù*, o espírito da paciência. Um verso de *Èjì Ogbè* afirma:

K'á má fi kánjúkanjú j'Ayé
K'á má fi wàràwàrà n'okún ọrọ̀
Ohun a bá fi ṣ'àgbá
K'á má fi ṣè'bínú
Bí a bá dé'bi t'ó tutu
K'á simi simi
K'á wò'wajú ojó lọ tìtì
K'á tún bọ̀ wá r'ẹ̀hìn ọ̀ràn wò
Nítorí àti sun ara ẹni ni

Não envolvamos o mundo na pressa
Não agarremos a corda da riqueza impacientemente

Ao que deve ser tratado com julgamento maduro
Não lidemos com isso num estado de paixão descontrolada.
Quando chegarmos a um bom lugar
Descansemos completamente
Concedamos profunda consideração às consequências das coisas
Façamos isso por causa da nossa morte inevitável

É com paciência que devemos alcançar os nossos objetivos, daí o caramujo, a jiboia, o camaleão e o elefante serem animais associados a este *odù*. Esses animais são dados a *Ọbàtálá*, que manifesta a dinâmica neste *odù* de uma forma mais tangível. O elefante representa *Ọbàtálá* porque é associado com a memória, a nobreza e a gentileza. Em muitas partes da África, encontramos a crença que considera o elefante uma manifestação da liderança. Lendas envolvendo o elefante sempre o colocam como um juiz ou um chefe devido à grande sabedoria que lhe é associada em virtude da sua idade avançada.

O caramujo representa a qualidade de *tutù*, ser calmo e pacífico. O seu sangue é usado para aplacar e acalmar forças agressivas. O caramujo também simboliza paciência e é a comida favorita de *Ọbàtálá*. Uma história neste *odù* fala de como o caramujo andou pelo mundo em busca de um bom sacerdote para ajudá-lo. Essa viagem foi repleta de decepções, mas ele não desistiu e, finalmente, conheceu um sacerdote que possuía bom caráter e era capaz de auxiliá-lo em suas aflições.

A jiboia é outro dos animais de *Ọbàtálá*. Ela compartilha com ele os seus hábitos secretos e noturnos, e diz-se que a pele branca que ela perde é a roupa de *Ọbàtálá*. *Ọbàtálá* é um espírito solitário com uma predileção pelas montanhas cobertas pela mata e, assim, compartilha uma afinidade com essa serpente que prefere a solidão nas copas das árvores ou na mata.

O camaleão tornou-se associado a *Ọbàtálá* por causa do seu jeito gentil de caminhar no mundo e da sua habilidade de ver tudo a partir de um ponto de vista e de se tornar um com qualquer ambiente em que se encontre.

No entanto, não é um animal estritamente de *Ọbàtálá*, mas primariamente de *Ọrúnmìlà*. Tal qual a jiboia, é um animal que ambos compartilham. O camaleão e a jiboia representam as forças protetoras dessas duas divindades e é na energia desses dois animais que eles baseiam a sua proteção.

Funfun (alvura, brancura) nasce em *Èjì Ogbè*. A alvura possui um número de qualidades associadas à sabedoria e a *ìwà rere* (um caráter calmo, bom e alegre). A brancura significa maturidade, clareza da mente e poder de sonhar. O sonho é a *prima materia* usada pelos artesãos divinos para trazerem algo à manifestação. *Òrìṣà Áláse* é um dos nomes laudatórios de *Ọbàtálá* e significa "espírito que carrega o poder de sonhar", um jogo de palavras entre *àlà* e *álá*, a primeira significando "o espírito da alvura e da pureza" e, a segunda, "o poder do sonho", como simbolizado pela sua roupa branca.

Em *Èjì Ogbè*, encontramos *ìmólè* tais como *Iyemòó* e *Àyàlá*, poderes que auxiliam no processo de trazer à luz a matéria valendo-se do sonho como um veículo de transformação. *Ifá* põe grande ênfase no sonho, uma vez que ele é o início da manifestação. *Iyemòó* é também conhecida como *àjé funfun*, que é vista como uma força benévola, mas misteriosa, que carrega o poder de moldar os sonhos e os pesadelos. Em algumas tradições, diz-se que *Iyemòó* é a esposa de *Ọbàtálá*. Seu nome significa "mãe de muitas mãos" e este *odù* relata como as mãos e os pés (*Ọbàtálá*) precisam trabalhar em harmonia.

Èjì Ogbè conta que, no início, todas as criaturas não tinham *orí*, não tinha cabeça (isto é, consciência). *Àyàlá*, o escultor divino da consciência, é descrito como um bêbado, embora seja alguém dotado de talentos artísticos incríveis. Ele tem o dom de moldar consciências maravilhosas, mas, muito frequentemente, elas se tornam imperfeitas devido à sua bebedeira e ao seu excesso de criatividade no seu ofício. *Ifá* diz que precisamos ir à sua casa para selecionarmos o nosso *orí* antes de partirmos para a terra, mas, uma vez que ele é um grande artesão, as imperfeições ocultas nas várias cabeças que podemos escolher não são evidentes, de modo que muitos de nós terminamos com uma consciência prejudicada. Na casa de *Àyàlá*, no momento em que escolhemos o nosso *orì* e estabelecemos o nosso destino, o dono do céu, a quem também chamamos Deus, diz: *"Que você colha bênçãos em sua jornada".* Não há nenhum julgamento presente na seleção de um *orí* bom ou desajustado, pois isso apenas nos coloca em caminhos diferentes, com desafios mais pesados ou mais leves.

O segredo da criação e da criatividade é encontrado aqui e esse secreto está oculto na consciência. O espírito da consciência é chamado de *orí* e *Ifá* diz o seguinte sobre o *orí* no *ęsę Ifá Ogbègúndá*:

Orí pèḷé	*Orí, eu o saúdo*
Atèté níran	*Você que não se esquece dos seus devotos*
Atété gbe 'ni k' òsa	*Que abençoa os devotos mais rapidamente do que outros deuses*
Kò sosa ti í dá' ni í gbé	*Nenhum deus abençoa um homem*
Ḷéyìn orí ęni	*Sem o consentimento do seu orí*

Orí é um conceito fundamental para se entender *Ifá* e *orí* nasce neste *odù*. A palavra *orí* tem diferentes níveis de significado, mas pode ser traduzida como "receber o próprio eu",[13] de *o*, "alguém", e *rí*, "receber". *Orí* pode também significar "cabeça" ou "topo", tal como a montanha, a habitação de *Ọbàtálá*.

Confrontando-se um modo de se usar as palavras, verifica-se que o símbolo e aquilo que ele simboliza são a mesma coisa, e que o significado, por sua vez, depende do contexto. *Orí* é a cabeça física tanto quanto o que ela contém, assim como as qualidades espirituais a ela associadas. A primeira e mais importante delas é a consciência. Sem *orí*, nada pode ser conquistado, nenhuma evolução pode ser alcançada, nenhuma sabedoria pode ser compreendida. É por isso que encontramos *orí* como um tema repetido ao longo do

---

[13] NT: *Self.*

IFÁ: UMA FLORESTA DE MISTÉRIOS

corpus de *Ifá*, como o *ẹsẹ Ifá* de *Ogbègúndá* diz: Ẹni t'ó gbón. Orí ̣è l'ó ní ó gbọn, isto é, *"aquele que é sábio é feito sábio pelo seu orí".*

A ideia de *orí* está conectada à ideia do nosso *daimon* pessoal ou anjo guardião. Isso porque não pode haver percepção sem consciência. Mais particularmente, *orí* implica a fundação espiritual de uma consciência sadia. Alguns dizem que *orí* revela-se a si mesmo no *òrìṣà* que reclama a nossa cabeça, mas isso requer mais esclarecimentos. O *òrìṣà* para o qual somos iniciados, aquele que reivindica a nossa cabeça, representa uma coloração cósmica particular que replica a essência do *orí*, mas *orí* também é compreendido como sendo a nossa própria categoria espiritual, nascida de um dos 256 *odù* do *corpus* de *Ifá*. *Orí* é visto como uma reunião de fatores com denominações específicas. *Orí òde* significa a cabeça física, a cobertura material da consciência. *Orí inú* denota a cabeça interior, a própria consciência, e é visto como possuindo uma qualidade dual conhecida como *apárí*, uma forma de nudez e de abertura para aquilo que se tem e que se expressa. É aqui, na consciência desnudada, que encontramos as faculdades que produzem o nosso caráter (*ìwà*). *Ifá* vê *ìwà* como uma força feminina jovem e curiosa. Os paralelos com Eros e Psiquê no Timeu de Platão são muito próximos para serem ignorados. Na visão de Platão, Psiquê (Alma) também é vista como uma mulher jovem e curiosa. Ao encontrar Eros (Amor), ela experimenta crescimento e nisso encontra identidade, descobrindo a essência silenciosa da individualidade. No contexto de *Ifá*, esse crescimento é alcançado ao se estar constantemente consciente, abordando-se o mundo com interesse amoroso e discernimento entre o bem e o mal. Nossas experiências ruins servem para firmar a nossa integridade e o nosso caráter, elas nos ensinam lições de que precisamos para conquistar a plenitude do nosso potencial. É o modo como concebemos esses desafios que faz a diferença e aqui encontramos o segredo de como transformamos vinagre em vinho. Essa ideia está intimamente conectada a mais um conceito, *èrí ọkàn*, que significa *"aquilo que o coração testemunha"*. Noutras palavras, consciência e coração precisam estar alinhados para que se possa prosperar num caminho escolhido. O que torna possível esse alinhamento é a faculdade do *orí ápeere*, que representa a conexão natural com o *odù* que todos nós possuímos e que nos convida à perfeição. Assim, é compreendendo a matriz energética da criação que podemos gerar esse alinhamento entre a consciência e o coração. Essa faculdade é de natureza alquímica ou transformadora. É a faculdade que explica a diferença, vez que ela parece estar baseada em um dos quatro elementos. A metáfora usada por *Ifá* é que a água é sempre água, mas a água de uma tempestade, a água parada num poço e a água fluindo livremente num rio frio são diferentes, embora compartilhem algo em comum.

Ifá compreende a consciência humana como um campo nu de consciência vinculado a uma vibração original e colorido por um dos 256 *odù*, que representam a totalidade das possibilidades cósmicas.

A ideia de coração está sempre conectada à ideia de amor, mas também à de engano. Há um típico jogo de palavras *Yorùbá*, no qual *okàn* (coração) é contrastado com *oká* (víbora), demonstrando a imprevisibilidade do coração. *Ifá* ensina-nos profundamente sobre a constituição da consciência, transmitindo a noção de que o *orí* carrega o poder necessário a permitir o seu alinhamento perfeito com o coração.

Os pontos de poder da nossa consciência são conhecidos como *iwájú orí*, *àtárì* e *ìpàkò*. *Iwájú* representa o terceiro olho, a nossa capacidade de ver e de estar receptivos à inspiração divina. É a entrada para a profecia e para a clareza. *Àtárì* é localizado no topo do crânio e é traduzido como "santuário" ou "templo". Esse centro de poder é conhecido como *láyé-láyé* e significa um estado no qual se experimenta a fonte da criação. O ser se funde com a origem para além dos limites do tempo e do espaço, sendo isso considerado um estado de possessão. É nesse estado que o *awo* de *Ifá* entra durante as preces, leituras oraculares e iniciações; o estado de sonho acordado. É um estado místico no qual o circuito energético da criação está envolvendo o *awo* e ele ou ela torna-se uma manifestação do início da sabedoria. *Ìpàkò* é o nome que se dá ao ponto da nuca, onde o nosso cérebro "animal" é encontrado. É aqui que geramos uma conexão entre a vida e a natureza. Os mortos, *òrìsà* e todos os espíritos da natureza falam conosco por intermédio desse portal. A possessão por meio desse ponto da memória instintiva e arcana às vezes pode ser violenta e é muito diferente de se ser possuído pelos espíritos do sonho, como se dá quando a porta de *àtárì* é usada para convidar um espírito para dentro.

A ideia de esquerda e direita é encontrada em *Èjì Ogbè*. Elevamos ambas as mãos aos céus para receber. A mão esquerda volta-se à defesa e a direita, à aceitação. Nas histórias da criação, espíritos da esquerda são aqueles do fogo e da agitação, ao passo que os espíritos da direita são aqueles da benevolência. Há um equilíbrio a ser encontrado nesse jogo de forças, o qual exige habilidade para mediá-las. As mãos pertencem ao corpo e a cabeça deve governar as mãos. Precisamos aspirar sermos conscientes de como manipulamos as forças da direita e da esquerda. Qualquer forma de desequilíbrio nos jogará fora do centro. As duas mãos são representadas por *Òbàtálá* portando dois chifres, um contendo *àbá* (ideias) e o outro *àṣẹ* (o poder de realização). *Òbàtálá* é o único *ìrúnmọlẹ* que possui tanto *àbá* quanto *àṣẹ*. Esse equilíbrio gera uma necessidade de alteridade e, por causa disso, *Èjì Ogbè* fala repetidamente da importância de um encontro harmonioso de forças. O equilíbrio do poder pode se alterar, como ocorre quando um espírito de *àbá* se torna o portador do *àṣẹ* para uma outra força. Por exemplo, na relação que *Òrúnmìlà* tem com *Èṣù*, *Òrúnmìlà* é a força de *àbá*, enquanto *Èṣù* é o *àṣẹ*, a força executora. Se olharmos para o relacionamento entre *Òsányìn* e *Òrúnmìlà*, veremos a mudança na relação de poder, pois *Òrúnmìlà* é o presságio do *àbá* de *Òsányìn*, sendo o *àṣẹ* de *Òsányìn*. Quando *àbá* e *àṣẹ* se encontram um com o outro, eles trazem à luz *awo*, que significa "mistério". O conceito de *awo* é constituído por duas forças se misturando, daí a importância dos pares ou *méjì* em *Ifá*.

Òbàtálá é o *òrìsà* mais intimamente associado a *Èjì Ogbè*, pois ele entende o equilíbrio das duas mãos e a importância da consciência. Não é fácil definir a sua origem – ou o seu gênero –, pois há diversas tradições. *Èjì Ogbè* afirma que, mesmo sendo ele o mais jovem dos *odù*, é ele que possui a maior honra e que é destinado a governar todo o séquito de vibrações cósmicas. *Ọbàtálá* pertence à classe de forças espirituais conhecidas como *funfun*, uma palavra que significa "branco". A palavra *fún*, da qual *funfun* pode ter derivado, ou com a qual ao menos está relacionada, contém a ideia de "dar", "impregnar". Por exemplo, *fún obinrin* significa engravidar uma mulher. *Funfun* refere-se à uma habilidade da brancura de impregnar a matéria e refere-se ao espermatozoide e às mucosas.

Os espíritos *funfun* preferem a floresta, tal como atestam os nomes de louvor de *Ọbàtálá*. Então, encontramos *Olwo Igbó* significando "grande profeta da floresta", *Òòṣà Ìgbowújìn*, "espírito que mora numa floresta distante", *Ọba Igbó*, "rei da floresta", e *Òṣéèrèmọ̀gbò*, "fonte da bondade da floresta". A importância da floresta é evidente em *Ifá*, pois é onde os mundos se encontram e onde nós encontramos lugares que servem de portais entre as dimensões do ser. Por isso, a floresta como um local de poder é uma referência ao processo de iniciação, *igbódù*, e do útero energético da floresta como um lugar onde nos refazemos e iniciamos toda nova jornada.

Funfun contrasta com *dúdú*, simbolizado pela cor negra. *Dúdú* não é apenas a cor, mas aquilo que está oculto e de que maneira pode ser revelado. Há uma terceira classe de energia, o *awo pupa* ou "mistérios vermelhos", que são forças espirituais do sangue, do coração, das paixões e das possibilidades de germinação de qualquer tipo. O uso do *awo pupa* é uma referência à paixão e à ferocidade. Na metafísica de *Ifá*, há apenas essas três cores, as quais denotam qualidades encontradas na criação, assim como potencialidades inerentes ao *Òrun*.

Os *funfun* são espíritos antigos, que estiveram envolvidos no processo da criação. Eles são a luminosidade anterior à primeira luz, como dito no último dos *méjì*, *Òfún méjì*, que às vezes é chamado de *Àgbábaba odù*, o avô dos *odù* e a fonte da luz. Aqui, na dinâmica entre o primeiro e o último *odù* está o alpha e o ômega, o ouroboros devorando a sua própria cauda. *Ọbàtálá* manifesta-se no primeiro *odù*, *Èjì Ogbè*, que é o potencial para a iluminação

IFÁ: UMA FLORESTA DE MISTÉRIOS

encontrado nos poderes detidos pelo "avô", *Òfún*. *Èjì Ogbè* manifesta esse potencial para a luz e a iluminação. O potencial e o vir a ser[14] por meio do veículo do sonho e da imaginação são um tema constante neste *odù*. A condição de *Òfún*, pura consciência, profundamente silenciosa e não manifestada, pode ser tocada nos sonhos. *Ifá* ensina-nos que nada que não seja primeiramente imaginado pode ser tornar uma realidade; sonho e imaginação são a fonte do devir. A nossa boa sina[15] começa nos sonhos, no mundo invisível dos habitantes espirituais chamados de *ìmọlè*, "casa da luz". Esses espíritos transformam o potencial espiritual em realidade física. Tal é a origem da substância da criação e da realização que reconhecemos como *àṣẹ*. *Òbàtálá* é aquele que traz a luz da possibilidade ao mundo e, portanto, os seus devotos dizem a seu respeito: *Òbàtálá sùn nínú àlà, Òbàtálá jí nínú àlà, Òbàtálá tinú álá dìde, Ìbà Òbàtálá*, "*o rei das vestes brancas dorme no branco, o rei das vestes brancas se levanta no branco, o rei das vestes brancas ascende no branco*".

A luz é o bloco de construção do ser e da criação. A interação entre luz e trevas constitui a pulsação cósmica e é replicada no homem pela respiração. Quando inalamos e exalamos, movemo-nos entre a vida e a sua ausência. Numa escala cósmica, isso toma a forma de luz e trevas. São esses extremos que geram a estabilidade da terra e esses contrastes fazem do nosso mundo um mistério. A fonte de luz manifesta-se de muitos modos e é uma fonte de abundância, bênçãos, riqueza e daquilo que o povo *Yorùbá* chama de *orí rere*, uma consciência calma. Estar no mundo deve ser algo tão caro e reconfortante quanto as carícias dos raios de sol. Quando a luz está exaltada, ela queima e torna todas as coisas estéreis. Ela faz isso enquanto remanesce na glória do seu próprio ser. Esses fenômenos cósmicos e místicos também podem ser replicados nas pessoas e conferir aquilo que pode ser compreendido como a vibração

---

[14] NT: devir.

[15] NT: Destino ou sorte. Numa acepção hoje em desuso na língua portuguesa, fortuna.

negativa de Ọ̀bàtálá. Quando a luz se torna negativa, ela implode e desloca o nosso senso de autoimportância. A nossa indecisão torna-se uma ferramenta que permite que o sol escaldante queime os campos e as pessoas à nossa volta. Usar a luz para fins pessoais pode, na sua manifestação positiva, levar à autoridade natural, mas na sua manifestação negativa, gerará arrogância. Em última análise, a arrogância levará ao senso de supremacia total, no qual se percebe as palavras como tendo mais peso até mesmo do que a palavra de Olódùmarè, o criador. Nesse ponto, a luz colapsará e implodirá e o brilho escaldante do sol fará a sua vida espiritual estéril e vazia de luz. A respeito dessa complexa interação, um provérbio de Ifá diz-nos que Ṣàngó precisa de Ọ̀bàtálá para ser um bom governante, uma vez que a força sem uma mente limpa e iluminada leva à tirania. Os poderes vermelhos da força e da alvura da luz necessitam de estar em harmonia. Mas não somos perfeitos e, por vezes, até mesmo o acúmulo de sabedoria e de entendimento pode acender a ilusão da supremacia em nós. Quando a vermelhidão, o entusiasmo da força, domina uma pessoa, o remédio é a calma. Em Èjì Ogbè, a presença de Ṣàngó é simbolizada pela pedra de raio, a qual contém o seu àṣẹ. Contudo, torna-se claro que ela veio do cume cônico da montanha do mundo e deu forma às bases do governo do primeiro ọòni (rei) de Ilé Ifẹ̀. O verso que fala da pedra de raio estabelecendo a realeza na Terra evoca Ọ̀rúnmìlà aconselhando o reino, a fim de que o ganho e a abundância sejam parte do governo real.

É em Èjì Ogbè que também encontramos a importância do peito e dos genitais. O peito, no qual reside o coração, simboliza a nossa capacidade para o amor e a amizade, e os genitais são a fonte da ancestralidade e da continuação da linhagem. Nesse complexo de consciência, amor e linhagem, encontramos a verdade. Em Ifá, sòótitọ (verdade) é considerada como uma das forças que sustentam o mistério. O outro polo é ser justo, de modo que a verdade se torna verdadeiramente imutável e uma testemunha silenciosa da criação, uma observadora dos muitos raios de luz. Nós reconhecemos isso na beleza; quando somos tocados pela beleza, somos tocados pela verdade. Essa dinâmica é expressa no provérbio *Yorùbá* que nos diz *"quando a sua vida melhora, a minha vida melhora"*. A verdade abre caminho para a veracidade, mas sempre nos relembrará do *awo* (mistério). A verdade não concerne a fatos; diz respeito ao reconhecimento do mistério, um reconhecimento que faz soar os sinos da verdade em nossa alma.

Ìrókò (*Chlorophora excelsa*) é a árvore sagrada em *Èjì Ogbè*. Algumas vezes ela é mencionada como o carvalho africano, embora seja um tipo de teca. Ela também é conhecida como *alà*, em referência ao pano branco dos sonhos, no qual é algumas vezes envolvida como um sinal de reverência. Diz-se que *Ìrókò* veio à terra juntamente com as suas irmãs, *Ìyàmí Òsòròngà* e *Ogbòrí*. *Ogbòrí* significa "o início da sabedoria" e "a consciência do linho", uma referência ao povo comum, isto é, àqueles não conscientes da sua constituição sobrenatural. *Ìyàmí Òsòròngà*, por outro lado, significa "mãe poderosa que possui os pássaros da noite" e é o espírito que tem o poder de *àjé* (bruxaria).

Uma história conta que *Ogbòrí* tinha dez filhos e *Ìyàmí Òsòròngà* apenas um. Um dia, *Ogbòrí* precisou ir ao mercado e pediu a *Ìyàmí Òsòròngà* para cuidar dos seus dez filhos. Ela concordou e cuidou bem deles. Alguns dias depois, foi a vez de *Ìyàmí Òsòròngà* ir ao mercado e pedir à sua irmã para cuidar do seu único filho. Enquanto tomava conta dele, ela ficou intrigada com um pássaro nos arbustos e as suas crianças ficaram com vontade de comê-lo. *Ogbòrí* decidiu pegá-lo, dizendo aos seus filhos para cuidarem bem do filho de *Ìyàmí Òsòròngà*. O pássaro a levou para longe na mata. Na ausência da sua mãe, as dez crianças decidiram que matariam o filho de *Ìyàmí Òsòròngà* e o comeriam. Por meio dos seus poderes sobrenaturais, *Ìyàmí Òsòròngà* percebeu que algo estava errado em casa e, então, interrompeu a sua viagem ao mercado e retornou. Quando chegou à sua casa, viu que *Ogbòrí* não estava lá e que os filhos da sua irmã haviam comido seu único filho, ela entrou em desespero. *Ìrókò* ouviu os gritos de *Ìyàmí Òsòròngà* e foi em seu auxílio, saindo de seu isolamento no meio da floresta. Ele a acalmou dizendo que, daquele dia em diante, eles se alimentariam dos filhos de Ọgbòrí, mas Ọrúnmìlà interveio e estabeleceu um pacto baseado no protocolo do sacrifício, conseguindo aplacar a sede de sangue vingativa de Ìyàmí Ọ̀sòrònga̱, Ìrókò e das "Anciãs da Noite".

Nessa história, encontramos a origem do temperamento violento de Ìrókò e da sua relação complicada com crianças e àbíkú. Ifá diz que há trinta e seis àjé vivendo nos galhos de Ìrókò, muitas das quais evocam as nossas paixões mais vis e destrutivas. Encontramos, aqui, os espíritos das vespas, das mães assassinas e da crueldade. A despeito da reputação agressiva de Ìrókò, ele é considerado um juiz sábio, o primeiro espírito de árvore a vir à terra, um recluso com uma perspectiva única sobre as atividades do mundo. Para os Yorùbá, Ìrókò é a origem da solução para a esterilidade, em particular através dos cultos conhecidos como Gẹlẹdẹ e Ẹgbẹ.

A história que narra o início da sociedade Gẹlẹdẹ é a seguinte: no começo dos tempos, a primeira árvore que se enraizou no Ayé foi Ìrókò e com ele vieram espíritos mais velhos do que o tempo, que encontraram consolo em seus galhos. Ìrókò amava a noite e possuía incríveis poderes mágicos que, algumas vezes, usava para espalhar confusão entre os humanos que haviam começado a aparecer – apenas para a sua diversão. Os caçadores gradualmente reconheceram os seus poderes e vieram a ele para auxílio e assistência, e foi de Ìrókò que os caçadores receberam o poder de òṣò, a capacidade de permitir que a alma saísse do corpo para rastrear a presa. Ìrókò passou a ser procurado para aconselhamento e ajuda com vários problemas. Ele tinha apenas duas regras: ninguém podia olhar para ele diretamente e aqueles que queriam o seu auxílio tinham de dar algo em troca. Então, deu-se que as mulheres da vila ao redor de Ìrókò eram todas estéreis e, assim, elas foram até ele para ver se poderia ajudá-las. Elas formaram um círculo ao seu redor com as suas costas voltadas para ele e pediram-lhe filhos. Elas prometeram animais e oferendas agrícolas em troca, mas uma mulher, Olúrómbí, não tinha nada para dar, então lhe prometeu seu primeiro filho. Nove meses depois, todas elas deram à luz crianças e foram pagar o acordo com oferendas, exceto Olúrómbí. Ela decidiu manter seu bebê em casa e evitar qualquer confronto com *Ìrókò*. O tempo passou até um dia em que ela estava a caminho do mercado, quando o espírito de *Ìrókò* apareceu diante dela, lembrando-a da sua promessa. Ela suplicou e chorou, mas *Ìrókò* não estava interessado em desculpas ou explicações, transformando-a num pássaro e dizendo: *"assim seja, que você seja uma prisioneira em meus galhos".* Ele a levou para viver consigo para sempre e ela, de fato, ficou lá por um longo tempo, cantando seus cânticos lamentosos. Mas, um dia, um entalhador de madeira apareceu e, ouvindo a sua canção, compreendeu seu apuro. Ele usou suas habilidades para entalhar um perfeito menino de madeira. O boneco de madeira foi consagrado com ervas e perfumes, sendo belamente vestido. O entalhador levou o boneco de madeira a *Ìrókò*, dizendo que essa era a criança que lhe havia sido prometida. *Ìrókò* ficou tão tomado pela beleza do artesanato que aceitou o boneco de madeira em lugar do primogênito de *Olúrómbí* e lhe devolveu a sua forma humana. *Olúrómbí* e sua família voltaram a *Ìrókò* com muitos presentes e oferendas e, desse modo, foi assegurada a sua ajuda sempre que a fertilidade fosse um problema.

Olúrómbí frequentemente aparece em *Èjì Ogbè* como um símbolo de ingratidão. O seu nome significa *"*àquela que em sua riqueza transforma a fortuna em infortúnio*".* Muitas histórias usam-na como exemplo de alguém que tinha tudo, mas, ainda assim, não era feliz, ou de alguém que sempre quer algo a mais ou diferente do que já tem. Uma história conta que *Òrúnmìlà* a abordou depois que ela decidiu abandonar as suas orações a *Ifá*, e desejou-lhe um "bom dia". Ela resmungou e reclamou em resposta, queixando-se de que a riqueza que ela pedira nunca viera. *Òrúnmìlà* aceitou o desafio e preparou-lhe um encantamento que lhe trouxe riqueza. Ela não respondeu a isso com gratidão ou com um agradecimento, mas com novos queixumes.

Egbẹ é um mistério complexo em *Ifá*. De um lado, fala do fenômeno conhecido como *àbíkú* e, de outro, refere-se aos mistérios que são tabus. Há uma dimensão cósmica aqui, que indica o fino véu entre o *Ayé* e o *Òrun*. Quando nascemos, o nosso duplo espiritual pode tanto nos liberar para experienciarmos a nossa jornada na terra quanto pode nos chamar de volta. Quando isso acontece, nós passamos por acidentes e doenças que buscam pôr fim à nossa vida. Essa situação é causada porque os laços que nos conectam ao nosso duplo espiritual não estão completamente cortados depois do nosso nascimento como humanos. Tais crianças são chamadas de *àbíkú* e são reconhecidas por, além dos acidentes e doenças, dormirem com os olhos abertos, brincarem com amigos invisíveis e muitas possuírem clarividência e habilidades sobrenaturais. A fim de permanecerem saudáveis e terem um tempo de vida completo, um pacto é feito com *Aràgbò*, o chefe de *Ẹgbẹ*. Isso envolve a construção de um assentamento,[16] que é regularmente alimentado para assegurar longa vida. O fenômeno *àbíkú* também está relacionado aos gêmeos. Um provérbio *Yorùbá* diz: *Ibeji re, omo edun ibeji re, omo edun kerekere-yan*, *"veja os gêmeos, filhos do macaco, eles não morrem"*. Esse mistério pertence a *Ọsányìn*, o espírito das ervas, e a *Egúngún*, a espiritualidade coletiva dos ossos ancestrais, em sua capacidade de trabalhar ambos os lados do véu. Mais será falado a respeito desses "ossos e árvores sombrias de doçura" no capítulo sobre os mistérios de *Òtúrúpọ̀n méjì*. O que é importante assinalar aqui é de *Èjì Ogbè* como o começo desse mistério, que se desdobra numa oitava diferente mais adiante no *corpus* de Ifá.

A grandeza relativa a esse *odù* reside no seu poder de aceitação, de reconhecer que a criação é uma estrutura sustentada de uma maneira dinâmica. Isso diz respeito a perceber a totalidade, a perspectiva do cenário e de como as partes formam o todo. Por isso, neste *odù*, encontramos a imagem da esfera, expressa na cabaça, o *obì* (noz de cola), o *òrògbó* (noz de cola amarga) e o *àgbọn* (coco).

> *Ifá ló di ení*
> *Mo ló di ení*

---

[16] NT: no original, *spirit house*.

IFÁ: UMA FLORESTA DE MISTÉRIOS

Eleení

Diá fún Lámèni

Ọmọ at' ọrun là, gbé'gbá Ajé ka'ri wá'ye

Ifá diz: "agora ele é um"

Nós respondemos: "agora ele é um"

Unidade ele é

Ele que foi o awo que fez a leitura oracular de Ifá para Lámèni

Ele que carregou a cabaça da riqueza e do sucesso do céu à terra

Lámèni significa aquele que cobre uma grande distância na forma de libélula. Foi esse aspecto de *Ọbàtálá* que trouxe a cabaça da riqueza e do sucesso do topo da montanha (i.e., do céu) ao *Ayé*. A história continua narrando que *Ọbàtálá* tropeçou e a deixou cair e, nesse instante, o sucesso e a riqueza se dispersaram pelo mundo. Depois, uma declaração importante é feita:

Àfín ló gbogbo ara h'ewu

Aro ni ó na'wó

Kó gbé gbá Òòsà l'ájá

Diá fún Èmí

Tii s'omo Òrìsà Gbòwújí

Èyi ti yóó je Olójà l'áwùjo ara

Ẹbọ ni wón ni kó wáá se

Ò gb'ebo, ó rú'bo

Njé Òrìsà t' Èmí ló sòro o o

Òrìsà t' Èmí ló soro

T' Èmi o ba bó o

Kò si oun yòó nu

Òrìsà t'èmí ló sòro o

Um albino é alguém que é coberto por pelos cinzas no seu corpo

Um aleijado é alguém que nunca estende as suas mãos

167

E carrega a cabaça dos òrìṣà das moradas superiores

Isso Ifá declarou para Èmí (alento, espírito, força vital da alma)

O filho do Òrìṣà Gbòwújì (aquele que vela a si mesmo em enigmas)

Que se tornará a parte mais importante do corpo

A ele foi dito que fizesse sacrifício

E assim ele fez

Veja, Òrìṣà Èmí é o mais importante

Òrìṣà Èmí é o mais valioso

Se Èmí não for removido

Eu digo que nada se perderá

Òrìṣà Èmí é o mais essencial

Èmí é o alento espiritual que incendeia a alma. Compreendido como sendo infinitesimal, ele é a verdadeira essência que serve como a semente do devir, e a centelha divina que empurra a alma ao movimento. *Èjì Ogbè* revela que tudo que existe se originou como sonhos na mente divina e foi trazido à existência pela iluminação. A alvura carrega todas as ideias de pureza, sonho e luz. É por isso que *Ifá* sustenta que todos nascemos bons e abençoados como seres de luz nos aventurando no mundo. O mundo, o papel de *Èṣù* como o grande mago da criação e toda a amargura e doçura da nossa jornada serão tratados em *Òyèkú Méjì*.

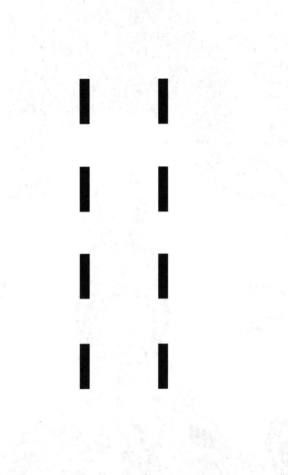

‖ ‖
‖ ‖
‖ ‖
‖ ‖

<u>Ọ̀YẸ̀KÚ MÉJÌ</u>

A MÃE DO ESPÍRITO DA MORTE

Quando *Èjì Ogbè* fala da necessidade de paciência, de tranquilidade e de se caminhar gentilmente no mundo, diz que isso deve ser feito em virtude da nossa morte. No *odù* seguinte a *Èjì Ogbè*, o nascimento da luz, encontramos a escuridão e a aniquilação. O fim da jornada humana é aqui revelado.

Ọ̀yẹ̀kú Méjì manifesta o mercado como um símbolo da vida no *Ayé*. O mercado é o local da sorte e do azar, de se fazer um bom negócio com um homem mau e de se dar o troco a menor ao buscador honesto. Acaso e oportunidade surgem como uma consequência da luz, que é capturada na matéria e assume uma miríade de formas. Vendo os resultados disso, *Ọ̀yẹ̀kú Méjì* tem o seguinte a transmitir:

K'á má ṣ'èké ẹgbé	*Não enganemos aqueles com os quais estabelecemos comunidade*
K'á má da'lè ọgbà	*Não quebremos juramento com nossos companheiros*
Nítorí àti sùn ara eni ni	*Não façamos isto, por conta da nossa morte*

Ọ̀yẹ̀kú Méjì fala sobre ser confiável, sobre reter a luz de *Èjì Ogbè* de maneira que sejamos sempre justos, honestos e honoráveis. Mas também trata de como as pessoas sucumbirão à tentação da cobiça. A semente da corrupção é aqui encontrada. Este *odù* fala sobre materialismo e avareza; versa sobre o encontro de um amigo ou de um inimigo. No verso citado, devemos notar o uso da palavra *egbe*, que denota a comunidade à qual pertencemos, seja no céu, seja na terra. É uma admoestação para que reconheçamos nossa humanidade em comum.

O mercado é o campo do *Ayé*, a terra, e essa é a razão pela qual o *opon Ifá*, o tabuleiro de leitura oracular, também nasce neste *odù*. O *opon Ifá* é uma representação simbólica da terra e da manifestação, o círculo completo da jornada humana. É sobre o *opon Ifá* que o *awo* revela os padrões da criação enquanto eles se desdobram.

Èjì Ogbè ensinou que a cabaça da consciência foi derrubada quando foi trazida do *Òrun* ao *Ayé* e que a sabedoria que ela continha foi dispersada, mas *Òyèkú méjì* revela que muito da sabedoria que ela continha foi coletada por *Ònilé*, o espírito da terra, com o auxílio de *Èṣù Òdàrà*. O que foi coletado foi composto dentro de *Igbádù*, a cabaça da criação na forma dos espíritos da terra.

Como ela foi capaz de coletar a sabedoria que caiu na terra, *Ònilé* foi declarada a "Senhora do ventre da terra". Ela prosseguiu em sua habilidade de coletar sabedoria conforme o mundo se movia e replicava os 256 padrões de sabedoria cósmica que *Ònilé* havia guardado. Em virtude disso, é necessário que um *Bàbáláwo* receba esse receptáculo espiritual, o *Igbádù;* fazer isso é receber o poder do ventre, um poder que a mulher possui naturalmente em sua capacidade de gestar o grande mistério de toda a vida. O ventre da mulher é a manifestação do ventre cósmico da possibilidade, replicado no ventre da criação, que é compreendido como sendo a natureza do *Ayé* conforme mediada por *Ònilé*. Esse ensinamento é o do obscurecimento da luz, da gestação secreta da vida do óvulo ao nascimento. Quando a luz encontra a matéria, um terceiro elemento surge, o qual sempre é um poder transformador. Esse poder é dado a *Èṣù* de uma forma ou de outra. Eu acredito que isso seja devido a uma das mais místicas interpretações de seu nome - que ele é um raio ou clarão de luz que gera uma esfera, ordem temporal ou confinamento.

A classe de espíritos conhecidos como *ajogún* (espíritos de obstrução), *Ikú* (morte) e *Èṣù Ọ̀dàrà*, representado pela pedra vulcânica laterita conhecida como *yàngí*, nascem neste *odù*. *Ọ̀dàrà* significa "dispersar" e o que ele dispersa, aqui, é acaso, sorte e oportunidade. O potencial para o fogo nasceu com essa pedra e, por meio disso, tornaram-se possíveis o movimento e a transformação.

Ọ̀yẹ̀kú méjì explica as causas da infelicidade humana e a razão pela qual a morte é um fenômeno natural na jornada humana. Ele representa o desconhecido, os mistérios da noite, a acumulação de riqueza e o fim de qualquer ciclo. É o poder que sela a cabaça da sabedoria e da existência. A ideia de magia *Yorùbá* é baseada em algo que ocorre de maneiras aparentemente não naturais e que interrompe um curso natural de ação. Esse poder de transformação é atribuído à interferência das estrelas, sejam elas manipuladas por magia ou como uma consequência da graça e, nesse caso, é chamado de milagre. Esses segredos vão longe e são profundos, mas, no contexto de *Ọ̀yẹ̀kú méjì*, eles se referem à natureza instável do ser humano. A transformação é uma parte integral dos seres humanos, replicada e preservada na obscuridade da noite como um poder que pode ser manipulado. Quase tudo na criação está sujeito à manipulação e à alteração, mas uma força está além de seus alcances: a morte.

Ikú, o poder que encerra o ciclo humano, nasceu neste *odù*. Um provérbio Yorùbá muito citado conta que este mundo é apenas uma jornada, enquanto o *Ọ̀run* é a nossa casa. Logo, *Ikú* é o poder que nos leva de volta ao lar. É bem fácil de aceitar intelectualmente essa compreensão, mas nosso sentimento é geralmente bem diferente quando confrontados com a morte. Tememos a morte e tememos a escuridão, assim como tememos a adversidade e a depressão. A escuridão nasce neste *odù*. *Ọ̀yẹ̀kú* significa que prestamos reverência à mãe do espírito da morte. Essa reverência sinaliza a aceitação dos ciclos e o conhecimento de que todo final é também um novo começo.

Ao desafiar a escuridão, ousando entrar em um novo ciclo, você pode testemunhar o encerramento de ciclos negativos, uma morte do velho no espírito da mudança. Ọ̀yẹ̀kú é o espaço de contemplação e de promessa. A escuridão é a sabedoria do polo, o ponto que se estica pelo panorama e torna o oráculo possível. A humanidade aproxima-se dela com medo, não pelo que ela é, mas pelo que nós somos. Somos instáveis e estamos em mudança, uma criação rebelde mediando entre paixões tempestuosas e razão calma, comumente nos identificando com o fluxo das paixões. A chave é procurar um equilíbrio entre ọkàn (coração) e orí (consciência), no qual eles sejam postos em diálogo. Se conseguirmos isso, estaremos fazendo hermenêutica divina, como narra um verso:

Bíríbírí l'ọkọ̀ dá	*Constantemente móvel está um barco na água*
Bẹ̀ẹ̀náni niomo aráyé	*E assim são os seres humanos*
A dífá fún Ọ̀nà Ìṣọ̀kun	*Esse foi o ensinamento de Ifá para Ọ̀nà Ìṣọ̀kun*
Tí iṣe ọmọọba l'ode Ọyọ	*Que era filho do rei de Ọyọ*
Ẹnití ó ba ns'akin	*Aquele que é bravo*
K'ó má m'óhùn ojo	*Não deve assumir a voz de quem é tímido*
Ẹnití ó ba nṣ'ojo	*E aquele que é tímido*
K'ó má m'óhùn akin	*Não deve falar como o bravo*
Ọba kò jékí á ṣ'ogun si ìlú obìnrin	*O Rei não permite que façamos guerra contra uma cidade de mulheres*
K'á ba wọ́n ló	*Para que pereçamos com elas*
K'éni hùwà gbẹ̀dẹ̀gbẹ̀dẹ̀	*Conduzamo-nos com gentileza*
K'éni lè kú pẹ̀lẹ́ pẹ̀lẹ́	*Para que passemos pacificamente,*
K'ómọẹni lè n'ọ̀wọ̀ gbogbogbo	*E para que nossas crianças possam esticar suas mãos completamente*
L'éni sin	*Sobre nós no funeral*

O verso fala sobre o silêncio da contemplação e sobre a necessidade de reflexão para que permitamos que o nosso ser se torne conhecido para nós. Isso traz um reconhecimento de quem realmente somos por meio da morte de ideias e de falsos ideais. Ele é acompanhado de uma advertência para que nos conduzamos com gentileza, em outras palavras, para que sejamos verdadeiros conosco. Isso sempre tem o efeito de dispensar bondade sobre o que nos cerca, de maneira que as nossas crianças possam abençoar a nossa memória e sintam-se orgulhosas quando se lembrarem do nosso legado.

Este *odù* é a causa radicular da melancolia, uma condição referida pelos múltiplos significados dados à palavra *dúdú* (preto/escuro). Essa é a cor do mistério e da obscuridade. Não saber quem somos ou para onde estamos indo convida a "escuridão" às nossas vidas. O desafio jaz em não nos apaixonarmos pela depressão ou pelos humores sombrios, mas em usarmos essa condição para que alcancemos o nosso potencial. Humores sombrios nos levam até o limite do nosso ser, uma condição na qual nos sentimos vivos, pois a morte está muito próxima. Esse é o fogo da proteção subindo por dentro: ele nos fala que somos barro e argila num processo de metamorfose. Esse é o espírito da mãe da morte, a bússola sábia que nos direciona. Devemos mostrar cuidado e não confundir o espírito da morte com a própria morte. A morte, *Ikú*, é um poder sinistro, o fim da condição humana, o próprio ceifador sinistro.

O papel de *Ikú* é importante, tratando do equilíbrio. Uma das várias versões deste *odù* comunica que *Ikú* estava muito feliz com a criação dos humanos, pois ele os achou deliciosos e fez deles seu prato favorito. Porém, ele era insaciável e sempre lhe faltava satisfação ou prazer. As pessoas da terra foram até Ọ̀rúnmìlà, a fim de encontrarem uma solução para as maneiras selvagens de *Ikú* e ele as aconselhou a prepararem uma refeição com uma galinha, sândalo africano, inhame, tecido vermelho e pedras. A galinha tinha que ser presa ainda viva a um poste e a refeição repleta de pedras devia ser colocada à sua frente. *Ikú* chegou, viu a comida e tentou comê-la, mas as pedras duras não permitiram que ele a consumisse. Desencorajado, ele seguiu e encontrou a galinha cacarejando. O som o assustou. O som assustador e a comida estranha fizeram-no acreditar que os humanos haviam ganhado poderes mágicos e, então, ele fugiu do *Ayé*. O mundo entrou num período no qual ninguém ficava doente, ninguém morria e o caos e a confusão surgiram. Percebendo que o equilíbrio natural estava bagunçado, os anciões da cidade foram até *Ọ̀rúnmìlà* e lhe apresentaram o problema. *Ọ̀rúnmìlà* fez oferenda a *Èṣù* com nozes de cola, nozes amargas de cola e uma garrafa de gin. *Èṣù* veio e disse-lhe que tomaria conta do desequilíbrio, mas que *Ọ̀rúnmìlà* precisaria ficar dentro de casa pelas próximas 24 horas e preparar comida boa para ele. *Ọ̀rúnmìlà* fez conforme fora instruído. Na noite seguinte, *Èṣù* chamou *Ikú* para jantar com ele. *Ikú* apareceu e reclamou com *Èṣù* que havia sido enganado por *Ọ̀rúnmìlà* e que havia vindo passar algum tempo com *Èṣù* antes de sair e matar todos os devotos de *Ọ̀rúnmìlà*. Quando *Ikú* havia comido a sua parte, ele cumprimentou *Èṣù* pela sua cozinha e disse-lhe que, agora, era hora de ir matar os sacerdotes de *Ifá*. *Èṣù* respondeu que a comida havia sido preparada para os dois por *Ọ̀rúnmìlà*, a fim de garantir que as pessoas não morreriam em sua juventude. *Ikú* ficou chateado, mas, respeitosamente, concordou com os termos da oferenda e jurou não devorar *Ọ̀rúnmìlà* e seus seguidores. A morte retornou ao mundo, mas agora ele só tomaria aqueles em idade avançada.

Embora *Ikú* tenha retornado ao céu após a oferenda inicial, ele enviou seus emissários ao mundo para conseguir comida para ele. Estes eram sua esposa, Doença, e seus filhos, Perda, Desespero, Pobreza e Agitação; os espíritos que conhecemos como *ajogún*. Essas são forças que impedem a boa fortuna e, frequentemente, as consideramos perversas. *Ifá* afirma que atraímos esses poderes de obstrução por meio das nossas escolhas, das nossas atitudes e da falta de cuidado em geral. É aqui que entra o conceito de tabu, que é compreendido como algo a que renunciamos, que deixamos de lado ou que tratamos como algo "diferente" para atrairmos boa sorte. Todo tabu dado – envolva ele alimentos, cores, atitudes ou ações – volta-se a evitar que os *ajogún* sejam atraídos em nossas vidas. O tabu, se for respeitado, serve como um condutor de boa sorte, algo que trará recompensas à medida que embarcamos em nossa jornada humana nesse mercado que conhecemos como o mundo. Esse é um lugar no qual bons e maus negócios podem ser feitos, no qual ladrões e verdade se misturam. A jornada em si significa um progresso de um lugar ao outro; é nos espaços intermediários que o inesperado pode ocorrer. *Ifá* ensina que uma cama de tranquilidade e paz espera por aquele que toma *ìwà rere* (bom caráter) como sua bússola. Por isso, o provérbio Yorùbá *"se você não sabe que estrada tomar, desenvolva um bom caráter"*.

 Ifá ensina que a criação foi causada pelo sonho da luz, que foi feita visível em *Èjì Ogbè*. Com o nascimento da luz, a terra e a escuridão também entraram no projeto; *Òyèkú méjì* forma o seu apoio e o seu contraste.

 Òyèkú méjì fala de como *Òrúnmìlà* desceu em uma corrente dourada, como aquela que é usada para unir as sementes do *òpèlè* para a leitura oracular, aterrissando em cima de uma palmeira. A palmeira serviu como seu guia enquanto ele viajava pela Iorubalândia procurando a sua sorte. Isso demorou algum tempo, pois ele era recebido com ingratidão e cobiça constantes, embora, finalmente, ele tenha sido feito rei da cidade de *Oketase*. A palmeira foi recompensada com grande prestígio em virtude do auxílio a ele prestado. A palmeira, *opè* (*Elaeis guineenses*), dá o *epo* (azeite de dendê), enquanto sua parente próxima e real, a palmeira real (*Elaies guineenses idolátrica*), dá as nozes de palma sagradas, os *ikín*, que são a mais dignas ferramentas utilizadas no oráculo de *Ifá*. A habilidade de *opè* de direcionar alguém através dos desafios em direção ao destino e à sorte tornou-se o símbolo do conhecimento da terra. Assim, *opè*, ou sua amiga leal, *pèrègún* (*Dracaena arbórea*), devem ser plantadas em qualquer lugar onde se pratique *Ifá*.

 Neste *odù*, encontramos as contas de *okùn*. Essas contas eram originalmente de vidro e de cerâmica, sendo usadas para embelezar os reis e a nobreza. Hoje, *okùn* é sinônimo de contas em geral, usadas como emblemas de realeza nos cultos de *òrìṣà* e de *Ifá*. Elas preservam a ideia de autoridade, de conquista e de ascensão. Num contexto profano, esses conceitos tornam-se aqueles de classe social e, nisso, nós encontramos uma lição importante deste *odù*. Nenhuma ascensão refere-se a ser melhor do que ninguém, mas sim a sempre se cumprir o próprio destino. Deve-se ser humilde diante do destino.

Estritamente falando, *Òyèkú méjì* é o crepúsculo, da palavra *òyè*, que é utilizada como referência às duas junções mágicas do dia, quando não é nem dia, nem noite, representando momentos liminares que são extremamente favoráveis às petições e orações. O crepúsculo é o portal das possibilidades, onde polaridades se misturam umas às outras. O crepúsculo é compreendido como um contraste bonito e maravilhoso, pois era o pai adotivo de *Òrúnmìlà*.

Uma história conta como *Òrúnmìlà* foi adotado pelos pais de *Òyèkú*, a encruzilhada tripla e o depósito de lixo. Seus pais adotivos eram ricos e obesos, sempre procurando por comida, prazer e coisas bonitas. Seu pai adotivo era gentil, mas, no fundo, era ganancioso, enquanto sua mãe adotiva ficou obcecada pelos mistérios das bruxas. Eles eram boas pessoas, mas tinham inclinações completamente materiais e egoístas. *Òrúnmìlà* percebeu que eles apresentavam falhas de caráter, pois não procuravam desenvolver um bom caráter, o que se revelava pelo seu desrespeito à moderação. Portanto, é por causa dos pais adotivos de *Òrúnmìlà*, os pais de *Òyèkú*, que a semente da cobiça e do egoísmo foi plantada no mercado do mundo. Por causa disso, *Ifá* insiste na importância da moderação, da nutrição do corpo, da alma e do espírito. A moderação é a palavra-chave aqui, já que não há nada de errado com a glutonaria do pai adotivo generoso, assim como não há nada de errado com as inclinações feiticeiras da mãe adotiva. Afinal, é nesse *odù* que *Òrúnmìlà* se casa com *Ojá* (prosperidade) e *Ajé* (riqueza), um casamento que foi consequência direta da sua personalidade, hospitalidade e bondade para com a sua comunidade.

A ilusão nasceu neste *odù*, simbolizada pela aranha que conecta os pontos da criação numa teia de beleza mortal, na qual todos podemos ser pegos. A aranha é a magia encarnada. Ela representa a essência das possibilidades no mundo. Ela tece a teia que cobre o ventre do mistério. A seda da teia de aranha tem natureza lunar e é a escada para o outro lado, ao passo que o algodão é aquilo que embalsama a humanidade.

Todas as árvores e plantas que dobram suas folhas ao anoitecer pertencem a esse *odù*. A árvore conhecida como *ayùnré* é a principal delas. Diz-se que ela confere proteção contra a morte, pois *Ikú* foi derrotado em frente a ela. Essa árvore tem mais de 150 parentes e uma delas representa a força total de *ayùnré*: a *Mimosa pudica*. Suas folhas irão se retrair e se enrolar quando tocadas, demonstrando uma energia reclusa que aparenta ser mágica e dramática. A maioria dos seus parentes reage dessa maneira à noite e ao luar, mas esta planta reage ao toque. O papiro tem a mesma virtude, mas compartilha uma afinidade com a palmeira em sua estatura ereta. Esta família incluiu uma grande variedade de espécies de acácias e de albizias, algumas sendo ricas em DMT.

Òyèkú méjì fala sobre como a *ayùnré* se colocou contra o apetite de *Ikú* por carne humana e sobre como ele tentou vencê-la repetidamente sem sucesso. Essa árvore é complexa em suas virtudes. É bom plantá-la em sua propriedade e vesti-la com tecido vermelho para espantar a morte, mas o uso de suas folhas e flores pode igualmente provocar a presença de *Ikú*.

Muitas plantas de bagos pretos, como várias solanáceas e a berinjela, nascem neste *odù*. Essas são plantas que dão o consolo final; a morte é encontrada nelas, que anunciam o fim com a sua beleza. A essência da solanácea, dar consolo, é relacionada ao homem e à mulher com a missão de dar fim ao sofrimento. É um *odù* que inspira profetas extraviados. A história bíblica da missão de Jesus é encontrada neste *odù*. Ela conta como *Jewesun* (o nome de Jesus no *Òrun*) veio à terra com uma missão de destruir os poderes que inibiam a felicidade dos humanos, em particular ele queria derrotar *Èṣù*. Ele consultou o oráculo no *Òrun* antes de vir à terra e foi aconselhado a fazer *ẹbọ* para *Èṣù*, a fim de garantir que a sua missão fosse cumprida, mas ele se recusou. *Jewesun* não entendia a razão de se fazer *ẹbọ* se ele vinha à terra com uma causa tão justa, de modo que ele jamais faria *ẹbọ para Èṣù*. Foi dada a Jesus uma última chance de fazer *ẹbọ para Èṣù,* quando o Rei do Mundo (o diabo na Bíblia) mostrou-lhe todos os reinos do mundo e declarou que ele os daria para ele se fizesse o *ẹbọ* prescrito. Ele se recusou a isso e, consequentemente, precipitou o fim prematuro do seu ciclo humano. Curiosamente, dada a importância do peixe como um símbolo cristão, é neste *odù* que o peixe nasce e é dado como alimento à humanidade.

Este *odù* carrega a energia da dispersão e, por isso, a união harmoniosa é crucial:

Òrúnmìlà ní bá di igbó	*Òrúnmìlà diz que deve haver uma reunião*
Mo ní ó di bá igbó ni	*Juntos, como as árvores fazem para formar uma floresta*
Igbó ni áà ehan	*Eu digo que deve haver uma reunião*
Igbó ni àá bá esi	*Encontramos macacos em grupos*
A ki ri anìkarìn nadunadu	*Encontramos porcos selvagens em grupos*
A ki ri anìkarìn nadunadu	*Nem mesmo encontramos "aquele que fica quieto"*
A ki ri anìkarìn yunrè	*Andando sozinho*
Ifá ní a bá di igbó, kò si n'ọkan rin	*Nem encontramos o ganancioso andando sozinho*
	Ifá diz que devemos nos reunir
	E não andarmos sozinhos

Nós devemos nos reunir como na harmonia das muitas vozes que fazem uma canção. Nós devemos clamar pela reunião benevolente das forças humanas, de maneira que possamos nos auxiliar uns aos outros em nossa busca pela completude e pela felicidade. No final das contas, aquele que anda sozinho, realmente anda sozinho.

Neste *odù,* a importância de *ìwà pele* é sinalizada tão claramente quanto possível. *Ìwà pele* significa bom caráter, mas, em particular, aquele bom caráter que surge ao prestarmos reverência ao *Ayé.* Quando prestamos

IFÁ: UMA FLORESTA DE MISTÉRIOS

reverência à terra, também reverenciamos os nossos ancestrais, aqueles que ela carregou para o seu seio por intermédio de *Ikú*, bem como aqueles que ela pegou de maneiras misteriosas. *Ikú* faz a reencarnação possível. Nós repetimos os nossos ciclos e o nosso caráter/alma experimenta constantemente a alegria da jornada humana e passa por crescimento e por iluminação. *Ikú* é aquele que nos leva de volta para o lar quando chegamos ao nosso destino.

Este *odù* representa a memória de quem nós somos. Todo *Bàbáláwo* lhe dirá que é importante lembrar-se da sua ancestralidade, para que você tenha uma noção de onde veio. Olhando para trás, você poderá ver o seu próprio crescimento e curar maldições de família, que são padrões negativos que têm evocado *ajogún* no curso da sua história familiar. Reconhecendo esses padrões e determinando-nos a mudá-los, estamos cumprimentando a terra em reverência e, por meio disso, geramos um fogo que infunde a nossa ancestralidade com vida. Este *odù* refere-se aos atos por nós executados que trazem honra à nossa linhagem e a nós mesmos, como as encarnações vivas da nossa ancestralidade. *Ifá* refere-se aos ancestrais como *egún*, uma palavra que significa "ossos". Esses ossos preservam a memória dos ancestrais, os quais, ao serem deixados para trás, novamente se tornam *ará Ọ̀run*, que significa cidadão do céu (a palavra *ara* também significa "personificação"). Este *odù* expande mais ainda o conceito de *òrìṣà*. Um *òrìṣà* é alguém que dominou a experiência humana guiado por forças naturais e imortais, tornando-se deificado, um aspecto do princípio natural que viveu em sua jornada humana. Ao fazer isso, cada um dos 256 *odù* ganha estrutura e sustento, tornando-se mais destacados no mundo à medida que expandimos a consciência da nossa ancestralidade.

A reverência ancestral nasce neste *odù*, pois ela traz riqueza e escuridão. Ao se lembrar dos seus ancestrais, você acessa o circuito energético que faz de você quem você é. Você pode contar suas bênçãos e corrigir disfunções. A memória da ancestralidade é usada na sociedade iorubana como uma bússola para o recém-nascido; na ancestralidade, nós encontramos orientação. Precisamos entender que um ancestral que fez uma jornada ruim pode ser um bom conselheiro em nossa própria jornada, embora frequentemente seja de um tipo difícil. No âmago, nós somos nossos próprios ancestrais, estamos todos conectados uns aos outros pela presença de *egún*. Sangue e espírito são igualmente importantes, coisa que a noção de família expandida demonstra. Estar ligado a uma família em espírito e em reconhecimento é tão importante para os *Yorùbá* quanto estar ligado por sangue. Isso está evidenciado em todas as formas de *ibá*, orações de gratidão, que honram a ancestralidade. Encontramos, aqui, nomes de parentes de sangue e de parentes espirituais lado-a-lado. Esse conceito sempre foi mantido vivo em sociedades africanas e tornou possível a sucessão do legado após a dispersão causada pelo tráfico transatlântico de escravizados. É um conceito que deveria servir como remédio para aqueles que são adotados ou alienados de outra forma da sua ancestralidade. Todos somos filhos das forças que habitam o *Ayé* e o parentesco pode ser reconhecido tanto no sangue quanto no espírito, a atração entre almas.

A vida é uma condição misteriosa. Muitos de nós sofremos para encontrarmos a nós mesmos e a nossa identidade em um mundo de demandas e de fluxo, no qual constantemente procuramos pelo lugar silencioso, o oásis de conforto no qual podemos nos centrar. É no solilóquio que falamos com a fonte e com nossos espíritos e *daemons* presentes. Tal comunhão consigo mesmo é um encontro com a morte, que nos faz nos questionarmos não apenas sobre quem nós somos, mas também sobre que legado passamos. Conhecer a si mesmo no abraço da morte é ganhar uma visão de legado, um lampejo do que você deixa para trás. A individualidade é um eixo ao redor do qual o mundo dança. Ainda assim, esse eixo, esse pilar estrelado, é a essência desse "eu" flutuante que veste máscaras e se toma forma a partir da conformidade e da necessidade, enquanto o âmago, a substância, brilha por entre ele. O "eu" é único a *si próprio* e o destino se revela para aqueles que são verdadeiros consigo mesmos. A individualidade verdadeira é o caminho e o portão rumo à completude e ao êxtase. Sempre que fingimos não sermos o que somos ou que nos deixamos levar a objetivos que não são os nossos, vislumbramos apenas desespero e desesperança.

A morte é nossa companheira constante à medida que caminhamos pelos caminhos da vida. A morte é o nosso legado, o espelho que brilha com beleza ou desgraça conforme findamos nossa jornada. É sempre possível nos conduzirmos neste mundo com gentileza. É a nossa capacidade para a gentileza que registrará o nosso legado em tinta de absinto ou de sangue de rosa.

Viver nossas vidas constantemente conscientes do nosso legado dará têmpera às nossas tendências ao vício e à raiva. Embora todos nós precisemos encontrar a morte, é a morte que nos faz imortais, que traz esquecimento e testemunhos de vergonha. Nunca é suficiente meramente ter boas intenções, pois elas pavimentam a estrada para o inferno. Aqueles que caminham pela estrada do autoengano fortificam sua raiva, ressentimento e orgulho. Aqueles que se aventuraram pelo caminho das mentiras e da enganação gritarão que não se importam com o que deixam para trás: eles dizem isso, pois eles e seu legado maldito já estão mortos. *Òyèkú méjì* é o mistério da morte e do apodrecimento, ele guarda segredos que prometem renovação por meio do fluxo e da intervenção da nossa ancestralidade.

ÌWÒRÌ MÉJÌ

AGRICULTURA CELESTIAL NA TERRA DA TRANSFORMAÇÃO

Ìwòrì méjì é um *odù* de fogo, que combina consciência e caráter para dar forma à nossa identidade. Enquanto *Òyèkú* méjì é o próprio mundo, *Ìwòrì* é o tempo de vida de todos os seres sencientes. É neste *odù* em que tomam forma a essência, a substância e o caráter de todas as coisas em todos os reinos. Devemos entender *Ìwòrì* como a força consciente que grava caracteres em todas as coisas, a força que deu o "nome" e a singularidade a todas as coisas. Essa força é representada pelo *wàjí* (índigo verdadeiro, *Indigofera tinctoria*).

Wàjí representa a parte mais quente da chama. Índigo é, assim, a cor do fogo da transformação. É o poder de *wàjí* que é usado pelo ferreiro para forjar metais em ferramentas de agricultura e de guerra. A mesma energia faz a semente de *ogbè* (pai) e de *òyèkú* (mãe) trazerem uma nova vida à manifestação. Aqui, um jogo de palavras a respeito de *wàjí* precisa ser entendido. Na sociedade *Yorùbá*, quando um rei se vai, a sua morte nunca é anunciada, mas, ao contrário, é usada a palavra *wàjí*. Essa palavra significa ascender aos reinos superiores e é usada ao invés de se dizer que o rei morreu. Literalmente, significa que "o espírito voltou à sua casa", enquanto *wàjí* refere-se "ao espírito nascendo" ou "sendo empurrado" para o mundo. Foi justamente neste *odù* que o mundo tomou forma com a formação da terra sólida. Aqui, nós também nascemos na união da luz e das trevas *ojúmọ́* (aurora) e *ojó* (o ciclo de 24 horas).

O *àdán* (morcego) nasceu neste *odù*, um animal que pode navegar nas sombras. Foi esse poder que se tornou a base para as habilidades de caça dadas ao leão e aos caçadores. Foi aqui que o conceito de *ojú* (o olho) nasceu. Nisso, incluímos o ato e a arte de ver todas as dimensões, bem como o olho físico. É com os olhos de *Ìwòrì* que *Ifá* vê os padrões cósmicos que estão prestes a se desdobrar e confere previsões e interpretações. A perspectiva do mistério da vida vem do nascimento do olho e, com ele, os coquinhos sagrados, *ikín*, representando os olhos que veem em todas as dimensões da existência. Assim, temos uma das palavras laudatórias deste *odù*, "quatro olhos", o número de "olhos" na parte do *ikín* que se abre quando ele brota. Um *ikín* perfeito tem quatro olhos: um par olha para fora e o outro, para dentro.

Neste *odù*, contemplamos *Olódùmarè*, expresso no enigma da teia de aranha formada por escolhas e consequências. Aqui, encontramos a aranha com suas oito pernas, que está envolvida no mundo misterioso do arquiteto e escultor divino, *Ayélalà*, que dá forma à consciência dos seres humanos. É dessa conjunção de poderes que o vidente e o adivinho nascem.

Ìwòrì méjì é dotado com o poder da profecia e da visão clara, outorgado por intermédio do auxílio de certos pássaros. Estes são *àlùkò* (galinhola), *okín ológe* (pavão), *agbe* (papagaio azul) e *ekodidẹ* (papagaio vermelho). As penas desses pássaros tornaram-se símbolos de autoridade e sabedoria por meio de *Ọbàtálá*. *Ifá* fala de um tempo em que a sua supremacia foi desafiada. Ao invés de lutar ou discutir com seus oponentes, ele repetidamente tomou refúgio na floresta e buscou conselho junto aos pássaros, com a ajuda de *Èṣù* e *Ọrúnmìlà*. Mediante a aplicação da sabedoria desses pássaros, esse momento crítico se tornou um triunfo que lhe trouxe reconhecimento. Em honra dos poderes que proveram a solução, ele se enfeitou com as suas penas e ganhou o respeito desses pássaros, que se revelaram portadores de sabedoria, boa sorte e autoridade. A história de *Ọbàtálá* e da sua batalha por autoridade é relacionada a um provérbio atribuído a este *odù*: "o pai dos mistérios fala com uma língua pesada". Trata-se de uma advertência para não se atirar pérolas aos

IFÁ: UMA FLORESTA DE MISTÉRIOS

porcos, para se guardar os segredos das possibilidades e a sua matriz, e para compartilhá-los apenas com aqueles que sejam merecedores. De igual maneira, é um chamado à moderação na fala e ao discernimento do que compartilhamos e com quem compartilhamos.

Sendo *Ìwòrì méjì* a capacidade para a predição e a profecia, ele está profundamente relacionado ao conhecimento e à compreensão, bem como ao possuir dessas faculdades, encontramos a importância da lealdade, do tato e da consideração, qualidades louvadas neste *odù*. A ideia de lealdade está vinculada à ideia de fidelidade e também à ideia de "pacientemente tecer a doçura" (*àìyẹhùn*) e possuir um caráter consistente e verdadeiro. Essas ideias relativas à lealdade e ao cuidado para com as pessoas são encontradas neste verso:

Ẹni a bá wá de làá báá re'lé
Ẹni aja bá wá l'ajá nbáá lọ
Dáá fún Elèjí Ìwòrí
Tí yóó tẹ jú ire mṇ Akápò o rọ gírígírí
Ẹbọ ni wṇn ní kó ṣe

Aquele que seguimos é aquele com quem devemos voltar para casa
Aquele a quem o cão segue é aquele com quem o cão deve retornar
Isso Ifá viu na leitura oracular a Ìwòrì méjì
E disse que ele deveria olhar com benevolência e examinar minuciosamente o seu Akápò
E lhe foi dito para fazer sacrifício.

O verso nos diz que devemos aprender o mistério da lealdade com os cães, que são sagrados a *Ògún* e a *Ọnilé*, e são considerados espíritos mensageiros e guardiões. A *Ògún* foram destinados cães para andar com ele, e *Ọsányìn*, o espírito das ervas, tem dois cachorros como assistentes. Por isso, os cães representam lealdade, compromisso e dedicação, e demonstram a necessidade dessas virtudes serem cultivadas, a fim de que possam se tornar parte da pessoa que possui um bom caráter.

O verso afirma também que devemos examinar nosso *akápò*, porque o estudante pode não ser sempre leal como um cão. *Akápò* é um termo interessante, pois denota um estudante de *Ifá*, mas também significa "tesoureiro"; em outras palavras, o aprendizado de *Ifá* é considerado um encargo a ser abordado com santidade e cuidado. O estudante é alguém a quem são confiados segredos e tesouros, mas a violação da verdade é sempre uma possibilidade durante o processo de se desenvolver um bom caráter. *Ìwòrì* diz-nos que o aprendiz digno é aquele que possui dedicação, honestidade, humildade e fé. Esses são traços associados ao bom caráter e à veracidade (*ṣòótitọ*) em particular. É na veracidade como fonte do desenvolvimento do bom caráter que encontramos a fonte da boa sorte. Assim, por um lado, este *odù* diz respeito à veracidade e à lealdade e, por outro, concerne à ausência dessas virtudes, que se manifesta em julgamentos precipitados e engano.

Ìwòrì é uma energia que adverte contra julgar algo apressada ou imprudentemente. É o fogo que está no âmago desta vibração, sendo preciso compreender os caminhos do fogo para bem dirigi-lo. É um *odù* que pede exame e contemplação intensos antes de se fazer qualquer julgamento – devemos andar no mundo gentilmente e devemos sempre ser cuidadosos ao lidar com as outras pessoas:

> *Ķéķénķé l'awo ķéķénķé*
> *Gègèngè l'awo gègèngè*
> *Diá fún Orímọníkèé*
> *Omo at' òrun kœ'rí ķeķe wá'lé Ayé*
> *Ẹbọ ni wón ní kó ṣe*

> *Cuide de quem merece ser cuidado*
> *Estime quem merece ser estimado*

IFÁ: UMA FLORESTA DE MISTÉRIOS

Essa leitura oracular de Ifá a Orímọníkẹ̀ẹ́
O filho do céu que trouxe a beleza de orí à terra
Foi-lhe dito que fizesse sacrifício

Aqui, *Ifá* aconselha *Orímọníkẹ̀ẹ́*, "a beleza do caráter e da consciência", a fazer sacrifício, a fim de ser apreciado no mundo. Situações em que se é apreciado pelos próprios atos originam-se neste *odù*, que atrai a nossa atenção à importância de se proteger a própria boa sorte. Era essa prédica que Bernardo de Claraval tinha em mente quando disse: *"o caminho para o inferno está pavimentado com boas intenções"*. Apenas porque o que você possui e quer partilhar com o mundo é bom, não significa que isso será apreciado. O mundo é, no fim das contas, um mercado, e há espaço para todos no mercado, para o canalha e para o ladrão, para aquele que quebra juramentos e para aquele que faz juramentos, tanto quanto para o bêbado quanto para o sábio entre os mercadores verdadeiros e os enganadores. Compreender o fogo neste *odù* levará ao discernimento, de maneira que falaremos com uma língua pesada quando necessário e compartilharemos a bênção da generosidade quando for apropriado e digno.

O conceito de discernimento é encontrado em muitos tabus relativos às árvores que se originaram neste *odù*. Quando este *odù* diz que essas árvores são tabus, ele quer dizer que elas são reservadas para propósitos específicos ou para servir de lembretes para situações e condições específicas. Três árvores são de particular importância neste *odù*. A primeira é *idì* (*Terminalia glaucescens*), que foi escolhida para servir como *irọkẹ́*, a seringueira de *Ifá*. Ela tem propriedades medicinais, em particular antissépticas e antifúngicas, e essas qualidades são honradas na feitura do *irọkẹ́*. O instrumento é usado para chamar a atenção dos espíritos para o tabuleiro de *Ifá* e também para afastar vibrações negativas. Depois, temos a árvore *apá* (*Afzelia africana*), à qual foi dado o poder de curar as doenças e de servir como material para o tambor *djembe* e para fazer navios. Por fim, temos a árvore *orúpa* (*Hymenocardia acida*), que foi a folha do *Òrìṣà Ìgbò (Ọbàtálá)*. Essa árvore dá uma fruta no formato de um coração envolvido por um hímen, que é o próprio símbolo deste *odù*.

Vemos, nesses tabus, um lembrete para usar discernimento e para atribuir uso adequado a elementos apropriados. Essas árvores representam um chamado ao espírito de muitas maneiras. *Idí* faz isso chamando a atenção do espírito, *apá* replicando o ritmo e o batimento cardíaco da criação e, finalmente, *orúpa* relembra-nos de não deixarmos os nossos corações amargurados na nossa jornada humana.

As plantas sagradas neste *odù* são principalmente aquelas que consideramos ervas daninhas; elas se espalham a despeito dos obstáculos e resistências ao seu crescimento. A principal dentre elas é *ṭèṭè*, da qual temos dois tipos. Aquele mais comumente mencionado a este *odù* é o amaranto, também chamada de fedegosa *(Amaranthus hybridius)*, que ajuda na menstruação fraca e se diz auxiliar na concepção. A outra é o rabo de raposa *(Alopecurus pratensis)*, uma erva daninha que se diz tornar os espermatozoides fortes. Alguns criadores de animais adicionam-na ao feno dado ao gado, pois estimula as vacas tal como faz com as éguas. Deve-se mencionar que o espinafre, considerada uma planta pai, é também encontrada aqui, sendo-lhe conferidas propriedades similares. O que todas elas têm em comum é uma rica concentração de ferro e, desse modo, elas imitam sangue e fogo. Assim, é neste *odù* que o espírito do fogo, *Ògún*, inicia o seu aprendizado.

Àjẹ́ (as bruxas), *Ajé Ṣaluga* (o espírito oceânico da riqueza) e *Ayé* (terra) podem todos ser encontrados aqui, juntamente com *orí* (consciência) e *Ifá* (sabedoria). Esses poderes formaram *àkún*, as contas de coral usadas como adorno real por *Olókun* e, depois, por reis e chefes. É significativo que as *àkún* nasçam aqui, pois elas são unicamente um produto da beleza, do tipo de beleza que essas forças podem criar. Mas adornar o feio não o tornará bonito. Assim, a beleza que não apresenta substância nasce aqui como egocentrismo. O que ambas têm em comum é o seu foco no ornamento externo quando a

IFÁ: UMA FLORESTA DE MISTÉRIOS

sabedoria e a consciência foram abandonadas. É um tema constante neste *odù* que nunca se deve deixar de ver claramente aquilo que se é capaz de ver.

Este é um *odù* que fala da natureza da consciência. Consciência é um conglomerado das forças espirituais mais presentes aqui: *Òòṣàoko*, o espírito do cultivo agrícola, *Ògún*, o espírito do fogo e do ferro, e *Ọ̀bàtálá*, o espírito do sonho e da pureza.

Uma história relata como *Ọ̀bàtálá* deu inhame para *Òòṣàoko* plantar, mas ele achou o trabalho difícil. Ele conseguiu obter os segredos de forjar metais de *Ìwòrì méjì* e começou a fabricar ferramentas agrícolas, tornando-se, assim, o primeiro agricultor, daí o seu nome, Espírito da Agricultura. A sua origem é obscura; alguns dizem que ele caiu do céu, outros, que ele foi um rei virtuoso da cidade de *Ìràwò*. O que as histórias de *Òòṣàoko* enfatizam é que, quando ele era jovem e bonito, era preguiçoso e dado a beber, sendo frequentemente encontrado com más companhias. Porém, ele mudou os seus modos e foi escolhido como chefe e rei de sua cidade. Ele representa o início da justiça, *Ọgbóni*. Isso é baseado nas lições que *Òòṣàoko* aprendeu nos seus anos de juventude. Ele proclama a fofoca como um tabu e enfatiza a importância de se ouvir ambos os lados. Fofoca, aqui, refere-se a falar bem ou mal de alguém que não está presente. Se uma pessoa é acusada de algo, é de suma importância que lhe seja dada a oportunidade de estabelecer o seu lado da história na presença dos seus acusadores. O juiz, então, avaliará os testemunhos, que são sujeitos ao juramento da verdade em nome de *Ògún*. Novamente, somos confrontados com a questão de sermos verdadeiros, mas também de sermos bons. Isso diz respeito a encontrar um caminho do meio, onde a consciência e a sabedoria informarão como tomar o curso correto da ação entre os três "*ayé*", que são vermelho como as bruxas, branco como a abundância e preto como a terra. Um verso deste *odù* diz:

> *Bó o rí o wí*
> *Àìwi l'ẹ̀ṣẹ̀*

Bí o ba wí ràn fún wọn l'áwìṣíwọ
A dàbí ẹni pé íwọ lò n ṣe wọ́nu
Diá fún Òbúkọ

O que você vir, deve dizer
Manter-se calado é quase uma abominação
Mas falar incansavelmente
Agindo assim dará a impressão de que é o autor do infortúnio
Isso é o que Ifá disse ao Bode.

Esta é história de *Òbúkọ*, o bode. Ele era considerado muito veraz e sábio. Ele era sempre chamado a dar a sua opinião sobre questões importantes na comunidade e sempre falou a verdade, não importando se a pessoa envolvida pertencesse a uma classe social alta ou baixa. Para o Bode, a importância de qualquer caso não se encontrava apenas nos fatos, mas na sabedoria subjacente a eles. O Bode era louvado pela sua sabedoria e clareza, e isso o inspirou a se repetir constantemente e a não mostrar sensibilidade para com aqueles que se reuniam para ouvi-lo falar e receber suas sábias impressões. O Bode amava o som da sua própria voz e não se dava conta de que estava fazendo inimigos ao ser sincero. Mas ele não notou o ressentimento na comunidade e como as pessoas deixavam a sua companhia quando ele começava a falar. Ele foi a um sacerdote de *Ifá*, que lhe disse que deveria mostrar cautela, que a verdade não precisava ser repetida ou anunciada. O Bode deveria estar satisfeito em dizer a verdade uma vez; não era sua obrigação convencer ninguém. O sacerdote de *Ifá* disse-lhe que ele provocara duas pessoas próximas a si, pessoas perniciosas que decidiram culpá-lo por seus infortúnios. Elas sentiram que toda a verdade que o Bode dissera os estava alvejando, de modo que fizeram um plano para destruí-lo. Essas pessoas más eram *Ekúnm*, o Leopardo, e *Ìkookò*, a Hiena. Não havia nada de errado que esses dois ainda não tivessem feito. No seu jeito sincero, o Bode sempre condenava as ações da Hiena e do

Leopardo, e, então, eles sentiram que eram o alvo das suas palavras na cidade e no mercado. Um dia, eles decidiram que já era o suficiente e foram a um sacerdote de *Ifá* com as suas preocupações. Ele lhes disse que deveriam mudar do mal para o bem e nunca fazerem nada quando estivessem num estado de paixão. Eles ficaram furiosos e deixaram a casa do sacerdote, prometendo atrair o Bode para fora durante a noite, a fim de que pudessem matá-lo. Contudo, o Bobe havia feito o sacrifício prescrito e colocara carne de boi e de porco cruas e azeite de dendê do lado de fora da sua porta, como o sacerdote de *Ifá* lhe aconselhara dar a *Èṣù*. A noite caiu, e a Hiena se distraiu do seu encontro planejado com o Leopardo por causa de um aroma intrigante vindo da casa do Bode. Quando ela viu a comida posta para fora, considerou-se sortuda e começou a comer. Enquanto isso, o Leopardo foi ficando impaciente e dirigiu-se à casa do Bode, onde encontrou a Hiena comendo o alimento. Ele ficou furioso, acreditando que a Hiena matara o Bode e começara a se banquetear com a sua carne sem ele. O Leopardo atacou a Hiena e a matou. Mas o Leopardo feriu-se gravemente na luta e morreu poucos dias depois.

Nesta história, *Òbúkọ* demonstrou humildade. Ele notou o ressentimento se erguendo à sua volta e procurou aconselhamento; queria ver o que não conseguia ver. A humildade trouxe-lhe recompensas. O Bode não julgou seus adversários; simplesmente submeteu questões sobre a situação; ele não procurou culpar a ninguém. O Bode seguiu o conselho neste *odù*, que diz:

> *A gbọ́ t'ẹnu ẹníkan dá' jọ́*
> *Àrẹmo òsíkà*
> *Díá fún Òrúnmìlà*
> *Nijọ́ ti baba nlo rèé j'ẹjọ́ Akápò l'ọdọ̀ Olódùmarè*
> *Ẹbọ ni wọ́n ní kó ṣe*
>
> *Aquele que faz um julgamento ouvindo apenas um lado*
> *É o governante dos maus*

Essa foi a declaração de Òrúnmìlà por meio de Ifá
Quando ele estava indo se defender dos seus acusadores
E seus alunos apresentaram a questão a Olódùmarè
Foi-lhe aconselhado fazer sacrifício

A perspectiva nasce neste *odù*, cuja importância é narrada na história seguinte. Um dia, *Òbàtálá*, velho e manco como era, decidiu viajar a *Ọyọ* para visitar seu amigo *Ṣàngó*. Seu amigo *Òrúnmìlà* disse-lhe que ele não deveria viajar, que não era um bom momento para isso e que coisas ruins aconteceriam. Mas *Òbàtálá* havia fixado sua mente nessa viagem e não seria dissuadido. *Òrúnmìlà* disse-lhe que, ao menos, levasse consigo três peças de tecido branco, *orí* (manteiga de karité) e *ọṣẹdúdú* (sabão africano). *Òbàtálá* aceitou o conselho e iniciou sua viagem. Em seu caminho para *Ọyọ* ele encontrou *Èṣù*, que estava carregando uma grande carga de azeite de dendê e de carvão. *Èṣù* perguntou a *Òbàtálá* se ele poderia ajudá-lo a carregar a carga. *Òbàtálá* aceitou, mas quando *Èṣù* entregou o azeite de dendê, ele derramou todo ele sobre as roupas brancas e limpas de *Òbàtálá*. *Òbàtálá* foi até um rio limpar-se e trocar suas roupas. Novamente, *Èṣù* pediu a sua ajuda, *Òbàtálá* aceitou e *Èṣù* derramou azeite de dendê em suas roupas brancas. Novamente, ele foi ao rio lavar-se e trocar de roupa e, uma terceira vez, o mesmo se deu. Depois da terceira vez, *Èṣù* estava certo de que *Òbàtálá* abandonaria a sua perigosa viagem, mas não. Ele continuou rumo a *Ọyọ*. Depois de entrar pelos portões de *Ọyọ*, ele viu um cavalo bonito e perdido e decidiu levá-lo como presente ao seu amigo *Ṣàngó*. Ele pegou o cavalo e à medida que caminhava pela cidade, os guardas do rei o prenderam, acreditando que ele fosse o ladrão de cavalos que estavam procurando. Eles lançaram-no numa jaula e esqueceram-no. Qualquer apelo para lhe permitir explicar o seu lado da história foi recusado. *Òbàtálá* decidiu ensinar uma lição a *Ọyọ* e, com sua magia misteriosa, trouxe seca, esterilidade e doença ao reino. Quando viu o infortúnio, *Ṣàngó* foi aos seus adivinhos para encontrar uma solução e eles disseram que a origem do azar era um velho homem mantido em sua prisão. *Ṣàngó* imediatamente foi à prisão e viu lá seu velho amigo *Ọbàtálá*. Ele ordenou a sua soltura imediata, levou-o ao rio para lavá-lo e ordenou que todos se vestissem de branco. *Ṣàngó* também se vestiu de branco em homenagem a *Ọbàtálá* e, juntos, eles se tornaram *Òòṣàoko*. Um banquete foi ofertado em homenagem a *Ọbàtálá* e a estabilidade retornou ao reino.

Nessa conjuntura, devemos notar que *Òòṣàoko*, *Èṣù* e mesmo *Ọrúnmìlà* – assim como *Èjì Ogbè*, o *odù* que dá à luz *Ọbàtálá* – foram considerados mais jovens na terra, embora eles fossem anciãos no céu. *Ifá* ensina que o bom conselho vem de quem quer que tenha uma boa consciência e um bom caráter; não se trata de idade. É como o verso nos narra:

> *Ọwọ́ èwe kò tó pẹpẹ*
> *T'àwọn àgbàlagbá kò wọ kèrègbè*
> *Iṣé èwe bẹ àgbà*
> *Kó má ṣe kò*

> *As mãos dos jovens não podem alcançar a prateleira*
> *As mãos dos anciãos não cabem no gargalo de uma garrafa*
> *Se os jovens chamam o ancião*
> *O ancião não pode recusar*

Este verso é um chamado à reunião em harmonia e respeito mútuo. No final, humildade é uma questão de se ser suficientemente grande para considerar a opinião de outra pessoa tão útil e digna quanto a nossa. Isso tem consequências para o nosso legado; os jovens devem ser ensinados em um espírito de sabedoria e de razão, nossas experiências nesta jornada beneficiarão o seu crescimento assim como daqueles que lhes estiverem submetidos. Nós fazemos o nosso mundo, céu e inferno, juntos, e assim devemos ponderar sabiamente e discernir os passos a tomar com uma boa mente e um bom coração.

De um certo modo, tudo volta ao ovo, que é um potencial aguardando nascimento, o qual podemos influenciar para o bem ou para o mal, tanto na sua gestação quanto na vida divina formando ninhos a partir disso. Neste *odù*, o ovo nasceu, um remédio que tanto pode remover como criar obstáculos. O ovo era visto como um meio mercurial repousando no útero da Lua, aguardando pela aurora. O ovo é um produto da galinha de cinco pés que espalhou a terra sobre as águas em *Èjì Ogbè*, assim como é um símbolo do *orí* (consciência) e de *ìwà* (caráter). *Ìwòrì méjì* é o filho de seu pai e de sua mãe, e neste *odù* ele é exposto ao mercado e a uma gama completa de influências. O ovo é alternativamente chamado *àṣẹ* ou *ẹyin*, dependendo de ter sido fertilizado com *Ìwòrì* ou não. O ovo precisa de *àtọ̀* (esperma) para se tornar algo diferente. A palavra *àtọ̀* pode ser usada como um prefixo, caso em que denota algo ejetado para longe. O que se passa é que a base da alquimia de *Ifá*, na qual a brancura do Sol, representada pelo esperma, é fundida com a vermelhidão lunar e autorizada a gestar no negrume oculto da terra. É neste *odù* que a alquimia nasceu. O metal principal para esse processo é *òjé* (chumbo), que representa longevidade, pois não pode apodrecer ou enferrujar. Encontramos a mesma palavra, *òjé*, usada como referência aos hormônios que geram mudança, assim como a qualquer protoplasma protetivo. O chumbo, quando sujeito ao calor, comporta-se como mercúrio, mas é menos volátil. O chumbo é considerado o metal do caráter e da consciência por causa da sua qualidade de amolecer sob calor, que é considerada um sinal de humildade e de esperança. Ele traz à luz a ideia de que não importa quão dura seja a nossa consciência, a quantidade certa de fogo lhe emprestará uma forma mais dinâmica e fluida. O resultado neste *odù* é o feto; ele é a união do branco e do vermelho gestado no preto, é a sua essência alquímica, é o mistério dos novos começos. É o leite do Sol e o sangue da Lua:

Ògán dádé *Quando a coroa de um formigueiro é destruída*

IFÁ: UMA FLORESTA DE MISTÉRIOS

Bẹ́ẹ̀ni kò gbọdọ̀ jọba	Ele reterá água em seu tronco
Orúrù níí wèwù èjè kanlẹ̀	Orúrú (Peltophorum de flores vermelhas) é a árvore que
Orubu ẹfún bale	se veste com roupas de sangue
Ó kó rúmú rùmù rúmú	Quando argila branca cai no chão
A dia fún àṣẹ tẹ́ẹ́rẹ́	Ela espalha o seu pó fino em todas as direções
Ọmọbìnrin òrun	Isso Ifá leu no oráculo para o sangue menstrual fraco
A bù fún àtò tẹ́ẹ́rẹ́	Que era uma filha do céu
Ọmọkùnrin ìsálAyé	Isso Ifá leu no oráculo para o sêmen fraco
Àṣè tẹ́ẹ́rẹ́	Que era um filho do céu
A wá ọ kù	Procuramos por você em vão
O ò dé mọ́	Você se recusou a retornar
O lawọ̀ laṣẹ̀	Mas você cresceu em braços e pernas
Lo dọmọ	E se tornou uma criança
Gbèjèbí	Você é um descendente do sangue
A fẹ́ọ kù	Não podemos mais encontrá-lo
O ò dé mọ́	Você não retornaria
O lawó laṣè	Mas você cresceu em mãos e pés
Lo ba dọmọ	E se tornou uma criança

Aqui está a própria essência de *Ifá*: todo ser humano é um ser divino em uma jornada humana. O ovo e o esperma vieram do céu e se recusaram a retornar – ao contrário, eles se misturaram e cresceram mãos e pernas ao redor do caráter ereto da palmeira ou do coração amargo dado pela árvore *orúpa*.

` | |`
` || ||`
` || ||`
` | |`

<u>ÒDÍ MÉJÌ</u>

A CASA DO CONFORTO PROFUNDO

Òdí Méjì é simbolizado pelas nádegas, representando o encontro de iguais. É um *odù* que foca no que está escondido dentro de você, bem fundo, no centro da sua essência. O *odù* afirma a importância da sociedade no céu, nosso reflexo divino, e como nossas ações e atitudes na terra podem obstruir essa conexão. *Òdí* nos aconselha a estarmos enraizados solidamente na verdade para que possamos erguer o eixo ou pilar que gera uma conexão entre o céu e a terra. A verdade, nesse contexto, significa saber de onde você vem. Ele fala de firmeza de caráter e de identidade, e nós vemos isso nas várias grafias de *Òdí* nas quais o acento muda, dando ideias de inimizade, malícia, comportamento errante ou anormal e de mudez como as vibrações negativas encontradas onde as duas metades das nádegas não entram em concordância. As nádegas, as duas metades que se juntam em um todo confortável, são um símbolo de união pacífica, um lugar de descanso e de conforto para o encontro de almas gêmeas e para a frustração que causa a inimizade. Ainda assim, ele também anuncia desconforto, pois esse *odù* também está relacionado ao parto.

O filho dos primeiros quatro *odù* é chamado de *Máyámí*, que significa "não me abandone" e representa a condição de receber boa fortuna em sua totalidade:

> *Ilé ní mo jókòó sí*
> *Ní gbogbo ire n wọ tùurutu wá bá mí*
> *Mo jókòó àínàró*

Mo rire ọrò tó nwọ́ tọ́mí wá
Díá fún Òdí

Em meu lar eu sentei
Quando todas as coisas boas vieram marchando rumo a mim
Em meu lar eu sentei e não me ergui para ficar de pé
A prosperidade veio caminhando rumo a mim
Isto, Ifá declarou para Òdí

Este verso fala da grande facilidade com a qual a boa sorte se manifesta por este *odù*. Ele destaca a importância de se estar fundamentado e estável. *Òdí* também fala dos desafios que vêm por termos uma vida muito fácil e reforça a importância de se praticar sacrifício em um espírito de gratidão e de humildade. Nesta história, *Máyámí* praticou sacrifício e bênçãos continuaram a vir até ela. Ela nunca foi abandonada pelos espíritos que trouxeram boa fortuna.

Outra história conta sobre *Oníkí Ọlà*, que foi profundamente abençoada. Ela foi avisada repetidamente de que deveria fazer sacrifício para manter a sua boa sorte, mas considerando-se tão incrivelmente abençoada, não via razão para fazê-lo. Ela viajava de cidade em cidade e fez sua fortuna, mas sua boa sorte causava inveja e, em cada cidade, ela foi expulsa sob acusações de bruxaria. Ainda assim, em todas as cidades, ela achava bons homens e se tornou mãe de quatro crianças de quatro pais diferentes. Todas as vezes, porém, o padrão se repetia: em algum momento, ela era forçada a fugir da cidade, acusada de bruxaria. Finalmente, ela retornou à sua cidade natal, *Ilé Ifẹ̀*. Lá, ela procurou um sacerdote de *Ifá* para fazer o sacrifício a respeito do qual ela vinha sendo avisada por tantos anos a fazer. Ela era agora muito rica e seus filhos eram homens jovens e haviam se mudado. Ela não conhecia mais seus filhos ou seus pais e nem seus filhos se conheciam uns aos outros. Ela queria consertar essa situação, mas o sacerdote de *Ifá* disse que era tarde demais: a dispersão era muito grande.

Esta história serve como um aviso de que a riqueza é uma das muitas bênçãos e que não devemos deixá-la ofuscar as demais. Ela também serve como uma lembrança da importância de se construir uma comunidade e relações saudáveis em conformidade com o signo deste *odù*, as nádegas. A importância do amor, da generosidade e da amizade está implícita aqui como poderes que combatem o desenvolvimento do orgulho e do egoísmo que estão presentes como vibrações negativas em *Òdí*.

No exemplo de *Yùngbá*, que, como *Oníkì Ọlà*, estava cercada por riqueza e boa sorte, orgulho e egocentrismo fizeram com que ela ignorasse conselhos e relações próximas. Ela terminou muito solitária e triste em meio à sua riqueza. O reflexo positivo de *Yùngbá* é associado ao rato. *Òdí* conta que o Rato era de descendência real, bonito e sem medo de trabalhar duro para atingir os seus objetivos. A sua casa subterrânea era uma estrutura magnífica e astuta. O Rato era muito amistoso e gostava de se gabar das suas conquistas e vitórias aos seus parentes – afinal, ele trabalhara duro por tudo o que tinha e achava que seus esforços inspirariam seus parentes a trabalharem pela sua própria boa fortuna, mas, ao invés disso, sua inveja e ressentimento cresciam diariamente. Um dia, seus parentes, consumidos pela inveja, decidiram entregá-lo ao seu rei, Leopardo. Eles foram ao rei e contaram histórias coloridas por sua inveja, afirmando que o Rato devia ser expulso do reino. O Leopardo levou as alegações a sério e convocou o Rato para defender o seu caso. Ao receber a convocação, o Rato foi a um sacerdote de *Ifá*, que lhe disse que havia uma trama entre os seus parentes para expulsá-lo da floresta, aconselhando-o a fazer sacrifício para que a questão terminasse em seu favor. O Rato fez o sacrifício e embarcou na jornada ao palácio do Leopardo. As alegações diziam respeito aos hábitos do Rato, já que ele parecia um esquilo, devendo viver num ninho e não num buraco, inapropriado para ele. O Rato se defendeu inteligentemente dessas alegações absurdas. Ele apresentou bem o seu caso, que foi julgado a seu favor; ele estava livre para viver onde quisesse e da maneira que achasse agradável.

A história conta sobre a condição do mundo, sobre como a boa fortuna não necessariamente inspira bondade e benevolência nas pessoas, mas justamente o oposto. A inveja é uma energia complexa por si só. Tendemos a entender a inveja como o desejo de possuir algo que o outro tem e isso está correto, mas também é acompanhada pela sensação de que pessoas abençoadas com boa fortuna não a merecem. Um verso fala o seguinte sobre isso:

Bí bá ndun' ni	*O que fere alguém*
Ká m̩ó pé ndun' ni	*Precisa ser reconhecido como algo nocivo*
Ò̩r̩ò̩ dunni dunni làrankan eni	*O que fere alguém nasce da malícia dentro de alguém*
Ò̩r̩ò̩ tó ndun Bàbáláwo	*O que fere um Bàbáláwo*
Níí dun Ifá	*Também ferirá Ifá*
Ò̩r̩ò̩ tó ndun Oní̩s̩è̩gún	*O que fere um herbalista*
Níí dun O̩sanyin	*Também ferirá O̩sanyin*
Ohun tó ndun Àjé	*O que fere as bruxas*
Níí dun Òmùsù ídíí r̩é	*Também ferirá seus devotos conforme eles fazem*
Diá fùn O̩rúnmílà	*Boa fortuna a O̩rúnmílà*
Ifá n̩s̩awo relé E̩lé̩jù	*Isto, Ifá declarou quando ele saia em uma jornada espiritual ao reino de Eléjù*
E̩bo̩ ní w̩ó n ní kó wáá se	*Ele foi aconselhado a fazer sacrifício*

Primeiramente – e o mais importante -, este verso ensina a importância de sempre se pensar e falar com benevolência se desejamos atrair a boa sorte. Em um nível mais profundo, ele fala da natureza da atração – pensamentos e palavras boas atrairão bondade, enquanto os negativos afetarão a nossa alma e a malícia tomará forma em nós. A presença da malícia revela-se no desejo de ser nocivo a outras pessoas.

IFÁ: UMA FLORESTA DE MISTÉRIOS

Ifá conta sobre três poderes espirituais em particular: o espírito da sabedoria, o espírito da medicina e das ervas e as bruxas. Esses três poderes são os bodes expiatórios usuais quando as pessoas experimentam o azar e procuram culpar alguém em vez de tentarem compreender uma dada situação. Indo além, nós percebemos que o que quer que seja nocivo para alguém será nocivo também para o duplo espiritual daquela pessoa, a sociedade do céu. A malícia gera mais malícia.

Ifá considera palavras como afirmações e afirmações são declarações de desejo e de vontade; uma forma de oração. As palavras revelam quem nós somos e têm o poder de gerar tanto o bem quanto o mal, por isso nós encontramos o tabu contra a fofoca. O discurso vazio sobre pessoas que não estejam presentes na conversa é considerado como malicioso. A fofoca revela malícia, um desejo de prejudicar alguém e é geralmente motivada pela inveja.

O *orí* fez sacrifício neste *odù,* pois se sentiu solitário e, então, recebeu boca, língua, orelhas, olhos e um nariz para reunir uma assembleia harmoniosa de faculdades. Porém, como todos nós sabemos, esses órgãos também podem levar à dispersão; por exemplo, podem ocorrer desentendimentos por meio da escuta e por meio de palavras nocivas proferidas como resultado de erros de percepção. É de importância vital que nós permitamos que a sabedoria seja a guia da consciência. As palavras podem abençoar e amaldiçoar, mas a inteligência, que nasceu aqui, pode fazer a diferença.

Todos os aspectos de *Òdí,* tanto o bem e o mal, as riquezas e o egoísmo, a generosidade e a inveja, a inteligência e a reclusão podem ser encontrados em muitas narrativas que falam de *Olókun,* o senhor das águas marinhas. Este espírito representa mistério e inteligência e diz-se que vive no fundo do oceano. O fundo do oceano é considerado como sendo as nádegas da criação. *Olókun* é considerado masculino em algumas tradições e feminino em outras, dizendo-se que se manifesta como dragões e cobras do oceano e como sereias e tritões.

NICHOLAJ DE MATTOS FRISVOLD

Uma das histórias de *Olókun* fala que ela era a fonte de criaturas anfíbias e estava infeliz com sua condição, não sendo nem da água e nem da terra, mas um pouco das duas. A história conta como ela se apaixonou por *Òòsàoko*, o espírito da fazenda, um espírito quieto, sábio e reservado. *Olókun* foi até um sacerdote de *Ifá* para ver qual era a sua opinião. Ela queria se casar com *Òòsàoko*, mas tinha vergonha da sua aparência. O sacerdote de *Ifá* disse a ela que não se preocupasse e que ela deveria fazer sacrifício, mas ela escolheu não fazer. Ao invés disso, ela assumiu uma forma terrena e foi trabalhar para *Òòsàoko*. Em questão de dias *Òòsàoko* e *Olókun* desenvolveram uma amizade e ela contou-lhe sobre a sua natureza dupla. Fascinado com aquilo, *Òòsàoko* contou o segredo dela para os seus amigos e logo todos souberam da sua estranha condição. Ela ficou muito aborrecida, deixou a fazenda e decidiu fazer do oceano o seu lar permanente. Entretanto, vez ou outra, ela se revelava como uma sereia, um dragão, uma cobra ou outra criatura marinha. Ela jurou que ninguém conheceria sua natureza verdadeira e, nessa declaração, nós encontramos o tema vital deste *odù*; o equilíbrio entre se fazer conhecido e como o mundo ajusta esse desejo, levando ao ocultamento ou à revelação, bem como ao ato de se demonstrar força e proeminência no mundo.

Em relação a este tema, nós encontramos a história que narra como *Olókun* desafiou *Òbàtálá* para uma batalha de inteligência e força pelo domínio completo do mundo, das águas e da terra seca. *Òbàtálá* enviou seu mensageiro, o Camaleão, para falar em seu lugar. Quando o Camaleão entrou no palácio de *Olókun*, ele o viu vestido em trajes e joias ricos e valiosos. Cumprindo a natureza do Camaleão, ele se vestiu com o mesmo traje fino de *Olókun*. Quando *Olókun* viu isso, ficou aborrecido e foi vestir roupas ainda mais bonitas; e assim também fez o Camaleão. Isto aconteceu diversas vezes e, na sétima vez, *Olókun* desistiu e disse ao Camaleão que o desafio estava acabado: ele não estava interessado em lutar contra alguém cujo mensageiro estava vestido tão belamente quanto ele próprio e aceitou o domínio do oceano como sendo um reino suficiente para ele.

204

IFÁ: UMA FLORESTA DE MISTÉRIOS

Essas duas histórias contam-nos sobre a presença do mistério no mundo tanto quanto nos narram os perigos do orgulho e a natureza da fama. *Olókun* representa o poder da riqueza e do mistério, mas é também o espírito que trouxe inteligência ao *orí*. A inteligência é representada pelo caranguejo, dada a sua casca grossa e as suas garras que protegem o mistério. Também, nessas duas histórias, *Olókun* foi aconselhado a fazer sacrifício, mas acabou não fazendo, pois ele se via como alguém tão poderoso e rico que isso não era necessário. Aqui está uma admoestação para se proteger a boa sorte pela prática do sacrifício e uma lembrança para se evitar a fofoca.

Como nós vemos nas narrativas de *Olókun*, enganação e conspiração vieram ao mundo por meio da posse de riquezas e da fama. Esse é o reflexo negativo de se formar parcerias saudáveis e concórdias honoráveis. Como nós vimos na história do Rato, a inveja é a autora de boa parte da conspiração e da enganação neste *odù*.

Òdí, que era um grande guerreiro no céu, trouxe a pedra-raio (*Sàngó*) e a fornalha (*Ògún*) à terra e o trovão tornou-se o protetor leal de *Òdí*. Os ajudantes de *Òdí* no céu foram a galhofa, o prazer e a dança. Quando eles vieram para a terra, gravitavam constantemente para fora; eles queriam se dispersar por todos os lugares. Portanto, nós vemos como a divisão e as maquinações nascem, mas também a habilidade de se espalhar, de gerar aumento e crescimento. Antes de *Òdí* vir à terra, ele realizou feitos assombrosos no céu e nós o encontramos vitorioso em todos os seus trabalhos. Uma história fala dele desafiando a morte, que era uma fera de muitas cabeças, um dragão. Aqui a história se assimila a uma versão da batalha de São Jorge contra o dragão, mas a batalha não termina com *Òdí* matando o dragão; ao invés disso, ele descobre que comunhão, generosidade e compreensão são a chave para se fazer alianças benevolentes. Em uma ampliação do tema de São Jorge e de sua peregrinação através do *Campo Stellare*, é interessante notar que foi neste *odù* que o Sol (*ajígúnwá*) nasceu. *Òdí* conta-nos que o Sol e suas 200 agulhas foram espalhados em um tecido branco e se transformaram nos céus estrelados.

205

Histórias de *Oníkì Olà* (que nós conhecemos anteriormente neste capítulo) aparecem em versos avisando sobre colocar um filho contra o outro. Irmãos que não se conhecem acabam brigando, um tema similar à história bíblica de Caim e Abel. Essas histórias tratam de como uma fundação sólida é gerada pela junção harmoniosa de duas metades, e de como a dispersão, a inveja, a fúria e o egoísmo nascem da recusa em se permitir que essa junção ocorra. Esse conceito é similar ao *symbolon* que nós encontramos no *Banquete* de Platão. No *Banquete*, nós aprendemos que o mundo está quebrado, que somos partes gravitando rumo à outra para uma união primordial, unindo o que foi partido para gerar a completude. Em *Òdí*, nós vemos a consequência da cabaça quebrada conforme contado em *Èjì Ogbè*, onde a consciência foi espalhada por todo o mundo. *Òdí* enfatiza o desafio de se trazer essa dispersão primordial num todo harmonioso e, assim, *Òdí* é o pulso do mundo populado com todos os seus desafios e bênçãos.

A arma de fogo nasceu aqui. A arma de fogo era uma filha de *Ògún*. Uma história conta como a arma de fogo foi consumida por sentimentos de terror e de ameaça, de estar cercada por inimigos. Ela desconhecia seus poderes e seu pai lhe disse que falasse se quisesse evitar a morte. Ela falou e um tiro ecoou e muitos outros depois, os inimigos morreram e a ameaça foi dispersa. A manifestação da arma de fogo neste *Odù* fala da crise na sociedade humana na qual a dispersão se tornou antagonismo e inimizade.

O sal vem ao mundo como uma lembrança da doçura. Porém, a negligência da doçura e a adoração do sal trazem mais amargor, feudos e dispersão. Como consequência disso, nós encontramos epidemias se concretizando, especialmente doenças que viajam pelo ar e pela água. Este mundo, o mercado, é um local em fluxo no qual o mel e o sal provêm o contraste que nos permite manobrar entre esses polos pelo uso dos nossos sentidos e da inteligência. A ideia da vida humana como uma jornada de contrastes se manifesta aqui.

IFÁ: UMA FLORESTA DE MISTÉRIOS

A jornada da vida é representada pelo espírito dos "filhos dos peixes", *Yẹmọja*, o espírito mais associado a este *odù*. Ela é um *òrìṣà* popular na diáspora e é encontrada como uma padroeira tanto em Cuba quanto no Brasil. Mãe do oceano e das noites lunares, a *stella matutina*, ela é encontrada como uma protetora da maternidade e como uma solução para a esterilidade. Ela é o espírito da riqueza; a autora da energia da qual o dinheiro foi feito, assim como uma guerreira e uma feiticeira. Podemos ver em *Yẹmọja* o arquétipo da mulher independente. Nós a encontramos como cocriadora do mundo, como mãe dos *òrìṣà* e como a autora do dilúvio que exterminou os primeiros humanos. Ela é representada como uma bruxa, uma adivinha e mãe das estrelas. Ela está conectada aos filhos e à família. Ela exemplifica a condição humana e a essência deste *odù*. Quando ela decide ir e viver com *Olókun*, o espírito do oceano, exemplifica o temperamento fluido e emocional que move a humanidade: inconsistente, pacífica, irada, faminta e repleta de todas as formas de abundância.

Yẹmọja é um espírito livre, um símbolo daquele que viaja e encontra boa fortuna, como na história a seguir, que trata da jornada humana e de fenômenos como inveja e liberdade. *Yẹmọja* ia visitar seu noivo *Ògún*. Ela saiu de seu vilarejo e foi pela floresta, onde acidentalmente caiu em uma armadilha para capturar antílopes. *Ọrúnmìlà* resgatou-a da armadilha e auxiliou-a a recolher os presentes que haviam caído quando ela tombou e os consertou para ela. Uma atmosfera doce surgiu entre eles na mata e eles fizeram amor. Pela manhã, ela saiu rumo ao seu encontro com *Ògún* e parou em um vilarejo para se alimentar e se refrescar, mas um ladrão roubou todos os seus presentes. Quando ela se pôs a chorar por sua perda, *Ṣàngó* apareceu e perguntou-lhe qual era o problema. Ela disse-lhe que todos os seus presentes haviam sido roubados, mas *Ṣàngó* lhe disse para não se preocupar, e eles foram juntos ao mercado, onde ele comprou para ela mais itens do que aqueles que haviam sido roubados. Novamente, uma atmosfera doce surgiu e eles foram para casa fazer amor. Na manhã seguinte, ela recebeu um cavalo para carregar todos os presentes e seguiu para se encontrar com *Ògún*, seu noivo. Ela estava muito feliz; tinha muitos belos presentes e até um cavalo para dar ao seu amado. Ela chegou à cidade de *Ògún* e caminhou orgulhosamente e feliz até o mercado em busca de seu noivo. Ela não percebeu que *Ògún* estava sentado numa taverna com seus amigos *Ṣàngó* e *Ọ̀rúnmìlà*. Quando ela apareceu no mercado, *Ọ̀rúnmìlà* exclamou para seus amigos que ele havia tido uma noite de amor junto daquela mulher que havia chegado. *Ṣàngó* disse que ele também, e, ao escutar isso, *Ògún* levantou-se, vermelho de raiva e declarou com determinação relampejante que seus amigos tinham feito amor com sua noiva. Ele foi até *Yẹmọja* e confrontou-a agressivamente sobre a questão. Ela jogou tudo no chão e disse a ele que não estava interessada naquele abuso e que preferia ir viver com *Olókun*, o espírito da riqueza, que vive no fundo do oceano. E assim ela fez.

Há diversas variações desta história e os temas sempre são os mesmos. *Yẹmọja* é um espírito que atrai fortuna e riquezas e quer dividi-las. A história fala de julgamento e da liberdade do indivíduo, de como *Òdí* criou diferenças individuais e de como o que pode ser bom para uma pessoa pode se provar ruim para outra. É um chamado à harmonia por meio da observação da bela diversidade que nós encontramos no mundo. Não apenas isso, mas *Òdí méjì*, conforme manifestado na forma de *Yẹmọja*, é o próprio poder que une o pênis e a vagina. Ela é o poder da paixão e da atração sexual, que é a junção harmoniosa que não apenas resulta em filhos, mas também em prazer erótico. Nisso, nós encontramos a raiz da dispersão e da união. A imagem erótica típica deste *odù* é ainda mais forte no seguinte verso:

> *Adíndí Òdí*
> *Adíndí Òdí*
> *Díá fun Òdí*
> *Ti nlọ ṣója Èjigbòmekùn*
> *Ó nsunkun aláìlóbìnrín*

Wón ní ki Èjì Òdí ó rúbọ

Kín ni òun ó há ru báyìí?

Wón ní ki ó ru ọpọlọpọ oyin

Ó si rú u

Nínú oyin ti o rú náà

Ni àwon awo rẹẹ́ ti mú

Tí wón fi ṣe Ifá fún um

Bí Èjì Òdí ti dójà Èjigbòmekùn

Ìyálójà ló kọ́ dìgbò lù

Ó si ta òkan nínú àwon ìgò oyin

Ti wón fi se Ifá fún um si i nídìí

Léyìn náà ló bá ìyálójà lò pọ́

Ó si gbádùun rẹ̀ pípọ̀

Ló bá di pé ọpọ̀ èèyàn bẹ̀rẹ̀ síí jìjàdù

Láti bá ìyálójà lò pọ́

Ìgbá ti inúu gbogbo wọ́n dùn tán

Orin ni wọ́n nkọ

Wón nwí pé

Ìyálójà ṣe ká lọ

Oyinmọmọ

Kò mọ̀ jé á lọ lójà

Oyinmọmọ

Grande e poderoso Òdí

Poderoso e grande Òdí

Isto, Ifá declarou para Òdí

Que estava indo ao mercado de Èjigbòmẹkùn

Que estava angustiado, pois não tinha esposa

Foi para isto que Òdí fez sacrifício

E o que ele ofereceu como eu sacrifício?

Foi dito que ele ofereceu uma abundância de mel

Ele fez o sacrifício, uma abundância de mel ele ofereceu

Seu sacerdote de Ifá pegou um pouco e fez remédio de Ifá com ele

Foi dessa maneira que Èjì Òdí entrou no mercado de Èjigbòmẹkùn

Ele encontrou a Senhora das mulheres do mercado

E ele verteu uma das garrafas contendo o remédio de Ifá

Sobre as partes privadas dela

E ele fez amor apaixonado com ela

Em grande alegria e êxtase ele a provou

E como consequência, a agitação foi mexida

Dentre muitos outros que também queriam fazer amor com ela

Quando todos tinham feito amor com ela e estavam satisfeitos e repletos
  de alegria

Eles começaram a cantar

Senhora das mulheres do mercado, nós dizemos

Você é a encarnação da doçura

Nunca deixaremos o mercado

Encarnação da doçura

A chefe do mercado, *Ọòsá Ọja*, é o mesmo espírito que *Ajé Ṣaluga*, pois o domínio sobre o mercado é atribuído ao espírito dotado de qualquer um desses nomes. Assim como *Yẹmọja*, eles são *funfun*, o que significa que são conectados ao mundo dos sonhos e ao começo do mundo. Nesta história, é *Òdí*, como o cavaleiro guerreiro arquetípico do céu, que entra no mercado e faz amor apaixonado com *Ọòsá Ọja*. Isso causa uma onda de desejo, na qual todos os demais querem fazer amor com *Ọòsá Ọja*, que parece estar pingando com mel e doçura.

Em um verso relacionado, nós aprendemos que *Ajé Ṣaluga* defeca em tudo que é lugar, mas que sua defecação é sempre dinheiro ou um sinal de fortuna próxima. Um verso conta que se você é tocado por *Ajé Ṣaluga*, riquezas e abundância choverão sobre você como "cocô de pombo". Isto sinaliza que sonhos com defecação são tanto um presságio de riquezas próximas quanto uma lembrança para não se abraçar a fortuna com gosto demasiado. *Ajé Saluga* é uma força espiritual importante. Ela é a irmã de *Egúngún* e a primeira esposa de *Olókun* e é dito que faz parte da faculdade da inteligência. De fato, outro verso de *Òdí méjì* apaga a distinção entre *Ajé Saluga* e *Olókun* e diz que eles se combinam para formar a "mais antiga coroa". Quando *Olókun*, o mistério do fundo do oceano, deseja fazer-se conhecido, ele é declarado pela presença de *Ajé Saluga* no mercado, como a mãe da doçura e da riqueza. Isto é uma lembrança sobre a importância da união, de que é na união que nós fazemos a doçura.

A mata é sagrada em *Òdí*. Naturalmente, nós encontramos todas as plantas aquáticas aqui, como lótus e lírio, mas as árvores sagradas deste *odù* são o coqueiro (*Cocos nucifera*) e as árvores do mangue. As árvores do mangue são sagradas por sua habilidade impressionante de isolar sal e o fruto do coqueiro em virtude da sua doçura interna e da água rica por debaixo da sua superfície dura e escura. Este *odù* também apresenta afinidade particular com a *Psychotria viridis* e com a *Banisteriopsis caapi*, um arbusto e uma vinha que, juntos, geram *yagé* ou *ayahuasca*. Todas essas plantas nos lembram de que a união é o que gera beleza, saúde, vida longa e contato com o duplo espiritual.

A importância da união também é demonstrada pela força espiritual conhecida como *Òge*, que nasce neste *odù*. Uma história conta como *Sàngó* foi envenenado após preparar uma refeição de pombos utilizando um "ingrediente secreto" que lhe fora dado por alguém no mercado. Ele não percebeu que era veneno e conforme aquilo começou a funcionar em seu sistema, ele se contorceu de dor, clamando por ajuda. *Òge* veio em seu auxílio com o antídoto. Ela é representada pelos dois chifres do antílope e acredita-se que seja a força que influenciou a formação da sociedade *Gẹlẹdẹ*. Seus chifres são tanto um remédio para a esterilidade quanto um antídoto contra a magia maléfica. Os chifres do antílope, que são considerados como a presença de *Òge*, são associados à cornucópia, pois quase todas as canções e orações em sua homenagem mencionam sua habilidade infalível de espalhar bênçãos. Eles enfatizam como ela é uma força dinâmica e justa que modera o caráter das pessoas. Um provérbio de *Ifá* diz: "quando as coisas estão indo bem para eles é quando eles começam a se comportar mal". É nesse contexto que *Òge* entra como uma força de retificação.

Òdí nos lembra de que a jornada humana deve ser boa: se não for, o problema está em como nós escolhemos caminhar pelo mundo. Todos nós queremos bênçãos e boa fortuna, riquezas e todas as coisas boas. As bênçãos tomam forma como um resultado de união, uma disposição bondosa e por meio do cultivo e, finalmente, da posse de um caráter bom.

> *Mo dé rere*
> *Mo rín rere*
> *Èmi nìkan ni mo mò rin àrinkòórìn*
> *A ṣèṣè nkóhun ọrọ sìlẹ̀*
> *Ni mo wolé wẹ́rẹ́ bi omo olóhun*
> *Èmi èé ṣ'ọmọ olóhun*
> *Ìrìn àrìnkò ni mo mọ́ọ́ rìn*

> *Eu chego bem*
> *Eu viajo bem*
> *Eu sou alguém que viaja e frequentemente encontra boa fortuna*
> *Quando as riquezas foram espalhadas*
> *Eu entrei sem hesitação, como se fosse o filho do dono*
> *Mas eu não sou o filho do dono*
> *Sou apenas alguém que sabe viajar*
> *E que acha boa fortuna*

A frase *Mo dé rere* no começo deste verso está ligada a *ìwà rere,* uma consciência boa, calma e alegre, que é o espírito no qual devemos viajar para que cheguemos bem. *Òdí* fala da importância de fazermos a nossa jornada humana como heróis em nossas próprias vidas, imbuídos de inteligência e de sabedoria para distinguirmos entre absinto, sal e mel. Devemos ter apreço pelo fato de que unirmo-nos em harmonia é a base da qual brota a abundância. Quando sua vida melhora, a minha melhora também.

De maneira simples, este *odù* diz: faça o bem e você será reconhecido, não como um homem ou uma mulher com uma missão, mas como alguém de visão. Fazendo isso, o julgamento dos outros e a fofoca nascida da inveja devem ser esquecidos, de maneira que os nossos pensamentos e palavras serão sempre pensamentos e palavras de bondade. Podemos aceitar a jornada misteriosa que dividimos com todos os nossos companheiros viajantes, não importando a forma na qual suas consciências residam.

```
 I  I
 I  I
II II
II II
```

Ìròsùn Méjì

OS RIOS DA CONSCIÊNCIA

Ao passo que *Òdí méjì* manifesta-se em poderes como *Olókun* (oceano), *olosa* (lagoas) e *òṣù* (Lua), *Ìròsùn méjì* representa os rios que fluem desses corpos d'água e daí percorrem o panorama. Isso nos leva à ideia de criarmos um ápice de verdade e de estabilidade como um ponto focal, para guardarmos a estabilidade da nossa consciência em meio a essa paisagem fluida. *Ìròsùn* implica que a boa sorte será nossa assim que entendermos e tomarmos controle sobre tudo que flui da nossa consciência, seja na forma de riachos, rios de lava ou cachoeiras.

O fluxo menstrual é um dos mais importantes de todos os rios e elementos que fluem. Isso é expresso por uma variedade de divindades dos rios, como *Ọya*, *Yẹmọja* e *Ọba*. O fluxo menstrual não é somente um símbolo de fertilidade e de renovação, mas também anuncia o mistério do ciclo lunar, e, portanto, dois círculos concêntricos são por vezes usados para representar este *odù*. O círculo dentro de um círculo, o sonho dentro de um sonho, a serpente do arco-íris e seus tons coloridos de luz são símbolos que expressam a dinâmica deste *odù*. A luz nascida em *Èjì Ogbè* é sujeita à transmutação em *Ìròsùn*; o um se torna dois e, a partir disso, eles se multiplicam. Temos a transição da luz do sol para a luz da lua neste *odù*, como diz este verso:

> *Iná kú feérú bojú*
> *Òṣùpá kú, ó firàwọ́ọ́ lẹ̀*
> *Ìràwọ̀ sààsàà níí ṣalátìlɛyìn fóṣùpá*

Quando o fogo esmaecee morre ele se cobre de cinzas
Quando a lua mingua e morre, ela deixa um traço de estrelas para trás
Poucas são as estrelas que brilham como a Lua

Este verso captura o grande mistério alquímico de *Ìròsùn*, de que tudo muda, tudo morre em processo de transformação, mas a luz que gerou a nossa consciência única, o nosso *orí*, deve sempre brilhar. Ele deve brilhar como a Lua, que é a luminária celeste da possibilidade neste *odù*.

Nisso, encontramos um mistério ainda mais profundo, pois é aqui que encontramos o nascimento do princípio e do *ìmọlẹ̀* conhecido como *Ẹ̀là*. *Ẹ̀là* é compreendido como o filho de *Ìròsùn* por *Òjiji* (sombra) no *Ọ̀run*, e é esse poder que se desdobra durante de iniciação de um *awo*. Um *Bàbáláwo/iyánìfá* é considerado um filho de *Ẹ̀là* à imagem de *Ọ̀rúnmìlà*. O nome *Ẹ̀là* denota uma conexão, um vínculo, um circuito – um rio, se você preferir – que está enraizado no depósito divino e se diz que é a testemunha do destino. Esse poder é visto como uma bruma invisível que permeia todo o vazio com raios divinos, um mistério que habita as cavernas e infunde todo o *Ayé* com sabedoria. O poder de *Ẹ̀là* corre pela terra assim como corre nos céus e é a força que nos dá a memória da nossa sina. Lembramos nossa sina desenvolvendo um bom caráter, insistindo em que fazer o bem nos possibilitará a rememoração de quem nós somos para fluirmos como rios de luz a partir das sombras e espalharmos bondade sobre a terra. Isso nem sempre é tão fácil, pois a condição humana traz dor, provações e sombras e é por isso que um guardião da nossa consciência também se manifesta neste *odù*.

Ìròsùn méjì é também conhecido como *Olósùn méjì* em referência à força espiritual conhecida como *Ọ̀sùn*. *Ọ̀sùn*, do qual também se diz ser "aquele que ouve atentamente", serve como guardião da nossa consciência. Esse *ìrúnmọlẹ* é representado pelo galo, dada a sua natureza defensiva e atenta, e é o mediador entre os nossos desejos e o nosso destino:

IFÁ: UMA FLORESTA DE MISTÉRIOS

Ohun Orí wá ṣe   *O que Orí veio realizar*

Kò mà ní ṣ'alái ṣe é o   *É o que ele precisa realizar*

Em *Ìròsùn*, encontramos a encruzilhada onde nós, como seres espirituais, estabelecemos a nossa jornada humana. Essa jornada nem sempre é fácil, podendo ser difícil redescobrir o nosso destino. Por causa disso, aqui nos é dado um guardião da nossa consciência. *Ọ̀sùn* nunca experienciou uma jornada humana e, assim, ele e *Èlà* retêm a memória daquela bondade que viemos trazer à terra. É em *Ìròsùn* que encontramos os mistérios da adversidade e do esquecimento, a razão pela qual não temos recordação do nosso verdadeiro lar e do porquê a condição humana é como é: um equilíbrio entre os poderes da direita e da esquerda.

Ifá diz que quando *Ìròsùn* primeiramente veio à terra, ele caiu, pois não fizera os sacrifícios necessários. Quando ele fez uma segunda tentativa, ele realizou os sacrifícios, ofertando um galo e uma tartaruga a *Yeye Múwọ́*, o espírito do azar, e um bode a *Èṣù*. Adicionalmente, ele trouxe inhames, água, azeite de dendê, pimentas, -quiabo e tabaco, indo ao palácio que fica onde o céu e a terra se encontram. Ele encontrou o caminho para a câmara divina, onde encontrou *Yeye Múwọ́* e pediu-lhe para que ouvisse os seus desejos e o abençoasse. *Yeye Múwọ́* disse-lhe que era muito cedo pela manhã para fazer quaisquer pedidos, pois não havia comida na sua casa. *Ìròsùn* respondeu que ele trouxera um galo para ela, o qual ela aceitou, mas acrescentou que também precisava de quiabo, que ele também lhe deu. Um após o outro, ela pediu todos os itens que ele tinha consigo – exceto a tartaruga – e deu-lhe tudo que ela requisitou. Ela finalmente lhe pediu para se ajoelhar a fim de formular seus desejos e receber sua bênção. Sabendo que era proibido ajoelhar-se no chão do palácio, ele sabiamente ajoelhou-se sobre a tartaruga e fez seus pedidos, enquanto *Yeye Múwọ́* foi à cozinha preparar a comida.

Enquanto *Ìròsùn* estava ajoelhado, formulando toda a boa sorte que ele queria na terra, *Olódùmarè* abençoou-o na ausência de *Yeye Múwọ́*, dizendo que tudo que ele pedira seria dele. *Yeye Múwọ́* ouviu tudo que se passava do lado de fora do palácio e, como ela queria sair da cozinha, *Èṣù* apareceu a *Ìròsùn* e disse-lhe para sair apressadamente. Quando *Yeye Múwọ́* saiu, ela perguntou a *Olódùmarè* para onde *Ìròsùn* fora, e *Olódùmarè* respondeu que ele saíra para a terra com todos os seus bons desejos concedidos. *Yeye Múwọ́* ficou furiosa e disse que ele não poderia ter ido embora sem antes também receber uma porção de maus desejos e de más escolhas. *Olódùmarè* respondeu que não era da sua alçada interferir nos desejos das pessoas. Furiosa, *Yeye Múwọ́* correu atrás de *Ìròsùn* entoando uma maldição. Ele cantou em resposta que levara tudo e que nada fora deixado. Ao se aproximar da corda dourada que o traria à terra, *Yeye Múwọ́* percebeu que não poderia pará-lo, de modo que ela estendeu suas garras e danificou a sua coluna com uma maldição. Ela disse que, assim como os olhos não podem ver a parte de trás do seu próprio corpo, assim ele tatearia na escuridão, na terra, em busca da sua boa sorte. *Ìròsùn* caiu na terra com um estrondo retumbante e viu-se incapaz de retornar à sua vida no *Ọ̀run*. O dano na sua coluna o fez esquecer-se dos desejos que fizera no *Ọ̀run* e, desse dia em diante, carregamos um sulco nas nossas costas como uma memória da fúria de *Yeye Múwọ́* e do nosso esquecimento da nossa constituição divina.

Este *odù* transmite uma outra consequência da maldição de *Yeye Múwọ́* a nós – qual seja, a de que seus filhos, os *elénìnì*, espíritos elementais gerados e evocados pelo medo, viessem ao mundo dos seres humanos. Eles podem ser compreendidos como os nossos próprios demônios da contrariedade, assim como as nossas preocupações, a nossa raiva e a nossa depressão chamam a atenção desses espíritos do infortúnio para nós.

Yeye Múwọ́ é a mãe dos espíritos da obstrução e do infortúnio e nós os convidamos às nossas vidas por meio da arrogância, da cobiça e da ambição. *Ifá* compreende a presença desses espíritos como estando enraizada no medo. O medo é um estado emocional nascido da sensação de se estar em perigo; uma expectativa de hostilidade, perigo e fracasso. O medo abunda no

IFÁ: UMA FLORESTA DE MISTÉRIOS

mundo moderno, pois a sua cosmovisão é formada por condicionamentos negativos. Para aqueles de fé cristã, esse condicionamento negativo remonta ao dogma do pecado original de Agostinho. O peso dessa maldição emergiu até mesmo no modelo psicanalítico freudiano de desenvolvimento humano. Freud concluiu que todos os integrantes do mundo ocidental entrariam na adolescência com um certo nível de neurose, o que prejudicaria a sua boa sina numa multitude de maneiras. Com efeito, ele descreveu os *elénìní* tornando-se integrados no tecido social e, assim, afetando a vida individual.

O homem ocidental moderno encontra-se num mundo hostil e a sua solução é controlá-lo e dominá-lo. A verdade, todavia, é que somos nós mesmos que nos tornamos hostis e odientos num mundo de abundância, de generosidade e de bondade. Dominamos a natureza, a sociedade, os forasteiros e o que quer que achemos estranho numa tentativa de diminuir o nosso medo. Esse medo é o resultado do esquecimento de que sofremos desde que respiramos pela primeira vez. *Ifá* constantemente nos adverte a construir um bom caráter, pois através da bondade e da docilidade, acreditando que nascemos bons e abençoados na terra, espalharemos bondade sobre a terra e, assim fazendo, nos desviaremos dos *elénìní* e daremos as boas-vindas à boa sorte. Seremos uma fonte de mudança positiva num mundo infestado pelos filhos do espírito dos obstáculos.

Em muitas estrofes deste *odù*, encontramos frases como esta: "deixeos ouvir pelo mundo que eu sou uma pessoa boa e abençoada" e "quando eu me levanto pela manhã, eu saúdo o meu orí, assim eu posso receber toda a boa sorte". Elas dizem respeito a manter uma lembrança constante do nosso estado bom e abençoado, não importa o quão dolorosas sejam as provações que a vida nos dá. Como vemos a partir dessa história, *Ìròsùn* veio bom e abençoado ao mundo, mas com um desafio para conhecer seu estado, que foi causado pelo fato de ele se considerar muito sábio e grande para fazer *ẹbọ* ou sacrifício.

219

Segue-se que a arrogância é considerada um impedimento à boa sorte neste *odù*. As pessoas sob influência desta energia podem às vezes ser vistas como más, e é importante que elas estejam atentas às necessidades dos outros e evitem se jactar da sua superioridade intelectual, pois isso faz as pessoas se sentirem mal e, em retorno, gera-se um circuito de energia negativa.

Ìròsùn pensava que sabia tudo e considerava que não tinha necessidade da ajuda dos outros, mas *Ifá* repetidamente nos diz que isso é uma falácia. Nenhum homem ou mulher é suficiente em si mesmo, nós precisamos da comunidade, dos amigos, dos cônjuges e dos filhos para sustentarmos a nossa boa sorte e trazermos equilíbrio às nossas vidas. Nós sempre precisamos daqueles que são o que chamamos de família, seja ela visível ou invisível.

> *Ení poroporo làá g'ódó*
> *Ejí poroporo làá g'ósùn*
> *Diá fún Baba bóo lẹ́jó o ba Ìpín rẹwi*
> *Tí nbẹ nígbà nráyè osóko*
> *Ẹbọni wọ́n ní kó ṣe*
> *Ó gb'ẹbọ ó rú'bọ*
> *Kò pẹ́, kò jìnnà*
> *Ire gbogbo wá ya dé tùtúru*
> *Ọ̀rọ̀ ò kan Egùngùn o*
> *Kò kan òrìṣà*
> *Ẹlẹ́dáa ẹni l'ọ̀rán kàn*

> *Um de cada vez, batemos no pilão*
> *Aos pares, batemos o sândalo (africano)*
> *Essas foram as declarações de Ifá àquele cujo nome era*
> *"se você tem um problema, consulte o seu destino"*
> *Quando ele estava em confusão e dilema extremosEle foi aconselhado a*
> *oferecer ẹbọ*

IFÁ: UMA FLORESTA DE MISTÉRIOS

Ele obedeceu e, em pouco tempo,
Todo ire veio a ele abundantemente
Isso não diz respeito a Egúngún (ancestral)
Tampouco a òrìṣà
É ao destino de cada qual que o assunto diz respeito

Este verso fala da importância de se trazer os ancestrais e os *òrìṣà* à própria vida, mas antes que isso possa ser feito de uma boa maneira, é imperativo que estejamos conscientes do nosso *ẹlẹ́dáa* (destino). O verso começa com a imagem de uma substância dura sendo pulverizada e chama a nossa atenção para o fato de que alguma parte do trabalho no nosso eu vem dos nossos esforços, enquanto o restante vem do reconhecimento de que precisamos da ajuda dos outros para forjar o nosso destino. Esta imagem é um símbolo de como uma vida difícil abre caminho para a tranquilidade e a satisfação, de como é benéfico ser transformado de uma substância dura num pó de magia e de possibilidade distinto e aéreo. É um chamado a se tornar mais ágil e a agir de um modo mais dinâmico no mundo, assim como um pó pode se infiltrar em tudo e em qualquer lugar enquanto ainda retém a sua essência.

Este verso estabelece que, quando este trabalho é feito, ancestrais e *òrìṣà* podem entrar e fortificar o destino da pessoa. O mistério do destino pertence ao reino de *Èlà* e de *Ifá* como os poderes que guardam contra a confusão da mente inerente a este *odù*. A nossa consciência necessita de estar calma para perceber o projeto do seu destino. Aqui, a habilidade e a força intelectual para forjar o destino de alguém se torna uma possibilidade. Forjar o próprio destino pode ser difícil, motivo pelo qual *Ìròsùn* sempre vem com um chamado à paciência nesse grande trabalho de autodescoberta. Este mistério é codificado nas histórias sobre um adivinho chamado *Ìgbà*.

Ìgbà era um *awo* numa pequena vila em *Ọyọ*. Ele não era bem-quisto e lutava por dinheiro e reconhecimento, ao invés de ser um sacerdote verdadeiramente experiente. Quando o reino foi assolado pela varíola, o *aláàfin* (rei) chamou pela sua assistência. *Ìgbà* deu sacrifício de quiaboa *Òsun*, a divindade do rio, juntamente com outros sacrifícios pequenos, e retirou-se para o seu humilde sítio na vila isolada. Como consequência, não apenas a epidemia passou sem causar mortes, mas também o rei experimentou grande sucesso em todos os assuntos. O rei foi com a sua corte para a vila de *Ìgbà* e recompensou-o com presentes, reconhecimento e estima.

Nas várias versões desta história, encontramos *Ìgbà* começando o seu trabalho como um adivinho com enormes expectativas na quantidade de sucesso que teria. Afinal, ele sabia tudo que pudesse saber, mas não teve nenhum sucesso, pois ele se mostrou mal, egoísta e arrogante. Ao longo dos anos, ele foi sendo humilhado, mas isso não o fez duvidar de si mesmo ou do seu trabalho: ao contrário, deu-se uma mudança de atitude, na qual ele decidiu que qualquer coisa que fizesse, não importasse o quão pequena fosse, ele faria bem. Foi essa mudança de atitude que afinal o conduziu à estima e à sorte que lhe estavam destinadas.

O nome *Ìgbà* refere-se a uma cabaça de mistério, como os assentamentos ou *igbá* que contêm segredos dos *òrìsà*, e também significa "tempo" e "história". Uma cabaça de mistério, como no caso de um assentamento para um *òrìsà*, é um raio divino tornado manifesto. Ela é criada a partir de uma energia particular com uma história particular. Essa história é dirigida por *Egúngún* como o detentor da sabedoria ancestral. Nessa compreensão, encontramos ideias como transição, linhagem e sucessão tomando lugar assim como cada *igbá* que é passado de sacerdote a sacerdote gera a sua história única. Portanto, *egúngún* jaz na raiz do mistério de *òrìsà*, porque *òrìsà* toma forma sobre os ossos da ancestralidade e da sabedoria.

Se sentimos que a nossa capacidade intelectual é proeminente em comparação com a dos outros, podemos facilmente acreditar que somos superiores a eles, e isso cria uma distância entre nós e outras pessoas. Beleza física pode causar reações negativas similares. Um exemplo disso é encontrado nos contos da bela mulher *Awójigí* (o mistério do reflexo), que rejeitou todos os

IFÁ: UMA FLORESTA DE MISTÉRIOS

seus pretendentes porque os considerou inferior em beleza em relação a ela mesma e, portanto, indignos da sua mão. *Awójígí* usou a sua beleza para manipular aqueles ao seu redor e ganhar favores cultivando a separação entre si e os outros. Quando ela foi confrontada com a possibilidade de extinção da sua memória e com a solidão à sua frente, mudou a sua atitude. O seu *awo* disse-lhe: *"não importa quanto grande é o espelho, ele não pode perceber o reflexo do futuro da pessoa. O verdadeiro espelho de alguém é seu parceiro e seus filhos"*. Refletindo nessa sabedoria, ela decidiu casar-se com um dos muitos homens que a cortejavam e deu à luz uma menina tão bela quanto ela e, assim, seu legado continuou e ela abraçou um feliz destino de amor.

Ìròsùn é o *odù* do Estado de Ọyọ na Iorubalândia. Ọyọ ganhou prestígio por meio da arte de entalhar a madeira e da sua excelência militar. Guerras e invasões incontáveis e muitos governantes implacáveis marcaram a história desse Estado. Por extensão, este *odù* é a energia que provocou o nascimento do famoso quarto *aláàfin* (rei) de Ọyọ, Ṣàngó. A atividade intelectual é tipificada por *àjàgùnmàlà* (a casa estrelada do poder do guerreiro), o *olúwo* no Ọ̀run, a qual é a origem dessa energia dinâmica. É, na verdade, a energia que infunde o guerreiro com habilidade, determinação e poder.

Ṣàngó era diretamente relacionado a Ọ̀ranmiyán, o *aláàfin* desse Estado. Ọ̀ranmiyán era o filho de *Odùduwà*, que se tornou o primeiro *aláàfin* de Ọyọ, seguido por *Agayu* e, então, pelo próprio *Ṣàngó*. Esses são todos famosos *òrìṣà* na mitopoética *Yorùbá*, que frisa a importância de *egùn* (ancestralidade) como um prerrequisito para se tornar *òrìṣà*. O *igbá* de *Ṣàngó*, consequentemente, será o produto não apenas dos poderes do relâmpago, mas também da sua história e sucessão particulares, remontando a Ọ̀ranmiyán, assim como se estende aos atuais sacerdotes de *Ṣàngó*.

Um princípio metafísico importante está codificado aqui, qual seja, o de que o nosso *orí* está diretamente relacionado a *egùn* de um tal modo que nos tornamos *òrìṣà* por meio da nossa jornada humana. *Ṣàngó* é um grande exemplo de como ancestralidade, *orí* e destino são os componentes que tornam *òrìṣà* possível. Neste caso, pela transformação por meio do fogo, e vemos aqui o rascunho do "rito de passagem" original. *Ṣàngó* é concebido como uma ideia em *Ìwòrì méjì*; em *Ìròsùn*, ele ganha os seus poderes, relâmpago e trovão, e se lança na senda do destino. Em *Ọ̀bàrà méjì*, ele assume a realeza e abusa do seu poder, levando ao seu suicídio ritual e à sua elevação em *Ọ̀kànràn méjì*. A natureza essencial de *Ṣàngó* demonstra uma união de forças energéticas no tema e leva ao desdobramento da sua história, para gerar seu *igbá* ou cabaça de mistério.

Quando discutirmos *Ọ̀bàrà méjì*, veremos como o poder do rei guerreiro, exemplificado pela forma ideal de *Ṣàngó*, pode se tornar um veneno no qual o poder pode emergir e intoxicar de tal maneira que a pessoa perde o seu destino e, ao contrário, colhe infortúnio. Em muitos aspectos, *Ṣàngó* tipifica a essência ígnea do signo de Áries, a respeito do qual disse Bonatti (2007:30): *"e esse é o primeiro ser pelo qual se diz que os signos ígneos atuam e eles realmente agem no elemento ígneo"* (i.e., eles agem de um modo ígneo sobre todas as coisas).

O espírito conhecido como *Ọlọ́gbun* (o senhor da cova profunda) veio à terra como uma consequência da maldição de *Yeye Múwọ́* e manifestou o seu potencial para perigos e jogos de azar. Os versos descrevem esse poder como vermelho, quente e negro, e dizem que a sua vermelhidão tem uma qualidade seca. Esse espírito representa o abismo preparado para aqueles que veneram a sua arrogância de uma tal maneira que perdem contato com a terra e voltam a sua atenção somente para o seu fogo divino interior numa glória solipsista. É também uma advertência de que acidentes podem acontecer com todos.

Uma história narra como *Ọ̀rúnmìlà* caiu nas garras de *Ọlọ́gbun* quando estava viajando a uma cidade para ajudar os seus habitantes. Contudo, ele fizera *ẹbọ* antes de ir e, assim, partiu para a sua viagem com uma grande quantidade de algodão, tal como o seu adivinho lhe dissera. Assim que ele se aventurou pela floresta, caiu num buraco profundo e foi salvo pelo algodão

IFÁ: UMA FLORESTA DE MISTÉRIOS

que estava carregando. Ele gritou por auxílio enquanto estava lá e deu-se que três mulheres ouviram o seu lamento e socorreram-no da cova. Algumas histórias dizem que essas mulheres eram *Abúrù, Abóyè* e *Abọ́ṣíṣẹ̀*, que se tornaram as esposas de *Ọ̀rúnmìlà*. *Abúrù, Abóyè* e *Abọ́ṣíṣẹ̀* são de uma essência similar a *Ọya, Yẹmọja* e *Ọ̀sun*, mas, nesse caso, elas aparecem como poderes de elevação e bênção. A frase *"Abúrù, Abóyè, Abọ́ṣíṣẹ̀"* é usada para saudar um *awo*, em referência aos poderes femininos que elevaram *Ọ̀rúnmìlà* da cova. Esses três nomes são um chamado ao *awo* para tomar o fardo da pessoa que o cumprimenta sobre seus ombros – um fardo que o *awo* então eleva para o *Ọrun*. Isso nos lembra de que os poderes femininos nos elevam das trevas, uma rememoração que encontramos nas vestes de *Ṣàngó*, que veste seu avental à maneira de uma mulher para lembrar a si mesmo da fonte do seu suporte e auxílio; um lembrete valioso para qualquer homem.

Perigo em todas as suas formas se faz manifesto neste *odù* e é simbolizado pela cor vermelha, que associamos à raiva e à tormenta emocional. Metais vermelhos (ouro, cobre, bronze), argila vermelha e *osùn* (sândalo africano), assim como a própria cor vermelha devem ser usados com cautela, caso levem a acidentes, raiva, fogo e trovão. A vermelhidão é um símbolo do apetite de *Ọlọ́gbun* e, assim, deve ser evitada quando se se propõe encontrar a si mesmo e se perseguir o próprio destino.

Na floresta de mistérios, encontramos duas árvores que nos trazem a boa sorte prometida neste *odù*. A primeira é *akòko* (*Chamaesyce olowaluana/Newbouldia laevis*), uma parente do algodão (*Croton dictyophlebodes*) que tem o poder de revelar tesouros e boa sorte. Esta árvore é crucial para iniciações em *Ifá*, assim como é para *Egúngún*, e é sempre usada para decorar os bosques de *Ògún* e marcar lugares sagrados. Ela representa recompensa e vitória e tem notadamente propriedades calmantes. A própria árvore pode não parecer gloriosa, mas as suas flores, que se parecem com orquídeas, dão testemunho da sua glória, assim como da sua habilidade de se adaptar e permanecer saudável ainda que em meio a mudanças climáticas impiedosas. Ela é o

225

próprio símbolo do *odù*, mantendo-se ereta concedendo recompensas medicinais, independentemente das condições que a cercam, e a quem quer que decida tomar parte nas suas dádivas.

A outra árvore sagrada em *Ìròsùn* é a bananeira (família *Musaceae*), que é um símbolo de verdade e segurança perenes. A bananeira é o eixo do espelho entre a sociedade do céu e a da terra, e é a árvore mencionada repetidamente neste *odù*. O que é curioso sobre a bananeira é que ela não é uma verdadeira palmeira,[17] ela procria a partir do eixo materno, elevando-se do centro das suas raízes para espalhar seus rebentos ao redor dos seus pés, dando a ilusão de que é a mesma planta que produz frutos repetidamente, ao passo que é, na verdade, uma série de derivações a partir da mãe. Essa capacidade natural, espelhar, jaz por detrás da sua associação com *àbíkú*. Isso fala sobre a sociedade do céu que espelha a sociedade do *Ayé*. *Ifá* acredita que todos temos um duplo no céu que tanto pode nos chamar de volta para casa ou abençoar a nossa jornada na terra. É aos pés da bananeira que renovamos os nossos pactos e acordos para viver longamente e ver o nosso cabelo embranquecer.

A ideia dos opostos equilibrados encontra forma neste *odù*. Um exemplo é o crocodilo, que reclamou de ter apenas as suas grandes mandíbulas e uma carapaça blindada e lenta como corpo, de sorte que lhe foi dada uma cauda para se mover mais efetivamente. Outro oposto equilibrado está no mistério das nossas duas mãos, pois precisamos ter a nossa mão de saudação assim como a nossa mão de defesa para podermos abençoar. *Ìròsùn* é o *odù* do paradoxo, e a força espiritual do contraste e do paradoxo encontra a sua expressão em *òṣùmàré* e no conceito espiritual de *ẹbọra*, relacionado a *Ẹgbẹ*, a sociedade no céu à qual retornamos por meio da união da nossa humanidade e do nosso corpo com o *Ayé* e a nossa ascensão sobre os ossos de *egúngún*. *Ẹbọra* é também um termo usado para os nossos duplos espirituais no *Ọrun*. *Ẹbọra* são comumente compreendidos tanto como espíritos do infortúnio

---

[17] NT: no original, *banana palm* (bananeira) e *true palm* (palmeira verdadeira).

IFÁ: UMA FLORESTA DE MISTÉRIOS

quanto como espíritos que dão suporte aos aspectos agressivos do espírito guerreiro. Eles são reflexos de um mistério metafísico mais profundo, relativo à estabilidade da terra. *Ifá* revela que quando *Ayé* dotou a terra com os seus espírito e alma, havia a necessidade de forças que a estabilizassem. O primeiro desses espíritos que asseguraria a estabilidade foi *Egùngùn*, que deu à terra uma estrutura semelhante aos ossos e marcou as quatro estações. *Èṣù*, *Ògún*, *Ọ̀ṣọ́ọ̀sì* e *Òranmiyán*/*Sàngó* vieram à encruzilhada de ossos como poderes para proteger essa estabilidade.

Òṣùmàré é o arco-íris, simbolizando a ponte entre o *Ayé* e o *Ọrun*. Em alguns distritos na Iorubalândia, ele também é conhecido como *Ọlọ́jọ́*. Esse é um termo algo ambíguo, uma vez que significa "o senhor da chuva", mas também se refere a ele como sendo o senhor do tempo, tal como na mudança de dias da semana.

Ele contém uma referência adicional aos seus olhos se mostrando através da chuva; portanto, quando o sol e a chuva aparecem ao mesmo tempo, temos a manifestação de *Òṣùmàré* no arco-íris. Aqui está o poder que influencia todos os ciclos e mudanças nas condições, sejam temporárias ou permanentes. Desse modo, essa força influencia as fases da Lua, o ciclo menstrual, a noite se tornando dia e até mesmo a polaridade biométrica inerente ao oráculo de *Ifá* como a presença ativa de *Olódùmarè*. *Òṣùmàré* é, às vezes, considerado um *ẹbọra* e confere uma alquimia secreta particular que faz parte da cabaça de mistério. Esse segredo consiste em tornar o mercúrio numa pedra sólida com o auxílio de cinco ervas secretas juntamente com sete metais. Esse mistério está relacionado àquele de *Ọlọ́jọ́*, como guardião do tempo e historiador.

Uma história fala de *Òjò* (chuva), que era um homem escuro e sombrio, mas que deu as suas águas a amigos e inimigos. Ele tinha a fama de ser tão implacável quanto generoso. Ele tinha uma bela esposa, *Jòjòló*, que deu beleza à neblina, à -umidade e ao orvalho, e era a sua constante companheira. Deu-se que *Iná* (fogo) veio à terra e tentou seduzir *Jòjòló*. Ela ficou intrigada e decidiu ter uma consulta oracular. O *Bàbáláwo* disse que não havia necessidade de tentar um novo marido apenas para descobrir que aquele que ela já tinha era perfeito para ela, aconselhando-a a fazer sacrifício a *Èṣù* para evitar uma calamidade. *Jòjòló* era muito bela e muito amada, de sorte que ela decidiu dar uma chance e não fez o sacrifício. Ela e *Iná* tornaram-se amantes. A relação foi enormemente excitante, mas também desconfortável, porque o fogo sufocava *Jòjòló* e a tornava seca. Depois de um tempo, ela tentou evitar *Iná*, que se tornou furioso e a capturou num anel de fogo para fazê-la sua para sempre. Encontrando-se em perigo, ela gritou para *Òjò*, que a ouviu e lhe deu dádivas abundantes. O fogo desapareceu e, rejubilando-se, ela partiu para se reunir com seu marido. Quando ela embarcou para a sua viagem, ela caiu num fosso de brasas incandescentes, para o qual *Iná* fugira, um lugar onde a chuva não podia cair. Ela foi queimada e aleijada, e do seu corpo cinzento nasceram as minhocas, que buscam solo úmido.

Essa história comunica-nos muitos mistérios, sendo um deles a importância que *Èṣù* detém no desígnio divino e nas nossas vidas. Ele fala de como a generosidade e a bondade sempre derrotam até mesmo o mais ígneo dos oponentes, e também fala da necessidade de sacrifício. Neste caso, *Jòjòló* acreditou que a sua beleza e apelo erótico a salvariam do perigo, e, assim, ela partiu para seguir suas paixões, descartando a preocupação por causa da arrogância nascida da sua beleza.

Muitos dos versos em *Ìròsùn* ensinam-nos a tomar cuidado com as nossas ações, pois podemos fazer algo de que nos arrependamos pelo resto das nossas vidas. Por causa de um sentimento de superioridade, seja de beleza ou intelectual, desastres atingem e humilham o viajante egocêntrico. Isso é incisivamente ilustrado por uma história que fala de como os ratos e camundongos tornaram-se tão férteis. Eles haviam se acostumado a fazer o que bem quisessem, havia poucas ameaças no mundo das quais não conseguiam se esconder. Um dia, o Gato chegou na terra. Quando o Rato viu o Gato pela primeira vez, ele imediatamente reconheceu o perigo, mas ao invés de sucumbir ao medo, ele passou pelo Gato e disse: *"o que funciona para mim pode não funcionar para você, o que funciona para você pode não funcionar para mim"*. O Gato parou o Rato e deu início a uma conversa, indagando-lhe o que ele quisera dizer com isso. O Rato disse que o Gato poderia olhar para ele como comida ou como algo para brincar, mas isso o faria perder noção do cenário maior. O Gato apenas riu e disse-lhe que ele poderia lhe dar fim em qualquer dia com os seus dentes afiados e garras ferozes, pois era da sua natureza matar e comer o Rato ou brincar com ele. O Rato questionou o Gato, perguntando-lhe se isso era tudo que ele era, apenas uma faminta máquina mortífera ou se a sua situação poderia ir além dessa lógica simples. O Gato ficou consternado com a retórica filosófica do Rato e lhe disse que todos fazemos o que somos designados a fazer. Ele era maior e muito mais letal do que o Rato, de forma que era natural que o Rato servisse de brinquedo e de comida para ele. O Rato respondeu que isso podia ser verdade, mas que ainda assim era importante prestar atenção ao quadro maior. O Gato ficou ainda mais consternado e estava prestes a finalizar a conversa quando sentiu uma dor aguda no seu pescoço, pois a víbora à espreita às suas costas o atacara. Arrogância e suas repercussões são o tema constante em *Ìròsùn*.

Neste *odù*, *Ifá* estabelece a importância de se reservar um pedaço de terra que remanesça intocado, a fim de que *íwín* possam residir nele. Esse é um testemunho de respeito a *Ònilé* e um chamado à coexistência harmoniosa. Tudo começa e termina em *igbódù*, a floresta de mistérios. Nisso, encontramos a lição de tomarmos o que é nosso e de respeitarmos o que não nos pertence, pois somos os guardiões dos mistérios de *Ònilé*.

Tendo compreendido essas lições, podemos vir a apreciar um verso-chave neste *odù*, que fala sobre o início da jornada humana.

> *Funfun ni iyì eyín*
> *Gbágbà ni iyì ọyàn*
> *Ká r'ógun má mà sá ni iyì ọkùnrin*

D'Ifá fún Aídẹgbẹ́

Ọmọẹ̀jẹ̀ lògbò lògbó, tí í gbé Ikún d'ọmọ

Ní'jó to f.ẹ̀yìntì tí nsunkún àì r'ọ́mọ bi

Yèyé, yèyé ọ.lọ̀mọ

Ọ̀ṣun fí ìwòròjò wẹọmọ rẹ̀

A brancura aumenta a beleza que apreciamos nos dentes

Um peito cheio e suntuoso aumenta a beleza dos seios

*Quando vem a guerra e alguém se ergue para o desafio, prova a sua
masculinidade*

Essa foi a leitura oracular de Ifá a Aídẹgbẹ́

O sangue dos inícios, o seu útero dos inícios que daria à luz crianças

Quando ela estava se lamentando pela sua falta de filhos

Ó, mãe das mães, mãe de todos os filhos,

Ọ̀ṣun é a água fria do orvalho com a qual banhamos nossos filhos

É daqui que partimos para a nossa jornada humana banhados em mel, água doce e na bondade do orvalho da manhã. É também aqui que precisamos trazer a confusão para descansar e aceitar a parte (sorte) que nos cabe, enquanto respeitamos o que não é nosso e não nos cabe tomar para nós. *Ìròsùn* explica o porquê de a jornada humana ser do jeito que é e isso nos inspira um desejo de nos unirmos em harmonia e respeito.

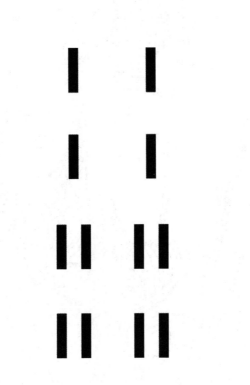

$$\begin{array}{cc} \text{II} & \text{II} \\ \text{II} & \text{II} \\ \text{I} & \text{I} \\ \text{I} & \text{I} \end{array}$$

Ọ̀WọNRÍN MÉJÌ

A TRILHA DOCE E AMARGA

Ọ̀wọ́nrín Méjì é uma das energias mais importantes e enigmáticas dentre os pares de *odù*. Sua importância é derivada dele ser o repositório de energia do qual *Èṣù Ọ̀dàrà* tira seu *àṣe*. *Èṣù Ọ̀dàrà* é o poder transformador de *Èṣù* que dá forma a milagres e a tragédias; a matéria que ele usa para moldar estas grandes transformações mágicas é encontrada neste *odù*. Noutras palavras, toda a manifestação e forma de *Èṣù* sempre terá algo a ver com *Ọ̀wọ́nrín*.

É um dos *odù* mais enigmáticos em virtude da sua potência para mudança cataclísmica e é o poder que promove igualdade profunda como o princípio que sustenta a própria criação. Enquanto *Ìròsùn* denota a condição abençoada e benéfica na qual começamos a nossa jornada na terra, *Ọ̀wọ́nrín* manifesta a dificuldade e a habilidade de resistir em tempos de necessidade. A trilha de alguém rumo à boa fortuna é trilhada com passos determinados e medidos.

Ọ̀wọ́nrín é representado por dois triângulos um em cima do outro, cada um com três pontos marcados em seus três lados. Eles representam os polos magnéticos do *Ayé*, cada polo carregando uma marca da fonte ígnea e magnética da própria terra. O triângulo marcado com três pontos em cada canto é uma referência aos mistérios empunhados e guardados pela sociedade *Ọgbóni*. Enquanto *Ìròsùn* traz as forças que garantem a estabilidade do *Ayé*, *Ọ̀wọ́nrín* traz as forças magnéticas sutis que mantêm ou aniquilam essa estabilidade.

O poder deste *odù* é encontrado na nuca, que é onde os poderes de *Èṣù* residem. A referência à nuca anuncia a importância do cerebelo, que também é conhecido como o cérebro primitivo ou reptiliano. O cerebelo é responsável pelo controle motor, coordenação e precisão, bem como pelos reflexos básicos. Quando um organismo é confrontado como algo que o ameaça, é o cerebelo que é ativado. O cerebelo é entrelaçado ao sistema nervoso central, a *arbor vitae*, um nome que se refere à árvore sempre-verde do jardim do Éden, que também é dado a outras árvores sempre-verdes, especialmente samambaias e espécies de *Thuja* em geral. Em um nível biológico e metafísico, essas partes do cérebro, junto da glândula pineal, permitem-nos experimentar um mundo fora de nós mesmos, seja visível ou invisível. A corrente magnética e elétrica no cérebro imita a relação entre o núcleo da terra e os polos magnéticos e isso explica a razão pela qual *Ifá* define este *odù* como "o senhor do cataclismo cósmico".

Ọ̀wọ́nrín é claramente uma energia que fala de dificuldades, do tipo de dificuldade que sustenta a criação e a boa fortuna. É uma energia que possui conhecimento e sabedoria imensos acerca das estruturas fundamentais da criação e, em particular, dos segredos que fazem o *Ayé* possuir uma estabilidade regenerativa que se revela na morte, na decomposição e na promessa de novos nascimentos.

A história de *Mọfẹ́ẹ́ní* é pertinente a essa energia. Ele era um homem forte, inteligente e repleto de recursos, mas nada dava certo para ele apesar de todas as suas habilidades. Ainda assim, ele continuava trabalhando e manteve a fé até que sua mãe morreu. Sua morte trouxe a ele muitas responsabilidades e ele não tinha recursos disponíveis com os quais cumpri-las. Ele não viu saída daquela situação a não ser pegar dinheiro emprestado com um agiota local. Antes de ir até ele, *Mọfẹ́ẹ́ní* foi ao seu *awo* e pediu por um conselho. Seu *awo* disse-lhe para dar um galo para *Èṣù Ọ̀dàrà* e um pombo para seu *orí*. O *awo* também o aconselhou a pegar algumas galinhas e fazer um galinheiro. Quando *Mọfẹ́ẹ́ní* pegou o dinheiro, o agiota determinou que ele permanecesse em

IFÁ: UMA FLORESTA DE MISTÉRIOS

sua fazenda e pagasse o débito com seu trabalho, com o que ele concordou. *Mofééní* era um trabalhador duro e fez a fazenda bela e lucrativa. Enquanto isso, suas galinhas começaram a colocar ovos. Dos ovos, vieram mais galinhas e ainda mais ovos. Seu galinheiro tornou-se abundante e prometia trazer dinheiro suficiente para *Mofééní* comprar sua liberdade. Porém, o agiota não tinha intenção de perder um trabalhador tão bom e, então, uma noite ele acidentalmente caiu sobre a cerca do galinheiro e matou todas as galinhas. Quando *Mofééní* veio tomar conta das suas galinhas no dia seguinte, viu que estavam todas mortas e caiu em pranto. Foi então que *Èṣù Òdàrà* veio até ele e disse-lhe que deveria assar todas as galinhas e guardá-las. *Mofééní* fez conforme *Èṣù* recomendou e guardou-as em um local seguro. Naquele mesmo dia, houve uma turbulência no palácio real, pois o sucessor do trono havia ficado gravemente doente. O adivinho disse que o remédio consistia em encontrar dez galinhas da mesma mãe que haviam nascido no mesmo dia e que haviam morrido no mesmo dia. Aquilo era crucial para se fazer o remédio de *Ifá* que salvaria a vida do sucessor do trono. *Èṣù Òdàrà* entrou na assembleia de adivinhos e lhes disse onde encontrar o que procuravam. Ele foi então até *Mofééní* e lhe disse que algumas pessoas viriam procurar pelas galinhas assadas e que ele deveria cobrar um preço muito alto, garantindo-lhe que elas estariam dispostas a pagar. Não muito tempo depois, a comitiva real apareceu perguntando pelas galinhas. *Mofééní* disse-lhes que as únicas galinhas que ele tinha estavam já assadas, pois haviam morrido no mesmo dia. O enviado real disse-lhes que era justamente por isso que o procuravam e perguntou-lhe o preço de dez delas. Ele deu o preço que *Èṣù* lhe dissera para dar, o qual eles pagaram alegremente. O agiota havia observado todo o ocorrido de um esconderijo. Quando ele viu que *Mofééní* havia ganhado muito mais dinheiro do que ele lhe devia em débito, começou a chorar, sabendo que perderia seu trabalhador magnífico. Ele não perdeu apenas seu trabalhador magnífico, mas, como ele estivera obcecado pela boa fortuna de *Mofééní* aquele tempo todo, também perdeu a sua própria. Ele foi forçado a trabalhar para *Mofééní* que, daquele dia em diante, experimentou apenas prosperidade, riqueza e melhorias.

Nesta história, *Ifá* discute a importância da necessidade, que é compreendida como um fogo que nos impele a fazer o que precisa ser feito. Na história de *Mofééní*, nós vemos o espírito da resistência unido à fé. Ao invés de afundar no fracasso, ficar deprimido e se apaixonar por sua infelicidade, ele não desistiu.

> *Òwón irin níí mú abéréwo'ná*
> *Òwón omi níí mú akèrègbè sonù*
> *Òwón omo níí mú omo wón j'alè*
> *Tí wón fi npé ebi ló n paá l'ode Ìdó*
> *Eni í pò tí kò gbón*
> *Ká kuku fi wón wè yúnyun nínú oko*
> *Día fún Òwòn*
> *Tí won ó fi j'oyè iléé baba re*
> *Ebo ni wón ní kó se*

> *É quando o ferro é escasso que derretemos as agulhas*
> *É a falta de água que faz a cabaça se perder*
> *É a falta de habilidade em criar as crianças que as faz roubar*
> *Então eles podem dizer que a fome levou a criança a procurar por comida*
>   *na cidade de Ìdó*
> *Aqueles que são múltiplos, mas têm pouca sabedoria*
> *Eles são como a grama yúnyun na terra do fazendeiro*
> *Isso, Ifá leu no oráculo para Òwòn*
> *Que foi eleito para tomar o trono de seus ancestrais*
> *Ele foi aconselhado a fazer sacrifício*

Neste *odù*, encontramos a árvore *Ìrókò* novamente. As duas esposas de um homem tiveram uma discussão relativa à criança da esposa mais nova ter

IFÁ: UMA FLORESTA DE MISTÉRIOS

ficado doente. Uma leitura oracular foi realizada e passou-se que a esposa mais velha tinha reclamado da esposa mais nova para outras mulheres que ela conhecera no mercado, embaixo da árvore *Ìrókò*. Ocorreu que um grande encontro de bruxas foi realizado na copa daquela árvore naquela noite e elas escutaram as reclamações e lamentos da esposa mais velha e decidiram dar ao filho da esposa mais nova uma doença séria. Ela foi aconselhada a fazer *ẹbọ* com um coelho para as bruxas que habitavam em *Ìrókò* e a criança se recuperou pelos esforços da esposa mais velha. A mensagem aqui é que nós precisamos ser cuidadosos com o que desejamos e que devemos tomar cuidado com o tipo de palavras que permitimos que a mente e o coração moldem. Palavras negativas chamam espíritos negativos por meio do ar, o elemento por compartilhado, assim como palavras boas chamam espíritos de benevolência. Em Yorùbá, a palavra para uma frase é *ọ̀rọ̀*. Nós encontramos, aqui, um jogo de palavras bastante típico da língua e ainda mais típico da maneira pela qual palavras e significados são expressos por meio de paradoxos e contrastes em *Ifá*, assim como existe um culto que está intimamente relacionado a essa ideia da palavra como uma formulação da vontade, desejo e caráter, o chamado culto de *Ọ̀rọ̀*.

O culto de *Ọ̀rọ̀* é um culto noturno que caminha com facão e asas de pássaros nos ossos de *Egúngún* e detém o poder e a autoridade de purificar cidades, casas e distritos de presenças e energias negativas. Não apenas isso, mas *Ọ̀rọ̀* representa a própria alma da justiça Yorùbá e os membros desse culto executam os julgamentos feitos pela sociedade *Ogbóni*. Eles têm um papel importante em ritos funerários e possuem os segredos para rejuvenescer corpos por um curto período de tempo após a morte. Eles são uma extensão da sociedade *Egúngún* e possuem o rombo[18] como seu símbolo sagrado, o que

---

[18] NT: instrumento musical constituído por uma pequena tábua achatada, com um furo numa das suas extremidades, no qual se amarra uma corda. Gira-se a corda no ar com a tábua livre, de sorte a se produzir um som resultante do seu atrito com o ar.

lhes dá acesso a vários tipos de ventos para trazer vida aos ossos. Um conjunto particular de ossos é de importância tremenda: são os ventos considerados capazes de fazer alguém desaparecer em *igbódù*, onde essa pessoa é ensinada diretamente pelos *irúnmọlẹ*. Este segredo é tão profundo que fez com que *Ọ̀rọ̀* fosse associado à lava no centro da terra, através da associação com um vento quente similar ao encontrado na presença de lava. Em níveis sutis isso é verdadeiro, mas o senhor da lava é *Èṣù Ọdàrà*, que se manifesta na rocha laterita, o produto vulcânico transformado em pedra. É a presença destas forças destrutivas, sutis e misteriosas que faz com que este *odù* seja o que *Èṣù* usa para modelar seu *àṣe* e com o qual cria a mudança e a transformação. Dessa maneira, nós podemos dizer que é aqui que o segredo tem sua raiz, junto das sociedades secretas que guardam os mistérios da natureza.

Èṣù é frequentemente compreendido como um espírito trapaceiro, mas essa é uma simplificação do seu papel: ele é o linguista divino, ao qual foi dado o poder de tornar aceitáveis as nossas preces, sacrifícios e súplicas. Em sua capacidade de ser a própria natureza da transformação, ele possui a ambiguidade necessária de um poder que nos desafia a fazermos escolhas. *Èṣù* é o princípio que torna a escolha possível, ao invés de ser um espírito trapaceiro. Sempre há um código de honra em nossos acordos com *Èṣù*, um chamado à nobreza no sentido fundamental da palavra. Com isso, quero dizer que uma postura nobre é uma postura de dignidade e de excelência, uma atitude em relação à vida que nos permite aceitar e usar estoicamente as mudanças no mundo.

Há muitas histórias sobre como *Èṣù* chegou ao mundo e uma delas conta que ele era o filho de *Ọ̀sùn* e de *Ọ̀rúnmìlà*, o que significa que ele era o produto da sabedoria fertilizando a potência da doçura na terra. Entretanto, o ventre de *Ọ̀sùn* também representa o período de transformação misteriosa pelo qual todo feto passa durante a gestação. O conto de *Èṣù* sendo gestado pelo poder da doçura e do mel indicaria que todos os desafios e provações com os quais somos confrontados na vida irão, no fim, ter a sabedoria da doçura como seu objetivo. Essa fusão de *Ọ̀sùn* e de *Ọ̀rúnmìlà* é também a combinação particular que constitui o conceito de *àṣẹ*.

Ọ̀wọ́nrín não é o *odù* que deu à luz *Èṣù*, como alguns dizem; esse foi *Ọ̀ṣẹ́túrá*, tema do nosso capítulo de conclusão. Em *Ọ̀wọ́nrín*, nós vemos que as expressões e os nomes de louvor a *Èṣù*, *Elẹ́gbárá* e *Alàgbárá*, são relacionados ao tipo de poder que ele puxa deste *odù*, a saber, aquele usa o odor e o calor do que ainda não está formado (*alà*) na essência do fogo para moldar a vida. Isto nos leva à raiz do *ethos* guerreiro, como narrado numa das combinações de *Ọ̀wọ́nrín*, *Ọ̀wọ́nrín-Ọ̀sá*:

> *Elẹ́gbárá kiisá lọjọ ijà*
> *Ajágbuyí ni ti Elẹ́gbárá*
> *Àràrá kiisá lọjọ ijá*
> *Ajàgbuyíi niti Àràrá*
> *Ẹkùn kiisa lọjọ ijà*
> *Ajàgbuyì niti Ekun*
> *Emi ko maa sá lọjọ ijà*
> *Ki awọn ọmọ (ogun)èhin mi ma le sá lọjọ ijà*
> *Ki a gba iyì jiagba ọlá ninu ijà naa*
> *Elẹ́gbárá não fugirá no dia da luta*
>
> *Uma luta gloriosa pertence a Elẹ́gbárá*
> *O relâmpago não fugirá no dia da luta*
> *Uma luta gloriosa pertence ao relâmpago*
> *O leão não foge no dia da luta*
> *Uma luta gloriosa pertence ao leão*
> *Eu não fujo no dia da luta*
> *Para que meus soldados não fujam no dia da luta*
> *Nós não fugimos, logo a glória abundante pode se reunir em torno de nós*

Esta estrofe carrega uma mensagem mais profunda do que simplesmente a de se manter a posição, pois a combinação de forças que nós encontramos aqui fala sobre se estar certo de quem se é enquanto se aventura no desconhecido e de se aceitar tudo como um desafio. Estarmos completamente ciente de quem nós somos requer que usemos os nossos talentos e habilidades em nosso benefício e em detrimento do nosso oponente. A estrofe concebe "a luta" em um contexto mais amplo. É sobre a luta pelo autoconhecimento e a luta contra o que ameaça quem você é. Se formos leais a nós mesmos, colheremos glória, mas a maneira de se fazer essa descoberta é entrar no campo de batalha, não apenas respondendo ao desafio dos inimigos que lá estiverem esperando, mas também do inimigo interno.

O ideal do guerreiro é mais pungentemente representado pelo próprio *Ògún*, o ferreiro e forjador de metais. Entretanto, neste *odù*, nós encontramos um tipo diferente de guerreiro, um guerreiro refinado pelos golpes rústicos e ígneos de *Ògún*. *Erinlè* é um *òrìṣà* que toma parte do *àṣe* deste *odù*. Ele é associado ao elefante e diz-se que foi um guerreiro muito bem-sucedido, pescador e herbalista. Ele é um curandeiro renomado que trabalha tanto com a medicina da floresta quanto com a das águas. Certa delicadeza e facilidade em relação à natureza são encontradas em *Erinlè*, assim como em *Òṣùmàrè*, que também surge nesse *odù*, girando sua cauda e cabeça em um círculo completo. Assim como *Èṣù*, ambos têm uma atitude particular em relação à vida, que transforma a dureza deste *odù* em doçura. *Erinlè* representa um equilíbrio entre água e terra, assim como *Òṣùmàrè* mantém o dia e a noite em equilíbrio. É preciso aceitar a natureza cíclica da criação enquanto se caminha adiante e se extraem as lições e as bênçãos dos passos já dados.

Òwónrín ensina a se estar presente no momento presente e a receber o momento presente em um estado de calma antecipação. Este é o espírito do aventureiro que não se demora em cidades que trazem ruína, mas que tem a habilidade de encontrar descanso quando surgem boas possibilidades na vida, permitindo que a sabedoria guie o caminho. Fazendo isso, o próprio ser se torna uma benção não apenas para si mesmo, mas também para os outros.

Como a ponte entre os mundos, *Èṣù Ọdàrà* representa o próprio veículo da salvação, daí a sua associação com as encruzilhadas. Ele é aquele que traz o orvalho matinal que serve de alimento para *Ọnilé* e o ar e o fogo que agitam o mundo e influenciam nossas escolhas para que possamos ir atrás da nossa boa fortuna e ficarmos mais sábios em nossa jornada. Ele é o autor das correntes energéticas e, como o poder que está presente no momento presente, ele sempre supervisiona o equilíbrio. Um exemplo disso é que boas ações recebem compensação financeira. *Èṣù* impede que ganhemos algo por nada.

O veículo para o poder de *Èṣù*, a boca, é encontrado neste *odù*. Ela nasce aqui e diz-se que seja a mãe de todo sacrifício. A boca é o órgão que nós usamos para pronunciar nossos sentimentos, pensamentos e desejos. É a mensageira dos desejos, maldições e bênçãos, moldando pensamentos e emoções em palavras. Segue-se, portanto, que as nossas palavras carregam poder e que devemos sempre vigiar o que falamos. Com palavras podemos ferir ou elevar nossos companheiros viajantes. Com palavras fazemos promessas e o nosso caráter se revela. A boca é a mãe do sacrifício, pois as nossas palavras são o produto do que digerimos em nossos corações e mentes.

Ọ̀wọ́nrín constantemente traz à nossa atenção a importância das outras pessoas. Sempre encontraremos nossa sorte - e azar - entre elas. Uma história que destaca isso diz respeito ao *ògbìgbò*, o poupa, que é um pássaro sagrado para *Erinlè*, *Òṣùmàrè*, *Ọ̀ṣùn* e *Èṣù*. *Ògbìgbò* era o líder de todos os pássaros e tinha o respeito de todos, mas também a inveja de alguns. Aconteceu então que *Òwìwì* (coruja), um homem bonito, rico e debochado,[19] tramou para roubar a esposa de Poupa, seu rei. Apesar de estar sempre envolvido com mulheres lindas, ele fixou seu desejo sobre a esposa de seu rei e conseguiu

---

[19] NT: é muito comum, nos contos do *corpus* de *Ifá*, que os animais ostentem gêneros diferentes daqueles que normalmente usamos para nos referirmos a eles.

seduzi-la. Eles foram viver juntos, sendo imediatamente escarnecidos por todos os outros pássaros. Sempre que Coruja saia de sua casa, havia alguém pronto para lhe dar uma surra ou para jogar pedras nele. Ele tornou-se mais e mais nervoso e começou a sair apenas à noite. Todo o seu charme se perdeu para a sua ansiedade e sua amante o deixou para contemplar seu destino. Coruja tornou-se ressentido e começou a culpar seus adivinhos, amigos e todos os demais por sua desgraça, até que uma noite percebeu que era o criador de seu azar. Ele tentou mudar suas maneiras, mas era muito orgulhoso para oferecer o sacrifício necessário, e assim ele ficou associado a maus presságios e a transações comerciais maliciosas.

Este *odù* vem com o alerta para não "vestir o avental de outro homem", um aviso para não roubar as posses de outro homem e, em particular, para não roubar a sua esposa. A coruja desejava o que não era dela, apesar de já ter mais do que o suficiente, o que fez com que ela se tornasse um arauto de maus presságios. Este *odù* também vem com o conselho de não se desapontar com as pessoas; ao invés disso, devemos tentar compreender o que se passa no mundo e escolher nossos confidentes sabiamente. Nós devemos considerar a importância da opinião pública e de que maneira as palavras de outras pessoas podem ter um efeito em nossas vidas, pois nós nunca sabemos quem irá ouvir comentários negativos e reclamações.

Este *odù* também traz os poderes que sustentam os relacionamentos harmoniosos. Ele fala da ideia de almas gêmeas, aquelas duas pessoas que entram em uma unidade benevolente e bonita quando se encontram, de maneira que um sofrerá sem o outro. Isso é ilustrado por *ọpẹ èlùjù*, o vinho de palma, que queria se casar com o homem que amava desde a primeira vez que o viu. Esse belo homem era a cabaceira (*Crescentia cujeta*). O vinho de palma foi ao seu *awo* para uma leitura oracular e lhe foi dito para viajar à cidade do seu amado. Ao mesmo tempo, a cabaceira foi ao seu *awo* e pediu conselho sobre a mesma coisa: queria achar a mulher que conhecera quando era mais jovem e se casar com ela, pois estava apaixonado desde então. Seu *awo* disse para que fosse até a cidade do vinho de palma e, então, ele foi ao seu encontro. No meio do caminho entre as cidades, se encontraram e receberam toda a boa fortuna possível e amor imorredouro. Esse amor é visto em como o vinho de palma (*emu*) precisa da cabaça (*akèrègbè*) para contê-lo. Esta história também alerta para pessoas que tentam separar duas almas gêmeas, pois são tolas e estúpidas ao tentarem separar o que foi feito para ficar junto para sempre.

Àgbọn (coco) foi criado como uma promessa de boa sorte a um casal muito rico que queria filhos, mas que tinha problemas em conceber. Foi a queda do coco que anunciou as notícias felizes de fertilidade. O casal foi a um *awo* para ver o que poderiam fazer acerca da questão e lhes foi dito para fazerem sacrifício. Uma parte do sacrifício era *ògà* (camaleão), o qual eles foram aconselhados a esfregar sobre a barriga grávida da mulher por dezesseis dias, a fim de garantir o nascimento de uma criança saudável e talentosa, que receberia toda a boa sorte. A gravidez foi fácil e ela deu à luz uma criança que eles chamaram de *Ògànrara* em honra ao camaleão que facilitou seu nascimento.

Ògànrara era muito desagradável aos olhos, sua saúde era frágil e ele provocava apenas asco e ressentimento nas pessoas. Conforme ele crescia, só piorava. Ele não conseguia trabalho e nem fazer amigos. Um dia ele decidiu ir aos *Bàbáláwos* e ver o que estava acontecendo. Eles jogaram òpèlè para ele e disseram-lhe que ele havia se esquecido de trazer consigo a sua boa fortuna prometida no céu. Ele fez *ẹbọ* seguido de *ẹbọ*, mas sem resultado. Ele foi de *awo* em *awo* para encontrar uma solução, até que um dia encontrou um conclave de seis *Bàbáláwos*, o qual ele abordou para uma solução ao seu problema. Eles pegaram seus *ìkín* e leram o oráculo para ele, perguntando sobre as circunstâncias do seu nascimento e gestação. Ele contou-lhes o que havia se passado com seus pais e de como a boa fortuna não havia vindo ao seu encontro apesar de ele ter sido esfregado com o camaleão por dezesseis dias. O conclave de *Bàbáláwos* imediatamente apercebeu-se do que havia saído errado. Eles contaram-lhe que ele era filho do próprio *Olódùmarè*, pois o camaleão é o poder de Deus na terra. Ele foi aconselhado a não tentar tão arduamente, mas em ir para casa e desejar que a boa sorte viesse até ele. Ele foi aconselhado a fazer uma lista de prioridades e a fazer seus pedidos de maneira realista. E assim ele fez. Ao retornar ao seu lar, planejou seus desejos e anseios em ordem de necessidade, o primeiro sendo ser apreciado pelas pessoas. Logo depois, ele começou a experimentar a boa vontade das pessoas e encontrou bons amigos. Desejo após desejo foi concretizado conforme ele os elencava e não demorou muito até que ele estivesse cercado por toda a boa fortuna que lhe havia sido prometida. O camaleão é importante nesta história, pois ele sabe como se misturar na sociedade e reconhece vermelho como vermelho e preto como preto. Ele não é um vira-casacas; ao invés disso, é caracterizado pela sua capacidade de discernimento.

Uma estrofe é interessante em relação a essa habilidade de discernimento, pois ela trata da influência das "Anciãs da Noite". *Ògànrara* vai a uma enorme variedade de sábios e sempre recebe bons conselhos, mas, de alguma maneira, ele nunca consegue os resultados desejados. Quando ele vai até as bruxas ou "Anciãs da Noite", lemos o seguinte:

> *Ó tọ Ògé ẹyẹ Ayé lọ*
> *Ó tọ Kowéè eye Ọrun lọ*
> *Ògé ẹyẹ Ayé, kó máa ṣó jẹ, kó máa ṣó jê*
> *Kowéè eyẹ Ilé Ifè, kó máa ṣó jẹ kó máa ṣó jé*
> *K'ẹyẹ Ọbàríṣà Méjì me baà fojú kan'raa wọn*
> *Ẹbọ ní wón ní kó ṣe*

> *Ele foi à Ògé (Tarambola Egípcia, Pluvianus aergyptius), a ave do mundo*
> *Ele foi ao Kowéé (Bacurau Egípcio, Caprimulgus aegyptius), a ave do céu*
> *Ògé, a ave do mundo, deve ser seletiva sobre onde procura por comida*
> *Kowéé, a ave do céu, deve ser cuidadosa sobre com quem se associa*
> *Para que as duas aves de Ọbàríṣà entrem em contato entre si*
> *Ele foi aconselhado a fazer sacrifício*

Este verso identifica o problema; Ọ̀gànrara não era seletivo o suficiente e não era cuidadoso o bastante com quem ele se associava. Como um filho de Ọ̀wọ́nrín, ele tinha uma conexão direta com aqueles dois pássaros associados à bruxaria, que carregavam uma lição para a qual ele precisava particularmente se atentar. Um alerta para se tomar cuidado também é dado: "para que as duas aves de Ọbàríṣà entrem em contato entre si."

Aqui, nós tocamos em outro mistério profundo deste *odù*, precisamente relacionado a como Ọ̀bàtálá (Ọbàríṣà) é o mediador e o senhor das duas forças no mundo que geram movimento, *àṣe* e *àbá*. O seu somatório é *òṣò*, termo que denota a presença do poder feiticeiro da noite, mas que também forma parte do mistério que um *awo* deve entender para ser eficaz em suas leituras oraculares. O mistério dos mistérios, genericamente chamado de *awo*, é apoiado e compreendido por meio do respeito. Trata-se de respeitar os pais, anciãos, ancestrais, amigos e até mesmo os inimigos. Em particular, a mãe precisa ser respeitada, o que sugere a importância do legado que se herda por meio do seu lado da família, e sugere ainda a presença de mães muitos complicadas e exigentes na vida da pessoa, que devem ser vistas como forças que auxiliam a moldar nossa sabedoria interior. Há uma admonição constante para que se entenda qualquer desafio, para que se faça o que for possível e para se agarrar as oportunidades quando elas se apresentam. Contudo, as oportunidades não devem ser tomadas de maneira gananciosa, mas com cuidado e compreensão, de maneira que tragam boa fortuna. É neste *odù* que a ideia de qualidade nasce. A qualidade é forjada por meio da dedicação, da atenção e do cuidado. Segue-se, assim, que este é o tipo de fogo lento que precisamos cultivar para forjar nossa boa fortuna com atenção mensurada.

Este *odù* vem com um aviso para não se pegar a rota fácil rumo ao acolhimento da boa sorte, pois frustrar as condições correntes pode impedir o destino de uma pessoa. Nós precisamos reconhecer estas forças, mas precisamos ter cuidado, pois há uma tendência neste *odù* à associação com pessoas erradas e a se manter expectativas não realistas.

Os dois pássaros se confrontando são também uma alegoria para a fofoca. Eles devem ser mantidos separados. Em um nível prático, isto é uma advertência para focar na opinião pública positiva, significando que uma pessoa não deve encorajar os pássaros a brigarem. Se a pessoa evita isso, ela atrairá o favor das Anciãs da Noite, que irão defendê-la contra a opinião pública negativa alicerçada na fofoca e prevenir julgamentos injustos. Mas isso demanda um caráter correto, conforme apresentado no mistério das "pedras quebradas que não sangraram".

Òkúta lá pàá mó ṣèjè
A dífá fỌwó
Ọmọ abárúnjàrún
Wón ní ó rúbọ fún ọmọ rè
Nítorí Ikú
Gbogbo ọmọ máràárún ti Ọwọ
Bí nàà ló rúbọ fún
Gbogbo àwọn ọmọ nàá si yè
Ó ní: ọmọ Ọwó ki í t'ojú Ọwó kú
ỌmọEṣè ki t'oju Eṣè ròrun
Kèè pé o
Kèè jìnà
Ẹ tètè wáá bá ni láìkú kangiri.

A pedra é o que quebra repentinamente sem sangrar
Isso, Ifá leu no oráculo para a Mão
A criança de uma pessoa à qual são dados cinco dedos e que os
*   mantém todos*
A Mão foi aconselhada a sacrificar para suas crianças
Pois a morte espreitava
A Mão fez o sacrifício para suas cinco crianças

IFÁ: UMA FLORESTA DE MISTÉRIOS

E todas as crianças sobreviveram
Ela disse: as crianças da Mão não morrerão na presença da Mão
As crianças do Pé não morrerão na presença do Pé
Muito em breve
Não muito distante de agora
Venha e nos encontrará vivos
Fortes e saudáveis você nos encontrará

Este verso fala de se garantir o legado de uma pessoa, de começos difíceis que dão espaço para milagres e boa fortuna. É como se o convite das Anciãs da Noite fosse uma tentação constante neste *odù*; há uma tentação de se frustrar a má fortuna tomando-se atalhos de boa fortuna impermanente ao invés de se forjar um esqueleto de poder ígneo no caldeirão da vida.

Esta ideia é expressa ainda na importância das mãos e dos pés, que representam equilíbrio e estabilidade, a integração da *arbor vitae* e do cerebelo movidos para a ação. É pela nossa mente, coração, mãos e pés que somos reconhecidos como seres humanos. Entretanto, há ambiguidade aqui: os dois triângulos que formam o símbolo deste *odù*, que fala de um equilíbrio central entre as ações da mão e do pé direito e as da mão e do pé esquerdo, são, neste caso, representados pelo mistério de *orí* e de *okàn* (coração), que devem estar alinhados para funcionarmos de maneira eficaz e boa. Este alinhamento entre *orí* e *okàn* espelha a dinâmica entre *Òrun* e *Ayé*.

Este mistério está codificado na planta ambígua conhecida como *étipónlá* (*Boerhaavia difusa*), que é, neste *odù*, tanto tabu quanto uma planta professora. *Étipónlá* possui as propriedades para tornar pessoas e a terra estéreis, mas, ao mesmo tempo, é uma planta feiticeira que possui o poder de atrair o que a pessoa deseja e diz-se que é especialmente poderosa para atrair homens. Ela também apresenta propriedades medicinais incríveis: é antibacteriana e fortalece o sistema imunológico. Dessa maneira, ela representa a linha sutil entre perigo e destruição, cura e sorte, que está incorporada neste *odù*.

A árvore *idí* (*Terminalia glauscescens*), uma parente da amendoeira, também é encontrada aqui. Suas folhas afastam a morte e as influências negativas dos *ajogún*. Mas nós encontramos certa ambiguidade também aqui, pois ela é conhecida por ser um refúgio para *íwín*, espíritos da natureza similares às fadas e, em algum grau, fantasmas. Ela é antisséptica e geralmente útil para manter a higiene da boca e dos órgãos moles. A *idí* também atrai elefantes, os animais de *Erinlè*, o que fala sobre ela ser uma árvore de sabedoria. Há uma dinâmica interessante a ser desvelada entre essas duas árvores, em termos de como elas representam a energia desse *odù*.

Um verso nos dá o seguinte provérbio: *Ìdákísí onà níí ré èjo l'eyín*, que significa, "a parte vazia do caminho bem trilhado é onde o dorso da cobra fica torto". Este provérbio é ligado à história do Cavalo (*eesin*) e do Carneiro (*àgbò*), que foram chamados para irem à corte do *oòni* (rei) de *Ìfé*. Antes de saírem, eles forem ao *awo* e consultaram-no sobre o que os aguardava lá. O *awo* lhes disse que o rei estava criando a sua própria infelicidade ao negligenciar a tradição; que ele havia entrado em tamanha *húbris*[20] que não via necessidade em venerar os ancestrais ou os *òrìsà*; de fato, ele se via como sendo igual ou superior ao próprio Deus. O *awo* lhes disse para falarem ao rei que ele precisava mudar sua atitude e fazer sacrifício a *Ifá*, ao seu *orí* e aos ancestrais, e mudar seus modos. O Cavalo e o Carneiro partiram com alguma ansiedade ante o que sucederia ao darem ao rei tal mensagem, mas quando chegaram em *Ìfé*, viram a cidade em desordem e o palácio em perigo. Foi então que souberam que o rei ouviria o que lhe tinham a falar; que havia sido ele próprio que havia causado aquela condição infeliz sobre o reino. O rei se prostrou ante o Cavalo e o Carneiro e imediatamente fez os sacrifícios necessários. Ele alimentou *Ifá*, seu *orí* e seus ancestrais, e mudou seus modos naquela própria noite, começando a tratar seu povo com respeito e generosidade. Não demorou muito até que seu reino experimentasse crescimento e boa fortuna.

---

[20] NT: orgulho superlativo.

IFÁ: UMA FLORESTA DE MISTÉRIOS

A história narra a importância de se manter o *orí* equilibrado e de se continuar o legado dos ancestrais. Os adivinhos indo ao rei de *Ìfẹ̀* para corrigir as coisas são representados pelo Cavalo e pelo Carneiro, animais que apresentam uma relação acentuada com a realeza e, em particular, com *Ṣàngó*. Nós encontramos, aqui, uma combinação da fagulha do espírito, representada pelo Carneiro, e a consideração sábia dessa fagulha, na forma do Cavalo. O Carneiro e o Cavalo representam um chamado para se adotar os valores tradicionais e para ser humilde para com aqueles em cujos ombros nos apoiamos, ou seja, os mortos, *Egúngún*, a soma da ancestralidade. Essa história fala da importância da linhagem, da sucessão e da visão de mundo tradicional que precisa estar no lugar para que se possa verdadeiramente compreender os poderes que são ativos no mundo.

Este *odù* fala do mistério do alinhamento como a fonte do equilíbrio, da importância de fundações sólidas e da compreensão equilibrada como o suporte do equilíbrio do mundo. É o poder que suporta os polos magnéticos da terra, convidando o alinhamento e a harmonia do coração e da mente, de maneira que possamos discernir o que é bom e mau para nós e aceitar a existência de ambos.

|| ||

|| ||

|| ||

ÒBÀRÀ MÉJÌ

O FORCADO NA ESTRADA

Ọ̀bàrà méjì significa tanto uma corda quanto um estado de ser em posse de uma consciência dual, "a qualidade de se ter duas cabeças". Essa condição é presentada por todos os animais que pertencem a este odù tendo cascos fendidos. Também fala do delicado equilíbrio entre o governante de um reino e a população. É um odù de imensa prosperidade e riqueza, tanto material quanto intelectual. Aqui, encontramos o cordão umbilical e o laço do carrasco, símbolos que prendem o destino tanto com graça quanto com desgraça. Um provérbio de Ọ̀bàrà méjì diz: "desgraça (kàsàkàsà) é o pai do sucesso (késekése)", o que significa que os nossos primeiros fracassos nos ensinam sabedoria, de sorte que possamos compreender o caminho para o sucesso. O "diabo" verdadeiramente reside nos detalhes. É essencial ordenar as nossas paixões e ações com uma mente calma para se alcançar o sucesso.

De Ọ̀bàrà méjì em diante, encontramos uma meta-matemática sutil, uma dinâmica particular de reflexos reversos é jogada daqui até o último odù, Òfún méjì. Os odù pareiam-se de um modo mutualmente refletivo. No caso de Ọ̀bàrà méjì, o seu reflexo reverso é o odù seguinte, Ọ̀kànràn méjì, e o mesmo se aplica a Ọ̀kànràn méjì em relação a Ọ̀bàrà méjì. Isso significa que Ọ̀kànràn méjì detém o remédio para o que pode ser problemático em Ọ̀bàrà méjì e vice-versa. Os próximos quatro pares de odù têm uma relação similar e é em Ọ̀bàrà méjì que encontramos as chaves e as pistas para essa relação entre os odù restantes em muitos provérbios relatando como precisamos do outro e como não podemos realizar o nosso destino na solidão. Devemos abraçar outros viajores na nossa jornada e essa viagem vem com o potencial para a desgraça assim como para o sucesso. A importância da interdependência para se alcançar o sucesso é enfatizada na seguinte estrofe.

> *Òtunwẹsìn, Òsìnwẹtún niowóṣe nmọ*
> *Li o dífá fún Ondero*
> *Nigbati igi Awùn mbọwa we orí rẹ*
> *Wọn ni: orí re a d'orí rere*
> *Nitorinaa ki ó rú*
> *Àgùtàn ẹyẹlé ati iyun*
> *Ó gbọ́ ó rú*
> *Wọn niki ó so iyùn na mọ́ kanrinkan*
> *To ọun yo maa la fún wiwe ara rẹ*

> *"A mão direita que lava a esquerda", "a mão esquerda que lava*
> *a direita"*
> *Essas são as riquezas que fazem as nossas mãos limpas*
> *Esses foram os awo que fizeram leitura oracular para a árvore Awùn*
> *No dia em que Awùn estava indo lavar a cabeça de Ondero*
> *Eles disseram que ela encontraria prosperidade*
> *Eles disseram que ele deveria oferecer*
> *Uma ovelha, um pombo e contas de coral*
> *Ele fez como foi aconselhado*
> *Eles lhe disseram para amarrar as contas na esponja*
> *Que ele separara para com ela se limpar*

Este verso fala de *ondero*, um pássaro que prefere ficar no solo apesar de ser capaz de voar. Ele abandona os seus ovos para serem chocados pelo sol ou pelo calor vulcânico. Os pássaros jovens voam imediatamente depois de chocados e são deixados para se defenderem sozinhos de serpentes e de predadores o melhor que puderem. Esse pássaro significa o indivíduo entrando no mundo. Ele é um símbolo de uma mão ajudando a outra, assim como o ar e a terra ajudam esse pássaro a se encontrar, suportando-o e desafiando-o. O verso fala de uma ordem e de um equilíbrio perfeitos, bem como da serenidade e da sabedoria necessárias ao discernimento.

O sacrifício consiste de uma ovelha, um pombo e contas de coral. Na doutrina de *Ifá*, a ovelha representa a nossa conexão com a ancestralidade e é usualmente ofertada quando buscamos afastar a morte. O pombo representa o poder da lealdade, da vida longa e da criatividade, ao passo que as contas de coral representam as conquistas reais[21] e a glória. À árvore *awùn* foi dito que fizesse uso disso para limpar a consciência (ou cabeça) de um pássaro que vive simultaneamente em dois habitats, terra e ar. *Awùn* é um espírito ambíguo, sendo considerado tanto uma "árvore má" quanto uma "árvore boa". Ele representa alguém que já possuiu uma consciência dupla ou dividida e, assim, foi idealmente posicionado para resolver um problema similar para uma outra pessoa. *Awùn* é uma árvore impressionante, que pode crescer à altura de 60 metros e possui grandes propriedades medicinais. A casca pode ser usada para fazer uma tintura que expele a placenta, mas a sua propriedade mais impressionante é um antídoto para envenenamento por cobra, escorpião e rato. Por extensão, ela pode ser usada como um tratamento para muitas infecções venéreas microbianas e também para a malária. Recentemente se descobriu que ela contém grande quantidade de anticorpos anti-HIV.

Em *Ọ̀bàrà*, a palmeira real (*Ceiba sp.*) veio ao *Ayé* com as suas irmãs, o Sapo e o Coqueiro. Como a palmeira real, tanto o Sapo quanto o Coqueiro fizeram sacrifício a fim de serem férteis e prósperos. *Ọ̀bàrà méjì* trouxe prosperidade ao mundo, mas a inveja, a cobiça e os maus modos das pessoas vieram à tona com ela, pois ela desafiou a pobreza, ensinando que ninguém era destinado a ser pobre de meios, de espírito e de recursos. Cada um de nós pode

---

[21] NT: no sentido de realeza (*royal*).

perseguir uma estrada para a riqueza por meio da compreensão das nossas qualidades. Ọ̀bàrà trouxe ao mundo o fogo que nos permite definir metas e persegui-las, o que, para muitos, é uma provocação, uma vez que as pessoas preferem escolher o sofrimento ao invés de perseguirem possibilidades imprevisíveis. Ọ̀bàrà méjì, mais do que qualquer outro odù, admoesta-nos a tornar as nossas vidas melhores, de modo que possamos tornar as vidas das outras pessoas também melhores. Prosperidade compartilhada acumulará tanto quanto o sofrimento compartilhado.

Ìyẹ̀rẹ̀, que nasceu neste odù, é um dos filhos encantados de Ọ̀rúnmìlà ativado por meio da récita do cântico divinatório conhecido como ìyẹ̀rẹ̀. Esses encantamentos são poesia de odù Ifá cantados numa métrica específica sagrada a Ifá, que permite seja ativado o àṣẹ específico. Ìyẹ̀rẹ̀ é similar a ọfọ̀ e ògèdè, os quais são cânticos rítmicos que seguem estruturas tonais específicas com o propósito de ativar o àṣẹ, frequentemente com efeitos dramáticos e instantâneos. Ọfọ̀ é usado para ativar os gênios da planta e dos remédios e pode ser usado como um veículo para possibilitar todas as formas de possessão. Nós podemos vagamente nos referir a essas músicas poéticas tonais como invocações. Assim, a função é diferente daquilo que encontramos nos oríkì (cânticos laudatórios) e nos àdúrà (preces), os quais são usados em homenagem e súplica ao espírito.

Este odù fala muito sobre Ọlọ́fín, comumente compreendido como um epíteto de Olódùmarè, como ẹlẹ́dàa (a força que cria/gera) e òrìṣà (a consciência de todas as partes). Esse assunto é muito complexo e é importante ganhar uma compreensão a respeito quando buscamos compreender a misteriosa energia de Ọ̀bàrà méjì. Ọlọ́fín é comumente considerado como sendo associado ao Sol e representando o conceito de lei divina, e, por meio disso, é intimamente relacionado também a Odùduwà. Algumas tradições veem Ọlọ́fín como uma forma de Odùduwà. Na força necessária para gerar a criação e nos fragmentos de consciência necessários para gerar uma criação inteligível e dotada de vida, encontramos o princípio da lei divina. A ideia de lei divina em

Ifá é similar ao que encontramos nos conceitos de *dharma* e *rta*, as forças que suportam a ordem cósmica. De fato, a seguinte passagem do *Rigveda* fala disso: *"ó, Indra, leva-nos pela senda de Rta, pela senda correta sobre todos os males"*.

Indra tem aspectos similares aos de *Ṣàngó*, que veio ao poder neste *odù*. *Indra* foi um líder de deuses/*devas* e possuía os poderes do trovão. Ele montava um elefante branco e era o irmão de *Agni*, o fogo. Como *Vajrapani*, *Indra* foi escolhido como aquele que deveria guardar o *dharma*, a despeito das suas tendências a ser mulherengo, beberrão e agressivo. Nessa imagem, reconhecemos *Ṣàngó*, um líder militar proeminente que assegura justiça pelo uso do trovão e do fogo. *Ṣàngó* é sempre chamado a estar perto de *Ọbàtálá*, cujo animal é o elefante, de sorte que o seu poder militar e real possa ser governado por uma consciência sábia e temperada, ao invés dos modos ígneos aos quais ele está mais inclinado. *Ọbàrà* conferiu imensas quantidades de poder e de conhecimento a *Ṣàngó*. Contudo, ele é o *odù* que aplica a lei divina, como vemos em um dos nomes laudatórios de *Èṣù* a ele associado - *Èṣù Ọlọ́fín àpèká lúù* - traduzido como *"Èṣù é aquele que aplica a lei"*. Isso significa que desvios da lei cósmica estabelecidos por *Ọlọ́fín* provocam uma confrontação com *Èṣù*, uma vez que ele é o espírito definido para assegurar e guardar as possibilidades cósmicas, garantindo que o seu desdobramento esteja em conformidade com aquilo que a lei cósmica permite.

Ifá é inflexível a respeito das ricas possibilidades na ordem cósmica e as codifica nos 256 *odù*, representando a matriz e a espiral cósmicas. Quando falamos de lei cósmica e de conceitos como *dharma* precisamos reconhecer que *Ifá* está preocupado com viver a nossa vida de modo que possamos experimentar a plenitude e a felicidade finais. Segue-se que nascemos com uma dada constituição que nos leva a alguns cursos de ação que nos trazem fortuna, e, para outros, infortúnio. Somos lembrados a agir em conformidade com essa constituição e a não a desafiar. Fazendo isso, nós notamos que, quando fazemos o nosso destino e caminhamos no mundo com passos medidos e gentis, a nossa boa sorte tenderá a transbordar e a abençoar os outros como consequência. Portanto, *Ifá* nos diz que o nome de *Ọ̀bàrà* no céu, que representa uma perfeição dessa energia, é "Aquele que se senta quieto e não comete ofensa". *Ọ̀bàrà* veio ao mundo para nos mostrar que a riqueza material depende dos esforços da pessoa em questão. Ele veio como uma força para combater a pobreza, fazendo-nos compreender que o que vale a pena não jaz no mundo material, mas no esforço e no pensamento por detrás dele. Essa ação de *Ọ̀bàrà* agitou a resistência de *Ikú* (Morte), que maquinou matar quem quer que estivesse trazendo prosperidade ao mundo. Ele não estava consciente da identidade de *Ọ̀bàrà*, mas sabendo que quem quer que o tivesse enraivecido era um talentoso *awo*, ele propôs uma prova aos mais proeminentes adivinhos no céu, na qual a morte viria para quem quer que falhasse no teste. Ele mandou uma mensagem aos *awo*, um após o outro, a respeito de uma horrível doença que o tinha afetado e que ninguém parecia capaz de curar, e convidou-os para curá-lo em sete dias. Mas não havia nada de errado com *Ikú*, ele se vestira enganosamente com as roupas da sua esposa, *Àrùn*, o espírito da doença. Ele deu noz de cola e vinho aos *awo*, os quais eram, na verdade, ovos e urina de ovelha, como parte da prova. Aqueles que falharam em reconhecer a verdadeira identidade dessas substâncias violaram tabu e foram consequentemente enviados à prisão de *Ikú*: não demorou muito para que ele tivesse um bom conjunto de adivinhos lá.

Quanto o convite chegou a *Ọ̀bàrà*, ele foi imediatamente ao seu adivinho para aconselhamento. O seu adivinho disse que ele deveria oferecer um bode para o seu *orì* e um outro a *Èṣù*, bem como desse a cada um desses *òrìṣà* uma escada. Foi-lhe dito que usasse o seu *idé*, um colar encantado. *Ọ̀bàrà* fez como instruído e foi ao palácio de *Ikú*, onde encontrou o Rei da Morte em seu trono, fedorento e num estado horrível. *Ikú* o convidou a beber um pouco de vinho e a comer nozes de cola. *Ọ̀bàrà* cantou um encantamento sobre ambos para verificar se eles eram realmente o que pareciam ser. À medida que fez isso, um odor pútrido de urina subiu da cabaça e as nozes de cola se transformaram em ovos. *Ọ̀bàrà* aborreceu-se e disse a *Ikú* que não toleraria aquela falta de hospitalidade. *Ikú* desculpou-se pelo incidente e implorou para que ele ficasse, uma vez que verdadeiramente necessitava do seu tratamento. *Ikú* trouxe-lhe vinho e nozes de cola de verdade, servindo-lhe generosas porções de comida. Enquanto *Ọ̀bàrà* estava sentado ali, comendo e bebendo, *Èṣù* veio até ele. *Ọ̀bàrà* compartilhou a sua comida com *Èṣù*, que lhe disse para continuar com o tratamento de *Ikú*, e a concordar com quaisquer termos que *Ikú* pudesse oferecer. *Ọ̀bàrà* fez como aconselhado e embarcou numa tentativa de sete dias para curar *Ikú*. *Ọ̀bàrà* fez muitos remédios, sabões mágicos e feitiços para *Ikú*, mas *Ikú* não usou nenhum deles e parecia ficar pior a cada dia. *Èṣù*, contudo, subiu ao quarto de *Ikú* com uma escada, da qual ele pôde ver que ele removia a veste de doença todas as noites e estava, de fato, notavelmente saudável. No sexto dia, *Ọ̀bàrà* ficou aborrecido, já que *Ikú* parecia ainda mais doente do que nunca, mas, naquela noite, *Èṣù* foi a *Ọ̀bàrà* e disse-lhe que ele deveria subir na escada que ele pusera do lado de fora do quarto de *Ikú*. *Ọ̀bàrà* assim fez e viu que *Ikú* estava saudável e possuía grande vigor. *Ọ̀bàrà* ficou furioso, mas *Èṣù* lhe disse para pegar a cabaça de barro ao lado da cama de *Ikú*, pois ela continha a vestimenta da sua doença. *Ọ̀bàrà* fez isso e foi dormir, a fim de que pudesse estar bem descansado antes do sétimo dia fatal. *Ikú* levantou-se na manhã seguinte e procurou pela sua veste de doença, mas não pôde encontrá-la. Ele olhou em todos os lugares, desesperado, mas teve de concluir que alguém a roubara. Enquanto isso, uma grande multidão havia se reunido em seu palácio esperando pelo resultado dos remédios de *Ọ̀bàrà*, mas *Ikú* relutava em se mostrar. Foi somente quando *Ọ̀bàrà* foi ao seu quarto e ameaçou trazê-lo para fora que ele emergiu e tomou seu trono. Ele estava muito, muito saudável e reconheceu *Ọ̀bàrà* como o conquistador da sua doença e o recompensou com grandes quantidades de pedras preciosas e joias, nozes de cola e muitas outras coisas. No seu caminho de volta, *Ọ̀bàrà* encontrou *Èṣù* novamente e compartilhou abundantemente com ele a sua riqueza recém adquirida e deu-lhe um outro bode em agradecimento pela sua ajuda nessa situação enormemente delicada.

Uma outra história narrando a presença da morte, do horror e do terror diz respeito à poupa (*àgbìgbònìwònràn*), que era famoso por trazer perda e desastre às famílias. Poupa pegava o seu caixão e o colocava diante da porta de entrada da casa que ele pretendia destruir. A calamidade afetava a casa e a morte do dono da casa se seguia. Depois de arruinar muitas famílias, ele sentiu que era hora de atacar *Òrúnmìlà*, mas antes de partir com seu caixão, ele decidiu fazer uma leitura oracular. O *awo* disse-lhe que ele deveria abandonar seus planos, pois os seus desejos maus iriam inevitavelmente ricochetear nele como uma maldição. O *awo* falou-lhe que ele precisava fazer *ẹbọ* a *Èṣù* com um bode e dinheiro para evitar que desastres lhe sucedessem. Poupa ignorou o aviso e decidiu, ao contrário, planejar o seu ataque a *Òrúnmìlà* mais cuidadosamente. Enquanto Poupa estava refletindo sobre o melhor momento de trazer o seu caixão para a porta da sua vítima, *Òrúnmìlà* foi visitado por maus sonhos de morte e agitação, e quando desperto, correu ao seu *awo* para uma leitura oracular. Aconteceu que o seu *awo* era o mesmo que Poupa consultara. O *awo* pôde lhe dizer que os sonhos eram reais, que a sua vida estava em perigo e a estabilidade da sua família, ameaçada. O *awo* deu-lhe uma descrição do seu inimigo, sem revelar a sua identidade, e disse-lhe para fazer *ẹbọ* com um bode e algum dinheiro. Ele aconselhou-o a tomar cuidado com pessoas que pretendessem ser suas amigas. *Òrúnmìlà* fez o sacrifício e, à noite, teve os mesmos sonhos. Ele despertou e soube que algo mau estava a caminho da sua porta, de sorte que se sentou na sua porta de entrada aguardando o destruidor. Então, de fato, nas horas mais escuras da noite, Poupa voou à casa de *Òrúnmìlà* e pousou em frente a ele. Poupa disse a *Òrúnmìlà* que lhe trouxera um presente e pediu-lhe permissão para deixar o seu caixão. *Òrúnmìlà* negou-lhe permissão com palavras poderosas e encantamentos. Mas Poupa insistiu que ele deveria tê-lo de qualquer maneira, de forma que tentou forçá-lo a levantar o caixão de sua cabeça, mas não foi capaz de fazê-lo. O caixão ficara grudado ali e as suas aventuras maldosas chegaram a um fim, juntamente com a sua reputação. Esta é uma de muitas histórias que falam da importância do

IFÁ: UMA FLORESTA DE MISTÉRIOS

sonho e foi em *Òbàrà méjì* que os sonhos vieram ao mundo, assim como a clarividência e a "dupla vista" (visão espiritual).

Òbàrà é o *odù* no qual a atmosfera foi criada. A atmosfera é conhecida como *òyì ojú-áyé*, uma substância densa composta de gases que geram vertigem, que se entende como fechada por uma membrana que serve como cobertura e recipiente; o *igbá*, se se preferir, do desdobramento do espírito da terra. Atmosfera é o veículo que possibilita que os poderes, espíritos e preces se movam, portanto, vertigem, aqui, é sinônimo de atividade espiritual atmosférica. Os *ajogún* estão entre os espíritos associados a isso. Na história seguinte, essas forças hostis estão vinculadas à faculdade de sonhar.

Ifá fala de um tempo em que três *ajogún* estava causando estrago em todas as cidades *Yorùbá* e afligindo-as com doença, perda, desespero e muitas outras condições negativas. Esses *ajogún* foram mandados na forma de um bode, de uma cobra e de um pombo pelo rei das bruxas no *Òrun*. O seu primeiro alvo foi *Òbàrà*, mas primeiramente eles fizeram um rastro de terror a fim de alcançá-lo. Quando estavam quase alcançando a sua cidade, *Òbàrà* teve sonhos avisando-o sobre morte e perigo. Ele fez uma consulta oracular e *Ifá* lhe disse para fazer o sacrifício de um galo, um coelho, purê de inhame e dar um bode a *Èṣù*. *Òbàrà* fez como foi instruído e, quando tinha preparado o sacrifício e saído para deixá-lo nos lugares designados, *Èṣù* foi aos *ajogún* e lhes disse que *Òbàrà* estava fora e que essa era a sua chance de pegá-lo. Assim que os três espíritos se tornaram prontos para confrontar *Òbàrà*, *Èṣù* foi até ele quando estava no processo de oferecer preces sobre os sacrifícios num entroncamento da estrada e disse-lhe que deveria partir, pois o mal estava a caminho. *Òbàrà* imediatamente se levantou e foi para a sua casa. Logo depois, os três espíritos chegaram ao entroncamento e ali encontraram *Èṣù*, que lhes disse que *Òbàrà* correra como um covarde antes de oferecer o sacrifício aos *ìrúnmọlẹ* e convidou-os para comer. Os três *ajogún* aceitaram o convite, ignorando que o que estavam comendo era tabu, e assim eles foram lentamente envenenados. Quando tinha acabado de comer, perguntaram a *Èṣù* onde era a casa de *Ọbàrà* e *Èṣù* mostrou-lhes a direção. Eles seguiram para lá, cheios de determinação, mas se tornaram mais e mais doentes até que caíram mortos em frente à casa de *Ọbàrà*. Quando ele viu isso, mandou uma mensagem a todos os reis da Iorubalândia de que a ameaça acabara e ele foi recompensado generosamente como agradecimento por todos os dezesseis reis.

Esta é a história-chave em *Ọbàrà*, pois se atrela aos principais fatores que fizeram *Ṣàngó* tornar-se um exemplo de como os poderes de *Ọbàrà* podem influenciar uma pessoa para o bem ou para o mal. Deu-se que *Ọbàrà* era muito dotado: ele podia predizer eventos e, por isso, podia dar um jeito de tomar vantagem das situações, tornando-se um homem muito respeitado. Mas ele tinha uma fraqueza, o álcool. Quando bebia, o espírito da autoglorificação jactanciosa entrava nele e revelava os segredos dos seus amigos a qualquer um que estivesse ouvindo. Um caminho certo para a popularidade e para a desgraça. Esse *odù* nos relembra sempre e sempre de como é importante que alguém destinado a ser um rei deve sempre apaziguar o seu *orì* e ficar longe de confusão e encrenca. Como diz o provérbio: "a mosca que se mantém no alto, no ar, não será pega por armadilhas no solo". *Ọbàrà*, sendo tão pleno de riqueza e movimento, pode facilmente levar à confusão, e o provérbio dado acima é seguindo por um outro, que diz: "uma mosca que não conhece cobiça nunca morrerá em uma cabaça de vinho".

Ọbàrà é associado de perto a *Egúngún* e a *Ẹgbẹ*, e, por causa disso, a bananeira é importante neste *odù*. A bananeira é símbolo de vida longa, uma árvore associada ao conhecimento dos reinos visível e invisível, e a como os seres humanos se movem de um para o outro. Pópóọlá (2008:446) narra o seguinte *odù* sobre se aplicar sabedoria aos objetivos:

Ìṣé l 'omi aró ní pípọn	*Tribulação é responsável por buscar água azulada*
Ìyà l' ọgí ní lílọ	*E sofrimento é responsável por moer milho encharcado*

260

IFÁ: UMA FLORESTA DE MISTÉRIOS

Ká l'ògí l'ògí   *Depois de moer o milho encharcado*

Ká re nu ígbę lòó fę wé   *Para alguém ir à Floresta buscar folhas*

Ká fi'gba bǫnu bí aşégi   *E então irrompue num uivo como*
                                         um lenhador

Obí l'ǫmǫ èèyán n tà   *Nozes de cola é o que as pessoas responsáveis*
                                         vendem

Día fún Òşunfúnunl ́éyò   *Isso Ifá leu no oráculo para Òşunfúnunlẹ́yò*

Tíí ş'aya Àgbǫnnírègún   *A esposa de Òrúnmìlà*

Tí òun àti Ôrúnmìlà nşawo   *Quando ela e Òrúnmìlà estavam*
                                         indo viajar

re bi ajo to jìn gbǫǫrǫ bi ǫjǫ   *a fim de ganhar prosperidade de Ifá*

Ębǫni wǫ́n ní ki wǫ́n şe   *Num lugar distante, tão distante quando*
                                         o fim de um dia eles foram aconselhados
                                         a fazer sacrifício.

Òbàrà apresenta o desejo inquieto de acumular riqueza e fama no mundo, mas essa ânsia é acompanhada pela necessidade de paciência. Este tema é encontrado em uma história que nos diz como Òbàrà era respeitado como um adivinho na corte de Ọlófín, ainda que isso nunca tenha tomado a forma de nenhuma recompensa financeira. Òbàrà fazia o que lhe era pedido pelo rei, não importasse o quão magra fosse a recompensa, na certeza de que ele fora destinado a ser rico. Ele estava certo de que, fazendo a coisa certa iria, afinal, colher suas recompensas. A sua esposa, contudo, não estava tão feliz com a situação e constantemente o perturbava a respeito da condição modesta das suas vidas e da sua falta de progresso. Òbàrà tentava ser racional com ela, mas a sua impaciência apenas ficava mais febricitante. A despeito da inquietação instável em seu lar, ele diligentemente estudava Ifá e ia todo quarto dia à corte de Ọlófín para realizar leituras oraculares para ele. Um dia, Ọlófín decidiu dar a Òbàrà uma recompensa. Ele o presenteou com quatro abóboras gigantes e com um carrinho para carregá-las. As abóboras eram enormes, insanamente pesadas e não eram o que *Ọ̀bàrà* queria. Ainda assim, elas eram um presente do seu rei e comida para a sua família. Ele chegou tarde à sua casa naquele dia e encontrou a sua esposa de pé na porta de entrada da sua simples morada, xingando-o de longe. *Ọ̀bàrà* entrou na sua casa gentilmente com as quatro abóboras gigantes, fez uma cara feliz e disse, *"veja, que abundância de comida recebemos hoje"*, mas a sua esposa não estava interessada em abóboras e começou a censurá-lo numa intensidade que ele nunca antes vira. Ele tentou trazê-la à razão, mas não deu certo. Por fim, ela se acalmou e, já num estado de paz e tranquilidade, que era talvez mera exaustão depois de perturbá-lo por horas, ele pediu-lhe se poderia ir à cozinha preparar uma das abóboras, a fim de que pudessem comê-las. Ela ficou furiosa com isso e disse-lhe que não prepararia nenhuma daquelas abóboras e ele que fosse à cozinha preparar ele mesmo a comida se quisesse comer aquele presente inútil. Desencorajado e faminto, *Ọ̀bàrà* foi à cozinha, pegou uma das abóboras, abriu-a, e dela veio um jorro de joias, dinheiro e coisas caras. Perplexo, ele pegou a segunda abóbora, abriu-a e o mesmo aconteceu. Dera-se que *Ọlọ́fín* havia enchido todas as quatro abóboras gigantes com todo o dinheiro e objetos de valor que ele pode pôr dentro delas. Isso fez de *Ọ̀bàrà* um homem rico, tanto em sabedoria quanto em riqueza.

Segue-se que a abóbora é particularmente sagrada a *Ọ̀bàrà*; ela representa paz, paciência, conforto e progresso. Esta história diz respeito a dar valor a tudo. Ela carrega uma mensagem concernente a bênçãos e a como elas podem vir de coisas que consideramos insignificantes e às quais não damos muito valor. Desse modo, ela é um chamado a apreciar tudo, pois a sorte se move por caminhos misteriosos. Num comentário desta história, Pópóọlá (2008) fala sobre a atitude de *Ọ̀bàrà* contida na ideia de *adìbò*, que podemos traduzir como "cobrir a força de alguém" ou possuir um poder que não é necessariamente usado. A despeito dos tormentos a que a esposa de *Ọ̀bàrà* o submeteu, ele nunca foi provocado por ela. Ele tentou trazê-la à razão, mas nunca usou da força para pôr um fim aos seus queixumes, ofensas e acusações. *Adìbò* refere-se ao provérbio *Yorùbá*: "uma casa sem uma esposa não é um lar". *Adìbò* é uma palavra de contenção e paciência, de frear a paixão em favor da aceitação da situação de alguém, não permitindo que ela o colora de negro com a tristeza ou de vermelho com a raiva, mas, ao contrário, do branco da compreensão. *Ọbàrà* diz-nos que, para o sábio, nenhuma esposa é problemática, ele inspira a que se compreenda o resultado da fricção entre um homem calmo e uma mulher agitada e como isso pode levar ao fracasso ou ao sucesso. *Ọbàrà* representa a ideia da escolha que é equilibrada entre a insegurança, que se mascara a si mesma como arrogância, e a segurança, que não precisa de máscara.

Em algumas versões dessa história, a esposa de *Ọbàrà* dá-se conta dos seus modos irracionais e, em outras, ela o deixa envergonhada, de modo que ele toma uma nova esposa que lhe dá suporte em sua situação com altos e baixos, mas sempre confortável. Essas variações precisam ser interpretadas simbolicamente, pois em relação a "lar" e "riqueza" nós também encontramos o espírito de *eríwo*, que é literalmente a impureza que gera bloqueios e é expelida pelo corpo. O nosso apego à sujeira do erro ou o nosso desejo de nos apegarmos aos nossos fracassos ou à nossa ânsia de fazer dos nossos abusos uma parte da nossa personalidade são todas formas desse conceito. Para o povo *Yorùbá*, esse termo é um meio vernacular de falar sobre a assunção de que o resultado de uma má ação não foi causado pela nossa personalidade, mas, ao contrário, por uma situação que se desenrola. O seu envolvimento num fracasso está relacionado a uma inabilidade de reconhecer a sujeira que você expeliu da sua vida como algo relacionado a você.

Eríwo é explicado como uma fome ou sede: uma sede e uma fome de ser mais do que você é, um apetite que torna tudo seco, como as células de pele mortas que o seu corpo constantemente perde. Nós estamos num estado de constante renovação e necessidade de aceitarmos os nossos erros para evitarmos a ganância. Devemos expelir o que não pertence à nossa própria pessoa e caminho, adquirindo um foco mais preciso. Precisamos abrir mão da "escória" mesmo se ela tem valor, pois o que é inútil para você pode ser a estrada do seu amigo para o sucesso e vice-versa. É por isso que *Òrúnmìlà* é o espírito que possui o conceito de *eríwo*. Diz muito mais respeito ao veneno de um homem sendo o remédio de um outro, assim como ao reconhecimento de que a minha estrada para a plenitude não é a sua, mesmo que os nossos caminhos possam se cruzar ocasionalmente.

O mundo ocidental assume, se não é que exige, que se você é rico no reino da matéria, você deve ser pobre no reino do espírito. *Òbàrà* diz que você pode ter ambos, mas de um modo que seja apropriado a você. Isso nos lembra de que se uma pessoa fala bem de você, você pode ter certeza de que haverá duas outras que murmuram maldições invejosas. As pessoas não gostam de ver os outros ofuscando-as, e é nessa compreensão que entrelaçamos a nossa teia de sorte e azar, cada qual de acordo com a sua astúcia, como mestres e mestras da nossa sina.

Òbàrà fala da responsabilidade da comunidade de deixar um exemplo à geração seguinte. Diz um provérbio Yorùbá: "é quando a árvore ìrókò é jovem que devemos podar seus galhos", uma referência a ser diligente na educação da geração vindoura. Isso só vale a pena se os educadores forem conscienciosos no exemplo que dão.

Òbàrà concerne à política e é o *odù* que deu corpo a *Sàngó* como um chefe. Nos registros do *Sàngó* histórico, o *aláàfin* do Estado de *Oyo*, encontramos um grande general com táticas brilhantes, um homem dado à fascinação com a feitiçaria e possuidor de um grande apetite por mulheres, comida e beleza. Aqui está a imensa prosperidade que *Òbàrà* trouxe ao mundo. Com o sucesso de *Sàngó* veio a arrogância. A força que deu à luz a Julio Caesar também pode produzir tiranos despóticos e paranoicos, como Idi Amin. No caso, de *Sàngó*, um dos seus últimos feitos notados foi a execução das suas muitas esposas nas quais ele, como juiz e júri, julgou-as culpadas de infidelidade. O veredito também foi executado por ele sozinho, uma demonstração de poder impiedoso e de total solipsismo. Ele levou a esposa condenada ao centro do mercado, arrancou seu coração com as suas mãos nuas e o consumiu. Pouco

IFÁ: UMA FLORESTA DE MISTÉRIOS

depois, ele mesmo foi julgado pelas suas *Ọgbọ́ni* e *Ìyàmí* e foi obrigado a co-meter suicídio. *Ṣàngó* fugiu para o exílio e somente *Ọya* o seguiu até a forca pela qual ele retornou ao *Ọ̀run*. O seu suicídio ritual, que é o modo de remo-ver um mau rei na sociedade *Yorùbá*, deu-se no *odù Ọ̀kànràn*, que se segue a *Ọ̀bàrà*, mas todas as escolhas que levaram ao seu fim foram geradas neste *odù*. Antes da sua morte, encontramos *Ṣàngó*, por meio de palavras duras e julga-mentos muito severos, levando ao suicídio de seu pai e ao quase suicídio de sua mãe, quando ele equivocadamente a acusou de ser uma "puta", o que ela transformou numa "praga de mãe" contra ele. Este *odù* gera grandeza e gran-deza requer uma consciência calma e contemplativa. Portanto, um provérbio *Yorùbá* estatui que *Ṣàngó* sem *Ọ̀bàtálá* causa tirania. Essa ideia é também encontrada no signo terreno de *Ọ̀bàrà*, que começa com a influência de *Èjì Ogbè* na primeira linha sozinha, que chama a acumulação nas três linhas que se seguem.

Ọ̀bàrà detém o poder que nos permite usar tudo à nossa mão para o nosso benefício e como um meio de gerar riqueza. Isso vem acompanhado de calúnia, difamação e inimizade, carregando um convite constante a participar nessa energia negativa que leva a pessoa a perder prosperidade por causa de arrogância e de escolhas precipitadas. *Ọ̀bàrà* aconselha a pensar antes de agir: *Ṣàngó* precisa de *Ọ̀bàtálá* assim como *Ọ̀bàrà* precisa de *Èjì Ogbè*. Nisso, en-contramos a fórmula do poder político ideal em *Ifá* e na sociedade *Yorùbá*. É necessário possuir poder para espalhar abundância e prosperidade, mas equili-brar isso com uma aceitação de todas as coisas. Isso apela para a generosidade e para um reconhecimento de que uma comunidade é mais do que uma pes-soa. Um equilíbrio deve ser encontrado entre as necessidades pessoais e o bem da comunidade. Essa perspectiva mais ampla encontra o seu reflexo micro-cósmico no indivíduo equilibrando as suas próprias necessidades e o desejo de ser amado pelo mundo.

ÒKÀNRÀN MÉJÌ

A ENCRUZILHADA DADA PELO CORAÇÃO

Òkànràn *méjì* é geralmente compreendido como um *odù* sombrio, pois foi aqui que Ṣàngó cometeu suicídio e que Ọ̀ṣọ́ọ̀sì acidentalmente matou sua mãe. Òkànràn significa "o que flui do coração". Isso pode ser interpretado como uma combinação de *òkan* e de *oràn*, significando que dificuldades e problemas estão fadados a ocorrer. Òkànràn é um reflexo de Ọ̀bàrà, assim como Ọ̀bàrà é um reflexo de Òkànràn. Esses dois *odù* possuem uma relação simbólica forte, na qual Òkànràn é tanto a explicação de Ọ̀bàrà quanto a soma da sabedoria que ele nos traz.

Como nós lembramos, Ọ̀bàrà é uma energia muito ativa, a força da cabeça debilitada que convida a confusão. Esse estado é refletido no provérbio que afirma: "nós consultamos Òkànràn *méjí*, então eu estou me levantando de onde eles estão falando mal de um amigo e vou me sentar em um lugar melhor". Òkànràn está preocupado em como se evita a maldade. Esse *odù* nos ensina como evitar a perversidade e como colher as bênçãos de riqueza e autoridade em Ọ̀bàrà.

Nós sempre exercermos atração em relação a onde estamos em nosso caminho. Pessoas ruins acharão pessoas ruins e pessoas boas encontrarão pessoas boas, mas, às vezes, não é simples distinguir um amigo de um inimigo e nós podemos nos encontrar cultivando amizades com as hienas do mundo. Mesmo quando ficamos mais sábios em conhecimento, nós podemos cometer tais erros, e, às vezes, nós somos amados porque aqueles que nos amam assim o fazem a partir de um amor egoísta. Como vemos assembleias de pessoas perversas que parecem acumular seguidores, nós podemos ficar frustrados em antecipação ao desastre e à crueldade sendo preparada para nós. Entretanto, a perversidade só gera perversidade e não demorará muito até que colapse sobre si mesma como uma estrela morta.

Os perversos costumam levantar bandeiras, pois, motivados pelo espírito da gula, eles procuram dominar por meio de associações, concílios e várias confederações. Eles vêm com faces puras, jogando com os desejos das pessoas de tornar o mundo melhor, que é a isca que usam para convidar boas pessoas para junto de si. A bondade também convoca, mas raramente a vemos hasteando bandeiras. A bondade fala com gentileza. A bondade nunca insiste em mudar o mundo antes que nós tenhamos mudados a nós próprios. Onde os perversos procuram estabelecer sociedades, eles também procuram ocultar sua perversidade sob a pele e o brilho do que eles não são. A conversa amigável, os favores com um preço e a conversa constante de precisarmos nos defender contra o mal, de nos tornarmos um grupo fechado para que guardemos nossos interesses: esses são os passos na estrada da intimidade que devemos dar com cuidado. A bondade não precisa de proteção. Não é preciso nenhum concílio para garantir que a bondade seja feita. É como o sol, que não vê qualquer maldade onde fulgura e brilha em sua pureza ígnea.

Òkànràn diz respeito, amplamente, ao discernimento; ele está profundamente relacionado ao coração e às emoções, mas mais do que tudo, explica os mistérios de qualquer relacionamento diádico ou polaridade. É por isso que uma metáfora para *Òkànràn* é um par de ímãs, em oposição ou conjuntos, ou dois pedaços de ferro juntos, um símbolo de uma ligação forte sendo a melhor defesa contra inimigos e forças negativas. Esse *odù* conta como a tristeza pode nos auxiliar a dominar dificuldades. É aqui que os remédios para um ventre estéril são procurados.

A árvore *àràbà* (*Ceiba penantra*) é um afrodisíaco que possui importantes associações com forças espirituais como *íwín* e *egbe;* ela sinaliza o ponto

IFÁ: UMA FLORESTA DE MISTÉRIOS

de encontro entre dois mundos ou forças. A *àràbà* foi alvo de inveja das outras árvores. Ela era um espírito melancólico, que não tinha fé em sua própria grandeza. Ela parecia arrogante e então as outras árvores a queriam eliminada. Mas *Èṣù* a salvou e os conspiradores foram cortados. A maioria das árvores chegou à terra nesse *odù*. Muitas delas se recusaram a fazer *ebo*, mas não foi o caso da *àràbà*. Ela fez *ebo* antes de chegar à terra, mas seu inimigo *Ìrókò* não o fez, pois ele se sentia onipotente e forte, e estava certo de que sua presença intimidadora o protegeria de qualquer perigo. Quando chegaram à terra, *àràbà* foi recompensada com prestígio, mas *Ìrókó*, por outro lado, foi transformado em lenha. Ocorreu que a húbris[22] de *Ìrókò* e a sua recusa em fazer o sacrifício necessário levou *Èṣù* a decidir colocar um fim em sua reputação terrível. Ele foi a várias cidades próximas daquela em que *Ìrókò* estava vivendo e falou para as pessoas que aquela árvore bela e forte não era perigosa, mas que era material excelente para se construir portas e trabalhos de madeira. Em princípio, as pessoas estavam relutantes, mas quando *Èṣù* pegou o machado, mostrando-lhes quão pouco tinham a temer, elas o acompanharam até *Ìrókò*. Sua majestade era realmente intimidadora, mas assim que *Èṣù* golpeou *Ìrókò* com o machado, as pessoas perceberam que ele era, afinal, apenas uma árvore, e pegaram seus machados e o transformaram em lenha e em trabalhos de arte.

Òkànràn fala da presença de inimigos e traidores, alertando-nos sobre os efeitos negativos de tomarmos ações punitivas. Ganha-se mais em situações complicadas limitando-se a ameaças e intimidações para se demarcar limites. Há duas histórias interessantes nesse sentido. Uma fala de como *Ṣàngó* e *Àgbò* (Carneiro) decidiram começar uma plantação juntos para fazerem fortuna com inhames, bananas e tubérculos. O Carneiro estava bem de vida, mas *Ṣàngó* não estava em uma situação financeira boa, de sorte que o Carneiro decidiu entrar na parceria mais para ajudar seu amigo do que a si mesmo. Quando eles encontraram um local promissor, foram ao *awo* para pergunta-

---

[22] NT: orgulho excessivo, arrogância.

rem se a terra era boa para a plantação. O *awo* lhes disse que era excelente e, então, eles embarcaram no empreendimento conjunto. A terra era generosa e logo grandes quantidades de vegetais e frutas estavam prontas para a colheita. Ambos estavam muito felizes com aqueles grandes resultados, mas quando foram realizar a colheita, descobriram, para a sua infelicidade, que alguém já tinha estado lá durante e noite e roubado mais da metade de seus produtos. Eles foram ao adivinho para se ver se conseguiam descobrir quem era o ladrão e o *awo* disse que era alguém muito próximo a eles, mandando-lhes fazer sacrifício a *Èṣù* na fazenda. Quando eles estavam para sair, o *awo* pegou na mão do Carneiro e o instrui a observar o *ebo* durante a noite. Eles fizeram o sacrifício prescrito para *Èṣù* e ficaram vigiando a plantação enquanto a noite caía, quando ambos ficaram com fome e decidiram encerrar a vigília e ir para casa comer. Assim, eles se separaram nessa noite e concordaram em se encontrar na manhã seguinte. Entretanto, assim que acabou de comer, o Carneiro decidiu retornar e completar a vigília. Ele retornou à fazenda e o que ele viu o tomou de grande tristeza; pois lá ele encontrou *Ṣàngó* e um bando de bandidos roubando a plantação inteira. O Carneiro ficou enfurecido e correu gritando em direção a *Ṣàngó*, desafiando-o para uma luta. Eles lutaram até o nascer do dia, quando *Ṣàngó* decidiu fugir daquela situação vergonhosa. Porém, os rumores de seus atos desgraçados correram mais rapidamente do que suas pernas e, de cidade em cidade, ele era confrontado por pessoas perguntando a razão dele ter tratado o seu melhor amigo de maneira tão infeliz. As acusações e a fofoca não terminaram até *Ṣàngó* decidir encerrar sua jornada e retornar ao *Ọ̀run*.

É nesse *odù* que *Abíafin* desceu no mundo vindo do *Ọ̀run* e ficou conhecido como *Ṣàngó*. *Abíafin* nasceu na família real de *Ọyọ* e, em sua cerimônia de nomeação (*ìkọsèdáyè*), restou evidente que ele era muito próximo do *ìrúnmọlẹ Ṣàngó*, tanto em destino quanto em personalidade. *Ìkọsèdáyè* significa "colocar o pé de uma pessoa na terra" e consiste de uma leitura do destino de uma criança, na qual seu nome é descoberto. O nome dado reflete o destino e a aspiração da pessoa.

IFÁ: UMA FLORESTA DE MISTÉRIOS

Conforme *Abíafin* crescia, ele demonstrava tamanha excelência em liderança e tantas similaridades com o *ìrúnmọlẹ* que lhe havia emprestado seu nome que as pessoas pararam de perceber qualquer diferença entre o rei que se tornou *òrìṣà* e o próprio *Ṣàngó*. Deve ser mencionado que o sucesso de *Abíafin* se deu em virtude da sua amizade com *Ọbàtálá* e da importância que ele dava a sempre manter o seu *orí* calmo. Entretanto, há outras forças espirituais que precisam ser discutidas em relação a *Ṣàngó* neste *odù*, pois elas irão ilustrar mais claramente a dinâmica entre *ìrúnmọlẹ*, *òrìṣà*, *èniyàn* e *egún*.

Jàkúta (o atirador de pedras) e *Ọràmfẹ́* (salvador de Ìfé) representam aspectos coléricos e protetores de *Ṣàngó* dirigidos para a aniquilação dos inimigos. Embora esses poderes sejam ocasionalmente vistos como os mesmos que *Ṣàngó*, eles não o são. *Jàkúta* e *Ọràmfẹ́* são *ìrúnmọlẹ*, os poderes primordiais que ressoam com o espírito e a vibração de *Ṣàngó* e fizeram dele uma divindade. Assim, *Ṣàngó*, o quarto *Aláàfin* de *Ọyọ*, foi elevado ao *status* de *òrìṣà*, por ocasião da sua morte, à semelhança do poder celestial conhecido como *Ṣàngó*.

Nisso, nós vemos a ideia tradicional Yorùbá do seja um *òrìṣà*. Um *òrìṣà* pode ser, em si mesmo, um fragmento de uma grande consciência, mas *òrìṣà* também é um estado alcançado ao se viver uma vida impressionante em harmonia com as forças celestiais. Segue-se que, para que um espírito engajado na jornada humana se torne um *òrìṣà,* ele ou ela deve viver a vida de uma maneira consciente e ativa, em harmonia com as ideias e vibrações celestiais, para que a morte traga o momento de transfiguração. Isso significa que *òrìṣà* é uma força espiritual, estabelecida pela morte. É dos ossos (*egún*) das experiências de uma pessoa que ela exsurge reconhecida como um *òrìṣà*. Essa é uma dinâmica metafísica que envolve a insuflação espiritual, a condição humana, a morte e o renascimento. O renascimento pode envolver um retorno à terra, no qual a jornada é novamente cumprida, ou pode ser uma reencarnação na forma de *òrìṣà*. É necessário atingir a condição de *egún* para se tornar *òrìṣà*, mas nem todos os *egún*, de fato, tornam-se *òrìṣà*.

Èṣù, o senhor das encruzilhadas, está ativo aqui como o linguista divino. Portanto, a linguagem nasce aqui como veículo de comunicação, orações, maldições, bênçãos e confusão. O verso seguinte trata de diversos desses temas:

Bẹ́lẹ́bọ ò pe ni
Àsèfín ò yẹ ni:
Ọ̀ràn tí ò sunwọ̀n
Konko nṣojú
A díá f'Èjí Ọ̀kànràn
Tí nrele Itilẹ̀
Wón ní ki Èjì Ọ̀kànràn ó rúbọ
Nípa nkan baba rè kan
Tí wón fẹ́ẹ́ gbà lọ́wọ́ọ́ rẹ̀
Ò sí rú u
Ìgbà ó rúbọ tán
Ó si ní ìṣẹ́gun
Ó ní bẹ̀ẹ̀ gégé ni àwọn òún wí
Bẹ́lẹ́bọ ò pe ni
Àséfín ò yẹ ni
Ọ̀ràn tí ò sunwọ̀n
Konko nṣojú
A díá fún Èjì Ọ̀kànràn
Tí nrelé Itilẹ̀
Ẹ sáà jé ó mọ́ọ rìn
Ẹ jé ó mọ́ọ yan
Èjì Ọ̀kànràn donílẹ̀
Ẹ jé ó mọ́ọ rìn
Ẹ jé ó mọ́ọ yan

Se alguém não é convidado pelo anfitrião para a sua reunião festiva

Não é correto ir mesmo assim

Quando um homem faz coisas vergonhosas

Ele revela uma face dura e desavergonhada

Isso Ifá leu no oráculo para Èjì Òkànràn

Quando ele se dirigia para a cidade de Itelè

Foi dito que Èjì Òkànràn devia fazer sacrifício

Para que certos pertences de seu pai

Não fossem tomados por ladrões

Ele fez o sacrifício

E após fazer o sacrifício necessário

Ele tornou-se vitorioso contra seus inimigos

Ele disse que foi exatamente com os sacerdotes de Ifá haviam previsto

Se há alguém que o anfitrião não convida para a sua reunião festiva

Não é correto ir mesmo assim

Quando um homem faz coisas vergonhosas

Ele revela uma face dura e desavergonhada

Isso Ifá lei no oráculo para Èjì Òkànràn

Quando ele se dirigia para a cidade de Itelè

Deixe-o em paz para que ele possa caminhar calmamente, em paz

Deixe-o para que ele possa se mover livremente e com dignidade

Èjì Òkànràn tornou-se um senhor de sua cidade

Deixe-o em paz para que ele possa caminhar calmamente em paz

Deixei-o para andar livremente e com dignidade

Este verso possui uma representação alternativa, encontrada numa história sobre um *awo* sofredor com um bom coração. Nessa alternativa, nós aprendemos que o *awo Òkànràn* tinha adivinhado para uma pessoa e prescreveu o sacrifício necessário, combinando uma hora para que ela viesse e fizesse o *ebo*, mas o cliente não apareceu. Ao invés de aceitar a decisão do cliente, ele foi até a sua casa e o confrontou. Isso causou vergonha ao cliente e prejudicou a reputação do *awo*. Claramente isso contém um alerta para não confrontar as pessoas pelas suas deficiências. Isso também fala de nuances mais sutis de interação pessoal, tanto num nível pessoal quanto profissional. Não apenas isso, mas tal comportamento também chama a atenção das Anciãs da Noite (as *Iyá Mì*) e a da vibração negativa de *Èṣù* de uma maneira que pode com frequência bloquear a nossa boa sorte.

Isso é ilustrado por outra história que fala de *Àkùkọ díe Ọ̀tàngàlànjà*, que significa "o galo grande e firme". Ele era um *awo* muito talentoso, mas era também muito jovem, com seus vinte e poucos anos. Apesar da sua juventude, sua reputação já era bem lendária e ele sempre tinha sucesso, o que lhe trazia ainda mais popularidade. Ele tornou-se tão confiante em seu grande talento que decidiu desafiar os adivinhos do rei numa competição de conhecimento e de habilidade. O seu objetivo principal era forçar os *Bàbáláwos* mais velhos a deixarem os mais novos assumirem posições proeminentes entre os adivinhos reais, pois alguns deles, como ele mesmo, eram claramente mais hábeis e talentosos do que muitos dos que tinham posições importantes na corte.

Antes de partir em sua missão, ele foi ao seu *awo* e pediu por conselho. Seu *awo* lhe disse que ele deveria abordar a sua missão com humildade e respeito ou ele cairia em desgraça, não sendo necessário, contudo, que se humilhasse diante de qualquer um quando soubesse mais e fosse mais talentoso. Ele foi orientado a fazer sacrifício e seu *awo* disse-lhe para pensar melhor sobre aquilo e abençoou-o. *Àkùkọ díe Ọ̀tàngàlànjà* ficou ofendido com o *Bàbáláwo* mais velho e jurou nunca mais pisar em sua casa novamente. Ainda assim, ele mandou alguém enviar os materiais para o sacrifício junto de algum dinheiro para ele no dia seguinte. Alguns dias depois, ele foi para a corte do rei, convencido de que sua grandeza seria reconhecida. Uma vez lá, ele não perdeu tempo em demonstrar seus grandes talentos e tomou controle de cada aspecto do trabalho do adivinho, de maneira condescendente, para chamar

IFÁ: UMA FLORESTA DE MISTÉRIOS

atenção para a sua própria excelência. Os adivinhos da corte do rei deixaram-no agir conforme sua grande húbris até que ele estivesse satisfeito com sua demonstração de conhecimento e habilidade. Enquanto ele se preparava para sair, confiante em que ele seria em breve chamado para ser o adivinho-chefe, alguns dos *awo* da corte reuniram-se e amaldiçoaram-no (embora algumas versões digam que eles o abençoaram). *Ákùkọ díe Ọ̀tàngàlànjà* foi para casa, mas, já na estrada, as coisas começaram a ficar ruins para ele. A chuva danificou a maior parte das coisas que ele tinha ganho do rei e, em sua casa, seu trabalho como adivinho começou a desmoronar. Nada do que ele fazia dava os resultados esperados e os clientes começaram a deixá-lo, assim como a sua boa reputação. Vendo a guinada negativa que sua vida tinha dado, ele retornou ao seu *awo*, ao qual ele havia jurado nunca retornar, e perguntou, em espírito de humildade, como aquela situação podia ser consertada. Seu *Awo* disse-lhe que ele deveria mudar sua atitude e pediu que ele desse as belas penas da sua cauda para serem usadas como parte de um sacrifício. Ele assim o fez. Seu *awo* chamou *Ọ̀bàrà Méjì* e, daquele momento em diante, a sua desgraça transformou-se em reconhecimento e ele reconquistou a sua reputação.

Essa história demonstra o tema de não ir aonde não se é convidado, assim como a relação profunda que existe entre este *odù* e *Ọ̀bàrà*. Nesse caso, *Ọ̀bàrà* é o amuleto da sorte de *Ọ̀kànràn*. Nós podemos entender esse relacionamento como sendo representado pelos olhos esquerdo e direito, e pela maneira que eles se conectam à segunda visão. O olho direito vê apenas riqueza e possibilidade, enquanto o esquerdo vê apenas negatividade e melancolia. A segunda visão é poder do discernimento, que nasce da intuição que pulsa no coração. É apenas com o olhọ do coração que vemos "verdadeiramente" o mundo. Quando um ser humano não tem essa capacidade, o mundo é percebido em termos de branco e preto, bem ou mal. A segunda visão e a intuição convidam os tons e nuances necessários a se compreender que tudo é como deve ser, pois, apesar de tudo, nós somos os autores da nossa própria sorte e infortúnio. O conceito de díade e de polaridade é mais explorado na relação entre Ṣàngó e Ọya, como exemplificado no verso a seguir:

> Òkànràn kan níhìin
> Òkànràn kan lóhùún
> Òkànràn dí méjì, a dire:
> A dia fún Ṣàngó, Olúòrójò
> Bámbí, ọmọ Arígbọọta ṣégun
> Nígbà ti nlọọ gbo Ọya níyàwó
> Wọ́n ní ki Ṣàngó ó ṣe sùúrù o
> Wọ́n ní obìnrin ti ó nlọọ fẹ́
> Ní kàdárà ju òun gaan akára lọ
> Ṣàngó ní òun ò níí rúbọ
> Ó ní bóo ni kàdárà obìnrin òun
> Ó ṣe ju ti òin lọ
> Bí Ṣàngó ba ti ju edùn si ibi kan
> Gbogbo aráyé a si figbee rẹ̀ bọnu
> Ṣùgbọ́n bí Ọya, obìnrin rẹ̀
> Bá pa èèyan Méjì lọ́jó kan ṣoṣo
> Eni kan kò níí gbó
> Bí ó wù ú
> A fẹ́ lu igàná
> A wó pa èèyàn mọ́lẹ̀
> Bó wù ú
> A wó pa èèyan lọ beere
> Ṣùgbọ́n bi Ṣàngó ba pa ẹyọẹni kan ṣoṣo
> Gbogbo aráyé ní ó gbọ̀ọ́
> Ó ní bẹ̀ẹ̀ gégé ni àwon awo òún
> Nṣenu rereé péfá
> Òkànràn kan níhìin

Òkànràn kan lóhùún

Òkànràn di Méjì, a dire

A dia fún Ṣàngó, Olúòrójò

Bámbí, ọmọ Arígbọọta ṣégun

Nígbà ti nloo gbo Ọya níyàwó

Ayá rorò jọkọ lọ ò

Ayá rorò jọkọ lọ

Ọya ló rorò ju Ṣàngó

Ayá rorò jọkọ lọ

"Quando vemos um Òkànràn na estrada

E vemos outro Òkànràn na mesma estada

O sinal é Òkànràn Méjì, que significa boa fortuna"

O awo que consultou Ifá para Ṣàngó era também chamado de Olúòrójò

("O rei que não vê a chuva")

(Olú) Bambi ("Poderoso que auxilia antes da chegada da criança"),

A fonte daqueles que usam duzentas pedras de raio para vencer

*   seus inimigos*

Quando ele ia tomar Ọya como sua esposa

Ṣàngó foi avisado que devia ser cuidadoso

Porque a esposa com a qual ele se casaria

Seria mais bem sucedida do que ele

Mas Ṣàngó recusou-se a fazer sacrifício

Ele estava curioso sobre como a sua própria esposa

Poderia ser mais bem sucedida do que ele.

Se Ṣàngó lançava pedras de raio em algum lugar

Todos começavam a gritar o seu nome

Mas se Ọya, sua esposa,

Matasse duas pessoas no mesmo dia,

Ninguém saberia do incidente

Salvo se ela quisesse que fosse sabido

Ela sopraria um vento forte contra um muro

E o muro cairia sobre as pessoas e as mataria

Se ela quisesse derrubar árvores sobre as pessoas e

Dessa maneira, matá-las.

Mas se Ṣàngó mata uma pessoa

Todos escutarão sobre o incidente

Ele disse que tudo ocorreu exatamente como os sacerdotes de Ifá

* lhe haviam dito*

Eles estavam usando suas vozes para exaltar Ifá:

Quando vemos Òkànràn à direita,

E vemos outro Òkànràn à esquerda

O sinal é Òkànràn Méjì, que é um sinal de boa fortuna

O awo que consultou Ifá para Ṣàngó também era chamado de Olúòrójò

Bambi, a fonte daqueles que usam duzentas pedras de raio

para destruir seus inimigos

Quando ele ia tomar Ọya como sua esposa

A esposa é mais perigosa do que seu marido

A esposa é mais perigosa do que seu marido

Ọya é mais perigosa do que Ṣàngó

A esposa é mais perigosa do que seu marido

É importante observar o equilíbrio entre os parceiros em um relacionamento. A razão pela qual Ọya é exaltada como mais forte do que Ṣàngó não é apenas por causa dos seus métodos mais sutis, mas porque ela é relacionada ao ìmọ̀lẹ̀ conhecido como *Ayélalà*, a soma das mães ancestrais que manifestaram o tornado. Por causa disso, Òkànràn é particularmente preocupado com o respeito às mulheres e insiste na sua importância num casamento ou parceria saudáveis. Isso inclui a necessidade de ser cuidadoso e seletivo com quem se escolhe como companheiro em geral.

IFÁ: UMA FLORESTA DE MISTÉRIOS

Òkànràn é um campo de energia entrelaçado com nascimentos de gêmeos, com o sensual e o erótico. Nós enxergamos isso em como *ọmú* (o seio feminino) veio à terra, não apenas com o propósito único de alimentar as crianças, mas também para ser acariciado e "aproveitar a vida". *Ọmú* foi fazer uma leitura oracular antes de vir à terra e disseram-lhe que ela faria bem em se ligar exclusivamente à mulher, e que se ela fizesse o sacrifício necessário, não apenas ganharia o dom de alimentar as crianças, mas também seria adorada, acariciada, cuidada e admirada. Ela seguiu a recomendação do adivinho e foi assim que os seios se tornaram uma fonte de prazer, luxúria e satisfação. O princípio da sedução é encontrado em uma história relatada por Pópóolá (2008:554) e numa versão diferente por Osamoro (1986:142), na qual é apresentado como um poder relacionado às cobras. A história fala de *Nìnì*, a filha da jiboia, que era espetacularmente bonita e mais ainda sedutora. Ela decidiu colocar seu charme e encanto em uso e ficou notória por suas habilidades de sedução. Ela não estava interessada em manter um homem num casamento, pois a sua sedução era apenas para a conquista, e homem depois de homem foram encantados por sua beleza e charme. Ela apenas queria ser adorada. Um dia, ela foi ao adivinho local para ver como ela poderia se tornar ainda mais sedutora e bela, mas o *awo* lhe disse que era hora de mudar suas maneiras antes que fosse tarde demais para conseguir um homem e crianças. Entretanto, ela não estava interessada naquilo e viu aquela recomendação como um julgamento sobre o seu modo de vida fácil e livre. Apesar disso, ela era uma mulher muito fértil e constantemente estava grávida de alguém. Como ela raramente sabia de quem era o filho e também por não querer crianças, ela usava repetidamente as suas habilidades com ervas para interromper a gravidezes e também curar doenças venéreas. O tempo passou e, sem surpresas, veio o momento em que ela queria sossegar e ter filhos, mas era tarde demais. Todas as ervas poderosas que ela tinha usado ao longo dos anos haviam-na deixado estéril e ela teve dificuldade em achar um homem que ficasse com ela. Finalmente, ela encontrou um, mas sem amor, e a vida foi uma jornada solitária para ela.

Segue-se, então, que nós encontramos, aqui, as ervas de propriedades venéreas e também abortivas, e o *odù* também vem com o conselho de se tomar cuidado no seu uso e administração.

A história relatada por Osamoro Ibie é diferente, mas apresenta a mesma ideia - uma bela esposa serpentina que se recusa a ter filhos em favor da manutenção dos seus poderes de sedução. Segue, aqui, um poema de *Ifá* que diz:

> *Uma cobra gera uma cobra*
> *Assim como uma bruxa gera uma bruxa*
> *Do ventre de sua mãe*
> *A cobra herda a bolsa de veneno*
> *Assim como a bruxa sorve*
> *Bruxaria das entranhas da mãe*

Este poema traz mulher, serpentes, bruxaria e o poder da sedução juntos em um princípio importante do *odù*. Assim fazendo, ele enfatiza a importância de se avaliar cuidadosamente aqueles com os quais estamos em companhia. Assim como *Ọ̀kànràn*, ele tem muito a dizer sobre a qualidade da mulher e o quão errática ela pode ser, pois é uma força da natureza em contato com as mães ancestrais. Aquelas que um verso descreve como "mulheres liberadas, que são como tornados" não são culpadas pela sua patologia comportamental. Ao invés disso, se um homem estiver vivenciando problemas com sua esposa, ou ele fez uma escolha equivocada (por exemplo, casou-se com alguém não compatível) ou está demonstrando a sua incapacidade de aplacá-la e de agradá-la. Isso faz referência à *Ayélalà*, *Ìyàmí* e *Ònilé* como poderes de devastação possível que são constantemente aplacados, venerados e estimados.

IFÁ: UMA FLORESTA DE MISTÉRIOS

O mesmo ponto é destacado em outra história que narra como *Ọ̀kànràn* se casou com uma mulher muito bonita e muito talentosa, mas muito ciumenta, chamada *Odù*, mas a sua paciência, amor e carinho domaram seus ciúmes.

Nascimentos de gêmeos são proeminentes neste *odù*, que é relacionado a *Ẹdún*, o macaco *colobus*, que veio à terra como uma mulher bonita e serena. Ela teve problemas para ficar grávida, mas, com a ajuda de *Ifá* e de ervas, ela se tornou fértil e deu à luz vários pares de gêmeos. Os gêmeos são relacionados ao mistério de *Ẹgbẹ*, a sociedade no céu, onde nosso duplo reside enquanto estamos vivendo a jornada humana. Em essência, somos todos gêmeos, uma vez que *èniyàn* é o reflexo do duplo celestial. Essa condição metafísica pode levar à boa orientação tanto quanto pode levar ao fenômeno conhecido como *àbíkú*, a síndrome da morte infantil. *Àbíkú* significa "nascido para morrer" e um estado no qual o ser humano está constantemente sendo convocado de volta ao seu *Ẹgbẹ* no céu, trazendo, assim, uma conclusão precoce à jornada humana. Uma vez que a experiência humana é vista como um campo de ensinamentos e de bênçãos, é importante fazer o sacrifício necessário para se estabelecer um pacto com *Ẹgbẹ* no *Ọ̀run*, para que a criança permaneça na terra e complete a sua jornada. Os macacos representam a presença do supranatural no mundo, um mistério que adentra profundamente os segredos de *Egúngún*.

Ọ̀kànràn é um *odù* que fala de "céu sobre a terra", assim como da condição do mundo de maneira mais geral. Muitas histórias neste *odù* usam alegorias relacionadas a galinhas e galos para descrever o mercado que conhecemos como o nosso mundo, em particular ao demonstrar o quão fértil ele é. É aqui que o Galo da melancolia fez sacrifício para achar uma boa esposa e ele, de fato, achou a Galinha.

Entretanto, também é aqui que nós encontramos as formigas fazendo sacrifício para que possam trazer destruição e devastação livremente aos lares por meio da tomada e do consumo de tudo que elas quiserem. Os cães são

281

importantes aqui também como guias, amigos e protetores. Acima de tudo, porém, nós encontramos o conceito de *funfun leke*, o vento, manifestando-se em todas as suas formas, como o tornado (*Ọya*) *Ayélalà*, a soma das mães ancestrais.

Em *Ọ̀kànràn* nós encontramos toda a tristeza do mundo. Nós encontramos a ideia de inimizade na presença das serpentes e das atitudes arrogantes das pessoas. Encontramos o lado sombrio da ambição e do poder, bem como a morte ao fim da corda dada por *Ọ̀bàrà méjì*. *Ọ̀kànràn* é a escuridão que convoca a luz, a infelicidade que insiste na fortuna, o amargo que nos lembra de sairmos em busca de mel.

Ọ̀kànràn é a torre de Babel de Lamurudu (o Ninrode bíblico) tanto quanto é o espírito de qualquer renovação ou renascimento. *Ọ̀kànràn* diz respeito, verdadeiramente, àquilo que vem do coração à medida que concluímos que somos os autores da nossa própria infelicidade e destino. *Ọ̀kànràn* assume que somos o general da legião de almas que faz de nós quem somos. Um bom general vê apenas situações e explora suas possibilidades em seu benefício, a fim de atingir a vitória.

Em *Ọ̀kànràn*, nós encontramos confusão trazida pela falta de compreensão e pela natureza da língua; encontramos o acúmulo de perversidade iniciada em *Ọ̀bàrà méjì* por meio da cobiça, ambição e poder mundano; e encontramos *Ṣàngó* vindo à terra para lidar com essa perversidade, criando espaço para a chegada de *Ògúndá méjì*, que traz guerra, vitória e abre os caminhos.

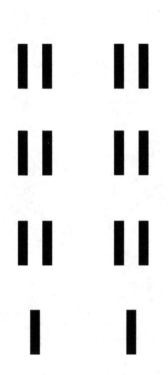

ÒGÚNDÁ MÉJÌ

O DESBRAVADOR INQUIETO

Ògúndá méjì é o poder que manifesta o espírito da força e do ferro. É o poder da organização dos grupos, tal como a sociedade dos caçadores. *Ògúndá méjì* significa "aquilo que se corta em duas partes iguais", em referência a uma história na qual *Ògún* resolveu uma querela entre dois homens a respeito de qual deles era o mais merecedor de um peixe que haviam obtido. *Ògún* tomou do seu cutelo e cortou o peixe em dois, dando uma metade para cada um dos homens. É em referência a essa história que se diz que *Ògúndá* é feito metade da força de *Ògún* e metade da sabedoria de *Òrúnmìlà*.

Em *Ògúndá*, encontramos os segredos das oferendas de força vital, do sangue, do fogo e da virilidade. *Ògúndá* é paixão e virilidade, como encontradas na guerra e no sexo, assim como na vitória sobre as paixões e a guerra. É um *odù* que fala da importância do juramento e da importância da honra para o guerreiro e o caçador. O cão é o símbolo da lealdade esperada de um verdadeiro homem, de um caçador talentoso e de um guerreiro excelente.

Ògúndá méjì também é conhecido como *Oko méjì* em honra da cidade de *Yorùbá* de *Oko*, onde *Ògúndá* manifestou-se subitamente na forma de *Ògún*.

Baba dó l'Oko	*Baba construiu uma habitação na cidade de Oko*
Baba bà l'Óko	*Baba desceu à cidade de Oko*

Baba f ẹyín t'igi akòko pòròpòrò   *Lá ele descansou confortavelmente na árvore akòko*

Ògún veio à terra em virtude da árvore *akòko* (*Newbouldia laevis*), uma árvore sagrada não apenas a ele, mas também a *Egúngún* e *Ẹgbẹ*. Ela é frequentemente usada em ritos de iniciação a *Ògún* e a quaisquer dos espíritos associados à caça e ao nascimento de crianças, vez que possui a propriedade de facilitar o parto e a expelição da placenta. Essa árvore era encontrada na cidade de *Oko*. O centro do culto de *Ògún* é a cidade de *Iré*, embora tenha sido em *Oko* que ele primeiramente se manifestou. Encontramos um interessante jogo de palavras e de lugares aqui, que nos ajudará a entender *Ògún* melhor com *okó* (pênis), *òkò* (um projétil) *e okó íbọn* (o gatilho de uma arma).

Ògúndá transmite que *Ògún* apareceu repentinamente na terra. Isso é relacionado a outras histórias que falam dele tendo uma mãe ou pai, mas sendo adotado. Esses são os temas que indicam a presença de um *ìrúnmọlẹ* e não de um ser humano. As condições ao redor da chegada de *Ògúndá* na terra estão detalhadas meticulosamente por Osamoro em *Ifism* (1986). Esse relato fala de como *Ògúndá* teve que correr do *Ọ̀run* depois de acidentalmente ter visto *Olódùmarè* comendo; assistir ao senhor do *Ọ̀run* realizando essa atividade era um grande tabu. Consequentemente, *Ògúndá* fugiu do *Ọ̀run* levando as bandeiras de *Olódùmarè* consigo quando foi para um útero de sua escolha. Ele escolheu nascer em circunstâncias nas quais pudesse expressar *Ògúndá méjì* da melhor maneira. Assim, ele nasceu na forma de *Ògún*.

Ògún encarna *Ògúndá* na terra. *Ògúndá* representa virilidade e criatividade sob a forma do primeiro ferreiro, que forjou ferramentas para limpar caminhos nas regiões selvagens e caçar, ferramentas também usadas para a guerra. *Ògún* forjou a espinha dorsal, a qual possibilitou o ser humano, quando do *Ọ̀bàtálá* o criou, a ficar ereto e a ganhar músculos e força. *Ògún* se tornou o pai do fogo e ele compartilha a tendência e a compulsão à destruição encontradas na essência passional do fogo. *Ògúndá* abriu caminho aos soldados,

IFÁ: UMA FLORESTA DE MISTÉRIOS

açougueiros e ladrões. Como o primeiro ferreiro, ele também se tornou o primeiro cirurgião, uma atividade comercial regida pelo intelecto, pela criatividade e pelo metal, tornando-se também associado à força que corta o cordão umbilical e permite que se inicie a jornada do recém-nascido na terra.

Este *odù* detém o poder de fazer estradas na mata, em referência a se encontrar uma solução mesmo se a situação pareça impossível. É um poder que traz resultados rápidos, pois *Ògúndá* move-se com o entusiasmo do fogo. *Ògún* é representado por qualquer arma e qualquer produto forjado por um ferreiro. Vinho de palma, *efun* (giz branco), *obi* (noz de cola), gin, galos, caramujos, tartarugas cães e inhames assados estão entre as suas comidas e bebidas favoritas, juntamente com *oguro* (o vinho de palma da árvore *pako*), ao passo que lhe são antagônicos *ejo* (serpente), *adin* (óleo de semente de palmeira ou óleo de palmiste) e *adie* (galinha). As suas preferências nos falam sobre *Ògúndá méjì*, de modo que devemos atentar para a lealdade dos cães e a ajuda que eles podem prover na caçada; para o casco duro da tartaruga e do caramujo e a sua longevidade, e para como esses três animais atribuídos são a *Ònilé* (o espírito da terra), *Òsányìn* (o espírito da medicina) e *Òbàtálá* (o espírito da pureza e da calma). Devemos observar como *Ògún* rejeita *adin*, o óleo feito dos *ikín* sagrados de *Ifá*, que representa a ignorância; e a energia das serpentes, que simboliza a traição. Analisando-se os itens sacrificiais benéficos a um poder e os seus tabus, podemos ganhar uma ideia da essência de uma dada energia. Aqui, temos uma energia que é estável e calma, dirigida para a cura e a sabedoria, mas a presença de álcool denota um fogo adicionado a uma força que já é a fonte do fogo. Como resultado, força e coragem podem ser arrogantes e mal dirigidas.

Ògúndá fala de como foi uma aberta uma estrada entre o *Òrun* e o *Ayé* para prover os mundos visível e invisível com meios de comunicação. Isso assinala o início da ordem e da organização em comunidades sociais. Outra consequência da estrada sendo aberta foi a chegada de todas as coisas boas ao mundo, mas forças obstrutivas também entraram pela mesma rota; a sociedade humana recebeu ambas.

O *odù* narra como *Ọrúnmìlà* e *Èṣù* descobriram que o guardião da boa sorte era um aleijado colocado na junção entre o *Ọrun* e o *Ayé*. Quando eles encontraram esse guardião adormecido, começaram a invocar a boa sorte para descer à terra. Depois de terem espalhado boa sorte sobre a terra, os espíritos desceram. Um grupo, em particular, *Ọrúnmìlà* quis trazer à terra; esses eram os estudantes de *Ifá* e se dizia que traziam chifres em suas cabeças. Esse grupo de estudantes era inclinado à travessura. *Ọrúnmìlà* queria dar uma chance a esses seres para experimentarem a boa fortuna, assim ele lhes deu uma tarefa. Ele dispôs oito regras que não deveriam ser quebradas e disse-lhes que se fizessem isso e se abstivessem do que era proibido, eles não apenas colheriam boa sorte e alegria, mas eles também se tornariam poderes de sorte para outros. Eles aceitaram os seus termos, mas, ao entrarem no mundo, anunciaram a *Ọrúnmìlà* que cada uma dessas promessas havia sido quebrada. E assim se deu que *Abìwo Kọnkọ* abriu-se à chegada dos espíritos que conhecemos como *ajogún* para virem à terra. Há mais nessa história, mas isto deve ser suficiente para explicar como os espíritos do conflito, do infortúnio e do sofrimento vieram à terra e como eles chamaram os espíritos das *àjé*, que serão mais detalhados no próximo *odù*, que continuará o tema das paixões dos homens.

Em *Ògúndá*, encontramos a história da segunda tentativa de transformar o *Ayé* em um habitat adequado para os seres humanos. A história diz que *Ògún* foi nomeado para liderar essa segunda tentativa. Ele foi acompanhado por 400 espíritos que habitariam o mundo, mas *Ògún* não fez nenhum *ẹbọ* ou consulta a *Ifá* antes de partir, ele confiou apenas nas suas próprias força e astúcia. Quando chegaram à Terra, os 400 *ènìyàn* que ele trouxe consigo ficaram com fome, mas ele não tinha comida para lhes oferecer, exceto pela casca das árvores, e então eles começaram a morrer lentamente de fome. *Ògún* voltou para o *Ọrun* e declarou que a tarefa era impossível. *Olódùmarè*,

IFÁ: UMA FLORESTA DE MISTÉRIOS

então, enviou *Olókun*, outro *irúnmọlẹ* autoconfiante e orgulhoso, que também recebeu 400 *èniyàn*, 200 homens e 200 mulheres. *Olókun* não fez nenhum *ẹbọ* ou consulta a *Ifá* e, portanto, veio igualmente despreparado para a terra. Quando eles chegaram, os *èniyàn* que vieram com ele ficaram com fome, mas ele só tinha água para lhes oferecer e, assim, eles começaram a morrer. *Olókun* voltou ao céu, declarando a tarefa impossível.

A tarefa, então, foi dada a *Ọrúnmìlà*. Vendo os fracassos de *Ògún* e de *Olókun*, ele decidiu proceder com cautela e indagou à sua companheira fiel, *Òpèlè* (o colar divinatório) o que ele deveria fazer. *Òpèlè* aconselhou-o a levar uma variedade de sementes, plantas e comidas à terra, e disse-lhe que também fizesse sacrifício a *Èṣù*, a fim de que ele o acompanhasse em sua missão. Ouvindo isso, *Èṣù* foi a *Ògún* e *Olókun* dizendo que *Ọrúnmìlà* estava prestes a viajar para a terra. *Ògún* correu à encruzilhada do céu e criou uma floresta espessa no caminho que fizera do *Ọrun* ao *Ayé* para impedir *Ọrúnmìlà*. Quando *Ọrúnmìlà* chegou à encruzilhada do céu, *Ògún* o desafiou, mas depois de alguma discussão, permitiu que *Ọrúnmìlà* passasse sob a condição de que daria suporte aos poucos seguidores de *Ògún* que haviam permanecido vivos e que os alimentaria com árvores e folhagens. Quando *Ọrúnmìlà* começou a descer, *Olókun* o desafiou, fechando seu caminho com as águas, mas essa complicação foi resolvida, uma vez que *Ọrúnmìlà* prometeu a *Olókun* que também encontraria fontes de nutrição e de água aos seus devotos na terra. Quando chegou à terra, *Ọrúnmìlà* instruiu os seus seguidores a fazerem cabanas de palha, a plantarem sementes e a colocarem os animais que haviam trazido em lugares férteis com pastagens. De um dia para o outro, as sementes deram colheita e os animais produziram crias. Era um milagre. Logo os seguidores de *Ògún* e *Olókun* apareceram procurando por comida, mas, primeiramente, foram-lhes dados gravetos para mastigar e água para beber, e é em recordação desta história que todos começamos o dia mastigando gravetos para limpar os nossos dentes e enxaguando as nossas bocas com água.

Então se deu que *Ọ̀rúnmìlà* completou a sua tarefa. Ele alimentou o seu povo e expandiu as suas terras, mas quando eles estavam aumentando, disse a *Èṣù* que fosse ao céu e lhe trouxesse a sua leal esposa, *Òpèlè*. *Èṣù* fez como solicitado, apenas para descobrir, em seu retorno à terra, que uma cabana fora feita para ele na sua ausência e que as suas comidas favoritas estavam lá esperando por ele. *Èṣù* dançou de alegria e louvou *Ọ̀rúnmìlà* e a sua bondade, prometendo-lhe lealdade.

Vendo que *Ọ̀rúnmìlà* não retornava ao céu, *Ògún* e *Olókun* ficaram curiosos e decidiram ir à terra para verificar o que estava se passando. Na encruzilhada da terra, eles encontraram *Èṣù*, que lhes narrou o sucesso de *Ọ̀rúnmìlà*. Ambos se sentiram humilhados e foram até *Ọ̀rúnmìlà*, saudaram-nos de joelhos e juraram dar suporte à sua causa.

Naturalmente, encontramos muitas plantas associadas a este *odù*, e também encontramos *Ọ̀sányìn* aqui, onde lhe é dado o governo sobre as plantas. Samambaias são importantes em *Ògúndá*, assim como folhas de palmeira; diz-se que estas últimas foram o primeiro material usado para fazer roupas, assim como se diz que a cana de açúcar foi o primeiro alimento da humanidade, simbolizando vitória e doçura; ela é sagrada a *Ọ̀bàtálá* e *Ọ̀ṣun*. O salgueiro é associado a este *odù* em memória de *Olókun* e da sua tentativa de criar um habitat e compartilhar as propriedades do conforto, resistência e riqueza com o bagre.

A árvore *iyá* (*Daniellia oliveri*), também conhecida como árvore de bálsamo de copaíba africana ou copal de goma, veio à terra neste *odù*. É usada para incenso e seu óleo protege e dá brilho à madeira. A resina repele mosquitos e é uma proteção contra a má sorte e *malefica*. A árvore tem uma variedade de usos medicinais: ela é diurética, analgésica e bactericida, e é usada para tratar tudo, de depressão a doenças venéreas e cólicas menstruais. Ela simboliza a ascensão da pobreza à riqueza e está relacionada a se encontrar solução para qualquer situação. *Iṣìn* (*Crotolaria retusa*) é uma planta complicada encontrada neste *odù*, representando a perda da sorte, assim como *kanran-*

IFÁ: UMA FLORESTA DE MISTÉRIOS

jángbón (*Soleanum sisymbriifolium* e espécies relacionadas), à qual se reputa roubar a sorte das pessoas. Portanto, ambas são plantas *ajogún* e têm uma natureza maléfica.

Este *odù* diz respeito à vitória, mas também a se depender apenas da força para se alcançar a vitória. Um verso transmite a seguinte mensagem:

Gbòngbò sẹ wòròkò fi wòròkò Jana
A día fékùn
Níjó ti nlọ oko ọdẹ
Oko ọdẹ ti òun nlọ yìí
Òún lè ríṣe bò mbẹ̀?
Ni ẹkun dafá sí
Wón ní kí ó rúbọ elénìní
Ẹkùn ní ta ní ó selénìní òun ẹkùn?
Ó ní òun ò níí rú
Láìpẹ́ẹkùn korí sóko ọdẹ
Èṣù di aṭégùn
Ó ṭélé e
Ìgbà ti ẹkùún dóko ọdẹ
Ló bá ri ìrá
Ó si pa á
Njé ki ẹkùn ó máa dá ìrá ní inú lu
Ni Èṣù bá já èso igi àfọn kan
Ó sọọ́ mọ́ẹkùn ní bàrá ìdí
Bí ó ti bá ẹkun ní bárá ìdí tán
Ẹṣékẹṣè ni ẹkùn sá lọ
Kí ó tôo padà dé
Èṣù ti gbé ẹran lọ
Ìgbà ti ẹkùn padà dé
Tí ó wá ìrá títí ti kò ri i

Ló bá tún wá ẹran mìfí lọ

Ṣúgbón bákanàà ló já si

Ìgbà ti ebí wáá bẹ̀rẹ̀ síí pa ẹkùn

Eré ló sá rúbọ

Ìgbà tí ó rúbọ tán

Ó tún padà lọ si oko ọdẹ

Èṣù kò si dẹ́rú bà á mó

Ijó ní njó

Ayọ̀ ní nyọ̀

Ó ní gbòngbò se wọ̀rọ̀kọ̀ fi wọ̀rọ̀kọ̀ Jana

A dia fẹ́kùn

Níjó ti nlọ oko ọdẹ

Wọ́n ní ó káakí Mọlẹ̀

Ó jàre

Ẹbọ ní ó ṣe

Kèè pẹ́ o

Kèè jìnà

E wáá bá ni ni tìṣégun

O tronco de madeira é torto de tal forma que

Se enrola pela estrada

Essa foi a leitura oracular de Ifá para o leão

No dia em que ele estava andando na floresta à caça

De animais

Ele indagou se a expedição que ele estava empreendendo

Teria bons resultados

Ele buscou a consulta oracular por essa razão

Ele foi aconselhado a realizar sacrifício, a fim de que pudesse triunfar

Sobre os poderes do infortúnio

Mas o leão se gabava de que ninguém era suficientemente corajoso para
  contrariar os seus objetivos
Ele disse que não faria sacrifício.
Logo depois, o leão entrou na floresta para caçar
Èṣù se transformou em vento
E seguiu o leão
Quando o leão entrou na floresta,
Ele viu um veado em dificuldade.
E ele foi matá-lo.
Mas quando ele estava prestes a massacrá-lo
Èṣù arrancou um fruto da árvore àfòn
E o jogou contra a coxa do leão
Assim que ele foi capaz de mover sua perna
O leão fugiu
Antes que ele voltasse
Èṣù removeu a presa
Quando o leão voltou
Ele procurou por muito tempo sem encontrar a presa.
Ele procurou outro animal
Mas a mesma coisa aconteceu
E ele ficou cada vez mais faminto
Ele decidiu fazer o sacrifício
Depois que ele fez o sacrifício
Ele voltou para a floresta para caçar animais
E Èṣù não estava lá para atormentá-lo
Ele começou a dançar
Ele dançou em regozijo
Ele disse: "O tronco de madeira é torto de tal forma que
Se enrola pela estrada"
Foi a leitura oracular de Ifá para o leão

No dia em que ele estava andando na floresta à caça de animais
Ele foi aconselhado a cuidar dos deuses.
Eles disseram que seria de grande ajuda se ele fizesse sacrifício
Não demorou muito
Não muito longe
Venha e veja-nos vitoriosos

Este *odù* diz respeito a paciência e a força, como mostrado pelo leão, mas também reconhecendo que isso nem sempre é suficiente. Ao tomar a forma do vento, *Èṣù* sabota o sucesso do leão, a fim de lhe ensinar uma lição de humildade. Ele enfatiza a importância de se reconhecer que o mundo é um lugar misterioso, que o nosso sucesso nunca é apenas nosso. O leão está caçando num campo chamado *Ode*, que significa um território selvagem e indomado, mas também é um nome dado ao caçador como alguém que pode dominar esse território. Assim, o primeiro chefe de *Ode* foi *Ògún*, que é tanto a floresta quanto o seu patriarca. O oráculo pela leitura de entranhas nasceu neste *odù*. A rede do pescador também pertence a ele, assim como todas as armadilhas para pegar presas.

Os coelhos, que representam a inquietação inerente a *Ògúndá*, nascem neste *odù*. Serpentes também receberam o seu veneno aqui, à exceção da jiboia, que representa a presença de *Òbàtálá* e convida à tranquilidade e à paciência em contraste com o ataque furioso das víboras. Essa constelação de poderes aconselha a necessidade de se medir a força e a importância de se temperar o próprio fogo interno. O fogo interno cultivado de um modo calculado e sereno pode ser colhido como entendimento, mas o fogo que age sem contemplação leva ao ataque e, eventualmente, à guerra. Um dos remédios usados para ajudar a cultivar esse fogo é *oṣẹdúdú*, acompanhado de outros sabões mágicos conhecidos como *oṣẹèrò*. Eles são feitos das cinzas de tanchagem, cacau e outras plantas, que têm um efeito suavizante elas mesmas e são usadas para carregar remédios e magia, preparadas e transformadas em pós, que são misturados a *ọṣẹdúdú*. Com o auxílio de remédios calmantes, o fogo inerente ao guerreiro e ao caçador torna-se uma força diplomática.

O fogo é importante neste *odù*. *Iná* (fogo) era o filho de *Ògún*. *Ògúndá* nos conta que quando *Iná* nasceu, ele foi destinado à fama, ao renome, à amizade e ao poder. *Iná*, contudo, fez apenas parte do sacrifício prescrito e pediu renome e fama. Ele foi, em princípio, muito feliz com o seu renome como um destruidor e aproveitou a sua fama e tomou tanta vantagem dela quanto pôde. Mas o tempo passou, ele compreendeu que todos o temiam e ninguém ousava ficar perto dele. Ele se viu sozinho e enraivecido e finalmente decidiu fazer o restante do sacrifício, mas a sua fama como uma pessoa perigosa continuou presa a ele.

A lição extraída da história de *Iná* indica que, a fim de equilibrar as energias deste *odù*, é importante dar atenção ao *orí* e tomar o tempo necessário para considerar as nossas ações. Atuar com pressa é sempre uma receita para o desastre ou, ao menos, para que consequências indesejadas se manifestem.

Um provérbio neste *odù* diz: "a pedra que você atira numa palmeira retornará e atingirá você". Não devemos permitir que a imprudência da juventude desgrace a nossa velhice. O provérbio fala da natureza daquele que buscamos prejudicar; uma pessoa justa repelirá o dano e a agressão e os devolverá ao mau. *Ògúndá* adverte para que se seja a palmeira ereta e não o atirador de pedras. Um *oríkì* para *Ògún* fala da sua condição com um lamento típico de *ìrémòjé*, que são os cânticos especiais do seu culto (Barnes, S. (ed.) 1997:129):

> *Ojó Ògún*
> *Ṣí lo, ṣí lo, ṣilo ní má ṣẹ aiyé*
> *Dùgbè dùgbè a gba ode oòrun kèkè*
> *Ipé npé jú a si kùn fé kún*
> *Òtòpàkó a si kùn fẹ jè*

Paranganda ní dà fọmọ ódó

Abiri, abihun à ṣimu òrìṣà

Mo rí fàájì rẹ

Nos dias em que Ògún está irritado

Há sempre desastre no mundo

O mundo está cheio de pessoas mortas indo para o céu

Os cílios estão cheios de água.

Lágrimas escorrem pela face

Uma surra de Ògún causa a queda de um homem

Eu vejo e ouço; eu temo e respeito o meu òrìṣà

Eu vi a sua (sangrenta) alegria

Tais descrições e louvores andam lado a lado com canções e preces aclamando a sua excelência como um caçador e seus talento e sabedoria. Também encontramos canções para *Ògún* que são de natureza impressionantemente sexual, louvando seu membro grande e comprido, assim como a sua impressionante capacidade de produzir sêmen. Essas canções naturalmente enfatizam o conceito de virilidade combinado com sangue e fogo. Raiva, sede de sangue e instinto assassino pertencem a este *odù*, mas também o diplomata e o caçador paciente que aprenderam a arte da "viagem astral". *Ògúndá* adverte que não devemos nos comportar de tal forma que fazer o bem se torne cansativo. Devemos apreciar as boas ações que as pessoas fazem ou mesmo tentá-las nós mesmos:

Gúnnugún ṣoore mápálórí mápálórí

Àkàlàmàgbò ṣoore màyogègè màyogégè

Ọjó míí jòọmí bíí k'éni ó má tiẹ̀ṣoore mọ́

Ọ̀rọ́ṣoore ṣoore ọrη ò l'éwé l'orí

Àfòmọ́ṣoore kò l'égbo

Díá fún Òkété

IFÁ: UMA FLORESTA DE MISTÉRIOS

Tí nlọ rèé tẹ Ọká n'Ifá
Ẹbọ ni wọn ní kó ṣe

O Abutre fez boas ações, mas ficou ousado ao fazer as boas ações
O Abutre Negro fez boas ações, mas ficou guloso de fazer as boas ações
Alguns dias, quando acordamos, não queremos fazer a boa ação
O cacto também fez boas ação, mas não lhe foram dadas folhas como re-
*   compensa*
A ave fez boas ação, mas nunca lhe foram dadas raízes
Isso foi o que Ifá leu no oráculo para o Rato
Quando ele ia iniciar a cobra em Ifá
Foi-lhe dito para fazer sacrifício.

A tensão entre roedores e cobras é um tema familiar. *Ifá* aconselha-nos a termos cuidado com quem estamos ajudando, pois a falta de valorização tornará cansativa a realização das nossas boas ações. As histórias que dão continuidade a este verso dizem que, finalmente, o Rato foi comido pela Cobra. *Ògúndá* é rico em histórias falando de pessoas como o rato e como a cobra, e nos aconselha a ter cuidado com as pessoas, pois tanto a ofensa quanto o perdão nascem em *Ògúndá*.

O lado sombrio da vitória é que inspira arrogância e confiança excessiva nas próprias habilidades, como demonstrado na história que conta como *Ògún* perdeu o *igbá ìwà* (a cabaça do caráter) para *Òrúnmìlà*. A história relata um desafio dado a vários *ìrúnmọlẹ*: o primeiro que conseguisse chegar a *Olódùmarè* em um determinado dia seria presenteado com o *igbá ìwà*, o segredo da criação. *Ògún* foi um dos muitos *ìrúnmọlẹ* que se preparou para a competição. Quando chegou o dia, ele foi o primeiro a acordar e a se preparar para ir até *Olódùmarè* reivindicar o *igbá*. Enquanto se preparava, ele se lembrou de que já havia reservado aquele dia para uma caçada aos elefantes. Então, decidiu enviar um escravo em seu lugar. O escravo se chamava *Ìdá* e era um cor-

297

redor muito bom. *Ògún* lhe deu um galo, cerveja de milho, nozes de cola e búzios, dizendo-lhe para se apressar para ir a *Olódùmarè* e apresentar-lhe esses presentes. *Ìdá* começou a correr, mas, depois de algum tempo, ele decidiu fazer uma pausa ao pé da árvore *Ìsin*. A fruta o atraiu e ele começou a comer – e ele comeu e comeu, e quanto mais comia, mais a sua fome crescia. Ele ficou lá o dia todo e só quando a noite chegou ele percebeu que sua missão fracassara. Ele pulou da árvore e fugiu o mais rápido que pôde para *Olódùmarè*, mas quando chegou já era tarde demais e o *igbá ìwà* tinha sido dado a *Òrúnmìlà*, o primeiro a se aproximar de *Olódùmarè* naquela manhã. No início, *Ògún* culpou seu escravo pela perda da cabaça, mas quando o escravo observou que, de todos os 400 *ìrúnmọlẹ* que participaram do desafio, *Ògún* fora o único que enviara um escravo em seu lugar, *Ògún* percebeu que tinha trazido isso para si mesmo e aceitou sua derrota. *Ògúndá* fala de ambição mundana e de como o sucesso também pode convidar a imprudência e atitudes egoístas. *Ògúndá* é certamente vitória e força, demonstrando sua gloriosa proeminência, tanto quanto as sombras da paixão inquieta que convida para as nossas vidas.

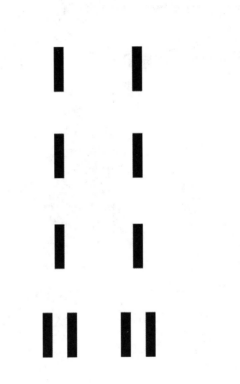

ÒSÁ MÉJÌ

OS MISTÉRIOS DOS PÁSSAROS DA NOITE

Òsá Méjì significa "fuja" e diz-se que seja o pio penetrante ou o grito de pássaros misteriosos. *Òsá* também significa inquietação, nervosismo, o campo tremulante da alma e das emoções. É um *odù* dramático que narra a fusão dos mundos visível e invisível no *Ayé* e a capacidade para viagem astral ou espiritual.

Aqui, nós encontramos *Oya*; os ventos nascem aqui, sejam eles a brisa, a tempestade, o tornado ou a monção. Por conta desses fenômenos, *Òsá* é associado à mudança dramática, se não cataclísmica. Esses ventos são o que permitem o poder da palavra tornar-se efetivo em forma de encantamentos. Eles também têm uma relação com o próprio alento, mas, neste *odù*, têm dimensões mais cósmicas. Esse vento é conhecido como *àjáláiyà* e se refere aos ventos que podem resultar em tornados. O conceito de *àjé* é aqui encontrado, tanto como uma força de abundância e realeza quanto como algo destrutivo e estranho, mas sempre poderoso. *Òsá* anuncia a chegada do estranho e uma vez que *Òrúnmìlà* era ele mesmo um estranho, este *odù* transmite a importância de se recepcionar o que é estranho e não familiar e de se compreender a sabedoria que isso possui ao invés de rejeitá-lo.

As qualidades destruidoras e dramáticas deste *odù* são detalhadas por Osamoro Ibie (1986), que nos conta que *Òsá* foi nomeado Vento Ubíquo e *"aquele que faz o que quer e significa o que ele faz"*. As *àjé* vieram à terra perseguindo *Òsá*, gritando *"òsásá"* atrás dele e tentando devorá-lo. *Òsá* decidiu se refugiar na floresta e juntar comida para dar a *Ìyàmí Òṣòròngà*, sua rainha. Ele preparou a comida para elas comerem de maneira que o deixassem em paz. As *àjé* amontoaram-se ao redor da comida, mas enquanto *Òsá* estava se escondendo das *àjé*, elas o viram e a perseguição recomeçou. Entretanto, *Òsá* havia preparado o sacrifício perto do portão que levava ao *Ayé* e, então, ele entrou no mundo visível, mas as *àjé* vieram atrás dele. Ele correu e correu até que encontrou um ventre no qual poderia se esconder. Conforme ele saltava para dentro do ventre, esperando o momento da gestação, ele percebeu que havia escolhido o ventre de uma sacerdotisa das *Ìyàmí*. Ibie conta-nos que essa situação foi causada pelo fato de *Òsá* ter negligenciado fazer sacrífico ao *orí* e a *Èṣù*, o que o levou a ficar preso em um rio que marcava a passagem entre os mundos.

O rio fronteiriço é o local de outra história detalhando como as *àjé* vieram ao mundo. *Òrúnmìlà* convidou as *àjé* para residirem dentro das suas entranhas enquanto ele cruzava o rio, para trazê-las ao mundo. Elas concordaram em fazê-lo, mas, chegando ao outro lado, os espíritos disseram a *Òrúnmìlà* que preferiam ficar no conforto aquecido e úmido das suas entranhas, alimentando-se dele até que morresse. Em desespero, *Òrúnmìlà* buscou o conselho de *Èṣù*, que lhe disse para preparar uma refeição de intestinos e fígado crus, com muito azeite de dendê, e oferecê-la para as *àjé*. Ele fez como *Èṣù* aconselhou e conseguiu expeli-las de seus intestinos. Dessa maneira, as *àjé* chegaram à terra.

A palavra *Yorùbá àjé* é associada ao movimento e ao comércio. Nós podemos entendê-la como um mercado da noite se desdobrando em raios argênteos. Esse mercado noturno é concebido como uma assembleia de pássaros predadores e de bicos longos. O pombo-torcaz (*kùkù*) também entra nesse mercado para trazer as bênçãos da riqueza.

No novo mundo e no ocidente moderno, o conceito de *àjé* foi equalizado ao de "bruxa". Isso é verdadeiro se nós compreendermos o que é uma bruxa em termos africanos. *Àjé* é considerado um poder que algumas pessoas

IFÁ: UMA FLORESTA DE MISTÉRIOS

possuem por herança, iniciação ou nascimento. É considerado um excesso de *àṣe* (poder natural), e, portanto, deve ser mantido sob controle e em equilíbrio para evitar dano ao seu possuidor e também à comunidade.

Nós encontramos a palavra *ènìyàn* sendo usada em relação a *àjé*. Esse termo é aplicado aos seres humanos e usualmente define uma pessoa que tenha acordado para a sua capacidade espiritual. A palavra também é usada para alguém que possua o poder de causar mudança catastrófica, como encontrada em *Òsá*. Tal pessoa é conhecida como um *èléye*, "mulher dos pássaros". Essas pessoas são, em sua maior parte, mulheres, embora homens possam ser adotados nesses mistérios em ocasiões raras. Se nós olharmos para o folclore conectado as *èléye*, encontramos um grupo de características sinistras, como a antropofagia, similar aos dos carniçais.[23] Essas são pessoas nascidas com poderes especiais, têm uma capacidade inata para o voo espiritual e tendem a ser oraculares e clarividentes.

Àjé é a profundidade emocional primordial da feminilidade. Não é uma força geradora, mas justamente o contrário. *Òsùn*, doce como mel, representa os poderes geradores e a fertilidade. *Àjé* e sua mãe, *Ìyàmí Òsòròngà*, são a esterilidade e a alteridade, a feminilidade antes do primeiro sangramento e o lamento sobre o último. *Àjé* é rizomática, como os fungos, manifestando-se em picos de poder aqui e ali, enquanto sua essência verdadeira é uma rede fosforescente de possibilidades subterrâneas que podem ou não se manifestar.

Ìyá mí tótó, Àjé	*Minha grande mãe, que conhece Àjé*
Ònépo nílé fèjè ròfó	*Você que possui azeite de dendê em casa, mas que prefere fritar Seus vegetais em sangue*
Ìyá mi tótó, Àjé o o, ìbá	*Minha grande mãe, que conhece Àjé, nós a saudamos*

---

[23] N.T. *Ghouls*, no original.

Esse *odù* conta como dois *òrìṣà* masculinos, *Ọbàtálá* e *Ògún,* e uma força feminina, *Odù,* vieram à terra para esculpi-la e moldá-la. *Olódùmarè* deu o poder da escultura e das artes para *Ọbàtálá* e o da metalurgia a *Ògún.* Para *Odù,* ele deu o poder de dar a vida; ele lhe deu a maternidade e disse-lhe que ela era a sustentadora do mundo. Ela sustentaria o mundo com uma cabaça em particular. Dentro da cabaça, havia um pássaro. Ela declarou que usaria aquele *àṣe* magnífico para lutar contra aqueles que a desrespeitassem e para defender aqueles que a adorassem. Esse pássaro era *àjé* e quando *Odù* toma posse desse pássaro, ela se torna *Ìyàmí Òṣòròngà,* que significa "minha mãe misteriosa, senhora dos pássaros da noite". O leite materno nasceu nesse *odù,* atribuído ao *àṣe* dos espíritos coletivos das mães, *Ayélàlà,* que significa "a(o) terra/mundo está sonhando a si mesma(o)". É por isso que *Ọbàtálá* declara o seguinte neste *odù,* que anuncia a descida dos pássaros do outro mundo sobre a terra:

> *Ọbárìṣà ní kí wọ́n ó máá fi ibà fún obìnrin*
> *Ó ní ti wọ́n bá ti nfi ibà fún obìnrin*
> *Ilé Ayé yìo máá tòrò*
> *Ẹ kúnlẹ̀ o ẹ kúnlẹ̀ f'òbìnrin o*
> *Obìnrin l'ó bi wa*
> *K'áwa to d'ènìyàn*
> *Ọgbọ́n Ayé t'óbìnrin ni*
> *E kúnlẹ̀ f'obìnrin*
> *Obìnrin l'ó bí wa*
> *K'áwa tó f'ènìyàn*
> *Ọbárìṣà (Ọbàtálá) disse que as pessoas devem sempre respeitar*
> *grandemente as mulheres*
>
> *Pois se elas sempre as respeitarem grandemente, o mundo*
> *Estará na ordem correta*

Preste homenagem; respeite as mulheres
De fato, foi a mulher que nos trouxe à existência
A sabedoria do mundo pertence às mulheres
Então, respeite as mulheres
De fato, foi a mulher que nos trouxe à existência
Antes de sermos reconhecidos como seres humanos

Naturalmente, o dom da maternidade vem com um campo intenso de variáveis emocionais que ocorrem durante a menstruação, gestação e menopausa. Esses são os pontos máximos das marés para os segredos da maternidade até a fúria e o delírio em seu estado bruto. Assim, *Àjé* são os "pássaros" que habitam, infestam e se alimentam das nossas emoções e corrompem ou curam nossa alma. Nisso está a admoestação encontrada em diversos versos e provérbios que nos aconselham – especialmente os homens – a nos prostrarmos diante de *odù* (o ventre) e das mulheres, a termos respeito por elas e a fazermos *ipese*, o sacrifício que acalma o ventre. Há um provérbio que fala da natureza da alteridade representada pelas mulheres em sua menopausa e dos poderes que elas adquirem nesse ponto: "enquanto uma mulher for capaz de gerar, o ventre a possui, e depois, quando estéril, ela possui o ventre". Isso significa que ela não é mais uma mulher, mas "algo além", o poderoso outro.

É dito que *Ìyàmí* está "sentada sobre *Odù*", que ela coroa os poderes femininos, ou que *Odú* é uma *Ìyàmí*. Ela também é chamada de *Ìyàmí Èléye*, "a senhora dos pássaros"; *Ìyà Àgbà*, "a mulher anciã é respeitável"; e *Ìyàmí Òsòròngà*, "minha mãe, a poderosa bruxa ou feiticeira". Isso levanta algumas questões controversas, uma vez que a bruxaria é associada aos atos antissociais, assim como a um poder natural acessível às mulheres e aos membros de sociedades como *Egbe Èléye* e *Egbe Ìmùlè*, nas quais os segredos da manipulação dos poderes sobrenaturais estão preservados. Diz-se que a bruxaria antissocial vem de *àjé burúkú*, mas há outro tipo de "bruxa" que é chamada de *àjé rere*. A diferença entre elas é de caráter. A palavra *burúkú* se refere a tudo que é ruim, quebrado e corrompido. Por exemplo, o termo *orí burúkú* significa uma pessoa incapaz de fazer escolhas que são boas para ela, que é considerada incômoda e destrutiva para ela mesma e para a sociedade. Por outro lado, *rere,* usada de maneira intercambiável com *ìwà pele,* refere-se a um estado de contentamento e felicidade no qual o caráter da pessoa é bom e ela é uma parte benevolente da sociedade. O historiador nigeriano Lawal comenta a esse respeito que, pelo fato de as mulheres serem mais fracas fisicamente, elas foram abençoadas com uma forma especial de astúcia, *ọgbón ayé,* o que carrega a conotação adicional de fraude e dissimulação. Ainda assim, a importância do caráter e de se manter uma consciência calma e boa é destacada em todos os tempos. Até mesmo hoje, nós temos provérbios dentre os *Yorùbá* que se referem à influência de *àjé* sendo como "pássaros aninhados nos cabelos de uma pessoa". Isso é muito revelador, pois o cabelo tem o significado simbólico de algo selvagem e indomado, daquilo que se emaranha e deve ser direcionado se é desejado um crescimento positivo. Por causa disso, o *orí* (consciência/a cabeça física) é frequentemente adornado embelezando-se o próprio cabelo e arrumando-o com cuidado, como um modo de apaziguá-lo e acalmá-lo.

Ìyàmí é considerada a progenitora ancestral do sexo feminino, assim como *Òṣò* é o progenitor do sexo masculino. Isso pode significar, talvez, que enquanto *Ìyàmí* representa a feminilidade suprema e transcendente, *Òṣò* representa a masculinidade suprema e transcendente. É dito que *Òṣò* pega seu *àṣe* do reino de *Èṣù,* o que coloca essa divindade no reino da transformação e da mudança. Pode-se compreender *àjé* e *Òṣò* como sendo o mesmo poder essencial, mas torcido em direções diferentes pelo ritmo da criação e, então, se tornando diferenciado como masculinidade primal e feminilidade primal. É possível enxergar isso em seus cultos: *Òṣò* é profundamente relacionado ao culto do *òrìṣà Oko,* o *òrìṣà* da agricultura, que se diz servir como juiz e júri em casos de acusação de bruxaria. Ele é considerado uma força calma e tranquila, justa e sábia, com um profundo conhecimento de bruxaria e feitiçaria.

IFÁ: UMA FLORESTA DE MISTÉRIOS

Os pássaros de *Ìyàmí* são predadores, enquanto o abutre é sagrado para *Òṣò*. Eles são forças de equilíbrio cósmico, que Lawal (1996) enxerga como *"um jogo dinâmico de tais opostos como céu e terra, dia e noite, macho e fêmea, físico e metafísico, corpo e alma, interior e exterior, quente e frio, duro e mole, esquerda e direita, vida e morte, sucesso e falha e assim por diante"*. Os pássaros e animais especialmente sagrados para *Ìyàmí Òṣòròngà* são: *àṣá* (sabiá-escuro), *àkàlàmàgbò* (abutre), *òwìwí* (coruja), *ẹlúùlú* (coca-branco), *parapandù* (noitibó-de-balanceiros), *àgbìgbònìwònràn* (poupa), *kòlòbò* (estorninho-malhado), *alátagbà* (gavião-de-costa-cinza), *kólíkólì* (comedor de banana), *ẹyẹ ìgbò* (serpente-comedora-de-ovos), *ológbò* (gato), *ajá* (cão), *àgùntàn* (ovelha), *asín* (rato fedido), *òkété* (rato-gigante-africano). Esses animais são revelados em *Òfún méjì*, o último *odù*, em uma história sobre *Èrùúbàmi*, o homem ganancioso. Nessa história, *Ìyàmí Ọ̀ṣòròngà* usou os animais como mensageiros para vários distúrbios que provocaram pavor opressivo no ganancioso.

Há uma crença no novo mundo de que existe algum tipo de inimizade entre *àjé* e *Ifá* – mas, em sua capacidade de grande pacificador, *Òrúnmìlà* entendeu a necessidade de tais poderes e de como essa abundância de *àṣẹ* pode beneficiar a humanidade. Esse mistério é guardado na sociedade *Ọgbóni*, na qual a dinâmica tradicional de poder entre as mãos direita e esquerda é compreendida e utilizada. Além disso, o peso e a qualidade das cores também estão preservados aqui, dado o potencial para toda a manifestação se dar nas cores vermelho, preto e branco, que são graus de misericórdia, de frieza e de fogo.

Por que é importante entender esses poderes, por que eles são tão essenciais ao trabalho de *Ifá* e por que essas forças disruptivas estão presentes no mundo? A explicação para esse mistério é maravilhosa e espetacular, e um raio de sua magnificência é encontrada no seguinte verso:

Ọgbọn kan nbẹ ní kùn ọmọ àṣá
Ìmóràn kan nbẹ kìkùn ọmọ àwòdì òkan

307

nínúù rẹ Ọkan ninúù

mi Ọkọ̀òkàn níkùn

ara wa Ṣefá

fún Ọ̀rúnmìlà Ifá

nlọ bá àjé mulè Mọ̀rẹ̀rẹ̀

Wọ́n ni nítorìi kìnni

Ò ní nìtorì kì nkan òun lègún gègèègè ni

O gavião tem uma sabedoria

O falcão possui um conhecimento diferente

Um em minha mente

Um em sua mente

Um em cada mente

Essas foram as declarações de Ifá a Ọ̀rúnmìlà

Quando ele ia entrar em uma reunião com as bruxas em Mọ̀rẹ̀rẹ̀

Elas lhe perguntaram o porquê dele estar fazendo aquilo

Ele disse que era para que sua vida fosse perfeitamente organizada

A árvore ọ̀òrọ́ (*Drypetes sp.*), também conhecida como *ọsá*, é uma fonte de sucesso aqui e encontramos esse nome como um codinome para plantas como ọró (*Nesgordonia papaverIfè ra*) e *ayè* (*Sterculia rhinopetala*). Diz-se que todas essas plantas iniciam ciclos de sucesso, apesar delas crescerem em ritmo lento. Tradicionalmente, a veneração a essas plantas é feita dando-se um pouco de pelos do corpo para elas, especialmente das axilas e da região púbica. Essa oferta de pelos representa uma renúncia à perversidade. Nós encontramos plantas tóxicas e alucinógenas aqui, assim como estranhas e incomuns, *i.e.*, carnívoras. As daturas e os lírios têm seu lugar neste *odù*. Todas essas são plantas que nos desafiam a aproximarmo-nos delas com um espírito de compreensão; o uso irresponsável delas pode trazer insanidade ou morte, apesar de, na verdade, elas possuírem uma sabedoria única.

IFÁ: UMA FLORESTA DE MISTÉRIOS

Òsá provê diversas histórias sobre o tipo de problema e de agitação que as Ìyàmí ou Anciãs da Noite podem causar. Uma dessas, narra como Ilé Ifè foi assombrada por todos os tipos de problemas. As pessoas ficaram tanto pobres quanto estéreis sem razão aparente, velando-se a cidade em infelicidade. Os cidadãos de Ilé Ifè chamaram Egúngún para auxiliá-los, afinal, ele era aquele que mantinha a retidão e tinha a sabedoria da ancestralidade. Egúngún veio à terra e quando ele estava para começar o trabalho de resolver os problemas das pessoas, as àjé se agruparam ao seu redor e atacaram-no. Ele afundou no chão e declarou que sua missão havia falhado. Percebendo que Egúngún havia sido derrotado, as pessoas chamaram Ògún para ajudá-las. Ògún escutou o chamado e foi a um awo para leitura oracular. O awo falou para Ògún que a situação era muito delicada e que ele seria derrotado se não fizesse os sacrifícios necessários, sendo um deles alimentar as àjé. Ògún não viu razão em alimentar as Anciãs da Noite e foi para a terra apenas para ser derrotado tal qual Egúngún. Vendo a derrota de Ògún, os anciãos da cidade chamaram pela ajuda de Òrúnmìlà. Este foi ao awo para consultar o oráculo e lhe foi dito que ele precisava alimentar as àjé e seu Ifá antes de ir lidar com os problemas de Ilé Ifè. Òrúnmìlà fez conforme o awo aconselhou, foi à terra e conseguiu resolver a situação por meio de sua destreza em estabelecer pactos, limites e concordatas entre as Anciãs da Noite e os cidadãos.

Essa história é relacionada à importância da hospitalidade em Òsá e à necessidade de se evitar julgar as pessoas com base em sua aparência e posição social. Ilé Ifè sofreu, pois seus cidadãos não estavam interessados em apaziguar as forças hostis e nem em reconhecer as encarnações do àse radical representado pelas Anciãs da Noite.

Essas forças espirituais são mais quentes e intensas do que quaisquer outras, por isso é importante entender como se relacionar com elas de maneira que liberem o leite das mães e a fertilidade do ventre, ao invés de causar catástrofe por tratar mal ou ignorar poderes que podem tanto causar tanto o mal quanto bênçãos.

Pòòkó nídìí

Ó fihà jókòó

A día foge

Ó nsunkún ọmọ́ rode Ìgbọ́nná

Ògé ní òún le rómọ bí lode Ìgbọ́nná báyití

Wọ́n ní kó rúbọ

Ó sì rú u

Ìgbà tí ó bímọ tán lóde Ìgbónná

Tí inúu rẹ̀ẹ́ dùn tán

Ó ní bẹ̀ẹ̀ gégé ni àwọn awo òún wí

Pòòkó nídìí

Ó fihà jókòó A día f' Òge

Ó nsunkún ọmọ́ rode Ìgbọ́nná

Yóó gbè yín o

Òge

Bí à sàì gbọmọọ rè jẹ́ẹ́jẹ́ẹ́

A cabaça na qual mantemos osún

É sustentada em sua base

E lá ela está assentada em ambos os lados

Foi a leitura de Ifá para Òge

Quando ela estava chorando pela falta de crianças na cidade de Ìgbọ́nná

Foi dito à Òge que

Se algum dia ela quisesse filhos

Ela precisaria fazer sacrifício

Ela fez conforme lhe foi dito

Depois dela fazê-lo, deu à luz crianças em Ìgbọ́nná

Ela estava feliz

E ela disse, tudo ocorreu conforme o sacerdote de Ifá havia dito

A cabaça na qual mantemos osún

É sustentada em sua base
Mas é dependente dos seus dois lados
Essa foi a leitura de Ifá para Òge
Quando ela estava chorando pela falta de crianças na cidade de Ìgbọ́nná
Ela as abençoará todas
Òge as abençoará
Facilmente ela abençoou as suas crianças

Ọsá adverte contra ser dominado pela paixão e permitir o desenvolvimento da arrogância e do húbris. Em relação ao último, nós encontramos a história de *ọ̀sìn* (corvo-marinho). *Ọsá* fala sobre o tempo no qual os pássaros se reuniram para eleger um líder, que devia ser escolhido com base nas características que ele possuísse; coragem, inteligência e elegância eram especialmente desejáveis. Depois de debater a eleição por um longo tempo, eles finalmente decidiram que *Ọsìn* era o mais indicado para ser o líder. Quando essa declaração foi feita, *Ọsìn* respondeu ao desafio, mas não demorou muito até que sua cabeça ficasse repleta de orgulho. Em glorificação própria, ele começou a editar leis e mandamentos, assim como a proclamar que a sua árvore era apenas para seu uso e que não era permitido a nenhum outro pássaro descansar nela salvo se fosse devidamente convidado. Ele também declarou que ninguém deveria jamais desafiar seus pronunciamentos, pois ele era, afinal de contas, o mais inteligente dos pássaros, então como alguém poderia adicionar qualquer coisa ao que ele decidira? Após isso, ele começou a editar tabus impossíveis e tirânicos de alimentos e de vestimenta, tornando-se intensamente rígido em seus comandos. Naturalmente, isso gerou inquietação entre os pássaros e logo a conspiração começou a se formar. Os conspiradores decidiram cobrir sua árvore com goma arábica para que ele ficasse preso nela e morresse de fome e de abandono. Entretanto, justo na noite em que os conspiradores decidiram por o plano em ação, *Ọsìn* foi perturbado por pesadelos e maus presságios e, assim que amanheceu, voou à casa do seu *awo* para consultar *Ifá*. O seu *awo* lhe disse que ele havia ofendido todas as aves com seu comportamento e que apenas uma mudança de atitude e demonstração de humildade poderiam resolver o problema. Seu *awo* falou-lhe para dar sacrifício as *àjé*. *Òsìn* imediatamente fez o sacrifício e chamou os pássaros para um conclave em um arvoredo na floresta. Ali, ele engoliu seu orgulho e pediu perdão pelo seu comportamento, declarando que todas as leis não precisavam mais ser observadas. Vendo que *Òsìn* genuinamente se arrependera, os pássaros responsáveis pela conspiração se apresentaram e o perdoaram. Os demais seguiram o exemplo. Eles avisaram-no a não ir para a sua árvore, pois estava coberta com cola e o aconselharam a fazer residência na árvore *iyá* junto deles. *Òsìn* concordou e declarou que os pássaros necessitavam de um concílio para discutir os assuntos que os afetavam e, daquele dia em diante, ele demonstrou as qualidades pelas quais havia sido eleito e colheu respeito. É dessa história que temos o provérbio de *Ifá*: "bananas duras e verdes finalmente se tornarão doces e macias".

O orgulho é um raio negativo neste *odù*, sendo um outro o excesso de paixão e a justificativa que vem com isso. Nós encontramos esse tema exposto em uma história na qual *Òbàtálá* consegue uma amante, assim narrada: *Òpèhé*, o sétimo filho da líder das bruxas, era mimado por sua mãe e eles eram muito próximos um do outro. Isso era assim, pois ele era a consequência do grande sacrifício que ela havia feito ao desistir dos outros seis filhos que vieram antes dele. A mãe de *Òpèhé* era muito influente e fazia de tudo para garantir que seu filho vivesse em boas condições, tendo conseguido um casamento para ele com uma mulher bonita e maravilhosa. Como mencionado, *Òpèhé* era muito próximo de sua mãe e passava mais tempo com ela do que com sua esposa. O tempo passou e a esposa de *Òpèhé* foi ficando cada vez mais triste, isolada e solitária. Ela passou a sair mais, seguindo o conselho de um de seus amigos. E, assim, ela foi com mais e mais frequência ao mercado e visitar amigos e parentes. Não passou muito tempo e ela conheceu *Òbàtálá* no mercado e foi amor à primeira vista. *Òbàtálá* era casado ele mesmo com

IFÁ: UMA FLORESTA DE MISTÉRIOS

Iyemòó, mas aquele relacionamento não estava indo bem e, então, ele se encontrava na mesma situação da a esposa de *Òpèḥé*. Assim, eles permitiram que o amor se desenvolvesse entre eles e, conforme suas paixões se agitavam, eles ficavam mais e mais descuidados e ávidos em sua paixão um pelo outro, até que seu desejo se tornou tão forte que eles decidiram ir morar juntos. Antes de fazer isso, *Òbàtálá* foi ao seu *awo* para uma leitura oracular. O seu *awo* disse-lhe que ele estava prestes a tomar algo que não era dele e mesmo que fosse muito fácil tomar tal coisa, ficar com ela traria problemas enormes. Ele foi aconselhado a fazer sacrifício para salvar a sua vida e a desistir daquele projeto, mas, em seu estado apaixonado, ele era incapaz de abandonar a esposa de *Òpèḥé*, embora tenha oferecido o sacrifício. Os amantes foram morar juntos em um local escondido, mas quando sua esposa não apareceu naquela noite, *Òpèḥé* ficou preocupado e começou a procurar por ela. Depois de dois dias, ele encontrou *Iyemòó*, que havia sido abandonada por *Òbàtálá*, e ela lhe disse onde sua esposa estava. *Òpèḥé* foi direto à sua mãe, reportou-lhe a desgraça e não demorou muito até que todas as bruxas soubessem que *Òbàtálá* estava numa grande enrascada. A mãe de *Òpèḥé*, entretanto, recusou-se a fazer qualquer coisa ou a comentar o caso e isso fez as outras bruxas ficarem preocupadas e aborrecidas. Elas convocaram uma reunião secreta e lá decidiram destruir *Òbàtálá* e sua casa. Elas declararam que qualquer um que tentasse ajudá-lo também seria destruído e, então, elas partiram para dividir *Òbàtálá* em pedaços e se alimentarem dele. Assim que as bruxas chegaram à casa na qual *Òbàtálá* e sua amante haviam se escondido, começaram a cantar e a entoar maldições sobre ele. *Òbàtálá* olhou pela janela e viu as bruxas se amontoando e decidiu que era hora de fugir. Ele pegou seu cutelo de prata e sua amante e correu para a casa de *Ṣàngó* para ajuda e proteção. Porém, assim que eles entraram na casa de *Ṣàngó*, as bruxas já estavam muito próximas e então todos os três tiveram que correr. Assim, eles correram de casa em casa, de *òrìṣà* a *òrìṣà*, até que chegaram à casa de *Òrúnmìlà*. Ele estava acordado, pois pesadelos terríveis haviam-no acometido desde que as *àjé* se aproximaram de

313

Ọbàtálá pela primeira vez naquela noite. Para expulsar os sonhos ruins, ele havia colocado, do lado de fora, comida coberta com goma arábica para as àjé, conforme instruído em seus sonhos. Com Ọbàtálá e sua amante vindo à sua casa junto de uma legião de òrìṣà, e com as àjé perseguindo-os, Ọrúnmìlà percebeu o significado dos seus sonhos e disse a Ọbàtálá, à sua amante e a todos os òrìṣà para entrarem em sua casa e ficarem tranquilos de que nada de ruim aconteceria. As àjé juntaram-se ao redor, cantando, xingando e guinchando. Todo aquele barulho e convulsão chamou a atenção de Èṣù, que foi à casa de seu amigo Ọrúnmìlà. Èṣù imediatamente entendeu o que estava ocorrendo e foi até as àjé, cumprimentando-as. Elas o cumprimentaram de volta e Èṣù lhes disse que Ọrúnmìlà havia preparado comida para elas, sugerindo que elas pegassem sua parte antes da luta, para que pudessem rasgar os òrìṣà em pedaços com força total. As àjé gargalharam e apreciaram o fato de que Ọrúnmìlà alimentaria seus inimigos antes de ser despedaçado por eles e, então, desceram sobre a comida e ficaram presas na cola. Vendo que as bruxas estavam presas, Èṣù bateu à porta da casa de Ọrúnmìlà e lhe disse que as àjé estavam presas no sacrifício e que ele deveria sair e resolver a situação. Em gratidão, Ọbàtálá deu a Ọrúnmìlà seu cutelo adorado e ele saiu e decapitou todas as àjé. Ele retornou e declarou vitória e Ọbàtálá deu-lhe o cutelo como um presente. Ọrúnmìlà havia usado a árvore iyá (*Daniellia oliveri*), que veio à terra em Ọgúndá, e sua goma, para atrair e prender as àjé.

A história usa Ọbàtálá como um exemplo para ilustrar a gravidade da húbris, que quando o assunto são as paixões, até mesmo o espírito da pureza pode sucumbir à tentação e errar. Sabendo que tais forças existem na criação deve inspirar certa modéstia e cuidado em como nós nos conduzimos no mundo. Ọsá carrega a mensagem de que não é culpa das àjé que as atraiamos, elas estão simplesmente agindo de acordo com a sua natureza; ao invés disso, somos nós que as atraímos por meio das nossas escolhas e atos. Essa mensagem também carrega um conselho, que é quase um tabu, que é o de que uma pessoa nunca deve culpar uma mulher pela própria infelicidade. Isso é assim

IFÁ: UMA FLORESTA DE MISTÉRIOS

porque todas as mulheres possuem uma conexão natural com essas forças e uma forma constante de sacrifício que irá apaziguar *àjé* é feita ao se tratar bem as mulheres.

Uma história de *Ògún* e seu casamento com *Móbówú* dá um exemplo de como acusar a esposa de ser fonte de infelicidade leva ao desastre. A história conta como ambos estavam sofrendo para fecharem as contas antes do casamento e de como a situação piorou após o casamento em si. *Ògún* experimentava cada vez menos sucesso na caça e não achava compradores para os produtos de sua forja. Ele ficou muito frustrado com a situação e passou a acreditar que sua esposa era a fonte da sua infelicidade. Sua esposa experimentava uma falta de sucesso em igual medida em seu ofício e ela, de maneira similar, culpou *Ògún*. Ela começou a se lembrar de seus outros pretendentes e ao se lembrar deles e imaginar como poderia ter sido bem-sucedida com qualquer um deles, passou a odiar *Ògún*. Um dia, *Móbówú* chegou ao limite da sua paciência e começou a ameaçar, a bater e, finalmente, cortou *Ògún* com um prego, ao que ele respondeu espancando-a. Ela decidiu deixá-lo, mas primeiro foi a um *awo* para consultar o oráculo. O *awo* disse a ela que não era bom deixar seu marido e que ela estava tão preocupada com dinheiro que nenhum poderia entrar em sua vida. O *awo* apontou que ela era abençoada com todas as outras boas sortes, mas que a boa fortuna do dinheiro só viria se ela e seu marido passassem a tratar um ao outro com amor e prestassem atenção ao seu relacionamento. Somente isso atrairia a boa fortuna do dinheiro. Ela foi aconselhada a fazer sacrifício às Anciãs da Noite, o que fez sem demora, e decidiu dar outra chance ao seu relacionamento. *Ògún* seguiu seu exemplo e, em sua união, eles lentamente criaram um caminho para a abundância alcançá-los. Em pouco tempo, o seu relacionamento cresceu em amor, harmonia e riqueza. A mensagem nessa história é encontrada no seguinte verso, entremeada em uma sabedoria ainda maior de *Òsá*:

Ọ̀sá yòóò, Bàbáláwo Ayé
Ló dífá fáyé
Wón láyé ó fẹbo ọlàá lẹ̀
Ẹbọ ajogún ní ó ṣe
Njé àwá mbẹ
À mbẹ̀
Àwá mò mò mbẹ láyé o
Ayé ò níí parun

Ọ̀sá, o brilho vívido, sacerdote de Ifá da terra
Era o adivinho que leu o oráculo para a terra
Ele disse que a terra tinha de parar de fazer sacrifício com a pretensão de
  ficar mais rica
Ele disse que a terra deveria, ao invés disso, fazer sacrifício para proteção
  contra os inimigos
Nós estamos certamente vivendo,
E nós estamos implorando
Que enquanto nós continuemos na terra
A terra não seja destruída

Ọ̀sá é conflito, mas também é resolução. É um *odù* que fala sobre a essência do voo. O voo para longe da má sorte, da boa fortuna, o voo rumo ao confronto e para longe de complicações, todos esses são mencionados aqui. Eles pedem meditação calma sobre nossas ações, especialmente em situações que afetem nossas paixões e nosso orgulho. Nenhum de nós está livre de ser orgulhoso ou tomado pelas paixões, e essa é a razão pela qual *Ọ̀bàtálá* é usado como exemplo aqui, para sublinhar que até o melhor de nós pode ser vítima delas. Não seja a causa dos seus problemas, mas seja como *akẹṣe* (algodão), que nasceu neste *odù*. Se formos como o algodão, nós encontraremos uma solução para todos os dilemas e apaziguaremos o que é destrutivo. O algodão é associado à bondade e à habilidade de se curvar delicadamente ao vento sem ser destruído. Isso provê a maneira para resolver as situações causadas em *Òsá*.

```
||  ||
|   |
||  ||
||  ||
```

ÌKÁ MÉJÌ

A CRUEL COBRA DE FOGO

Ìká méjì significa "maldade" (ou "perversidade"). A fonte dessa maldade pode ser encontrada na palavra *ka*, que significa um movimento que traz junto de si algo ou alguém. *Awo* Fa'lokun entende esse conceito como relacionado ao ato de unir poder pessoal no uso da respiração e das palavras. *Ìká* é o poder presente quando tentamos dar sentido a nós mesmos. É um *odù* que fala das implicações da autoafirmação e de como isso direciona poder pessoal acumulado, ou *àṣẹ*. Esse poder tem o potencial de ser uma forma de proteção e abundância quando direcionado por uma pessoa de bom caráter.

Foi neste *odù* que *Òkè* (montanha) veio à terra. Antes de partir, ele foi aconselhado a fazer sacrifício, uma vez que certamente seria rodeado por inimigos. Ele assim fez, fazendo-se rocha sólida não importando o quanto seus detratores tentassem jogá-lo para baixo. Embora *Òkè* tenha vindo ao mundo neste *odù*, ele era realmente de *Òfún méjì*, o começo da luz, e representa retidão, verdade e perdão como proteção contra tramas malignas.

Este é um *odù* complexo, que fala das consequências de se estar sujeito à hostilidade e de como a amargura pode encher o nosso coração de vingança, ódio e malícia. *Ìká* fala da verdadeira premissa para a existência da maldade jazendo num uso negativo do poder pessoal. Isso nos faz atrair um tipo de espírito conhecido como *alújonù*, que significa "golpear o que habita dentro", cuja presença se manifesta como doença emocional e a presença de formas "demoníacas" autogeradas que encorajam a hostilidade. Esses espíritos são atraídos pela sensação de medo que nos compele a realizar atos maus; agindo desse modo, nós os convidados para as nossas almas, as quais eles começam a atormentar. Culpar os outros e escolher um bode expiatório indica a presença desses espíritos fantasmagóricos. Quando alguém se engaja em maledicência, maldição e em tramas pela morte dos outros, a presença negativa de *Ìká* é plena.

Ìká representa alguém que aponta o dedo[24] para os outros e busca lhes causar dano. Dedos, aqui, são uma referência às cobras, pois é neste *odù* que as serpentes adquiriram presas cheias de veneno. O dedão do pé, que é similar ao formato da cabeça da serpente, representa a nossa conexão com os nossos ancestrais. *Ìká* fala de oportunidades perdidas, de como a experiência da boa sorte escapando pelos dedos começa a alimentar o ressentimento como uma parte vital da reunião do poder pessoal. É um *odù* no qual se ganha a batalha, mas se perde a guerra. Encontramos, aqui (mais corretamente em *Ìkáwórì*), a presença de *inúkògún*, aquele que fere a si mesmo, aquele que é torto internamente. Ele é descrito como alguém que joga cinzas nas outras pessoas sem perceber que está se tornando mais e mais negro por meio da sua automaldição. *Ìká* denota uma falta de estratégia e uma falta de horizonte. A sua energia é a de agir num impulso de autoproteção injustificado, percebendo o mundo como um ambiente hostil e ainda declarando vitória numa guerra contra si mesmo, na qual se derrota a si mesmo e se evita que a boa sorte entre na vida.

Ìká é o *odù* no qual *Ọbalúwayé* traz os ventos quentes e ardentes da doença. É aqui que os aspectos vingativos dos poderes de *Ògún* e *Ṣàngó* são desencadeados. Não é uma energia que lida com justiça, mas com vingança e retribuição, enraizada numa necessidade equivocada de se proteger o próprio eu e a própria alma. Muitas histórias contam como os *òrìṣà* expressaram essa qualidade, mas sempre aprendemos que as suas atitudes tão somente os levaram à tristeza e à desgraça. *Ìká* é como preparar veneno para os inimigos –

---

[24] NT: no original, alude-se ao dedo indicador da mão e ao dedão do pé.

e amigos – e consumir esse veneno numa tentativa de derrubar o detrator. *Ìwà* (caráter) é crucial aqui, de modo que a atenção no desenvolvimento de um bom caráter e *orí* é o que equilibra essas forças e traz os seus raios benignos.

Naturalmente, foi neste *odù* que o massacre, a guerra e os senhores da guerra surgiram, como diz um verso: "nada foi suficiente para o mundo, exceto o sofrimento". Essa observação relaciona-se a um homem chamado E̩lé̩mò̩s̩ó, cujo nome se refere aos pássaros que habitam a árvore *os̩è* (baobá). Essa pessoa representa o espírito do senhor da guerra, e *Ìká* fala de como ele se dirigiu à consulta oracular. A razão para tanto foi a de que ele encontrou tanto prazer na guerra e no massacre que ele queria saber se sempre poderia se deliciar com isso. O seu *awo* disse-lhe que ele não se preocupasse com isso, pois o mundo era tão agitado e rebelde que apenas a inquietação e o sofrimento poderiam satisfazê-lo:

> *O espírito do senhor da guerra recorreu a Ifá para consultar o oráculo*
> *Ele queria saber se haveria suficiente*
> *Guerra e batalhas com as quais se deleitar*
> *O awo disse que ele não deveria se preocupar*
> *Com o derramamento de sangue e a busca de glória nas batalhas*
> *Haveria muito que fazer para ele*
> *Inquieto e rebelde é o mundo*
> *Apenas inquietação e sofrimento*
> *Satisfará um mundo indisciplinado*

Maldade traz mais maldade e deliciar-se nela exclui a boa sorte da sua vida. Isso é devido ao princípio do aumento, tão proeminente em *Ifá*: você atrai o que você é e os tipos de energias proeminentes na sua vida se multiplicarão. Assim, a mesma energia que gera discórdia e maldade é uma vibração que aumenta o medo e a confusão. A respeito disso, *Awo* Pópó̩o̩lá narra a história de uma cidade chamada *Ìkamògún* no verso seguinte:

Àkíké-ṣọ gi ṣàà, awo ilé Òrúnmìlà

Díá fún Òrúnmìlà

Níjó tí Baba nṣ awo re'lé Oníkamògún

Ọmọ a ká wórpkó orí ẹja mu bọ nu

Ẹbọ ni wón ní kó wáá ṣe

"O machado que penetra a árvore com força", o awo de Òrúnmìlà

Foi quem jogou Ifá para Òrúnmìlà

Quando ele estava prestes a ir para a cidade de Ìkamògún numa missão
espiritual

Os filhos "d'Aquele que come a cabeça de um peixe de uma só vez"

Ele foi aconselhado a oferecer sacrifício

Essa cidade era famosa pela sua maldade, que era exaltada como uma virtude até mesmo no nome que seus habitantes davam uns para os outros. Eles estavam constantemente em discórdia e faziam chistes e comentários picantes uns sobre os outros para elevar a ofensa e a provocação como uma forma de arte. Quando *Òrúnmìlà* chegou à cidade e viu como as pessoas dirigiam-se umas às outras, e os modos cruéis e degradantes com os quais se tratavam mutuamente, ele imediatamente abordou a questão e disse-lhes que isso era parte do seu infortúnio. *Òrúnmìlà* foi ao palácio do rei e foi convidado a entrar. Foi-lhe dito que o rei estava fazendo sacrifício ao seu *orí* e que ele deveria seguir e encontrá-lo. *Òrúnmìlà* caminhou pelo palácio e, no décimo sétimo quarto, encontrou o rei dando de comer tatus (*akika*) ao seu *orí*. O rei deu as boas-vindas a *Òrúnmìlà* e pediu-lhe para jogar *Ifá* para ele, e *Ifá* revelou que a maldade estava governando a cidade e que isso era causado pelo amor que seus habitantes tinham por ela. *Òrúnmìlà* disse que eles deveriam deixar imediatamente de tratar uns aos outros com esses modos degradantes e dolorosos para não mais atraírem a maldade. O rei foi aconselhado a nunca mais alimentar o seu *orí* com tatus, uma vez que isso geraria uma consciência má.

O rei fez como *Ifá* aconselhou e, voltando as costas à maldade, as pessoas convidaram a doçura à sua cidade. O rei estabeleceu um culto a *Àkíké ṣọ gi ṣà*, "o machado forte que penetra as árvores com um golpe", um nome laudatório para *Ṣàngó*.

A história é repleta de significados profundos, que serão abordados. Ela fala de um ambiente de hostilidade, onde todos estão apontando os dedos para todos. Brincadeiras sarcásticas e cruéis eram abundantes, uma situação representada pelo rei oferecendo tatus ao seu *orí*. O tatu, pangolim ou tamanduá escamoso enrola-se numa bola protetora quando ameaçado e é protegido do ataque pelas suas escamas duras. Alimentar a consciência com tatu revela como até mesmo o rei se sentia ameaçado pelo clima da sua cidade, como ele estava constantemente buscando defender-se e desenvolver uma pele mais grossa contra as ofensas desferidas pelos seus cidadãos. Ele estava realizando essas atividades no décimo sétimo quarto, significando a casa de *Èṣù*, utilizando os poderes da magia e da transformação para se proteger do seu próprio povo. Essa história é contrastada com outra que demonstra como o *orí* deve ser tratado em relação à energia de *Ìká*.

Esta história conta sobre um homem chamado *Kerennàsì*. Ele era um homem cuidadoso, sempre cauteloso em sua conduta e sempre atento às suas ações. Ele se mantinha afastado de toda forma de conflito, confusão e maldade. Ele fazia o que podia para assegurar que viveria uma vida longa e pacífica, mas ficava conturbado ao testemunhar todas as formas de tumulto e dificuldades. Isso o fazia pensar se ele nunca conseguiria evitar que a maldade entrasse em sua vida. Ele foi ao seu *awo* e indagou se poderia assegurar para si uma vida longa e pacífica. O *awo* disse-lhe que essa seria a sua sina e fez 201 incisões (*gbẹ̀rẹ̀*) em sua cabeça, que ele preencheu com a medicina de *Ifá*. *Ìká méjì* nos diz que *Kerennàsì* viveu mais do que todos os seus contemporâneos. A única tristeza que ele experimentou foi ver os seus amigos e pessoas amadas envelhecerem e morrerem, mas a sua própria vida foi calma e plácida até o seu fim igualmente em paz. O verso conta que ele alcançou os 3000 anos. *Ìká* associa-o com *ṣaṣara* (palmeira de ráfia), em virtude da resistência e força das suas fibras, que podem ser usadas para fazer cordas, casas e mesmo pontes. A mensagem é clara, viva a vida de um modo calmo e medido, na qual se é apenas um expectador da maldade e não um participante nela; isso gera um espaço calmo para o *orí*.

Entretanto, esta história também põe grande ênfase na necessidade de se prestar atenção à própria consciência. *Ìká* é claramente uma energia que se inclina a causar turbulência no *orí*. Isso é demonstrado na necessidade de *Kerennàsì* receber 201 incisões na sua cabeça, indicativo de que ele precisava da proteção e da atenção dos 201 *irúnmọlẹ* para poder cumprir seu objetivo.

Ìká méjì veio à terra com três *orí* ou consciência tripla. Diz-se que um deles era alojado no pescoço e os outros dois em cada um dos ombros. *Ìká* fala dessa condição como sendo de instabilidade e de falta de consistência, na qual a nossa percepção do eu e dos outros é distorcida. Isso leva ao autoengano e a desordens de percepção tipificadas na condição conhecida como esquizofrenia. Num nível cósmico, *Ìká* representa a *ikoríta meta*, a grande encruzilhada onde *Ọrun* e *Ayé* se encontram, o lugar onde *Èṣù* habita e onde fazemos escolhas e tomamos decisões. Assim, medo, indecisão e confusão parecem ser os elementos negativos na presença da escolha que gera maldade. Em resumo, a maldade é causada ao se fazer escolhas que fazem a nossa consciência ser subjugada por negatividade.

Negatividade e maldade são sempre ilustradas pela presença de plantas peludas e rasteiras no *corpus* de *Ifá*. Essa é associação é uma das razões pelas quais, na iniciação a *òrìṣà* ou *Ifá*, geralmente se pede ao *ìyàwó* para abrir mão do seu cabelo. É uma declaração simbólica de se abrir mão dos próprios caminhos maus. Isso é mais ainda enfatizado em como o povo *Yorùbá* – e as nações africanas em geral – tem uma resposta quase intuitiva a tratar bem os cabelos e assegurar que eles tanto sejam removidos completamente quanto sirvam como uma decoração para a consciência, uma maneira de embelezar a própria mente decorando-se a "cabaça" que serve como a sua casa. Ervas daninhas, plantas peludas e rastejantes, na verdade qualquer coisa com a capacidade de cercar ou dominar um lugar pertencem à vibração de *Ìká*. Algumas dessas plantas precisam ser discutidas com maior profundidade.

Amendoins (*èpà*) nasceram em *Ìká* e são associados a subjugar o que é bom. *Ìká* diz como *Ẹpà* queria encontrar um lugar no qual ela pudesse se reproduzir em paz, pois onde quer que fosse ela era removida. Ela foi ao seu *awo*, fez uma leitura oracular, o sacrifício necessário e lhe foi dito que ela deveria, de fato, tomar posse de qualquer lugar onde decidisse se estabelecer. Assim, um verso de *Ìká* fala de como ela assumiu o controle da fazenda e causou a morte do fazendeiro, tornando-lhe impossível plantar qualquer coisa exceto amendoins.

Ẹpà é um símbolo de cerco, assim como a planta rasteira conhecida como *aagba* (*Stachytarpheta indica*), que queria uma vida quieta na floresta. Ela fez *ẹbọ* e, como o Amendoim, tomou domínio de tudo na floresta. *Ìká* representa os poderes que encontramos em qualquer erva rasteira que busca controlar um lugar subjugando e suprimindo todos os outros. É um símbolo de dominação, mas uma erva é ainda uma erva e ter a habilidade de estender a si mesmo sobre uma área grande não é sinônimo de ser querido, útil ou benéfico para ninguém além de si mesmo. Um simbolismo similar aplica-se à mencionada *aagba* (*Stachytarpheta indica*), que é um tipo de verbena que se provou um eficiente purificador do sangue e regulador de pressão alta, e à *íjòkùn* (*Mucuna poggei*), um tipo de trepadeira com vagens de sementes oblongas, uma parente da ervilha e do feijão. Ambas têm uma tremenda capacidade de sitiar ou cercar o ambiente no qual são introduzidas.

Assim, se examinarmos as plantas associadas a *Ìká*, vemos a tendência à maldade espalhar-se pela terra e estrangular tudo que é bom e frágil, nobre e digno, no seu apetite egocêntrico por domínio. Mas, por causa disso, amendoins têm uma qualidade que faz deles uma proteção contra tramas malignas. O amendoim representa domínio e, inversamente, resistência em sua capacidade de entrar na terra como uma flor que se reproduz no subsolo. Assim, naturalmente, *Ìká méjì* é, como todo *méjì*, tanto remédio quanto veneno, exatamente como o amendoim simboliza tanto a disseminação da maldade quanto a resistência a ela. A capacidade de resistência, contudo, é representada aqui por *èrùwà* (a grama fresca) e pelo pássaro *òp̣ẹ́ẹ̀ṛ̣ẹ́* (o bulbul de orelha castanha, *Microscelis amaurotis*), ambos os quais servem como símbolos de sobrevivência à guerra, à devastação e ao antagonismo.

Ìká é uma vibração que assinala a presença de detratores e inimigos e um poder que usa essas forças debilitantes a nosso favor. Tomamos vantagem dessas forças quando somos capazes de usar a oposição e a hostilidade, a crítica e a negatividade como meios de definir a nossa estação na vida. *Ìká* fala de uma condição na qual estamos cercados por inimigos, mas o trabalho a fazer é ver-se a si mesmo como *òkè*, a montanha. Diz respeito a forças que exigem que façamos escolhas esclarecidas e ponderadas, a fim de possuirmos uma consciência clara e agirmos em conformidade com quem somos, não importa o que aconteça. Devemos nos manter fortes em meio aos inimigos – e só podemos permanecer fortes quando somos verdadeiros conosco mesmos - e a verdade do eu é sempre uma boa verdade.

Por extensão, podemos permitir que a maldade entre ou mandá-la embora. Essa ideia é representada pela porta, também nascida neste *odù*. Porque a porta era fraca, ela precisava de três pregos e um batente para ficar realmente sólida. O poder de *Ògún* é necessário na forma de pregos que anexam a porta ao batente. A casa à qual a porta é anexada é uma referência ao *orí*, o que leva a questionar o que a porta afixada à casa da sua consciência está ocultando e protegendo.

Ká gbà á níbùú	*Viajemos em extensão*
Kà gbà á lóòró	*Viajemos em largura*
A día fáàṣẹ gàgà	*Ifá disse à Porta pelo oráculo*
Tí nlọ ogun Ìlúrin	*Quando ele estava partindo para a guerra na cidade de Ferro*

IFÁ: UMA FLORESTA DE MISTÉRIOS

Wón ní ki Ààṣè rúbọ	*A porta foi instruída a fazer sacrifício*
Ó kò	*Ele recusou*
Kò rú	*Ele não fez sacrifício*
Láipé ni àárè ba kọ lù ú	*Em pouco tempo, ele ficou doente*
Ìgbà ti ó di pé kò lee dide mọ	*Quando ele não podia mais ficar em pé*
Ló bá lọ̀ó sare rúbọ	*Ele correu para fazer o sacrifício*
Wón ní ki ó ru òrúkọò kan	*Foi-lhe dito que oferecesse um bode*
Àti ṣérin mẹrin	*E quatro pedaços de ferro*
Sérin nàà ti ó ru	*Os pedaços de ferro que ele ofereceu*
Ni àwọn awoo rè kó sí i lára	*Foram pregados em seu corpo*
Tí bem láraa rè dòníolónií	*E eles ainda hoje estão lá*
Ò ní ka gbà á níbùú	*Ele disse: viajemos em extensão*
Ká gbá á lóòró	*Viajemos em largura*
A día fáàṣè gàgà	*Ifá disse à Porta pelo oráculo*
Tí nloogun Ilúrin	*Quando ele estava partindo para a guerra na cidade de Ferro*
Gbarin kó o dìde	*Pegue os pedaços de ferro e levante-se*
Ààṣè, gágà	*Fique alto, Porta*
Gbarin kó o dìde	*Pegue os pedaços de ferro e levante-se*

Assim como a Porta fez sacrifício para se tornar forte, também fez a gata. A gata era intimidada por todos e empurrada o tempo todo, especialmente pelos ratos, que nunca lhe davam um minuto de paz, tentando comê-la e perturbá-la. Um dia, quando ela estava particularmente cansada e tão transtornada que estava pensando em suicídio, ela recorreu ao seu *awo* para uma consulta oracular. Ela lhe disse que era miserável, que a sorte estava sempre escapando por entre suas patas e que ela não tinha meios de se defender. O *awo* disse-lhe para fazer sacrifício de lâminas de barbear e facas a *Èṣù*, para lhe permitir que se mantivesse firme. Ela fez como instruído e foram-lhe dadas garras; desse modo, ela foi capaz de dar o troco aos ratos que a estavam aterrorizando.

Ìká diz respeito às ferramentas de defesa, mas quando a defesa se torna vingança, precisamos questionar se estamos aplicando as ferramentas corretas à situação. A história da Gata é associada com *Iná* (fogo). O Fogo era o filho de *Ògún*, mas ele não era estimado. Ele estava sempre temeroso pelo que ele era. Ao longo do tempo, as pessoas começaram a usá-lo para os seus próprios propósitos e é realmente na história do sacrifício feito pelo Fogo que encontramos o âmago de *Ìká*, pois este *odù* é ardente e noturno. Ele fala do fogo tomando forma por meio de palavras e ações. É uma força de difamação e de proteção, uma energia tão complexa que a humanidade tem dificuldade de usá-la de forma construtiva.

Ìká fala de desafios que confrontam cada ser humano na sua jornada pela terra. Ele fala do desejo de reconhecimento, da busca pelo eu e pela identidade, ligada à reunião do poder pessoal. Ele enfatiza como pode ser malconduzida essa energia se não nos assegurarmos de que o nosso caráter e a nossa consciência são bons, no sentido de atrair o bem, pois *Ìká* também diz respeito a crescimento. *Ìká* é a energia que se revela em maldade, procrastinação e misantropia assim como é a força que gera resistência e determinação.

Outra história de *Ìká* ilustra bem esses temas. É a história de *Ténlé Olú*, que era tão atormentado pelo infortúnio que considerou ir para a floresta enforcar-se. Esse homem não tinha nada além de um abrigo simples e duas peças de roupa. Ele não tinha dinheiro, esposa e nem mesmo amigos. Ele foi ao seu *awo* e perguntou-lhe quando seus infortúnios teriam fim. Havia sido dito a ele que a sorte viria ao seu encontro, mas que ele precisava sacrificar dois pombos. Ele não tinha dinheiro e, assim, decidiu vender suas vestes e comprar os pombos. O seu *awo* fez o *ẹbọ* para ele e disse-lhe que a boa sorte certamente estava vindo ao seu encontro. *Ténlé Olú* esperou um mês, dois meses, três meses, mas quando nada aconteceu no quarto mês, ele concluiu que o seu *awo* era um mentiroso e foi para a floresta suicidar-se. Ele entrou na

IFÁ: UMA FLORESTA DE MISTÉRIOS

floresta com uma corda em busca de uma árvore adequada para se enforcar. Ao entrar na floresta, ele encontrou *Èṣù*, que lhe perguntou o que ele estava prestes a fazer. *Ténlé Olú* disse que estava indo se enforcar e *Èṣù* respondeu que pensava ser essa uma ideia excelente e que conhecia uma árvore perfeita para essa finalidade. *Ténlé Olú* aceitou a orientação de *Èṣù* e, juntos, eles entraram mais para dentro da floresta. Quanto mais eles avançavam, mais o odor podre da morte se tornava forte e *Ténlé Olú* quis parar e encontrar uma árvore própria para se matar, mas *Èṣù* o instou a caminhar um pouco mais. *Ténlé Olú* aceitou o conselho de *Èṣù* e foi mais fundo na floresta e o fedor se tornou mais e mais intolerável até que eles chegaram à fonte daquele cheiro de podridão. Dois elefantes haviam morrido ali depois de brigarem um com o outro. Vendo isso, *Èṣù* disse: *"não será o momento, talvez, de reconsiderar o seu suicídio, pegar este marfim e construir a sua fortuna?"*. *Ténlé Olú* não perdeu tempo e pegou todo o marfim para vendê-lo no mercado, e esse foi o ponto de virada para ele, onde o azar se transformou em boa sorte.

Neste *odù*, o elefante é importante, vez que é um símbolo de *Ọbàtálá*. *Ọbàtálá* é, por sua vez, um símbolo do poder que traz a consciência ao mundo. A importância da consciência e, particularmente, do tipo de consciência atribuída ao elefante/*Ọbàtálá* é importante em *Ìká*.

Outra história relata como uma cidade em caos precisou sacrificar um elefante para sair da sua miséria. Isso parecia uma tarefa impossível, mas a tartaruga veio com um plano que foi realmente baseado em enganar o elefante a vir à cidade e encontrar a sua morte. O elefante estava naturalmente relutante em ir para a cidade da maldade, mas depois de ter sido seduzido pela fala da tartaruga, ele foi e encontrou a sua morte. Como resultado disso, a cidade prosperou e a maldade evaporou-se.

A história conta como a Tartaruga conseguiu trazer o sacrifício necessário a uma cidade com problemas violentos. Não se dava muito valor à tartaruga, sendo vagarosa, velha e inábil, mas, todavia, essa criatura era protegida por uma casca dura (representando sabedoria e astúcia) que foi capaz de capturar uma "boa consciência" para a cidade. A longa narrativa conta como a cidade conseguiu mobilizar-se de um modo positivo ao redor da tartaruga para ajudá-la em seu plano. É um conto que fala de cooperação e respeito, especialmente aos mais velhos e fracos como premissas para se ganhar um bom *orí*. É apenas quando trabalhamos juntos que podemos trazer bondade abundante, simbolizada pelo elefante. Quando trabalhamos juntos, podemos fazer possível o impossível e colher seus benefícios.

Comunidade diz respeito ao reconhecimento dos talentos individuais e à abstenção de julgar qualquer pessoa como inútil, já que tudo tem o seu lugar se tivermos uma perspectiva suficientemente ampla para ver como tudo se encaixa. *Ìká* ensina que o reforço positivo é um incentivo muito melhor do que uma punição. E, ainda, o verso fala do mistério do controle, da direção e do que deveríamos fazer para alcançar os nossos objetivos. É justo que tenha sido em *Ìká* que os *ènìyàn*, os primeiros humanos, tenham feito sacrifício para ganhar controle sobre o ambiente. Assim, descobrimos que a mesma energia que traz o fogo do indivíduo, o fogo da ambição e o encontro de uma posição é a mesma energia que nos motiva a tomar domínio e controle, seja de si mesmo, seja dos outros. O Fogo é o filho de *Ògún*, é uma criança de força com uma natureza elemental e são a nossa constituição e o nosso caráter que dirigem essa força, seja de maneira útil, seja destrutiva. Um verso expressa esse dilema:

> *Òpópó mẹta ilé Ilá*
> *Òpópó mẹta ọnà Ojùmù odò*
> *Mẹta dé'lé, mẹta ò dé'lé*

> *Há três estradas para a cidade de Ilá*
> *E há três caminhos em direção à vila de Okùmù-odò*
> *Três levam para casa, três não.*

Escolha pode convidar procrastinação, egocentrismo, teimosia e maldade. Elas nascem da desesperança e do ódio de si mesmo. *Ìká* é um *odù* que fala desse sentimento de se estar perdido e adverte para a autossabotagem, que toma forma em comportamento negativo ou na indulgência em atividades inúteis. Um verso é interessante a esse respeito. Ele fala sobre o rei de *Ìwéré*, que foi encorajado a fazer *ẹbọ* porque a morte estava em seu encalço. O rei, porém, tinha outras coisas a fazer e sempre deixava isso de lado, encontrando desculpas para não o fazer. Um dia, quando estava caminhando para o seu palácio, ele sofreu um ataque cardíaco na estrada. Ele foi encontrado a tempo e levado para a casa do seu sacerdote de *Ifá*, que imediatamente produziu o material necessário ao *ẹbọ*, assegurando a sobrevivência do rei. A primeira parte do verso é como se segue:

Èèyàn wérewère a ta iyere
Èèyàn rádiràdi a sí máa t'ádi
Èèyàn bíí were níí bá asínwín pàdé
Día fún Oníwèèré
Wón ní kó wáá ṣ'ẹbọ
Kó má báa ṣe déédé ikú ojú ọnà

A pessoa que vende iyere (alfarroba) é desajeitada
A pessoa que vende àdí (óleo de palmiste) é excêntrica
É um encontro entre um homem louco e um lunático
Esta foi a leitura oracular de Ifá para Oníwèèré
A quem foi dito para oferecer ẹbọ
A fim de que a morte não o encontrasse na estrada.

Este verso articula-se num jogo entre o que é popular no mercado, a alfarroba, e o que é menos popular (e, de fato, um tabu de *Ifá*), óleo de palmiste, sugerindo que o rei não estava levando nada a sério, mas, ao contrário, sendo indulgente como podia em qualquer coisa que o agradasse, não se importando se era boa ou ruim para ele. De certo modo, o rei exibiu uma atitude de alguém que havia desistido da vida, alguém que concluiu que a vida era apenas um jogo de azar. Mas sorte é algo que nós mesmos nos preparamos para receber forjando o nosso destino. O verso fala sobre tomar responsabilidade pelas nossas vida e escolhas, e sobre comunidade. Ao passo que o rei negligenciou o que era necessário, o seu adivinho interveio e salvou a sua vida.

Este verso é algumas vezes aplicado a *Òsányìn*, o espírito das ervas, que se concretiza no próximo *odù*. Todavia, o fogo embutido nesse espírito feiticeiro originou-se em *Ìká*. Nascer em *Ìká* revela que ele também veio à terra com a necessidade de encontrar o seu lugar no mundo e de aprender a ser humilde, a fim de que pudesse perseguir o seu destino com ardor fervente e concentração. A necessidade de se encontrar o próprio lugar no mundo é proeminente neste *odù*. Aqui, encontramos *àdán* (morcego) fazendo *ẹbọ*, a fim de ser fértil e de encontrar um lugar onde ela pudesse estar livre de assédio. Ela fez *ẹbọ* e se tornou fértil. Ela se tornou um símbolo de boa mãe, do amor pelos filhos e do poder protetor que uma mãe detém. Fogo, aqui, é concebido como protetor.

> *Òkúta ni ò ṣeé ṣàlégbé*
> *A dia fún yindinyindin*
> *Tí nfomi ojúú ṣògbérè ọmọ*
> *Wón ní yindinyindin ó rúbọ*
> *Wón ní ọ̀pọ̀ nire ọmọ fún um*
> *Ó sì rú u*
> *Ìgbà ó rúbọ tán*
> *Ó ní bẹ̀ẹ̀ gégé ni àwon òún wí*
> *Òkúta ni kò ṣẹẹ́ṣàlégbé*
> *A dia fún yindinyindin*
> *Òun ṣá ni tídin*
> *Ayá mòmọ̀ mbí o*

IFÁ: UMA FLORESTA DE MISTÉRIOS

Ọkọọ rẹ npọ̀n

Yindinyindin ṣá ni tìdin

"A pedra não é uma ferramenta apropriada para trabalhar no ofício ar-
tístico de um artesão"
Foi o awo que fez uma leitura oracular de Ifá para
A larva de formiga escondida no formigueiro
Que estava chorando pela falta de filhos
A larva de formiga foi instruída a fazer sacrifício
Para que ela pudesse ter muitos filhos
Ela fez o sacrifício
Depois de fazer o sacrifício
Ela disse que tudo aconteceu exatamente como o sacerdote de Ifá tinha
dito
"A pedra não é uma ferramenta apropriada para trabalhar no ofício ar-
tístico de um artesão"
Foi o awo que fez uma leitura oracular de Ifá para
A larva de formiga escondida no formigueiro
Que era a parente próxima da minhoca
A esposa está dando à luz
E o marido está carregando tudo nos seus ombros
A larva de formiga é certamente uma parente da minhoca

A partir das histórias da larva de formiga e do morcego, vemos que
Ìká fala de encontrar o seu lugar num ambiente que não necessariamente o
estima. Em ambos os casos, ele fala de resistência, assim como fala de guerra,
medo e revolta, como quando formigas invadem um jardim ou um morcego,
confuso, entra na casa. Ele concerne a encontrar o próprio lugar e à turbulência que ocorre quando estamos deslocados, como quando um chefe militar
invade uma terra vizinha ou, simplesmente, a estar em algum lugar prejudicial

à própria boa sorte. Esses elementos estão codificados no espírito de *Ọ̀rọ̀* e no conceito de tabu.

Ọ̀rọ̀ veio à terra neste *odù*. Foi dito aos seus pais, antecipadamente, que um grande espírito nasceria, que ele seria renomado para o bem e para o mal, e que, em seu nascimento, eles deveriam dar à criança uma mão de *Ifá*,[25] para assegurar que as suas viagens no mundo fossem para o bem. O culto a *Ọ̀rọ̀* é o lado noturno do culto de *Egúngún*, os ancestrais. Por lado noturno, eu quero dizer que ele é relacionado à comunicação com os ancestrais, que tem lugar no ambiente enigmático da noite, que simboliza o que está oculto. O seu nome, *Ọ̀rọ̀*, significa "palavra" e, portanto, é uma referência ao poder composto de alento, intento e direção. Essa "palavra" é também relacionada a *Òṣò*, que detém o poder da feitiçaria pelo uso da palavra de modos secretos. *Òṣò* é um culto secreto de feitiçaria, assim como é o de *Ọ̀rọ̀*. Ele usa o poder da palavra encontrado em *Ìká*, mas esse poder é exercido noutro *odù*, como será detalhado daqui a dois capítulos.

As histórias de *Ọ̀rọ̀* revelam uma força clara e direta, leal e algo rígida em sua insistência na lei e no caráter. Um conto comunica como ele foi traído por sua esposa e a sua fúria foi tamanha que ela não teve outra escolha senão fugir com o seu amante, nunca mais tendo sido vista. Isso exemplifica um dos muitos incidentes que identificam *Ọ̀rọ̀* como a corporificação da justiça, da lei, da ética e da moral. Isso é simples numa sociedade tradicional *Yorùbá*: desenvolva bom caráter, adira ao tabu e seja uma pessoa do seu mundo.

Podemos entender *Ọ̀rọ̀* como a força que executa o conteúdo das nossas palavras em relação à nossa ancestralidade, pois o seu culto é profundamente vinculado àquele de *Egúngún* e aos ritos funerários. A sua função é purificar a sociedade e restabelecer o caminho correto de *Ifá* quando caminhos

---

[25] NT: a primeira iniciação no culto de *Ifá*.

IFÁ: UMA FLORESTA DE MISTÉRIOS

tortuosos se proliferaram. As procissões mascaradas de *Òrò* usam o rombo[26] para anunciar a sua dança noturna e purificadora pela vila, chamando cobras e *àjé* (neste contexto, relacionadas a *Oya* ou, preferencialmente, à sua mãe, o tornado) para restabelecer a ordem e o juramento. Por isso, o tabu é uma força mediadora que estabelece um código de leis. Assim, em *Ìká*, o conceito de tabu e de lei é estabelecido, ao passo que, no *odù* seguinte, *Òtúrúpòn*, a razão para isso e o seu remédio são divulgados e explanados.

O Chefe Fama (1993: 10–13) deu uma excelente apresentação a esses temas. Portanto, eu recorrerei largamente à sua obra ao apresentar leis e tabus. Um tabu é, em linhas gerais, uma lei negativa que busca fazer com que a boa sorte se manifeste. Se o que é tabu é evitado, isso encoraja a pessoa a se abrir à boa sorte, vez que o que traz infortúnio não é parte das suas ações e pensamentos. Um tabu é algo que negamos em favor de outra coisa; é a rejeição daquilo que enfraquece a boa sorte. O princípio do tabu apresentado na forma de leis é de *Ìkáfún*, e o verso reza o seguinte:

A d'ifá fún àgbààgbà mérìndínlógún

Wón nrelé Ifè wón nlo rèè toro ogbó

Àwon lè gbó, àwon lè tó bí Olódùmarè ti rán wón ni wón dá Ifá si

Wón ni wón á gbó, wón á to sùgbón kí wón pa ikìlò mó

Wón ní kí wón má fí esúrú pe esúrú

Wón ní kí wón má fí esùrù pe esùrù

Wón ní kí wón má fí òdídè pe oode

Wón ní kí wón má fí ewé ìrókò pe ewé oriro

Wón ní kí wón má fí àìmòwè bá won dé odò

Wón ní kí wón má fí Àìlókò bá won ké hàìn-hàìn

Wón ní kí wón má gba ònà èbùrú wo 'lé Akálá

---

[26] NT: um antigo instrumento musical usado, principalmente, para comunicação a grandes distâncias.

Wón ní kí wón má fí ìkoódẹ nu ìdí

Wón ní kí wón má su si epo

Wón ní kí wón má tọ̀ sí àfọ̀

Wón ní kí wón má gba òpá l'ọ́wọ́ afójú

Wón ní kí wón má gba òpá l'ọ́wọ́ ogbó

Wón ní kí wón má gba obìnrin ògbóni

Wón ní kí wón má gba obìnrin ọ̀rẹ́

Wón ní kí wón má s'ọrọ̀ ímúlẹ́ l'èhín

Wón ní kí wón má sán-án ìbàntẹ́ awo

Wón dé'lé aye tan ohun ti wón ní ki wón má ṣe ni wón nṣe

Wón wá bẹ̀rẹ̀ síí kú

Wón fi igbe ta, wón ní Ọ̀rúnmìlà npa wón

Ọ̀rúnmìlà ní òun kó l'òun npa wón

Ọ̀rúnmìlà ni àìpa ìkìlọ̀ mọ́ọ wón ló npa wón

Àgbà re d'ọwọ́ re

Àgbá mi d'ọwọ́ mi

Àgbà kìí wí fún ni tẹ́lẹ̀ ki ó to kan ni

Fez-se a leitura oracular de Ifá para dezesseis anciãos

Eles estavam indo à cidade de Ifè para pedir por uma vida longa

Que o segredo da longa vida lhes fosse revelado, foi o que pediram a Ifá

*Foi revelado que os dezesseis anciãos (awo) teriam longas vidas e gozari-
am de boa saúde,*

*Mas que eles deveriam observar as dezesseis leis de Ifá para assegurarem o
seu objetivo*

Aos awo foi dito que nunca dissessem que um inhame é um inhame

Aos awo foi dito que nunca chamassem contas especiais de contas especiais

Foi-lhes dito que nunca chamassem um papagaio de morcego

Foi-lhes dito para nunca dizerem que as folhas de ìrókò são oriro

Foi-lhes dito para nunca nadarem se eles não soubessem nadar

Eles foram aconselhados a serem humildes e nunca servissem a si mesmos

Eles foram aconselhados a nunca entrar na casa de Ifá com engano em seus corações

Eles foram aconselhados a nunca usar as penas sagradas do papagaio para limpar seus traseiros

Foi-lhes dito para nunca colocarem suas fezes no óleo de palmeira

Foi-lhes dito para nunca urinarem na cabaça na qual é feito o óleo de palmeira

Foi-lhes dito para nunca para nunca pegarem a bengala de um cego

Foi-lhes dito para nunca pegarem o cajado de um velho

Foi-lhes dito para deixarem as esposas dos anciãos sozinhas

Foi-lhes dito para deixarem a esposa de um amigo sozinha

Foi-lhes dito para não discutir segredos em lugares ocultos

Quando os dezesseis anciãos vieram ao mundo, eles fizeram tudo isso

Que lhes foi dito de que se abstivessem

Eles começaram a morrer, um após o outro

Eles choraram de desespero, acusando Ọ̀rúnmìlà de assassiná-los

Ọ̀rúnmìlà disse que eles estavam morrendo porque não haviam feito o que se esperava que fizessem

A sabedoria é justa, a abundância é encontrada numa conduta correta

Para que a sabedoria seja apropriadamente compatível comigo, é minha responsabilidade ser justo

Um sábio nunca anuncia a sua chegada

O verso dá conselhos sobre como ser bem-sucedido na jornada humana. Se o sumarizarmos, chegaremos a algumas diretrizes simples, que atrairão boa sorte quando seguidas:

- ❖ Não se arrogue a possuir conhecimento que você não tem.
- ❖ Não dê a sua opinião a menos que solicitado.
- ❖ Não faça que o comum pareça especial para levar vantagem.

- ❖ Não permita que a sua verdade pessoal e limitada contamine os outros.
- ❖ Não pretenda ser algo ou alguém que você não é.
- ❖ Seja honesto consigo mesmo e com o mundo.
- ❖ Não pretenda ser um amigo quando a duplicidade habitar o seu coração.
- ❖ Não torne profano e sujo o sagrado.
- ❖ Não seja uma ameaça ao fraco e velho.
- ❖ Não pegue o que não é seu.
- ❖ Não se permita a maledicência.
- ❖ Não trai a sua palavra e o seu juramento.
- ❖ Mas reconheça os seus inimigos.

Se você quebrar essas leis e encontrar o infortúnio no seu encalço, não acuse Deus, não acuse seus amigos ou inimigos, mas, antes, acuse o inimigo interior, a maldade em sua alma. Ao confrontar o desafio, eleve-se acima disso tudo e atraia o que é bom para você, o que é feito prestando-se atenção a duas regras de vida: não entretenha a calúnia e o insulto e esteja consciente de que você está aqui na terra porque você deseja uma vida longa e feliz, portanto, faça escolhas que confirmem essa escolha e esse desejo.

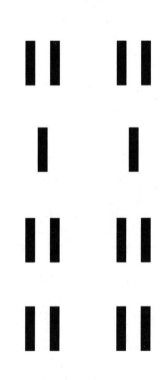

ÒTÚRÚPÒN MÉJÌ

O CAMINHO SECRETO PARA A VERDADE

Òtúrúpòn méjì trata da sabedoria ancestral, do mistério da gestação e é, por extensão, a energia da resistência e da saúde. O nome Òtúrúpòn é composto das palavras *òtú*, que significa "resistência" e "caminhos ou trilhas secretos ou escondidos", e *pòn*, que significa "estar em verdade" ou "manifestar verdade". Esse *odù* ensina-nos a possuir a resistência necessária para perseguir o caminho da verdade, não importando o quão velado ele possa estar. A força norteadora dessa busca é encontrada no nome alternativo deste *odù*, Ọlọ́gbọ́n méjì, que significa "o senhor do sábio", em referência ao uso do intelecto. Este *odù* detalha as forças contrastantes que tornam possíveis o desenvolvimento da sabedoria. A mensagem central deste *odù* é apresentada no verso seguinte:

Ọlọ́gbọ́n kanò ta kókó omi sétí aṣọ
Ọ̀mọ̀ràn kan ò moye èèpèẹ lẹ̀
A dia fórí
Abù fúnwà
Orí ní ire gbogbó lè to òun lọ́wọ́ báyìí?
Wọ́n ní ó rúbọ
Ó si rú u
Ìgbá ti ó rúbo tán
Ó si ní gbogbo ire ti ó nfẹ́
Ó ní bẹ́ẹ̀ gégé ní àwon awo òun
Nṣẹnu rereé pefá

Ọlógbọ́n kan ò ta kókó omi sétí aṣọ

Ọ̀mọ̀ràn kan ò mọye èèpẹ̀ẹ̀ lẹ̀

A dia fórí

A bù fúnwá

Orí pẹ̀lẹ́ o

Orí àbíyè

Ẹni orí bá gbẹbọọ rẹ̀

Kó yọ̀

Nem mesmo um homem que possua sabedoria pode prender a água
 com um nó

Na bainha das suas roupas

E nenhum sábio sabe como contar o número de grãos na

Areia que cobre a terra

Isso, Ifá leu no oráculo para Orí (Consciência)

Que também fez leitura oracular para Ìwà (Caráter)

Orí perguntou ao awo se ele teria todas as coisas boas na vida

Foi-lhe dito para fazer sacrifício

Ele fez conforme instruído

Enquanto ele praticava o sacrifício

Ele recebeu todas as coisas boas que ele queria

Ele disse que havia acontecido exatamente como os sacerdotes de Ifá
 haviam dito

Use sua boa voz para fazer reverência a Ifá

Nem mesmo um homem que possua sabedoria pode prender a água
 com um nó

Na bainha das suas roupas

E nenhum sábio sabe como contar o número de grãos na

Areia que cobre a terra

Isso, Ifá leu no oráculo para Orí

Que também fez leitura oracular para Ìwà
Orí, nós o saudamos
Você é aquele que permite que as crianças nasçam vivas
Aquele que faz sacrifício é aceito pelo seu orí
Na bênção da fartura, ele se deleitará

Esse verso nos convoca a praticar a humildade, o que fazemos prestando atenção à consciência, ao caráter e à prática do sacrifício. A ideia subjacente está codificada em uma parte de um *oríkì* deste *odù*: "Seja verdadeiro, faça o bem, seja verdadeiro, faça o bem, são os verdadeiros que as divindades sustentam". Este verso também sugere que alcançar esse objetivo envolva a atenção consciente e a prática do sacrifício. Fazer sacrifício nesse contexto, aplicado ao *orí* (consciência) e ao *ìwà* (caráter), significa o trabalho constante de desenvolver o bom caráter por meio da verdade e da resistência. É por meio desse tipo de sacrifício que nós poderemos, finalmente, vir a possuir sabedoria.

O verso também comenta que *orí* é responsável pelas crianças nascerem vivas, um mistério dos espíritos *funfun* (brancos), relacionados diretamente à gestação, como *Koori* e *Ooge*, fenômenos espirituais como *àbíkú* (síndrome da morte infantil) e *ìbeji* (nascimento de gêmeos), que, por sua vez, são relacionados a *Egúngún*, *Ọsányìn* e *Ẹwà*. É um *odù* codificado na placenta do ventre gestante. Ele destaca os limites do que nós podemos saber e, ao mesmo tempo, enfatiza a importância de se buscar sabedoria e verdade, não importando o quão ocultos e evasivos sejam os caminhos em direção a elas. Ele trata de estabelecer um equilíbrio entre a resistência aplicada aos bons objetivos e a arrogância nascida de se sentir intelectualmente superior.

Uma história conta como *Ọrúnmìlà* foi convidado a viajar até o povo de *Àánu*. No momento do convite, ele estava passando por uma situação difícil. Ele não tinha muito dinheiro, nem uma esposa ou família que pudesse auxiliá-lo em sua jornada. Consequentemente, ele foi até a casa de seus estudantes para consultar o oráculo e o verso supracitado apareceu. Seus estudantes lhe disseram que não importava o quão sábio ele fosse, ele agora precisava atrair compaixão e, portanto, não deveria ser muito afoito em se exibir. Foi dito a ele para alimentar *Ifá* e fazer sacrifício para *Ìyàmí Òṣòròngà*. Ele vendeu alguns de seus pertences para conseguir os fundos para fazer *ẹbọ* e garantir uma jornada bem-sucedida. Tendo feito o sacrifício, ele foi até *Àánu* e deu sua atenção irrestrita ao auxílio que as pessoas de lá precisavam e a cidade prosperou. *Òrúnmìlà* sempre deixou claro que não poderia ter feito aquilo pelo povo de lá se não fosse pela compaixão e ajuda deles, o que levou a demonstrarem sua estima pelo seu trabalho em tal magnitude que ele se tornou um homem muito rico.

Òtúrúpòn trata de servidão e é uma lição de humildade. A humildade de que se fala aqui não é uma questão de se rebaixar, mas de modéstia. Trata-se de perceber que nós todos temos nossas batalhas e de anteciparmos isso em doce compreensão quando encontramos outras pessoas. Nós podemos perceber a bênção de um intelecto bom, ao mesmo tempo em que reconhecemos que ele possui seus limites. Uma mente boa pode saber como plantar um jardim, mas outras forças são necessárias para que isso de fato se manifeste.

Neste *odù*, somos chamados a lembrar da nossa herança e essa memória jaz não apenas aos pés de *Egúngún*, mas também na presença da fragilidade da gestação. A gestação é uma questão delicada, um ato cercado de boa vontade e esperança, mas, às vezes, morte e deformidade ocorrem. O processo todo é uma meditação sobre a nossa própria mortalidade e sobre o vir a ser, um fenômeno de criação que deve nos inspirar a sermos modestos e doces na contemplação contente das nossas conquistas. De fato, este *odù* fala dos ossos do corpo tanto quanto dos segredos da placenta e, nisso, nascem a intuição e a resistência.

O *odù* fala de saúde e de imunidade, de plantas que curam e de ervas que matam. É aqui que *Ifá* diz que as Anciãs da Noite fizeram residência no coração da floresta, ou, noutras palavras, no centro do próprio mistério. Esse mistério se repete no começo da menstruação no vigésimo oitavo dia, o ciclo lunar ou secreto de eventos. Obviamente que se fala do sangue que flui em *Ìròsùn*, o veículo em *Òdí*, mas a razão está velada na noite de *Òtúrúpòn*. Esse enigma é vislumbrado em um verso muito misterioso de *Ifá*:

Pááká sèyin kúngíí

Ó hogójì nlè

A dia fún eníyán

A bù féniyàn

Wón ní ki àwon méjèèjì ó rúbo

Eníyán ní bi òún bá dele Ayé

Òun ó maa ba ti gbogbo eníyán jé ni

Eníyán náàá ní bi òún bá dele Ayé tán

Ohun ti ó bá wu òun ni òun ó maa se

Wón ní kí òun náà ó rúbo

Kò rú

Ìgbà tí àwon méjèèjí dele Ayé tán

Ló bá di wí pé bi èèyàn bá bimo sílè tán

Eníyán ó pa á

Gbogbo nnkan ti eníyán ní

Ni àwon eníyán mbà á jé

Ni eníyán bá padá lo si oko aláwo

Ó lòó rubo

Wón ní ki ó lòó dá eégún

Ni ó bá bó sínu èkú

Ó nlo koroó mó àwon eníyán

Ó ní bèè gégé ni àwon awo òún wi

Pààká sèyìn kúngíí

Ó hogójì nlè

A dia fún eníyán

A bù féníyàn

Àwọn méjèèjì ntìkòlé Òrun bò wáyé

Eníyán ni

Enìyàn ni

O pààká (mascarado Egúngún) mascarado com uma corcunda nas costas

Pegou quarenta búzios do chão

Foi o que Ifá leu no oráculo para a bruxa

Ele também leu o oráculo para o ser humano

Ambos foram instruídos a fazer sacrifício

A bruxa disse que quando ela viesse à terra

Ela destruiria o trabalho dos seres humanos

O ser humano disse que quando viesse à terra

Ele faria o que quer que lhe desse prazer

Ele foi instruído a fazer sacrifício

Mas ele se recusou a fazê-lo

Quando os dois vieram à terra

Se o ser humano tivesse um filho

A bruxa tentaria matá-lo

Todas as coisas relacionadas ao ser humano

Eram danificadas pela bruxa

Então, o ser humano retornou ao sacerdote de Ifá

Para fazer o sacrifício que ele havia negligenciado

O awo disse-lhe para fazer como Egúngún

E ele se fantasiou para o baile de máscaras

E começou a cantar usar usando linguagem velada e ofensiva contra

As bruxas

Ele disse que era exatamente como seus sacerdotes

O pààká mascarado com um caroço nas costas

Que pegou quarenta búzios do chão

IFÁ: UMA FLORESTA DE MISTÉRIOS

Disse aquele que leu o oráculo de Ifá para as bruxas
E que também consultou o oráculo para os seres humanos
Quando ambos estavam vindo para a terra
Isso é uma bruxa
Apesar da forma de ser humano
A bruxa nunca dará paz ao ser humano

Se nós lermos cuidadosamente, veremos que a bruxa não foi requisitada a fazer nenhum sacrifício. O humano, entretanto, foi requisitado a fazer sacrifício, mas se recusou. Depois, vendo que a vida não estava tão boa quanto o esperado, o humano decidiu fazer o sacrifício, mas o fez com ressentimento, palavras más e ódio pela bruxa. A humanidade busca o prazer e amaldiçoa o que quer que desafie isso. A realidade é que as forças que desafiam o que temos são as que nos testam, de maneira que possamos reter o que é bom por meio da resistência e deixarmos o que é ruim. Porém, como nós vemos, a humanidade desejava apenas o prazer e não o valor, de modo que qualquer força que desafie a caçada pelo prazer é considerada hostil.

A dor que anuncia a menstruação é uma lembrança e sinaliza a presença das bruxas. Este *odù* não é um *odù* de bruxas, mas de sua memória e marca. Da mesma maneira que as bruxas deixaram uma marca de agonia mensal, *Òrúnmìlà* deixou seus instrumentos de sabedoria, os *ìkín* e o *òpèlè*, em seu lugar quando deixou a terra. Que ele tenha deixado seus instrumentos de consulta oracular serve como uma lembrança de que *Ifá* é um utensílio prático para resolver problemas e situações. *Òtúrúpòn méjì* conta que *Òrúnmìlà* foi para *Òrun* por meio de *Olókun Alòyó*, o que significa que seguiu pelos segredos do oceano.

As bruxas, em *Ifá*, são relacionadas às nossas emoções, que vêm pela nossa respiração, pensamento e mente. São essas coisas que chamamos *àjé* (bruxas) e *ajogún* (espíritos de dificuldades). A língua *Yorùbá* não possui uma palavra específica para designar sentimentos guardados; portanto, a parte

347

emocional, que o homem ocidental preenche com preocupações, insegurança, prazer e desejo, não existe realmente em *Ifá*. Não existem, de fato, palavras em *Yorùbá* para descrever a realidade emocional de um ser humano, com exceção do prazer e da vingança. Todo o resto é acolhido pelo pensamento e pelo comportamento como faculdades que geram emoções no ser humano, ocorrendo, algumas vezes, de *àjé* e *ajogún* serem convidados.

Este *odù*, o buscador da verdade, trata de usar o intelecto e ser calmo com o que nós convidamos para a nossa alma. Nossa alma consiste de alento e de pensamento, e é por meio dessas faculdades que permitimos ou negamos a entrada de algo. O que nós convidamos com o pensamento, começa a crescer em nossos corações e toma a forma das nossas emoções. A emoção que se desenvolve toma a qualidade do pensamento que a convidou, o que significa que se a abundância tiver sido a energia subjacente ao seu pensamento, será isso que você plantará em sua alma, mas se tiver sido preocupação e ódio que você tiver convidado, os filhos desses pensamentos serão emoções que se juntarão aos seus obstáculos.

Òtúrúpòn méjì segue logo depois de *Ìká méjì,* que fala da perversidade e que, portanto, sinaliza a importância de fazermos a nossa boa fortuna em meio à hostilidade e à maldade. Essa condição é representada pelo saco escrotal. O verso relevante fala de como *Òbàtálá, Ògún* e *Òsòòsì* perguntavam-se onde deveriam colocar as sementes para regeneração no modelo do ser humano. *Òbàtálá* disse que eles deveriam colocá-las entre as coxas, pois lá estariam tanto protegidas quanto acolhidas pelo calor necessário para manter o sêmen vivo. Quando *Epòn* (saco escrotal) soube do seu destino, ele foi contra e disse que ele era um ser delicado e que as pernas certamente o esmagariam. *Òbàtálá* disse que assim seria de todo o modo e garantiu ao saco escrotal de que tudo ficaria bem, que seus inimigos nunca conseguiriam machucá-lo, que aquele era o melhor lugar para ele. *Epòn* fez sacrifício para garantir sua boa fortuna e, de fato, ele percebeu que o que *Òbàtálá* havia dito era verdade. Ele era balançado para a esquerda e para a direta, mas as pernas não podiam machucá-lo. A

IFÁ: UMA FLORESTA DE MISTÉRIOS

lição dessa história é a de que é importante percebermos quem e o que nós somos e não fingirmos que somos algo que não somos. *Òtúrúpòn méjì* contém uma diversidade de histórias falando sobre a importância de se ser verdadeiro consigo mesmo, não importando o que se seja, e sobre se evitar fingimento de qualquer tipo. Nós encontramos uma lembrança disso em um provérbio deste *odù*:

Ìpépé idí ló fára jọ akik	*A casca da árvore Idi possui a aparência do tatu*
Bééni ò leè ṣe bí akika	*Mas a aparência não a faz agir como o tatu*

A árvore *idí* (*Terminalia glaucescens*) possui propriedades antifúngicas e é amplamente utilizada para a higiene oral. Ela também é associada à história de dois amigos que estavam juntos em todas as coisas, nos tempos bons e nos tempos ruins, e dividiam tudo. Um dia, eles decidiram ir ao seu *awo* e perguntaram se sua amizade seria sempre assim tão boa e o que viria disso. O *awo* lhes disse que boas coisas estavam chegando para ambos, mas que eles deveriam fazer sacrifício para garantir que aquilo não criasse uma cisão entre eles. Apenas um deles fez o sacrifício e a boa fortuna chegou até ele mais rapidamente do que ao outro. A inveja nasceu no seu amigo, que começou a tramar contra ele, colhendo vergonha como sua recompensa:

Eni eni ntún ṣe é là	*Quando um amigo tem sucesso*
Tíinú fíí bi nío?	*Como é possível ficar furioso?*

Aqui, o *odù* leva a refletir em como egoísmo, orgulho e arrogância são ativados pela falha de alguém em usar o intelecto como guia para se fazer o que é correto e bom. O que é bom e correto é trabalhar na sua própria boa sorte e destino, não se ocupando em medir o sucesso dos outros e em julgar se eles merecem ou não. Nós devemos, ao invés disso, aprender com pessoas bem-sucedidas. Quando você inveja um amigo, é hora de olhar para dentro e interagir com ele ou ela, como um professor de prosperidade e de destino. Essa virada humilde trará o maior *ẹbọ*, a mudança de atitude.

Neste *odù*, nós encontramos a história de um homem chamado de "aquele cuja boca é forte como a árvore *akika*." Esse homem foi dotado de grande força e de uma grande mente e, então, decidiu abolir o mundo de sua vida, pensando que todos eram inferiores e patéticos em comparação com a sua própria grandeza. Ele não tinha amigos, nem uma esposa, ninguém era considerado digno da sua companhia. Ele trabalhava duro dia e noite, mas não via um fim nos seus esforços; não importava o quanto ele trabalhasse, mais trabalho parecia se acumular. Um dia, ele decidiu consultar o oráculo e o seu *awo* lhe disse que ele precisava mudar sua atitude em relação às pessoas. O *awo* disse-lhe que ele mesmo era o autor dos seus problemas, recomendando que fizesse sacrifício e recebesse pessoas em sua vida. Ele fez conforme instruído e a sua vida melhorou. Ele encontrou uma boa esposa e muitos amigos bons se reuniram ao seu redor. A história fala da necessidade da comunidade e da importância de se evitar focar nas imperfeições das pessoas. Todos têm seu próprio desafio e quanto mais nós nos esforçarmos em melhorar a vidas das outras pessoas, mais a nossa própria vida melhorará.

A árvore *akika* (*Lecaniodiscus cupanioides*) é extremamente dura e prefere ambientes reclusos e rochosos, onde ela fixa suas raízes entre pedras e rochas. Essa árvore é parente de *yohimbe* (*Pausinystalia yohimbe*) e é usada de maneiras similares, isto é, para fortificar a ereção e a sexualidade masculina, conforme sugerem suas frutas, que se parecem com testículos. Ela possui muitas outras propriedades medicinais, incluindo a higiene oral. Praticamente todas as árvores e ervas neste *odù* têm relação com a boca e com limpeza. É uma lembrança para vigiarmos as nossas palavras, pois elas nascem dos nossos pensamentos, que nascem, por sua vez, do nosso senso de identidade e do lugar em que nos colocamos no mundo. Assim como este *odù* fala da importância de amigos, ele também fala da importância de medir as pessoas com as quais você se associa e da presença de conselhos ruins – novamente, uma lembrança para que você mantenha a boca limpa quanto às palavras faladas. Isso também fala de ser enganado por amigos e do desapontamento com eles.

Este tema é demonstrado na história de como 165 caramujos marchavam rumo à morte. Os caramujos foram a um *awo* e perguntaram o que estava ocorrendo de errado com a sua jornada, tendo lhes sido dito que eles tinham um amigo que se autointitulava "Estrada Escorregadia", que deu um conselho ruim sobre o caminho a seguir. Eles foram aconselhados a identificar o tal "Estrada Escorregadia" e a não darem mais ouvidos a ele. Eles fizeram como o *awo* dissera e as mortes acabaram assim que "Estrada Escorregadia" foi identificado.

Este *odù* lida com amigos falsos, com arrogância e húbris, com pessoas que se transformam em vítimas das circunstâncias ao não mudarem as suas atitudes. Ele também fala de ancestralidade e de tradição em contraste com as normas sociais flutuantes e mutantes. Isso é destacado pelas muitas histórias que apresentam *Ọ̀rúnmìlà* e de *Ìyàmí Ọ̀sòrọ̀ngà* como os poderes que garantem equilíbrio na vida. Esse equilíbrio é um mistério em vários níveis. Num primeiro, diz respeito a como a sabedoria equilibra as forças que criam o caos; num segundo, concerne à importância de nos livrarmos daquilo que é inútil ao nosso progresso; e, num terceiro, relaciona-se à tensão entre tradição e inovação, na qual aquilo que é obsoleto precisa dar espaço à renovação.

Essa tensão entre tradição e mudança é repetida numa história que narra como *Òtúrù* (Caminhante da Verdade) se casou com *Ẹ̀rín* (Risada) e noutra que retrata como ele se casou com *Ẹyẹle Òwèwè* (Pomba Bonita). Em ambas as histórias, o Caminhante da Verdade casou-se com duas mulheres que eram extremamente bonitas, mas também briguentas e enganadoras. Na primeira história, *Òtúrù* experimenta grande alegria e êxtase no casamento, mas tudo desanda em poucos meses, pois sua esposa se recusa a levar qualquer coisa a sério. Ela não se envolve no crescimento da prosperidade do lar, mas está sempre procurando por companhia e fofoca. Ela é, entretanto, muito charmosa e, sempre que *Òtúrù* vai procurar o aconselhamento dos amigos e da família, ele é silenciado e lhe dizem que ele tem a esposa pᵉrfeita. Um dia, *Ẹrín* o abandona e, em sua ausência, a verdade começa a surgir, mas então já é tarde demais. Na segunda história, o Caminhante da Verdade se transforma em *Òtònpòrò*, um "cabeça quente" egoísta que se opõe ao jeito tranquilo de sua esposa. O casal é aconselhado a desenvolver *iwà rere* e procura conselho de *Egúngún* para que a maldade e o egoísmo possam ser abolidos em favor de se obter uma perspectiva melhor da situação, e a história tem um final feliz.

Òtúrúpọ̀n méjì fala da condição humana, da arrogância que se desenvolve como uma consequência de se viver num ambiente visto como hostil, bem como da húbris e da inflexibilidade da alma, que podem surgir quando trocamos a compaixão pela misantropia. Ele trata desse estado como um no qual más decisões são tomadas e é se dá poder a falsos amigos. Essa é a raiz do engano e do desapontamento. Esses temas são encontrados no mistério de *Egúngún* e das suas sociedades aliadas, *Agẹmọ* e *Òrọ̀*, assim como na essência de *Òsányìn* e *Ẹwà*.

Ẹwà, ou *Ìyáwà*, cujo nome significa "Beleza" ou "Mãe da Beleza", exemplifica o equilíbrio entre beleza e sabedoria. Ela é uma lembrança de *iwà*, vez que é representada por uma mulher bela e curiosa. *Ẹwà* é uma divindade do rio associada às fontes e é ligada a *Òsányìn*, *Ọbalúwayé* e *Òṣùmàré*. Ela é descrita tanto como os raios do sol quanto como névoa ou vapor e as cores do arco-íris. Ela é vista na habilidade do camaleão de mudar conforme o ambiente: ela não é a mudança, mas o potencial para a transformação. Ela também é associada aos cemitérios; sua beleza física irá se degradar, portanto é necessário desenvolver beleza interna. Nisso, ela é relacionada a *Egúngún* como uma força de mistério, simbolizada pela névoa e pelo vapor (que, em *Ifá*, representam a fertilidade da noite), as dimensões misteriosas que não podemos compreender completamente, apenas perceber, apreciar e usar.

Uma lenda conta que, em virtude da sua beleza, ela era constantemente visitada por homens pedindo sua mão em casamento. Nenhum deles via além da sua beleza física espantosa, ninguém enxergava que ela era a mãe do caráter. O tempo passou e tudo aquilo a fez triste e ela foi ao seu *awo* para consultar o oráculo. Ao conhecer *Ọ̀rúnmìlà*, ela percebeu que era sabedoria o que ela queria e, então, ela fez sacrifício para se tornar sábia. Logo em seguida, ela começou a se dissolver em raios de sol e no arco-íris, em vapor e em névoa; ela se tornou a sabedoria que jaz dentro do caráter.

Em *Òtúrúpọ̀n*, nós encontramos *Ọ̀sányìn* e *Ọbalúwayé* junto de todos os poderes da floresta. É um *odù* de justiça, força e mistério. Os mistérios tratados aqui são aqueles da gestação e aquilo que se encontra oculto da compreensão total pela placenta. *Òtúrúpọ̀n* carrega a mensagem de que saber e compreender completamente não são a mesma coisa. É aqui que *Egúngún* fala alto e é aqui que os ossos de *Egúngún*, assim como a justiça secreta velada e as palavras pertencentes a *Ọ̀rọ̀* mantêm uma associação com a floresta misteriosa acessível a *Ifá*.

> *Ìbábá awo Egúngún*
> *Ìkòkò awo Ọ̀rọ̀*
> *Gbangba l' Ògèdèngbé n 'sawo l'awo Ilé Ọ̀rúnmìlà*

> *Os caminhos de Egúngún repousam em segredos*
> *Em uma escuridão bem guardada, nós encontramos os segredos de Ọ̀rọ̀*
> *Abertas estão as muitas estradas para a casa de Ọ̀rúnmìlà.*

ÒTÚRÁ MÉJÌ

A GENTIL HARMONIA DO AMOR

  Òtúrá méjì recebe seu nome de um homem chamado *Òtú*. Esse homem era um peregrino espiritual, sempre buscando a iluminação. Ele era dedicado em suas práticas e mantinha diligentemente a sua rotina espiritual. Sempre que fazia sacrifício, ele dobrava o que lhe era dito para oferecer. Como consequência, *Òtú* vivenciou uma abundância tremenda tanto dos habitantes do *Ọ̀run*, quanto daqueles do *Ayé*. Ele foi abençoado com abundância, prosperidade e com todas as coisas boas que a vida na terra pode oferecer, assim como foi abençoado com compreensão e clareza sem iguais acerca dos caminhos celestes. Portanto, este *odù* é geralmente aplicado aos profetas. O Chefe Adewuyi diz que o significado do nome *Òtú* se relaciona com uma busca ativa para se conseguir liberdade ao se atrair paz, amor e harmonia.
  Àrá, a segunda parte da palavra que compõe o nome do *odù*, significa "corpo" e, assim, nós temos o significado do ser dotado de alma buscando a liberdade e tornando-se preenchido pela harmonia.
  A ideia de um profeta em *Ifá* é relacionada à capacidade de transmitir presciência. A palavra *Yorùbá* para profecia é *àsọtẹ́lọ̀*, que significa "questões envolvendo o futuro que acontecem por detrás de um véu ou tecido, no qual uma dada condição é abordada de maneiras misteriosas".
  Este *odù* anuncia a chegada dos muçulmanos, ou de estrangeiros, na Iorubalândia. No *corpus* de *Ifá*, os muçulmanos alcançaram a maestria em *Ifá* devido à sua disciplina espiritual. O *kasan* (*kaftan*) muçulmano representa o

tecido de *Òbàtálá*, que serve como uma lembrança da importância de se vestir em alvura e de se buscar contemplação e comunhão espiritual para atrair harmonia e compreensão. Em relação à disciplina espiritual, um dos versos nas combinações de *Òtúrá* (*Òtúrárǝ̀tǝ̀*) diz:

Tún'ra re té	*Reconstrua-se*
Bí a bí ni, àá tún ra ẹni bi	*Devido ao seu nascimento, você precisa ser trazido à existência novamente*
Àmúwòn, Àmúwòn	*Aquele que conhece o mistério da moderação e do equilíbrio*
Ení mọ ìwòn, kìí te	*É aquele que não cairá em desgraça*

O verso destaca a qualidade inerente a este *odù*, ou seja, a habilidade de trocar de pele e de ascender em sabedoria e compreensão por meio da humildade, da direção e de um caráter reto. É aqui que *Èṣù* veio a ser louvado como "o reto", o que será abordado melhor no último capítulo deste livro. *Òtúrá méjì* é particularmente agraciado por *Olódùmarè*, *Òrúnmìlà* e *Èṣù* dada essa constelação de virtudes, juntamente da capacidade de examinar todas as coisas a fim de revelar sabedoria, poder e destino.

Em *Òtúrá*, nós encontramos diversas referências a temas mitológicos e a eras, pois é um *odù* de contos de fadas. Um destes é referenciado por Osamoro Ibie (1986), que conta uma história longa, na qual *Òtúrá* lutou contra um dragão de maneira notavelmente similar às lendas populares de São Jorge e de seus feitos cavalheirescos através do *Campo Stella* e da sua execução – ou doma – do dragão. É significativo que esta lenda seja encontrada aqui em relação a outro feito atribuído a *Òtúrá* – mais especificamente, a como o primeiro *ìmọ́lẹ̀* que ele trouxe do *Òrun* à terra foi *Èlà*. "O espírito da salvação", "a pura" ou simplesmente "graça" são as traduções mais comuns de *Èlà*. *Èlà* é o espírito de *Òrúnmìlà* – em outras palavras, *Òrúnmìlà* é uma encarnação de *Èlà*. A própria *Èlà* é descrita como mistério e é dito que se manifesta nas luzes cintilantes encontradas em cavernas e em túneis subterrâneos, que representam as dimensões misteriosas e ocultas da própria sabedoria.

Este *odù* também conta como *Òtúrá* fez *ẹbọ* nos quatro cantos do mundo quando chegou à terra e estabeleceu o equilíbrio e a harmonia necessários entre os poderes elementais que sustentam *Ayé,* simbolizados pelos quatro cantos do tabuleiro oracular. Na execução desse *ẹbọ*, ele estabeleceu a presença de *orí alà* dentro do *Ayé.* O *orí alà,* ou *igbá alà,* detém a memória do sonho profético e isso é o que se espalha pelas cavernas que foram preparadas como habitação para *Èlà.* Isso sendo feito, as veias da terra tornaram-se ricas de sabedoria e de potência oracular.

Em relação a esta história, Pópóọlá menciona *ogbà ítẹ̀rò,* que ele traduz como "o Jardim do Alcião no *Òrun*", que serve de lembrança para o que *Òtúrá* estabeleceu na terra. Isso se refere ao martim-pescador (alcião) e a Alcione, a estrela considerada como a líder das Plêiades, sendo o *ogbà ítẹ̀rò* o sonho do primeiro Éden. E aqui, no campo de estrelas, está o tema de São Jorge e de suas aventuras, nas quais os mitos do martim-pescador e das Plêiades provêm um cenário estelar para *Òtúrá* e para o que ele atrai. É pertinente investigarmos melhor estes temas.

O Alcião é o martim-pescador ou guarda-rios, um pássaro sagrado neste *odù.* Nós sabemos, a partir das lendas gregas, que o martim-pescador representa abundância, paz, proteção e amor. A lenda conta como Alcione, a filha de Éolo, o regente dos ventos, ao saber que seu marido havia se afogado, afogou-se também no oceano. Ela foi ressuscitada como o martim-pescador e, na ocasião da sua ressureição, seu pai decretou que os ventos parassem por sete dias antes e depois do solstício de dezembro. Estes dias são conhecidos como os "Dias do Alcião" e são associados à ideia mítica do martim-pescador fazendo um ninho flutuante no oceano, no qual seus ovos podem ser gestados e chocados sem a ameaça nem do vento, nem dos animais. Alcione era adorada pelas Nereidas, especialmente por Tétis e por outras ninfas marinhas e sereias. Alcione é a líder das Plêiades, as sete irmãs. O seu nome significa "a rainha que espanta os ventos ruins" e está relacionado ao Jardim das Hespérides. Estes temas de jardim são interessantes, pois *Òtúrá* fala de uma primeira criação do mundo, uma idade de ouro repleta de ninfas, beleza e amor. Pópóọlá comenta que *Òtúrá* é venerado pelos *ìrúnmọlẹ* e por *Olódùmarè* em virtude dos seus esforços na primeira criação.

O projetista inicial da primeira criação foi *Ọrúnmìlà*. Ela era perfeita e o mundo era habitado pelos *ènìyàn*, mas estes espíritos em forma humana foram chamados de volta por alguma razão que não é claramente declarada e outro tipo de *ènìyàn* foi colocado na terra. *Òtúrá* foi apontado para ser o supervisor de ambas essas fases e seus esforços e sabedoria na execução, planejamento e supervisão do projeto levaram à sua celebração e à sua associação com a harmonia, o amor e a perfeição.

Òtúrá é primeira e mais importantemente preocupado com projeto, perfeição e caráter, temas encontrados numa história que se diz ter ocorrido no tempo em que "as árvores eram nossas ancestrais." Este *odù* fala da árvore *ẹrinmọdo* (*Ricinodendron heudelotii*), também conhecida como *njangsa*. Ela é uma árvore majestosa, com raízes grossas e profundas e com uma copa proeminente acoplada a um tronco acinzentado que pode atingir até 50 metros de altura. Os grãos de sementes são usados tanto para se fazer óleo, quanto como um agente flavorizante, tendo um sabor que faz lembrar amendoim levemente apimentado. As suas qualidades medicinais são muitas; uma infusão preparada da sua casca é usada para afastar veneno e doenças como febres e malária. A presença da árvore é benéfica para o solo e ela é raramente acometida por pestes e insetos, com exceção de alguns tipos de lagarta que existem em simbiose com ela, dentre as quais a mariposa *Imbrasia obscura*, cujas marcas, que fazem lembrar dois olhos rubros em suas asas negras, fazem-na assunto de lendas que falam do que é estranho.

O mito de *Ẹrinmọdo* narra como as suas beleza e majestade atraíram inimigos, o que levou a que ela nunca tivesse sucesso, apesar das suas várias qualidades maravilhosas. Isso se passou no tempo em que as árvores eram

IFÁ: UMA FLORESTA DE MISTÉRIOS

nossas ancestrais. Ela não fazia nenhum mal, nem desejava mal aos seus inimigos. O tempo passou e a conspiração contra ela se tornou mais séria; então, ela decidiu ir ao seu *awo* para fazer uma leitura oracular e ver o que poderia ser feito. O *awo* disse-lhe para fazer sacrifício para que ela se tornasse a rainha dos seus inimigos e os comandasse. Ela fez como o *awo* aconselhou e, em pouco tempo, seus inimigos vieram até ela com seu sofrimento e apontaram-na como regente de todas as árvores, aceitando a sua beleza e majestade como eternas.

A história serve como uma lembrança de que sempre se deve mostrar caráter exemplar e de que não se deve desejar o mal aos inimigos, não importa o quão perversos eles sejam, pois, com frequência, aqueles que fazem maldades assim agem por sofrerem internamente. Conta-nos mais sobre *Erinmọdo* e a presença da maldade uma outra história, na qual encontramos um *irúnmọlẹ* chamado *Alukandi*, "aquele que vai e volta trazendo novidades." *Alukandi* foi nomeado para ser o supervisor dos assuntos humanos para *Olódùmarè* e para relatar o que estava acontecendo ao redor da terra. *Alukandi* executou o seu papel lealmente e reportou tudo o que viu. Conforme o tempo passava, *Alukandi* ficava mais e mais amargurado e confuso com o estado do mundo. Ele não conseguia entender a razão pela qual aquelas pessoas estavam brigando e disputando, destruindo a natureza e se comportando de maneiras egoístas. Por qual razão deveria lhes ser permitido continuar a viver? Ele levou as suas preocupações a *Olódùmarè*, mas *Olódùmarè* lhe disse que não interferisse. *Alukandi* aceitou as palavras de *Olódùmarè*, mas a sua amargura transformou-se em ódio até que um dia ele pediu por poder para matar e dominar. *Olódùmarè* deu-lhe tal poder. Ele lhe deu o poder de *ọfọ̀ àṣẹ*, que é o poder da palavra, o poder dos encantamentos e das *àbìlù* (maldições) representadas pelo *atààré* (pimenta da costa). *Alukandi* tomou forma humana no meio do mercado. Lá, ele falou com as pessoas, avisando-as de que misericórdia, a piedade e a graça haviam chegado ao fim e que era hora da retribuição. Tendo afirmado isso, ele começou a matá-los, espalhando medo e destruição por todos os lugares.

No dia seguinte ao assassinato em massa, as pessoas foram ao mercado para coletar os corpos dos seus entes queridos. Quando viram que *Alukandi* ainda estava lá, aproximaram-se dele e tentaram argumentar, mas ele respondeu *"eu, Alukandi, estou aqui agora e quem eu quiser matar, eu certamente matarei."* A tragédia se espalhou pela cidade à medida que *Alukandi* matava a população, um a um, numa tentativa de livrar a cidade da perversidade. A confusão que *Alukandi* criou chamou a atenção de *Èṣù*, que foi ao mercado para ver o que estava ocorrendo e tentar argumentar com ele. *Alukandi* disse-lhe que os seus poderes haviam sido dados por decreto divino e que ele faria o que era melhor para a terra. Após uma tentativa de diálogo, *Èṣù* disse-lhe que a sua tarefa era a de supervisionar e não a de interferir, e então ele foi aos *ìrúnmọlẹ* e contou-lhes sobre o uso indevido dos poderes por parte de *Alukandi*. Outros *ìrúnmọlẹ* foram ao mercado para testemunhar o que *Èṣù* havia reportado e, quando viram que *Alukandi* estava de fato usando equivocadamente os seus poderes, fizeram sacrifício a *Èṣù* e pediram-lhe para retirar seus poderes. Naquela mesma noite, *Èṣù* foi até *Alukandi* enquanto ele dormia e removeu seus poderes. No dia seguinte, ele foi ao mercado novamente com a intenção de matar os perversos, mas, desta vez, nada aconteceu. As pessoas rapidamente perceberam que ele estava sem poderes e viram-no pelo que ele realmente era, um homem consumido por ódio, amargurado, e então elas se viraram contra ele e mandaram-no de volta para o seu lugar.

A história de *Alukandi* reflete a de *Ẹrinmọdo,* pois fala das consequências de se agir contra a perversidade em um espírito de desforço pessoal e de vingança. *Òtúrá* nos traz a mensagem de que a maldade irá finalmente ruir sobre si mesma e destaca a importância de se manter um caráter reto quando confrontado com ela. *Alukandi* é alguém que foi consumido pela negatividade do mundo e apelou para a vingança e o terror, ao passo que *Ẹrinmọdo* representa aquele que busca lidar com uma situação hostil de uma maneira que não alimente e não aumente a negatividade. Em *Òtúrá*, é tabu desejar o mal aos nossos inimigos e, algumas vezes, é dito que esse tabu é apenas para aqueles

IFÁ: UMA FLORESTA DE MISTÉRIOS

que nasceram neste *odù*, mas, na verdade, esse é um tabu para todos os *awo*. A razão para isso é que o *awo* tem acesso a poderes que trazem o cataclismo, mas esses poderes não devem jamais ser usados levianamente. De fato, *Ifá* é assertivo em dizer que se a violência parecer ser a única maneira de se lidar com a situação, então não foram investigadas profundamente as possibilidades de solução. Assim, é uma regra de conduta que o *awo* se comporte como *Erinmodo*.

Outro provérbio de *Òtúrá* nos diz "*Èsù* é o pai das mentiras, mas *Òtúrá* é a mãe." *Òtúrá* é tão amada por *Olódùmarè* e por *Òrúnmìlà* que todas as formas de poder podem ser atraídas para este *odù*; com isso, vem a tentação de se manipular eventos e de se usar equivocadamente os poderes. *Òtúrá* é o poder que pode reduzir a nada a perversidade em *Ìká* ou aumentá-la mil vezes pelo uso da palavra e da língua. Em *Ìká*, a palavra nasceu, mas é em *Òtúrá* que os segredos de usar a palavra com poder e direção são revelados. Assim, este *odù* fala como mentiras atrairão as vibrações negativas de *Ìká* em *Òtúrá* e gerarão maldade.

Este *odù* trata da virtude de se permanecer doce e acolhedor, sendo um consolo no mundo, a despeito das maneiras más com que as pessoas se comportam. *Òtúrá* fala da necessidade de se reconhecer a existência de inimigos e detratores, mas também da importância de não responder a eles nos mesmos termos. Nós precisamos nos certificar de que a sua negatividade não nos contamine e afete. Ao reconhecermos os nossos detratores, precisamos reconhecer o poder da palavra e usarmos os nossos pensamentos, língua e alento para abençoar o mundo, enquanto vigiamos as nossas próprias línguas. *Òtúrá* não trata apenas da mentira, mas também do abuso das palavras, de modo que, aqui, é importante evitar fofoca e proteger segredos. Este tema é ilustrado pelo esquilo falante:

> *Ayóóró enu*
> *Ayòòrò enu*

Èbitì ẹnu ò tásé

Ẹnu ofóró níí pofóró

Ẹnu oforò níí poforò

Ẹnu fórofòro níí pòfóró

A dia fún òkéré

Tí yóò múlé lébàá ònà

Wón ní kó mó moọ fi gbogbo ohun ti ó bá ri

So fún èèyàn mó

Òkéré ò gbọ́

Ìgbà ti ó yá

Ìyàwó òkéré bimọ méjì lẹ̀èkanàà

Ìgbà ti inú òkéré dùn tán

Tó di ojó kan

Ó ní òkéré bímọ méjì

Ilé kún tẹ́tẹ́ẹ́tẹ́

Gbogbo èrò ònà

Ẹ yà wáá wò ó

Ìgbà ti àwon ayé gbọ́

Wón yà bọ́ sínú ìgbẹ̀

Wón nawọ́ gán ilé òkéré

Wón si tu u wò

Ìgbà ti wón ó dèẹ inú ilê òkéré

Wón bá ọmọ méjì ti ó bi nàà

Ni wón bá mu wón lọ sílé

Ìgbà ti àwon ọmọ ayé dele

Wón fi àwon ọmọ òkéré léri iyán

Wón si bá ọbẹ̀ lọ

A língua longa e escorregadia;

A boca não guarda segredos;

Ifá: Uma Floresta de Mistérios

A armadilha armada pela boca nunca falha em apanhar vítimas;
É o idioma do tagarela da selva;
É o idioma daquele que fala tanto que isso o matará;
Falar demais é que o transforma o bisbilhoteiro em um assassino
Isto foi o que Ifá leu no oráculo para o Esquilo
Que havia feito um ninho próximo à estrada
Ele foi avisado para ser muito cuidadoso
Pois ele não conseguia guardar segredos
Ele foi advertido a não falar sobre o que via
Para os outros
Mas o Esquilo não seguiu o conselho
Foi então que aconteceu
A esposa do Esquilo teve dois filhos ao mesmo tempo
Ela estava muito feliz,
Um dia
Ele disse: "o Esquilo tem dois filhos
Uma casa cheia de crianças
Todos os que passam pela estrada
Vêm vê-los."
Quando os humanos ouviram isso
Eles saltaram pela floresta
Eles capturaram o ninho do Esquilo
E acharam os dois filhotes
E os levaram para casa
Quando chegaram à casa
Eles colocaram os jovens esquilos no topo do inhame amassado
E eles desapareceram no cozido

O verso fala sobre ser cuidadoso com suas próprias palavras, pois nem todos que encontramos querem nosso bem-estar, de modo que dividir amor e felicidade pode às vezes despertar suas manifestações negativas, infelicidade e inveja. Ao mesmo tempo, *Òtúrá* aconselha tratar bem a todos que encontramos. Um provérbio diz: *"Ifá* não reconhece nem rei e nem mendigo, assim como o facão não reconhece seu criador." Trata-se de estar ciente das energias em jogo, de maneira que possamos evitar o julgamento, o arrependimento e o ódio. Se nós avaliarmos a situação adequadamente, entenderemos como nos conduzir para que reine a harmonia. Na história do esquilo que dividiu a alegria do nascimento dos gêmeos, a sua felicidade invocou a inveja dos estéreis e o ódio daqueles que não o viam como merecedor.

A tentação em direção à mentira e à enganação entra com natural facilidade. Quando estas situações ocorrem, nós precisamos estar cientes de que a falsidade é passageira e a verdade sempre a vencerá contanto que sejamos pacientes. Essa lembrança deve servir como um encorajamento para darmos às outras pessoas a chance de serem um exemplo de bom caráter, de modo que possamos chamar aqueles que são atraídos pelo bom caráter e nos distanciarmos daqueles que prejudicam a boa sorte. *Òtúrá* alerta contra falar muito alto sobre a boa sorte de alguém, ainda que nos convide a exercer hospitalidade e generosidade. Nós nunca sabemos a identidade real do convidado que chega à nossa casa ou do pedinte com quem somos caridosos. *Òtúrá* confere imenso poder, mas nem sempre é necessário exercitar o poder que se tem, de sorte que este *odù* simboliza o ideal de um regente.

Estas qualidades são dadas à árvore *àràbà (Ceiba pentandra)*, que é tabu neste *odù*. Esta árvore é uma líder renomada e, ainda assim, tabu, pois *Òtúrá* é o *odù* do conselheiro sábio e não o *odù* tipicamente atribuído à fama real ou ao domínio. *Òtúrá* é o arquiteto e o viajante, o inventor e o projetista, a sabedoria da coroa.

É neste *odù* que é encontrado *Àjàlá*, o projetista da consciência individual O seu nome significa "cão de alvura"; o cão estando associado a *Ògún* e *Ònílé*, representando tanto o conforto quanto a caça. Nós podemos entender *Àjàlá* como sendo a força que investe a nossa consciência com a habilidade de procurar e de caçar o nosso destino, tanto quanto como a faculdade de encontrar descanso e alegria em alvura/brancura e alegria.

Àjàlá não é apenas um artista divinamente talentoso, mas também é descrito como um bêbado e um devedor. Essa fusão de talento extraordinário e a confusão e descuido com a bebida faz com que nem todos os *orí* e cabeças feitos por ele sejam de boa qualidade. Uma vez que ele está constantemente em débito, também é possível barganhar com ele e suborná-lo, mas isso não é uma garantia de que ele lhe dará um bom *orí*. Um bom *orí* é uma consciência naturalmente inclinada à paz, à tranquilidade, à harmonia e ao amor.

Nós escolhemos o nosso destino (*karada*) diante de *Olódùmarè*, com *Òrúnmìlà* e *Èṣù* como testemunhas. Quando se vai à casa de *Àjálá*, a escolha do *orí* pode complicar ou facilitar nossa jornada humana. *Ifá* fala, aqui, de como os desafios são necessários para que percebamos o nosso destino. O que ocorre no bosque de esculturas de *Àjálá* é bastante típico da condição humana. Em *Ifá*, o destino não é um roteiro preordenado, mas, ao invés disso, é associado à conquista da abundância, da felicidade, do amor e dos 256 padrões (*odù*) disponíveis para nós, com os quais podemos alcançar a completude do que a vida pode dar. A nossa consciência é moldada em *Òtúrá* e nasce, ou nos é dada, em *Èjì Ogbè*.

Quando entramos na oficina de *Àjálá*, nós já afirmamos previamente o nosso propósito a *Olódùmarè*. Em outras palavras, nós definimos o *odù* no qual nós queremos encarnar como seres humanos. O *odù* de nascimento dá certa qualidade à nossa jornada, que é regulada por tabu e por recomendações. Cada *odù* é regulado por um ritmo único e preciso que pode ser inibido ou cultivado. Se possuímos bom caráter, nós possuiremos todas essas coisas. Se nós formos pacíficos, amorosos e alegres, iremos naturalmente atrair nosso destino, que é sermos felizes, contentes e realizados.

Òtúrá recomenda meditação e jejum regulares como ferramentas para desenvolver um bom caráter, especialmente em períodos de confusão e de dúvida, pois trazem clareza e abundância. Estas são soluções inspiradas nos muçulmanos, que se tornaram exemplos de bom caráter e de devoção neste *odù*. Tanto o *kasan* quanto o minarete são atribuídos à *Òtúrá; o kasan* representa o tecido de alvura que traz sonho e profecia, e o minarete representa o caráter reto e devoto que é tão importante neste *odù*.

Òtúrá está relacionado a discurso e diplomacia, filosofia e teorias sociais. É a partir da influência de *Òtúrá* que *Èṣù* recebeu o nome de louvor "o linguista divino."

Todas essas características estão representadas pelo *àlùké* (galinhola). Ela era um pássaro muito trabalhador e *Olódùmarè* adorava observá-la. Ela sempre fazia seu trabalho lealmente e prestava atenção à sua vida espiritual, mas ela sentiu que não estava desfrutando de nenhuma melhora como resultado e, então, ela foi ao seu *awo* para uma leitura oracular. Ele disse-lhe que ela era abençoada, que deveria continuar como vinha fazendo, que devia trabalhar duro e observar as suas disciplinas espirituais, mas que ela também deveria amar e respeitar os demais, não importando se eles mereciam ou não. Ela fez conforme aconselhado e experimentou abundância, sucesso, popularidade e riqueza. Este pássaro é sagrado para *Olókun* e *Ajé Ṣaluga*, espíritos de riqueza que estão presentes neste *odù* e que podem prover abundância monetária e prosperidade.

Òtúrá é tanto o *odù* do amor verdadeiro quanto é o da misantropia. Há uma tendência, aqui, de se ficar tão desapontado com a humanidade que nós rejeitamos a bondade e convidamos a amargura para tomar o seu lugar, mas este *odù* também revela que encontrar a sua alma gêmea é uma cura contra essas tendências misantropas. Nós encontramos, aqui, a história de *Sálúbàtà* (a sandália), que achava que era incompleto. Um dia, ele encontrou *Ẹsè* (o pé) e então soube que eles haviam sido feitos um para o outro. *Ẹsè* estava numa situação similar; ela precisava ser cuidada e protegida. No dia em que ela encontrou *Sálúbàtà*, soube que ele era o prometido. *Sálúbàtà*, entretanto, não estava com pressa e esperou primeiro que uma leitura oracular fosse feita, e foi apenas quando o seu *awo* disse que ele estava correto em seus sentimen-

IFÁ: UMA FLORESTA DE MISTÉRIOS

tos que partiu em busca de *Ẹsẹ̀* e a pediu em casamento. Não demorou muito e eles estavam casados e o êxtase do amor os fez inseparáveis.

Sún kẹrẹ	*Mova suas pernas gentilmente*
Gbà kẹrẹ	*Para que as pernas possam se mover em majestade*
Díá fún Sálúbàtà	*Isso Ifá leu no oráculo para a Sandália*
Tí nlọ rèé gbé Ẹsẹ̀ n' ìyàwó	*Quando ele ia se casar com o Pé*
Ẹbọ ní wọ́n ní kó wáá sẹ	*Ele foi aconselhado a fazer sacrifício*
Ò gb' ẹbọ ó rú'bọ	*Ele fez conforme fora aconselhado a fazer*
Kò pé kò jínnà	*E em pouco tempo ele cantou*
Ẹ wá bá ní b'áyọ̀, ẹ wáá wo're o	*Venha e junte-se a nós no êxtase da união*

O verso fala de não se apressar na esperança de encontrar coisas boas, mas, ao invés disso, de se andar gentilmente rumo à própria boa sorte.

Òtúrá concerne a atrair bondade num espírito de aceitação e de maravilhamento. Diz respeito a se desenvolver um sentido de mistério em relação ao mundo e a se engajar numa participação interessada nisso. Uma atitude de julgamento ou de condenação restringirá o fluxo natural de abundância rumo a *Òtúrá*. Nós podemos dizer que a possibilidade da sorte nasceu neste *odù*, pois a sorte não é aleatória, é algo que surge por estarmos no lugar correto, na hora certa e com as habilidades necessárias para colher abundância. A sorte não diz respeito ao que nós merecemos, como foi dito no provérbio dado anteriormente - *"Ifá* não reconhece nem rei e nem mendingo", concerne ao caráter como um ímã para a boa sorte. A sorte é complicada, pois nada provoca mais o azarado do que a sorte alheia. A energia de *Òtúrá* convoca a misantropia e *weltschmerz,*[27] não apenas em virtude da tendência de o azarado cul-

---

[27] N.T. Termo criado por Jean Paul (1763-1825), que significa agonia mental ou depressão causada pela comparação do estado corrente das coisas com um estado idealizado (conforme definição do dicionário Merriam-Webster).

par o sortudo pelo seu próprio azar, mas porque, em *Òtúrá*, está presente a memória enevoada da nossa condição como um espírito que não teve uma experiência na jornada humana. Neste *odù*, nós encontramos o chamado de *Ẹgbẹ* no *Ọrun*, para lembrar *Òtúrá* de que a paz que a pessoa procura na jornada humana já está presente no local de onde ela veio. Assim, *Òtúrá* diz respeito às dores da vida tanto quanto à sua beleza. *Òtúrá* é um guerreiro que vai à guerra com flores e poesia, assim como com maldições e encantamentos de devastação.

Òtúrá tem muito a dizer sobre como se lidar com a adversidade e sobre como adoçar um inimigo. *Òtúrá* é o bode expiatório natural, pois a luz parada e fixada torna-se um foco estável para aqueles que falham na jornada. Então, ao invés de se preocuparem com a fraca luz de dentro, eles encontram a luz externa brilhante em um espírito de agressão e de ódio. Nesses encontros, *Òtúrá* precisa ser a fonte de doçura e de luz e é preciso evitar diminuir o seu próprio brilho em resposta ao ataque dos invejosos. Eu gostaria de parafrasear um verso de *Òtúrá* que trata disso. Ele conta como *Òtúrá* foi subjugado por conspiradores e respondeu com um ataque aleatório. Seu ataque matou uma pessoa terrível, que havia se vestido com roupas compridas para esconder a sua perversidade. No momento da sua morte, Verdade e Falsidade começaram a discutir. A Verdade argumentou que era mais poderosa do que a Falsidade, dada a virtude do seu conhecimento e da sua bondade. A Falsidade contra-argumentou dizendo que ela era mais forte, mais esperta e mais disseminada do que a Verdade. A Verdade disse à Falsidade que ela estava correta, que ela era esperta e forte e que se encontrava em todos os lugares, mas que os modos gentis e desapressados da Verdade a derrotariam no final. A Falsidade concordou. Então, de fato, os conspiradores e detratores nascem aqui, mas de uma maneira particular, como falhas em sua própria causa, nos seus próprios destinos, incapazes de descobrir o caminho de paz, alegria e contentamento. Os conspiradores sofrerão as consequências do ataque a *Òtúrá* contanto que *Òtúrá* os abençoe e lhes envie bondade. Responda ao mal com bondade, pois

IFÁ: UMA FLORESTA DE MISTÉRIOS

isso trará vergonha aos detratores. Este complexo é inteiramente é ilustrado em um verso de *Òtúrá* que fala de *Ọbalúwayé*, *Èṣù Ọ̀dàrà* e de *Ìyàmí Ọ̀sòròngà* vindo ao mundo.

Quando esses poderes vieram ao mundo, *Olódùmarè* combinou um encontro com eles. Ele sugeriu a *Ọbalúwayé* que ele poderia ser o guardião da riqueza e do dinheiro no mundo, mas *Ọbalúwayé* respondeu que não tinha interesse nisso, mas que gostaria de drenar a riqueza dos humanos e secar suas medulas. Da mesma maneira, *Olódùmarè* sugeriu a *Èṣù* que ele poderia ser aquele que garantiria o amor entre os casais, mas *Èṣù* replicou que ele preferia ser a força que os separaria. Então, *Olódùmarè* sugeriu à *Ìyàmí Ọ̀sòròngà* que ela ficasse responsável pela gestação e pelo parto, mas ela lhe disse que preferiria se banquetear dos bebês tanto dentro quanto fora do ventre. Depois que essas três forças ouviram o conselho divino, mas tomaram outras decisões, *Olódùmarè* convocou *Ọ̀rúnmìlà* e sugeriu que ele fosse o responsável por abençoar as pessoas com vida longa. *Ọ̀rúnmìlà* aceitou e também perguntou se poderia receber as dádivas que as outras três divindades haviam rejeitado. *Olódùmarè* disse "assim seja" e investiu *Ọ̀rúnmìlà* com o poder de dar vida longa, riqueza, filhos saudáveis, amor e harmonia. Quando veio à terra, *Ọ̀rúnmìlà* experimentou todo o sucesso e veneração possíveis, enquanto seus companheiros *irúnmọlẹ* tornaram-se temidos e desprezados, já que eles agiram no mundo em conformidade com o haviam declarado. Eles também nutriram ciúmes por *Ọ̀rúnmìlà* e pelo louvor e o amor que ele colhia das suas atividades, e logo conspiraram para derrotá-lo. *Ọ̀rúnmìlà*, entretanto, teve sonhos sinistros na noite em que seus detratores se juntaram para planejar a sua morte. Ao acordar, ele foi ao seu *awo*, que lhe disse que ele precisava honrar os seus detratores e prescreveu o sacrifício necessário. *Ọ̀rúnmìlà* fez conforme instruído e foi às casas de *Ọbalúwayé*, *Èṣù Ọ̀dàrà* e de *Ìyàmí Ọ̀sòròngà* oferecendo dinheiro e comida. Em cada uma das suas casas, ele pagou tributo a eles, dizendo que o que ele tinha só era possível por causa deles. Ao estar atento aos seus detratores e ao reconhecê-los, ele conseguiu estabelecer um pacto de harmonia e de comunidade com eles. Foi ao demonstrar uma atitude de gratidão e humildade que Ọ̀rúnmìlà ganhou a amizade de Èṣù. Ọ̀rúnmìlà sabia quem ele era e que ele era aquele que mantinha tudo, mas não fez rebuliço por causa disso; ao contrário, prestou tributo à fonte da sua benção.

Não importa se interpretamos a história como sendo de perdão, destino ou sorte, a mensagem é a mesma: se você quiser abraçar a sua própria boa sorte, precisa evitar a amargura e tomar um interesse positivo por sua vida e caminho. Òtúrá é uma energia que traz aumento até mesmo à palavra; daí o tabu de desejar mal às pessoas e de falar mal delas. Òtúrá é devastação e destruição veladas no *kasan* de paz. Òtúrá é luz pura gestada e cultivada, velada em alvura e constitui um poder divino que pode ser usado e abusado.

Òtúrá nos lembra de que a sabedoria pode ser encontrada nos locais mais improváveis, seja um castelo, um bar ou uma parada de ônibus. Òtúrá reconhece detratores e inimigos, mas não os julga, pois julgamento traz melancolia e misantropia. Isto é causado por se buscar paz e amor no mundo com desesperança, quando, de fato, ambos residem na medula e na alma de cada um de nós. Òtúrá diz respeito a perspectiva e a nuance, a amor incondicional e penetrante que, como a chuva, cai sobre os justos e sobre os injustos. Portanto, nós devemos aceitar nossa jornada humana como um empreendimento compartilhado e evitar julgar e punir o mau comportamento. *Ifá* diz que a infelicidade é geralmente causada por uma consciência debilitada (*ibí orí*) ou por padrões negativos de comportamento cuja raiz está na família da pessoa (*ibí egun*).

Òtúrá tipifica a mentalidade de um santo, como alguém que experimenta o mundo, porém, não o julga, não importando o quão aborrecido ele possa ser. Òtúrá é amor, harmonia e gentileza, que são os pilares da união e do crescimento que atraem a boa sorte e a abundância para todos nós.

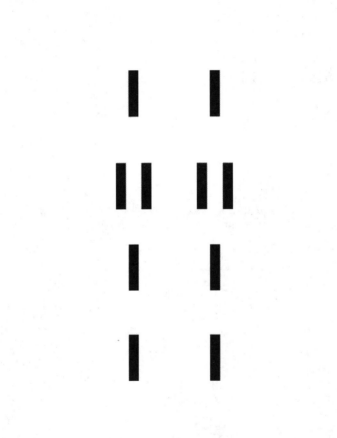

ÌRẸTẸ̀ MÉJÌ

O AUTOR DO DESTINO

Ìrẹtẹ̀ significa forçar, dominar ou conquistar boa fortuna. Ele fala de nós como autores do nosso destino, assim como fala da presença da adversidade que nos inspira a desenvolver um bom caráter. O bom caráter não é algo que acontece miraculosamente apenas porque desejamos, é uma prática constante e, naturalmente, seremos confrontados com dificuldades e provações.

É aqui que nós encontramos o verdadeiro propósito de *ajogún*. Esses espíritos, que trazem morte, infelicidade e pobreza, estão aqui para nos revelar "o outro modo", para que nós possamos fazer a melhor escolha. *Ìrẹtẹ̀* nos conta que esses espíritos são de propriedade de *Èṣù*, mas, ainda assim, eles entraram no mundo através das estradas que *Ògún* abriu entre o reino invisível e o visível. *Ìrẹtẹ̀* fala, nesse contexto, do uso de tambores para chamar todos os tipos de forças, convocar espíritos de destruição tanto quanto aqueles benignos e construtivos.

Uma história conta sobre um *awo* chamado *Olùkótún*, que foi à cidade de *Otún* (retidão) para expulsar os *ajogún* com *ọfọ̀ àṣẹ* (encantamentos) e remédios de *Ifá*. Os cidadãos foram instruídos a cessarem o uso de tambores por três dias, para que não atraíssem a morte para os seus locais de habitação. Esse verso é relacionado à Cidade do Vício (*Ode Ote*), na qual o povo não tinha nem paz e nem saúde. *Ifá* foi a essa cidade e lhes disse para praticarem o sacrifício de *Òtúrá*, significando a prática do amor e a ausência de vingança e de perversidade.

O reflexo adverso de *Òtúrá* é transformado em *Ìrẹtẹ̀* por meio de situações nas quais ele provê a resposta para as complicações experimentadas. Esses temas são expandidos no seguinte verso:

Bùtùbútù ònà Ijèṣà lọmọdéé fíí ṣeré

Bí ò bá kómọ ní rírìn ẹṣè

A kọ́mọ ní yíyan

A dia fún Ọrúnmìlà

Ifá nlọ lèé fẹ́ Moranín

Tíí ṣe ọmọ Òòṣà Igbòwújìn

Teégún, tòòṣà ní ndú Mọranín

Ọ̀rúnmìlà ní òun ni òun ó fẹẹ

Wọ́n ní ẹbọ ní ó rú

Ìgbá ti Ọ̀rúnmìlà rúbọ tán

Ọwọ́ọ rè ni Mọranin já mọ́

Ìgbà ti inúu rẹ̀é dùn tán

Ó ní bèè gégé ni àwon awo òún wí

Bùtùbútù ònà Ijèṣà lọmọdéé fíí ṣeré

Bí ò bá kómọ ní rírìn ẹṣè

A kọ́mọ ní yíyan

A dia fún Ọrúnmìlà

Ifá nlọ lèé fẹ́ Mọranín

Tíí ṣe ọmọ Òòṣà Igbòwújìn

Mọranin ó padà wáá fẹ́ mi

Àyàmọ̀ ṣe bi n ò soyùn mókó

Tínútèyìn ni labalábáá fíí Olódùmarè

Mọranin ó padà wáá fẹ́ mi

Àyàmọ̀ṣe bì n ò soyùn mókó

IFÁ: UMA FLORESTA DE MISTÉRIOS

A areia fina com a qual as crianças brincam na estrada para Ijèsà

Ensina algumas crianças a andar

E ensina outras a se mover graciosamente

Isso Ifá leu no oráculo para Ọ̀rúnmìlà

Quando ele ia se casar com Mọranín,

A filha de Òòṣà Igbòwújìn (um nome de louvor para Ọ̀bàtálá, referindo-se à doçura escondida na floresta)

Todas as divindades tentaram conquistar Mọranín para se casar com ela

Mas Ọ̀rúnmìlà disse que ele seria aquele a se casar com ela

Ele foi instruído a fazer sacrifício

Depois que Ọ̀rúnmìlà fez o sacrifício

Ele conseguiu se casar com Mọranín

Ele estava muito feliz

Ele disse que acontecera exatamente como os sacerdotes de Ifá haviam dito

A areia fina com a qual as crianças brincam na estrada para Ijèsà

Ensina algumas crianças a andar

E ensina outras a se moverem graciosamente

Isso Ifá leu no oráculo para Ọ̀rúnmìlà

Quando ele ia se casar com Mọranín,

A filha de Òòṣà Igbòwújìn

Mọranín venha aqui e case-se comigo

Eu decorei minhas partes íntimas com contas de iyùn (coral vermelho)

A borboleta mostra seu abdômen e sua espinha para Olódùmarè

Mọranín retornará e se casará comigo

Eu decorei minhas partes íntimas com contas de iyùn

Esse verso é encontrado nas histórias sobre a Cidade do Vício. Os habitantes da cidade eram totalmente egoístas e cediam a qualquer tipo de devassidão que lhes parecesse boa. *Ọ̀rúnmìlà* chegou à cidade e percebeu que o hedonismo e a gula eram os responsáveis por o povo atrair infelicidade. Ele

375

usou duas parábolas para ilustrar o que ocorria. Na primeira, ele falou da areia na estrada para *Ìjẹ̀sà*, uma cidade a uns 30 km a oeste de *Ilé Ifẹ̀*, uma referência à estrada e à jornada serem as mesmas para cada um de nós, mas, embora os mesmos meios sejam dados a todos, alguns de nós aprendem a se mover graciosamente, enquanto outros caminham no mundo da melhor maneira que conseguem.

O outro elemento nesse verso, seu casamento com *Mọranín*, a filha da doçura escondida na floresta, fala sobre valorizar os outros e especialmente aqueles que encontramos no amor. A referência a *Ọ̀rúnmìlà* decorando suas partes íntimas com coral vermelho é uma alusão à abundância que jaz em se encontrar a alma gêmea, e também a se respeitar, se não venerar, o parceiro e se estar ciente da natureza do vínculo de amor. Em outras palavras, ele está trazendo as forças de *Òtúrá* para combater a tendência de *Ìrẹtẹ̀* em atrair *ajogún*.

Finalmente, o verso fala de como todo o iniciado em *Ifá* se torna, *ìyàwó*, a noiva ou esposa de *Ọ̀rúnmìlà*. O verso ilustra o respeito, amor e cuidado que ele tem por cada uma de suas esposas como um exemplo no qual devemos nos espelhar.

Ìrẹtẹ̀ trata de resistir à tentação do egoísmo, pois *Ìrẹtẹ̀*, sendo a boa fortuna que nós trabalhamos para manifestar, vem como resultado de trabalho duro. É um produto de esforço e algo que nós tendemos a guardar e a manter, mas *Ifá* é tão enfático em afirmar que dividir é a fórmula para aumentar quanto é ao enfatizar o conselho, em *Òtúrá*, sobre não se gabar da boa sorte. O maior vício em *Ìrẹtẹ̀* é o egoísmo, e pessoas egocentradas restringem a bondade. Um provérbio de *Ifá* diz: "um ancião que come sua comida sem considerar os demais carregará um fardo para o seu lar" e o *odù* nos diz que tal pessoa não deve ser auxiliada quando sua ganância a prejudicar. Ela precisa perceber a necessidade de auxílio antes de lhe oferecermos a nossa assistência. É um aviso contra a gula em todas as suas formas, pois ela alienará o egoísta da amizade verdadeira e da comunidade.

Ìreṭè tem raízes em um conflito entre o que é conhecido e o que é desconhecido, o que leva à restrição da bondade pela inveja que recai nas conquistas de uma pessoa. Esse temperamento pode dar espaço à gula e ao egoísmo, à vontade de dominar e à ambição mundana sem limites. Nesse campo, a rebelião nasce como uma consequência de se aprender a caminhar no mundo e de se compreender seus quartos[28] e ritmos. Alguns caminham gentilmente no ritmo da criação, enquanto outros marcham apressados no compasso do seu próprio tambor.

Ìreṭè diz respeito a se caminhar em direção à boa fortuna tanto quanto concerne às falhas e aos erros que se dão no curso da vida. Trata de escolhas equivocadas e de amigos falsos, assim como de se tomar o mundo para si, mas estando fora de sintonia com ele. Isso significa que, neste *odù*, nós encontramos a habilidade para nos adaptarmos às condições severas e a lembrança de que o segredo da prosperidade diz respeito a aproveitarmos cada novo dia como uma oportunidade. Nesse sentido, o oportunista e o peregrino são os mesmos, eles constroem a sua sorte sobre a mesma areia em que caminham. É um *odù* que fala de tentação – e tentação é o que os *ajogún* são. Sem dúvida, é a posse dessas forças que deu a *Èṣù* a sua reputação diabólica.

Não há diabo em *Ifá*, entretanto. É importante perceber que o diabo não é uma força externa a você. *Èṣù* e os *ajogún* não são seus inimigos, mesmo que eles o confrontem exatamente como se fossem justamente isso. Esses espíritos distribuem mistério, morte e obstrução, pois é da sua natureza agir assim. O presente dos *ajogún* só nos é concedido se cedermos à sua tentação. A tentação jaz em toda e qualquer situação que nos oferece uma oportunidade para desenvolvermos um bom caráter. Em cada desafio, em cada fricção e desentendimento, em cada escolha, essas forças espirituais aguardam próximas, prontas para serem convidadas, e elas celebram cada momento no qual não

---

[28] NT: referência à divisão quádrupla do tempo, que se reflete nas quatro estações, marcadas pelos equinócios e solstícios.

são convidadas, sabendo que a tentação que representam foi resistida. Nós precisamos entender esses espíritos não como uma legião demoníaca que deseja morte, confusão e infelicidade. Eles trazem essas coisas, mas desejam que neguemos os seus presentes. Desta maneira, eles detêm o poder de *Ìrẹ̀tẹ̀*, por serem espíritos que desejam reter o que eles possuem, e não dividir.

Como sabemos a respeito do nosso reino humano, pessoas que possuem riquezas, amor e abundância podem, de vez em quando, falar demais sobre a sua boa sorte, gerando um campo de tentação apto a que que surjam em nós sentimentos de inveja, arrependimento e ódio. São nessas comunicações emocionais que nós convocamos os *ajogún* como nossos próprios desafiantes. Nós podemos dizer que *Ìrẹ̀tẹ̀* tem uma tendência natural de atrair a vibração negativa de coisas boas em sua busca pela boa fortuna, na forma de tentação e de emoções negativas.

Ìrẹ̀tẹ̀ tem muito a dizer sobre carregar fardos. Não apenas sobre aqueles que a pessoa egoísta leva para o seu lar ao negar auxílio aos outros quando surgem as dificuldades, mas também sobre tomar o fardo do mundo e fazer o que é bom, não importando qual seja a repercussão ou a recompensa.

Isso é ilustrado pelo *igún*, o abutre, que se ofereceu para levar os sacrifícios dos humanos até *Olódùmarè*. Uma história conta como a terra estava para ser destruída e *Igún* teve de levar uma mensagem urgente para *Olódùmarè*, a fim de que ele suspendesse a aniquilação planejada. Ele obedientemente foi até o *Ọ̀run* usando todos os atalhos imagináveis e evitou a destruição do *Ayé*. Ele retornou à terra esperando louvores e recompensas, mas, contrariando as suas expectativas, ninguém reparou nele, tampouco lhe deram crédito por salvar o mundo; apenas comentaram sobre como ele era feio e sujo, com a sua cabeça careca e as asas pretas, uma cabeça que se tornou calva após carregar o *ẹbọ* ao *Ọ̀run*, e penas que ficaram pretas em virtude da exposição à luz e ao calor intensos.

Há duas outras histórias que ilustram bem essas questões; a primeira delas me foi contada pelo Chefe Adéwuyì. Um casal de fazendeiros chamados

Onuyagbe e *Omojinkun* herdou um bom pedaço de terra que começou a cultivar. A colheita foi boa; na verdade, mais do que boa. Eles se alegraram com o seu sucesso, mas a sua felicidade foi ofuscada pela infertilidade de *Omojinkun*. Não importava o quanto tentassem ter filhos, nada dava certo. Eles decidiram focar na fazenda e cresceram em abundância até que, um dia, um casal de macacos invadiu a sua plantação e começou a destruir o fruto do seu trabalho. *Oniyagbe* decidiu ir ao seu *awo* para consultar o oráculo. O *awo* disse-lhe que os macacos também o estavam consultando e que esses eventos estavam realmente relacionados. O *awo* aconselhou *Oniyagbe* a fazer sacrifício e, então, a se esconder embaixo da cobertura das árvores de sua plantação, pois ele certamente testemunharia algo misterioso. *Oniyagbe* foi para a sua plantação ao cair da noite e não demorou muito até que ele visse um macaco aparecer comendo cuidadosamente o milho que ele plantara enquanto cantava:

O dono da fazenda não deve morrer

E a árvore de Ògùnbèrè (Leucaena leucocephala) não deve cair

A esta altura, no próximo ano

Eu deverei conseguir dançar

Gbantete gbantete (o som ritmado do tambor)

Oniyagbe não estava apenas perplexo pelo que testemunhara, mas também feliz por saber que o macaco era, na verdade, um protetor da sua vida e da sua sorte. Assim que a canção silenciou, ele viu a macaca aparecer e gananciosamente comer tudo o que queria, cantando descuidadamente:

Se o dono da fazenda puder morrer

Deixe-o morrer

Se a árvore de Ògùnbèrè puder cair

Deixe-a

A esta altura, no próximo ano

Nós procuraremos por outra fazenda para comer e colher

Nós também procuraremos outra árvore para ficarmos
Gbantete, gbantete

Quando *Oniyagbe* escutou a maldição da macaca, ele sacou o seu revólver e atirou nela. Ele trouxe a macaca para a casa, a fim de prepara-la como refeição, mas quando a abriu, testemunhou ainda outro mistério: as contas brancas de *Òbàtálá* (que são chamadas de *ṣeṣefun*) estavam em seu ventre. Ele levou as *ṣeṣefun* para seu *awo*, que lhe disse que a sua esposa de fato, ficaria grávida, instruindo-o num procedimento envolvendo as *ṣeṣefun* para garantir a fertilidade do seu ventre. Justamente como havia previsto o *awo*, *Omojinkun* engravidou e um menino nasceu.

A história fala da importância de se carregar boas palavras e bons pensamentos em nossas mentes e bocas, pois eles atraem bondade, enquanto as maldições pronunciadas pela macaca trouxeram o fim de sua vida.

A outra versão dessa história conta como *Oniyagbe* respondeu aos macacos que invadiram a sua plantação, perseguindo-os e matando-os. Porém, isso só piorou as coisas, pois os macacos ficaram cada vez mais furiosos com ele e convocaram mais membros da sua espécie para promover uma destruição ainda maior. Com a sua plantação em ruinas, *Oniyagbe* foi consultar o seu *awo*, que lhe disse que ele só teria paz e sorte conversando com os macacos e dando parte da sua plantação a eles. Com alguma relutância, ele fez o que o seu *awo* o aconselhou e firmou um acordo com os macacos: ele plantaria co mida para eles em troca de paz e de proteção. Assim, ele ganhou boas colheitas, proteção e sabedoria.

Há, também, a história sobre *Òṣun*, que é simbolizada pelo *igún* ou abutre. Essa história é uma continuação daquela que conta como *Igún* recebeu ingratidão após salvar o mundo da destruição. Ela fala de como o abutre decidiu ficar e continuar seu dever apesar da ingratidão das pessoas pelo seu trabalho altruísta, pois ele percebeu que não era servo dos humanos, mas de *Olódùmarè*. Se *Olódùmarè* decidira que as pessoas precisavam da ajuda do abutre,

IFÁ: UMA FLORESTA DE MISTÉRIOS

ele continuaria a oferecê-la. A história narra um tempo de turbulência e de infortúnio em *Ilé Ifè*. *Òṣun* falou firmemente sobre a razão para os problemas da cidade, dizendo que eram causados pelas falhas das pessoas em demostrar o respeito e a consideração necessários às mulheres. A sua insistência intensa a respeito dessa questão gerou-lhe inimizade e não demorou muito para que as pessoas a acusassem de ser a causa do infortúnio, especialmente das doenças das crianças e da falta de fertilidade na cidade.

Quando o dia do confronto chegou, ela negou essas acusações e pediu a seu marido, *Òrúnmìlà*, para vir e argumentar com as pessoas, mas elas o acusaram de apoiar sua esposa de maneira enviesada e decidiram que ambos deveriam ser banidos da cidade. *Òrúnmìlà* estava desapontado com esse resultado e foi até um de seus estudantes para uma leitura oracular. Seu estudante lhe disse que tudo ficaria bem, que eles teriam justiça e que os culpados seriam expostos. Ele disse a *Òrúnmìlà* para fazer sacrifício para *Èṣù* e para as *Ìyàmí*. Ele fez conforme instruído e, naquela mesma noite, *Èṣù* foi à reunião das *Ìyàmí*, dizendo-lhes o quanto ele odiava *Òṣun* e o quanto ele a queria morta.

As *Ìyàmí* estavam muito felizes em ouvir isso, pois *Òṣun* vinha sendo um obstáculo constante em seu plano de matar as crianças da cidade. *Èṣù* as instigou, espalhando confusão e conflito entre elas; elas ficaram violentas em suas acusações umas contra as outras, o que chamou a atenção das pessoas que moravam próximas ao local onde elas haviam se reunido. *Èṣù* deixou a reunião enquanto as *Ìyàmí* ainda estavam brigando entre elas, chamou a atenção das pessoas que haviam ido àquele lugar e as ajudou a descobrirem a fonte real do infortúnio da cidade. E assim se deu que os verdadeiros culpados foram expostos e aqueles acusados injustamente foram justificados. *Òṣun*, entretanto, recusou-se a retornar à cidade e disse que se precisassem do que ela tinha a oferecer, teriam de usar a planta *òdúndún* (*Kalanchoe crenata*) em seu lugar.

Ìrẹtẹ̀ tem a capacidade de atrair a vibração negativa das coisas boas, a qual nos põe o desafio de seguirmos o destino e aquilo que é correto. Por

381

meio disso, nós aprendemos a ver a adversidade e a negatividade como professores e guias. É aqui que nós encontramos provérbios como "é quando a árvore é jovem que nós devemos podar seus galhos", e: "se a árvore é gigante e alta e nós queremos as folhas do topo, devemos derrubá-la pela raiz", os quais nos lembram de cortar a negatividade antes que ela cresça desproporcionalmente, bem como de que, em algum momento, a maldade cairá por terra. Isso significa que *Ìrẹtẹ̀* é um *odù* que promete uma vida livre de problemas e caos desde que estejamos familiarizados com essas forças.

Foi aqui que as *àjé* se espalharam no mundo, o que está em harmonia com o fato de este *odù* ser o *odù* de *Ọnilé*, o espírito de *Ayé*, o nosso mundo. Dessa maneira, nós podemos compreender o nosso mundo como um mercado no qual construímos a nossa sorte na medida da nossa compreensão daquilo que atraímos para as nossas vidas.

Os pântanos e os brejos nasceram aqui. O pântano representa doença e enfermidade, bem como a condição desesperançosa de se ser engolido pelo mundo e pela negatividade, o que se dá se nós permitimos que a depressão nos domine. Nesse caso, nós precisamos olhar para os sapos e as rãs, enxergando como eles fazem uso sagaz de um ambiente hostil, transformando o pântano num lar confortável. É tentador afirmar que, se você observar os sapos por um ano, você entenderá *Ìrẹtẹ̀*! O sapo está sempre perseguindo a sua boa fortuna, alimento e parceiras, sendo capaz de ficar parado por um longo tempo. A sua capacidade de permanecer imóvel e alerta é testemunho da sua paciência, que é uma qualidade que traz *orí rere*, uma boa consciência. Os sapos têm alguns inimigos, dos quais a serpente é a mais importante.

Muito apropriadamente, este *odù* fala de como o sapo – e também o abutre – iniciaram a cobra em *Ifá*, mas então perceberam que não fora uma boa ideia. A cobra é associada a *Ìká méjì* e à ideia de perversidade. Assim, encontrar a cobra em *Ìrẹtẹ̀* significa que devemos ser pacientes e evitar fazer julgamentos. Tais temas são representados por *atóka* (quero-quero), um símbolo da mente inquieta, das preocupações e da maneira pela qual a fé traz o

IFÁ: UMA FLORESTA DE MISTÉRIOS

sucesso. Assim como o abutre percebeu que não fizera o que fizera pelos humanos, mas pelo bem maior, assim também o quero-quero representa o que é feito pelo bem maior, mas é abominado e ridicularizado. Ainda assim, o quero-quero faz o que faz dando pouco valor à opinião alheia.

Outro pássaro, inquieto e saltitante, propenso a palpitações cardíacas e a dores de cabeça é o *akápò* (codorna), que serve como um símbolo de proteção contra a ameaça de *Ikú* (morte). É irônico perceber que esse pássaro frágil, o parente inquieto dos faisões, simbolize *Ṣàngó* sendo caçado pela morte em razão da agonia causada por fazer de si mesmo um bode expiatório, por decisões ruins e por falta de compreensão. Isso leva *Ṣàngó* a reconhecer que a justiça não diz respeito a retardar o perdão e à ideologia da "lei do mais forte". Ao invés disso, concerne aos seus poderes de gavião tornando-se agitados, como uma codorna tendo um ataque cardíaco quando confrontada com *Ikú.*

Esse *odù* ensina que o mundo é como a grama *eéran* (*Digitaria debilis*), que é invasiva e tende a atacar toda planta nobre. Nós devemos proteger nosso status de nobreza, pois em um mundo como o nosso, *eéran,* que é um símbolo para os espíritos das *àjé*, recebeu uma sanção cósmica para nos tentar visando a que entendamos que fazer o bem é o que traz abundância e boa fortuna.

Esse dilema é apresentado pela árvore *ègé* (*Manihot esculent*), a árvore da prosperidade, também conhecida como mandioca. *Ìrẹtẹ̀* nos conta sobre como uma árvore é guardada por um carneiro, um bode, um cão e um galo que derrubarão qualquer um que tentar escalá-la, pois qualquer um que a escale será próspero. O verso fala de várias pessoas que tentaram escalar a árvore apenas para falhar. *Ọ̀rúnmìlà*, porém, vai ao seu *awo* fazer uma leitura oracular para ver o que precisa fazer para conseguir ganhar boa fortuna. Seu *awo* lhe diz para se tornar amigo dos guardiões e alimentá-los, pois assim conseguirá subir na árvore e colher prosperidade. Na verdade, não havia nenhuma árvore a se escalar, mas apenas uma ilusão lançada sobre um arbusto de cerca de um metro de altura, que era impedido de ser escalado apenas pela presença dos guardiões. *Ọrúnmìlà* tinha que reconhecer e apaziguar os obstáculos à sua boa fortuna. Ele precisava perceber como caminhar rumo ao seu objetivo, pois a boa fortuna estava bem ao seu alcance. *Ìrẹtẹ̀* fala sobre a importância de ordenarmos nossas prioridades, especialmente em relação à espiritualidade e à riqueza, dado que o conceito de ambição nasce aqui.

Ìrẹtẹ̀ fala da importância de os amigos estarem presentes em nossas vidas de maneira que possamos acumular boa fortuna. Isso é demonstrado no conto de *Ọlábérinjọ*, que deixou sua cidade natal em busca da sorte em outra cidade. Ele tinha um amigo naquela cidade, mas seu amigo estava muito ocupado para que pudesse apresentá-lo a outras pessoas e ajudá-lo a estabelecer seu negócio. Foi frustrante para ele, sendo um estranho numa terra estranha e falando um dialeto que poucos entendiam. Ele decidiu, porém, continuar firme em sua busca por boa fortuna e não maldisse os seus desafios. Então, ocorreu que a sorte o encontrou um dia enquanto ele buscava água. Ali, ele encontrou outro estranho que estava em posição similar à sua e, juntos, eles fizeram planos sobre como prosperar. Enquanto eles discutiam aquelas questões, um terceiro entrou na conversa e, conforme eles falavam, um plano se formava. Eles reconheceram as habilidades e forças de cada qual e planejaram cautelosamente o seu empreendimento baseando-se nelas. Infelizmente, deu-se que algumas dessas habilidades eram mais apreciadas por outros negociantes e, então, a inveja começou a crescer entre os três amigos. Eles foram, entretanto, sábios o suficiente para procurarem aconselhamento em *Ifá* e no seu *awo* ao notarem que havia se desenvolvido uma tensão entre eles. O seu *awo* disse-lhes que o sucesso seria alcançado enquanto eles permanecessem juntos, pois a fortuna dividida é preferível àquela ganha pela renúncia aos amigos. Isso está codificado no seguinte verso:

> *Ìwọòtẹ̀*
> *Èmi ọtẹ̀*
> *Ọtẹ̀ di méjì ó d'òdodo gbákogbáko*

IFÁ: UMA FLORESTA DE MISTÉRIOS

Día fún Al'orí ire má l'ẹ̀sẹ̀ ire
Ẹbọ ní wọ́n ní kó wáá ṣe

Se você marca uma perna
Marque também a outra
Quando se marca uma e outra, elas se tornam duas
Então você terá marcado as duas pernas (Ìrẹtẹ̀)
Isso Ifá disse, no oráculo, para aquele que tinha uma consciência boa,
*   mas pernas fracas*
Ele foi aconselhado a fazer sacrifício

Esse verso também fala da natureza essencial de *Ìrẹtẹ̀* de ser um caça-dor de boa fortuna, com uma mente que reconhece isso, mas que não possui sempre a sabedoria para mover as pernas num ritmo que convide a sorte. Esse verso fala da importância da harmonia, de como os lados esquerdo e direito devem estar harmonizados com uma consciência interessada e feliz. Isso é alcançado pela prática da paciência.

Nesse contexto, nós encontramos a história de um homem chamado *Alórí*, que tinha um bom *orí*, mas pernas fracas, e veio à terra após desejar toda a boa fortuna para si mesmo. Ele era muito habilidoso em fazer produtos de qualidade, mas eles demandavam tempo e cuidado para serem confeccio-nados, motivo pelo qual ele era confrontado com a impaciência e as acusações de cobrança injustas dos compradores. Ele ficou preocupado e foi consultar o seu *awo*, que lhe disse que ele estava fazendo tudo corretamente, mas que precisava prestar atenção às pernas. O *awo* preparou-lhe um *oṣé èrò*, que ele usou para se lavar e se limpar, especialmente as suas pernas. Fazendo isso, a sorte imediatamente veio ao seu encontro. A história fala da importância de se apresentar verdadeiramente, o que pede honestidade e não desculpas e golpes. Nesse caso, *Alórí* sabia que seus produtos eram de qualidade muito alta, mas ele falhava em demonstrar isso. Seu caminhar (ou apresentação) não estava de

385

acordo com o que ele oferecia. A história sugere que *Alórí* era muito tímido ou reservado ao afirmar como os seus produtos eram bons e, assim, as suas "pernas" fizeram-no não alcançar o sucesso prometido. Essa história também conta sobre o equilíbrio entre o que nós temos a oferecer e sua qualidade. Se o que tivermos a oferecer for bom, nós devemos falar bem disso. Nós não devemos nos sentir tímidos ao afirmar a nossa satisfação quanto ao que é bom, seja espiritual ou material. *Ìrẹtẹ̀* trata do que nós temos a oferecer, que é algo de que nós devemos falar, enquanto devemos permanecer quietos a respeito das nossas conquistas, como aconselhado em *Òtùrá*, em razão da inveja. Elogiar a qualidade do que você tem a oferecer traz um tipo muito diferente de energia em comparação àquela chamada ao expressar satisfação pela sua vida e pelas suas conquistas pessoais.

Neste *odù*, há claramente uma tendência a se prestar atenção à perversidade e aos malfeitos. Entretanto, ele fala da importância de se definir e se resolver os próprios problemas antes de se tentar resolver os das outras pessoas. Você não pode nunca oferecer o remédio para um problema que você mesmo não tenha solucionado. Ele fala de como o confronto e a acusação são sempre símbolos de que você não caminhou gentilmente pelo mundo, assim como anuncia uma cura da alma.

Outra história fala do tempo no qual *Ọ̀rúnmìlà* estava no comando do mundo junto de *Èṣù* e *Ọbàtálá*, que eram seus estudantes e confidentes. É uma variação dos temas apresentados em *Ìká* e *Òtúrá*. A história narra que *Ọ̀rúnmìlà* também trouxe dois mensageiros, *Òjíṣẹ Ayé* e *Ìgàngàn Ifẹ́* (forças do contraste), que reportariam o que se passava no mundo para ele. Conforme o tempo passava e eles viam como as pessoas se comportavam mal, mais e mais ficavam amargurados e queriam que a raça humana fosse exterminada. Assim, eles começaram a dar relatos falsos sobre o que ocorria na terra, para garantir que a maldade fosse punida. Os problemas começaram a se acumular na terra, a confusão, a briga e os desentendimentos eram abundantes, e *Ọ̀rúnmìlà*, *Èṣù* e *Ọbàtálá* não conseguiam entender como tamanho caos era possível. Eles

IFÁ: UMA FLORESTA DE MISTÉRIOS

foram consultar o seu *awo*, que revelou que os dois mensageiros eram responsáveis pelo caos, pois eles relatavam os seus sentimentos e não os fatos. Os dois mensageiros foram dispensados e condenados à morte devido à sua falsidade, e isso criou mais caos ainda. O povo de *Ilé Ifè* acusou *Òrúnmìlà* de ser o autor de seu infortúnio ao condenar os mensageiros à morte. Acusação sobre acusação se acumulou enquanto eles se recusavam a escutar a razão, respondendo a *Èṣù* e a *Òbàtálá* com agressões físicas. Tudo terminou com *Òrúnmìlà*, *Èṣù* e *Òbàtálá* decidindo deixar *Ilé Ifè* e declarando que nenhum trabalhador espiritual ou *awo* jamais ajudaria o povo da cidade depois que eles tivessem partido. O povo ficou feliz em ver os três indo embora. *Òrúnmìlà*, *Èṣù* e *Òbàtálá* encontraram um local nas entranhas da floresta, onde fizeram cabanas para viver, dedicando as suas vidas ao cultivo da sabedoria. Em sua ausência, a cidade entrou numa crise fatal. Pobreza e esterilidade espalharam-se, mas, o pior de tudo, a chuva parara de cair e o sol queimava os campos. Conforme as coisas pioravam, eles procuraram desesperadamente por um adivinho. Eles foram de adivinho em adivinho, mas nenhuma solução era oferecida. Finalmente, eles encontraram um que teve pena deles e lhes disse que a causa do seu infortúnio havia sido a ofensa cometida contra seus benfeitores. Eles haviam trocado a razão pela fúria e eram os próprios autores da dor e do infortúnio que estavam sofrendo. Ele disse-lhes:

Alákàn níí rín Ìkòkò	*O caranguejo caminha de maneiras misteriosas*
Níí rín Ìbábá	*Escondido na escuridão*
Día fún wón l'Ótu-Ifè	*Ifá disse isso no oráculo, para o povo de Ótu-Ifè*
Níjó Ajogún ká wón mó'lé	*Quando os ajogún os haviam abraçado*
Pitipiti	*Completamente*

Ele disse-lhes para oferecem um antílope em sacrifício. Eles imediatamente começaram a procurar por um antílope, mas nenhum foi encontrado. Finalmente, depois de semanas procurando, encontraram um. O antílope, entretanto, notou a agitação dos caçadores e fugiu deles. Ele correu cada vez mais para dentro da floresta e os caçadores o seguiram da melhor maneira que puderam, mas o perderam. Procurando nas entranhas da floresta, eles encontraram as três cabanas de Ọ̀rúnmìlà, Èṣù e Ọbàtálá. Curiosos sobre quem teria construído aquelas cabanas tão no fundo da floresta, lançaram uma pedra numa delas. Ọbàtálá saiu da cabana, procurando por quem tinha lançado a pedra, e os caçadores revelaram-se e lançaram-se ao chão, implorando por perdão. Ao ouvirem a comoção, Ọ̀rúnmìlà e Èṣù saíram de suas cabanas. O rogo e a súplica tornaram-se mais fervorosos. Ọbàtálá não estava comovido, dizendo-lhes que havia sido ele que parara a chuva e permitira que o sol os queimasse, para que não apenas pássaros, mamíferos, roedores e peixes morressem, mas, sobretudo, os ingratos seres humanos. Ọ̀rúnmìlà e Èṣù tomaram a frente e argumentaram que eles, como os humanos, eram dependentes das mesmas coisas; assim, ao exterminar a comida para humanos e os próprios humanos, ele também causaria problemas para eles. Ọbàtálá escutou Ọ̀rúnmìlà e Èṣù e liberou a chuva, permitindo que o equilíbrio natural fosse restaurado. Foi nesse dia, no qual os *ajogún* dominaram o mundo, que ele foi reverenciado como "A Morte Branca".

Essa narrativa engloba a completude de Ìrẹtẹ̀. Ela fala do mundo sendo perfeito como é e questiona a quantidade de interferência que devemos exercer para mudar seu curso, não importando o quão ruim pareça a situação e quanto poder tenhamos para efetuar tal mudança. O verso fala de caos, infelicidade, perda e tristeza como condições que nos convidam a cultivar o bom caráter. Ele também fala da consequência negativa de acusações e julgamentos: culpar o outro, fazendo-o de bode expiatório. O verso de *Ifá* serve como uma lembrança de que nós não podemos realmente saber tudo e de que não é necessariamente correto assumir que algo externo seja a causa do nosso infortúnio. Assim com o caranguejo se move de maneira diferente dos humanos e se esconde em locais escuros, nós devemos perceber que a diferença no

IFÁ: UMA FLORESTA DE MISTÉRIOS

mundo é um eco de um ritmo cósmico no qual o que é bom para uma pessoa é ruim para outra. Nosso mundo é gerado pelas forças combinadas de *Ọ̀sá e Ògún dá,* e *Ìrẹtẹ̀* é o espírito que habita o nosso mundo e a nossa condição. Este *odù* fala dos desafios causados por essa fusão energética. *Ọ̀sá* é o mercado e *Ògún dá* é o poder do caçador revelado na promessa de vitória. Noutras palavras, o nosso mundo é verdadeiramente um mercado no qual todos nós somos autores dos nossos destinos e somos caçadores da nossa boa fortuna. Por disso, *Ìrẹtẹ̀* presta atenção nas pernas, que representam a ancestralidade, a memória de quem somos e a capacidade de se andar neste mundo graciosamente, enquanto liberamos bênçãos e situações que nos desafiam a sermos homens e mulheres melhores.

O caranguejo é um símbolo de *Olókun Asorandayọ,* que é a memória da sabedoria que *Ọ̀rúnmìlà* deixou na terra quando ele foi para o *Ọ̀run,* em *Òtúrá méjì.* Ele deixou o caranguejo como símbolo do infortúnio transformado em alegria. Nós precisamos reconhecer que nós não podemos saber tudo e que evitar julgar pode nos revelar a compreensão do "caminhar misterioso do caranguejo". Por isso, o caranguejo é tabu neste *odù,* ele é colocado de lado para contemplação. O caminhar do caranguejo deve estimular a reflexão sobre os nossos próprios movimentos no mundo.

Esse mistério é relacionado a uma história popular que fala de *alágemo,* o camaleão. Nela, aprendemos que *Ọ̀bàtálá* envia o Camaleão como seu representante, para falar em seu lugar diante de *Olódùmarè.* Para mostrar sua glória, *Olódùmarè* se vestira com trajes maravilhosos e o camaleão também se vestiu da mesma maneira, assim como fez quando *Ọ̀rúnmìlà* foi desafiado a medir seu poder com *Olókun* em *Ìròsùn méjì.* Vendo que o Camaleão estava igualmente bem-vestido, *Olódùmarè* trocou seu traje por outros ainda mais espetacular, mas o Camaleão imitava quaisquer que fossem esses trajes. Isso se passou algumas vezes até que *Olódùmarè* decidiu louvar o Camaleão e a sabedoria de *Ọ̀bàtálá.* O verso fala de se adaptar a qualquer ambiente, da importância dos aliados e dos amigos para que se possua o que o destino guarda e

389

para se demonstrar que, se o céu e a terra estão em harmonia, a boa fortuna se seguirá.

Ìrẹ̀tẹ̀ é o *odù* de *Ọ̀nilé*, o espírito da terra, e o *odù* que dá o poder para qualquer remédio funcionar. Remédios, *òògún,* podem tanto matar quanto curar. O discernimento é uma chave, enquanto a outra é prestar atenção ao que se possui:

Ìgbà fí ó rúbo tán	*Depois que ela começou a fazer sacrifício*
Ó si l'ọ́lá	*Ela ganhou honra*
Ò lówó lọ́wọ́	*Ela ganhou riquezas*
Gbogbo ire ti ó nwá pátápátá	*Todas as coisas boas que ela procurava*
Ni ó ṭẹ́ẹ́ lọ́wọ́	*Ela capturou com segurança na palma da sua mão*

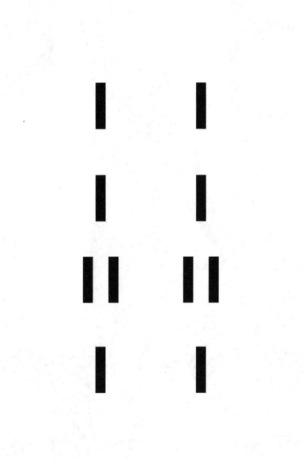

ÒṣÉ MÉJÌ

A DOÇURA DO MISTÉRIO

 Òṣé Méjì é um *odù* de inspiração, beleza e riqueza, e é geralmente atribuído ao trabalho executado por espiritualistas e sacerdotes. Ele é relacionado ao conceito de abundância. A palavra *Òṣé* significa "triunfo" e também "limpeza", sendo relacionada a grandes conquistas nas quais o poder da dúvida é, algumas vezes, convidado como um contraste à grandeza e à abundância aqui mencionadas. A referência à "vitória" dá-se por *Òṣé* ter muitos inimigos tanto no *Òrun* quanto na terra. *Òṣé*, entretanto, fez sacrifício para se tornar vitorioso sobre eles.

 Esse relacionamento é representado pela história que fala de como os adivinhos *Alàtiṣé Ilé* e *Alàtiṣé Oko* foram a *Èjigbòmẹkùn*, a terra de *Òṣé*, para iniciá-lo em *Ifá*. Foi pedido que ele trouxesse 20 gravetos (*ògúnẹpá*) junto de seus materiais sacrificais. Dois desses gravetos seriam usados para o sacrifício. *Òṣé* reuniu tudo e, enquanto ia aos adivinhos carregando a carga em sua cabeça, ele caiu e os gravetos reservados para uso na iniciação se quebraram em dois: portanto, *Òṣé* significa algo quebrado, como no provérbio "dois gravetos quebrados ao meio são o que chamamos de *Òṣé Méjì*." Trata-se de uma referência à sabedoria compartilhada aumentando a abundância daquele que a divide. O provérbio serve como um lembrete de que não importa o quão forte algo pareça ser, ele sempre pode ser quebrado: isso se aplica aos gravetos tanto quanto se aplica aos inimigos. Este *odù* fala das consequências desastrosas de se quebrar um juramento, a palavra ou os compromissos, não importando quais discordâncias ou desapontamentos estejam envolvidos na situação.

Um provérbio relacionado a este *odù* diz: "nós não devemos falar mal de um amigo por causa do nosso pacto. Mesmo se o amigo pensa de um jeito e você pensa de outro, nossos caminhos não devem se desviar. Cada macaco tem o seu lugar, assim como cada alma tem o seu próprio caminho". Este verso está codificado no nome alternativo de *Ọ̀ṣẹ́ Méjì*, que é *Ọ̀ṣẹ́ Òlúbàdàn*. Eu parafrasearei a história de *Òlúbàdàn* encontrada em Pópóọlá (2009) por meio da apresentação do seu verso-chave.

Iná (fogo) foi a *Ifá* procurando uma cura para a sua esterilidade. *Ifá* disse-lhe que um momento fértil havia chegado, que ela seria abençoada com um menino, e assim aconteceu. No mesmo ano, ela deu à luz um menininho. Na cerimônia de nomeação da criança, foi revelado que ela era um *Bàbáláwo* do céu que havia encarnado. Ele deveria ser nomeado *Ìnàki*, em honra à sua mãe, e ser colocado sob os cuidados dos *Bàbáláwos* para treinamento. Enquanto um jovem rapaz, ele se tornou muito proficiente em *Ifá* e especialmente em curar infertilidade, o que fez com as mulheres se amontoassem ao seu redor. Era, de fato, a graça que ele oferecia, pois seu remédio de *Ifá* era sempre simples, consistindo de raspas de bronze, inhame em pó e *ìyèròsùn* para carregar os encantamentos deste *odù*. *Ìnàki* foi muito bem-sucedido e seus alunos se tornaram igualmente bem-sucedidos. Um aluno em particular, *Òpó*, tornou-se grandioso como professor. Foi *Òpó* que o já velho *Òlúbàdàn* (o rei de *Ibadan*) procurou para auxiliá-lo em sua tentativa de ser pai de uma criança com a sua também idosa esposa. *Òpó* preparou o remédio de *Ifá* para ser dado à sua esposa e ela engravidou, dando à luz uma criança saudável chamada de *Atie*, significando "nascido dos anciões". *Òlúbàdàn* pediu a *Òpó* a mesma coisa no ano seguinte e ele foi pai de um menino novamente. Três anos depois, *Òlúbàdàn* procurou *Òpó* mais uma vez, dizendo que ele queria mais crianças e, novamente, *Òpó* preparou o remédio e de novo a esposa de *Òlúbàdàn* ficou grávida e, dando à luz uma menina chamada *Nnkan*, "Algo".

Essa menina, na verdade, era *Apetẹbi*, a esposa de *Ifá* enviada do céu, e lhe foi dito que ela deveria se casar apenas com um *awo*, para manter a boa sorte próxima a si. Quando chegou a época, *Òlúbàdàn* queria oferecer a mão de sua filha em casamento a *Òpó*, mas ele estava sumido e, então, ela foi oferecida em casamento a *Olówo*, o grande e rico amigo de *Òpó*. Entretanto, *Olówo* não era um *awo* praticante e, assim, o tabu relativo à menina foi ignorado.

Olówo era um célebre general militar e veio a amar muito *Nnkan*, levando-a consigo em todas as batalhas. Ocorreu, então, que após muitos anos de casamento, *Olówo* viu-se diante de uma batalha desafiadora. Para chegar ao campo de batalha, ele tinha que atravessar o rio *Òsùn*, mas ele estava transbordando e era impossível passar. *Olówo* foi ao rio e falou para *Òsùn* que ele não tinha nada para oferecer, mas que se ela abrisse caminho para ele, daria algo a ela quando retornasse. O rio se abriu e deixou que eles passassem. Eles retornaram com sucesso, mas o rio estava novamente cheio quando voltaram. *Olówo* jogou mel e vinho de palma no rio, mas eles foram rejeitados; lançou cabras e joias no rio, mas elas foram rejeitadas. Tudo que ele jogou no rio foi rejeitado. Enquanto ele estava ali, parado, frustrado e confuso com a rejeição de *Òsùn*, seu comandante se aproximou e disse-lhe que ele havia prometido dar "algo" (*Nnkan*) para *Òsùn* e que apenas dando *Nnkan* para *Òsùn* ele teria sucesso. Em descrença, ele deu sua esposa ao rio, esperando que ela fosse rejeitada, mas o rio a aceitou. A consequência do sacrifício da filha de *Òlúbàdàn* levou a uma disputa sangrenta entre as duas famílias que se tornou lendária em toda a Iorubalândia.

Nós vemos, aqui, como *Ọ̀sẹ̀* trata da dinâmica entre "vitória" e "estar quebrado". Nessa história, nós temos diferentes tipos de vitoriosos e temos a presença de uma mulher que causa uma grande disputa e que separa as duas famílias que eram unidas. Isso enfatiza a importância do juramento e de como nós somos facilmente destronados e destruídos por descuido e por promessas feitas apressadamente. Isso demonstra as consequências fatais de se fazer o que é preciso e, assim, destaca a fragilidade das palavras, promessas, relacionamentos e posições sociais. Nós podemos ver a importância da mulher nesta história e, como veremos mais tarde, a preocupação com a fertilidade, as crianças e a feminilidade em geral fazem deste um *odù* feminino e venéreo, que fala sobre como tudo está mudando, como a Lua.

Nós encontramos, aqui, a presença de forças femininas como *Òsùn*, mãe de *Èsù* e esposa de *Òrúnmìlà*; *Yemòwó*, esposa de *Òbàtálá* e fonte da criatividade artística; e *Ajé Saluga*, esposa de *Olókun*, associada à beleza e à riqueza. Essas forças contém o potencial para a beleza, a criatividade, a sabedoria e a abundância. É um *odù* muito focado nos poderes femininos que convocam a presença de *Òsá méjì* na forma de pássaros (*àjè*).

Òsé fala da mulher como a fonte da abundância e de como maltratar a mulher é uma fonte de pobreza. Uma história conta sobre a bela e elegante *Ajé Saluga*, que possuía uma mente boa e célere. Ela veio ao mundo sendo responsável pela riqueza financeira, certa de que isso atrairia muita gentileza e bondade para ela. *Òsá méjì* nos conta que ela teve diversos relacionamentos com homens diferentes, todos os quais a maltrataram e não lhe deram nenhum valor além de admirarem sua beleza. Ela se cansou das falhas constantes dos homens e foi ao seu *awo* fazer uma leitura oracular para ver o que ela poderia fazer para achar um bom marido que a veria pelo que ela era. Ela foi aconselhada a fazer um sacrifício para atrair um bom marido. Ao mesmo tempo, *Òrúnmìlà* estava sofrendo com a pobreza; ele tinha muitos clientes, mas nenhum o compensava financeiramente pelo seu trabalho. Essa situação estava ocorrendo já há algum tempo e ele foi ao seu *awo* para ver o que ele poderia fazer a esse respeito. O seu *awo* lhe disse que ele não deveria se preocupar, que a sua boa sorte viria até ele por meio de uma mulher, mas que ele precisava fazer sacrifício. No dia do *ebo*, ele foi à casa do seu *awo* e viu *Ajé Saluga*, que também estava lá para fazer *ebo*. Durante o *ebo*, *Òrúnmìlà* perguntou se aquela era a mulher que lhe traria abundância e, da mesma maneira, ela perguntou se *Òrúnmìlà* seria o homem que a trataria bem e a entenderia. *Ifá* afirmou que sim e logo foi arranjado um casamento entre os dois. As coisas imediatamente começaram a mudar e eles prosperaram enormemente juntos, tendo filhos, dinheiro e todas as boas coisas da vida.

Òsé fala de como a prosperidade é atraída pelo uso do intelecto, do cuidado e da astúcia, e trata do uso da força. Isso é ilustrado pelos vários exemplos que usam da luta livre[29] para tipificar as energias deste *odù*. A luta livre é popular na Iorubalândia rural e é praticada como um exercício e para demonstrar a força e a agilidade de um homem como marido para uma possível esposa. Ela representa o equilíbrio entre a força e a suavidade para inspirar uma união harmoniosa.

Òsé é um *odù* que fala da união do que está partido e de como a semelhança e a diferença podem entrar em uma união mais elevada. Podemos entender Òsé como sendo um espelho com dois observadores, um de cada lado, cada qual vendo a si mesmo no outro. A presença do espelho é uma referência à beleza e à supremacia que integram este *odù*. Ele também avisa que beleza e engano andam lado a lado, conforme ilustrado em Òsé *méjì* pelas histórias que falam da presença de falsos amigos atraídos apenas pela beleza e pela riqueza. Isso pode trazer confusão sobre em quem podemos confiar, e, portanto, desapontamento com pessoas é um tema recorrente em Òsé *méjì*.

Estas questões são demonstradas em uma história sobre outra bela mulher, *Lápàde*. Ela não era apenas bela, mas bem-sucedida de todas as maneiras. Quando jovem, ela decidiu que se casaria com um *Bàbáláwo* e que se dedicaria à sua família, o que ela fez. Ela era louvada por sua beleza e reverenciada como um símbolo de realização feminina. Entretanto, ela era perturbada por pesadelos e temores sobre seu futuro. Ela temia a morte e tinha medo da traição e do abandono. Um dia, ela foi ao seu *awo* para pedir uma leitura oracular para ver se seus sonhos ruins decorriam de preocupação ou se eram augúrios prevendo desastres futuros. O verso recitado para ela foi o seguinte, conforme coletado por Pópóolá (2009):

---

[29] NT: *Wrestling* no original.

A kíí fí ípọ̀njú bá Bàbáláwo gbe'lé

A kíí fí ípọ̀njú lé Bàbáláwo bọ́ s'óde

Ẹni to bá fí ípọ̀njú bá Bàbáláwo gbé'lé

Ẹni to bá fí ípọ̀njú lé Bàbáláwo bọ́ s'óde

Olúwaarẹ̀ yóó t'ẹ̀ṣẹ̀ bọ gíyàn èèrùn

Díá fún Lápàde, ọmọ òròrò ẹwà

Èyí to nfí ọgbọ́n inú pa'wó

Tí Ikú nfí ọgbọ́n inú wá kiri

Ẹbọ ní wọ́n ní kó wáá ṣe

Ò gbẹ́'bọ, ó rú'bọ

Kò pẹ kò jìnna

Ẹ wá bá ni làikú kangiri

Aíkú kangiri làá bá ní lóṣ̣é Ọ̀pẹ̀

Ikú bi o bá wọ'lé Kí o bèérù awo

Bí Iná bá Jô koríko ilê

A bẹ̀ẹ̀rù àjà

Você não pode albergar malícia e viver com um Bàbáláwo

Você não pode perseguir um Bàbáláwo com malícia

Se há alguém que vive com um Bàbáláwo e alberga malícia

Se alguém persegue um Bàbáláwo com malícia

Quem faz isso cairá em um poço de brasas ardentes

Isto Ifá leu no oráculo para a Bela

Aquela que usava sua sabedoria para atrair riqueza

E a quem a Morte, com grande astúcia, estava seguindo

Foi dito a ela que fizesse sacrifício

Ela fez conforme lhe fora dito

E conforme o sacrifício era feito

Ela começou a cantar

Junte-se a nós no centro das bênçãos para a longevidade

IFÁ: UMA FLORESTA DE MISTÉRIOS

Isto é o que Ifá traz para seu povo
Morte, se você tentar entrar em um lar
Tome cuidado com o awo
Se o fogo puder queimar a grama ao redor de um lar
Esteja certo de que seu teto é feito de medo

O "teto de medo" mencionado neste verso é uma referência à grama *èkan* (*Imperata cylindrica*), que é sagrada neste *odù* e usada para aumentar a fertilidade. Mas há mais sobre esta grama, que também é sagrada para *Ọbàtálá*. Ela é altamente inflamável e é utilizada para cobrir telhados e para estabilizar o solo. A "grama de sangue" japonesa é uma parente ornamental dessa erva medicinal, cujas raízes e brotos também servem como alimento. A grama *èkan* é utilizada por dois dos pássaros sagrados neste *odù* – *àparó* (perdiz) e *olongo* (bico-de-lacre-de-face-laranja) – para a construção de seus ninhos. Seus ninhos são feitos no chão, fazendo-os nutritivos e medicinais, vulneráveis a ácaros, formigas e predadores. A perdiz é tabu neste *odù*, por causa de sua relação com o sucesso financeiro como um pássaro sagrado para *Ajé Ṣaluga*. O *olongo* possui um simbolismo ainda mais profundo, pois ele representa tanto beleza quanto astúcia, ambas evidentes em seu comportamento elegante e acrobático. É um pássaro belo e esperto e é contrastado com o *ògòngò* (avestruz), que representa agilidade e força. Um verso deste *odù* fala de um tempo no qual *Olongo* não tinha as suas cores bonitas e era bem insignificante. *Olongo* admirava a avestruz com as suas pernas longas, velocidade e graça, sendo ele mesmo um dos menores pássaros do mundo. Um dia, a avestruz anunciou que sairia em uma jornada e perguntou aos outros pássaros quem a acompanharia. *Olongo* estava animada com a oportunidade e disse que iria com ela, mas também foi ao seu *awo* fazer uma leitura oracular. Ela perguntou se auxiliar a avestruz nessa jornada a faria rápida e forte como ela. O *awo* disse-lhe que aquele não era o lugar de *Olongo*; que, ao invés disso, ela deveria prestar atenção aos seus próprios talentos especiais, pois ela era o sím-

399

bolo da beleza e do prestígio de *Olódùmarè*. A *Olongo* foi requisitado um sacrifício de tecidos coloridos e de um bode. Após o sacrifício ter sido feito, *Èṣù* veio à noite e transformou as penas da *Olongo* no belo castanho avermelhado e dourado que elas têm hoje. Ela foi com a avestruz em sua jornada e elas colheram louvores pela força e beleza que poderia ocorrer apenas através da união harmoniosa.

A beleza requer sustentação, pois é frágil e delicada. Esse tipo de beleza sustentada pela força e pela sabedoria é atribuído a *Ajé Ṣaluga* e a *Òsùn*, como *apetẹbi* (esposas) de *Òrúnmìlà*, pois beleza e sabedoria unidas provêm verdade e abundância. É neste *odù* que *Òsùn* é celebrada como a esposa perfeita de *Òrúnmìlà*, como a encarnação da beleza, da elegância e do erotismo. O erótico contém o mistério de se usar a limpeza e as fragrâncias doces para gerar atração. Este *odù* fala sobre achar o outro que o completa, assim como fala de desperdiçar a sua beleza por nada, em razão do medo e do desapontamento. Foi neste *odù* que *Òsùn*, na ausência de *Òrúnmìlà*, tomou conta dos seus clientes que foram a *Ifá* para conselho e auxílio, fazendo leituras de búzios e remédios preparados com água fresca. Como a senhora das águas frescas, curadoras, *Òsùn* trouxe o mistério de *ìgèdè*, um ritual de cura que usa a força encantada do rio e é executado em toda a iniciação para *òrìṣà*. Em uma história deste *odù, os òrìṣà* e os *ìrúnmọlẹ* usaram os poderes de *ìgèdè* que jaziam no rio para lavar os sinais da velhice e restaurar sua vitalidade e vigor.

Òṣé méjì fala das propriedades milagrosas da água fresca. Este mistério é sempre executado quando, por exemplo, o *àṣe* das folhas é colocado em águas curativas chamadas de *omìèrò*. As folhas são rezadas e, então, maceradas em álcool e água de rio gelada para extrair suas propriedades. *Òsùn* é a água que convida tais propriedades a se infundirem em tudo e, por causa disso, nós encontramos a presença de microrganismos, bactérias e vírus neste *odù*, representando contaminação e dispersão.

Òsùn abarca o mistério da água como uma força de cura, beleza e origem. Ela é associada às profundezas (*ibu*) de todas as fontes de água doce, pois ela é o símbolo do ventre que manifestou os primeiros humanos na terra em um estado de beleza, saúde e prosperidade. Ela representa a menstruação, ao passo que *Yẹmọja* representa o uso da fertilidade para dar à luz e amamentar as crianças. A ênfase em *Ọ̀sùn* como senhora da menstruação, e, portanto, da fertilidade, está velada em seu nome de louvor *Ìyàmí Akoko*, que significa "mãe primordial suprema", uma referência àquela que possui o segredo dos pássaros, como revelado em *Ọ̀sá méjì*. *Ọ̀sùn*, tanto em seu estado primordial quanto como a esposa escolhida de *Ọ̀rúnmìlà* possui sabedoria em grande medida e é a senhora do oráculo de búzios. Esta relação é enfatizada no seguinte verso, que também destaca a importância das águas de *Ọ̀sùn* e como aquilo que é destinado a ficar junto não deve ser separado.

Òjìiji ò bẹ̀rù ọ̀fin

A día féwé

Ti nlọ lèé gbóbi níyàwó

Ìgbà ti ó yá

Ewé ní òun ò fẹ́ obì mọ́

Ló bá ko obi iyàwóo rẹ̀ sílẹ̀

Ìgbà ti obìí lọ tán

Ló bá bẹ̀rè síí gbẹ

Ìgbà ti ọ̀ràn náà ò wọ̀ mọ́

Ni obìí bá tún padà wáá fẹ́ ewé

Nígbà náà ní ó tôo wáá bẹ̀rẹ̀ síí yẹ̀é

Ó ní Òjìiji ò bẹ̀rù ọ̀fin

A dia féwé

Ti nlọ̀ gbóbi níyàwó

Ẹ̀rò Ìpo

Ẹ̀rò Ọ̀fà

Ìgbà obíi lóun ò féwé mọ́

Ṣe bi gbígbẹ ní ngbẹ

"A sombra não teme um buraco profundo"
Foi o que Ifá leu no oráculo para o Folha
Quando ele ia se casar com a Noz de Cola
Após algum tempo
A Noz de Cola disse que não queria mais ficar com o Folha
E então ela se divorciou do Folha
Após deixar o Folha, a Noz de Cola
Começou a secar
Quando as coisas se tornaram insuportáveis
A Noz de Cola retornou ao Folha
E foi apenas assim que ela se tornou saudável novamente
Ela disse "a sombra não teme um buraco profundo"
Foi o que Ifá leu no oráculo para o Folha
Quando ele ia se casar com a Noz de Cola
Viajantes de Ìpo
Viajantes de Òfà
Foi quando a Noz de Cola se separou do Folha
Que ela começou a secar

O tema do isolamento, de se reagir mal a bons conselhos e de se separar dos outros devido a desapontamento é frequentemente encontrado aqui, assim como na história do *yèrèpè* (o dinheiro-de-índio, *Mucuna sloanei*). A história conta que ele veio de origens humildes e que ninguém lhe dava muita importância. Ele era frequentemente negligenciado quando pequeno, mas conforme crescia, as pessoas passaram a perceber a sua sabedoria humilde. Quando ele se tornou adulto, ele era considerado um homem muito sábio e os habitantes da floresta viram nele um futuro rei. Os anciãos decidiram que a ele seria oferecido o cajado real, pois certamente ele reinaria na floresta com humildade e sabedoria. Ao saber dessas notícias, ele foi direto ao seu *awo*, perguntando o quão extravagante a celebração deveria ser. O *awo* lhe disse que talvez aquela não fosse a abordagem correta para a questão, que ele deveria, ao invés disso, se preocupar com alcançar sucesso em sua posição. *Yèrèpè* ofendeu-se enormemente com o seu *awo*, pois ele estava contemplando maldade e malícia em seu coração. Ele havia interpretado o papel de humilde e sábio durante muitos anos na esperança de que lhe fosse dada a oportunidade de se vingar daqueles que haviam sido injustos com ele no passado. Seu coração estava repleto de dor e aflição e era isso que ele queria infligir nas pessoas.

Assim que foi instalado como rei, ele começou pelos anciãos e salpicou neles o pó das suas urtigas, gerando dor e coceira tão terríveis que apenas o azeite de dendê em seus corpos nus pôde aliviar seu sofrimento. Isto foi apenas o começo do seu reinado. Em pouco tempo, ele conseguiu afastar a todos e tornou-se um rei desprezado e odiado, cujo único amigo era o seu próprio desejo de vingança. Finalmente, os habitantes da floresta se cansaram dele e decidiram acabar com o seu reinado e, então, à noite, os anciãos saíram para a floresta e atearam fogo em *Yèrèpè*. Em chamas, consumido por arrependimento, ele morreu.

A história de *Ajàgùnnà* destaca alguns outros temas importantes neste *odù*. *Ajàgùnnà* era um general que foi colocado como chefe de *Ìbàdàn* devido à sua grande astúcia na arte da guerra. Quanto mais ele era louvado pelas suas conquistas, mais o seu povo começava a se ressentir dele. Ele foi acusado de ser muito duro e exigente e constantemente era alvo de críticas e de oposição da parte do seu próprio povo e até da sua própria família. Ele não compreendia por que a vitória contra os inimigos gerava tanta hostilidade junto ao seu próprio povo. Ele foi ao seu *awo* para ganhar alguma perspectiva sobre a situação e foi informado de que aquilo era uma lição para que ele entendesse como são difíceis os seres humanos. Ele foi instruído a fazer sacrifício para *Èṣù* e a alimentar seu Ifá e o *awo* disse-lhe que ele precisava fazer as pazes com o que significava ser um líder. *Ajàgùnnà* ficou confiante em como resolver aquela situação e decidiu que a melhor coisa a se fazer seria afastar-se de todas aquelas coisas difíceis. Ele foi para a floresta e encontrou um bosque de *ìrókò* bem escondido, que ele limpou para construir uma casa para si e sua família. O povo da cidade avisou-o de que aquele não era o melhor curso de ação, pois ele havia acabado de cortar as árvores que as Anciãs da Noite costumavam usar para os seus encontros. *Ajàgùnnà* não confiava nos seus conselhos, afinal, aquelas pessoas estavam repletas de inveja, mentiras e acusações, então, por qual razão elas falariam a verdade àquele respeito?

Ajàgùnnà se mudou para a casa com sua família e não demorou muito para que as Anciãs da Noite viessem para o seu encontro mensal, apenas para descobrirem que *Ajàgùnnà* havia ocupado seu lugar e derrubado suas árvores. Elas se reuniram em outro bosque próximo e decidiram que *Ajàgùnnà* deveria morrer pela sua imprudência, junto de sua família. Em poucos dias, *Ajàgùnnà* ficou doente e sua condição rapidamente foi de mal a pior, sem que uma cura fosse encontrada. Não demorou muito até a morte vir até ele e, quando a morte chegou, *Ajàgùnnà* pediu por outra chance. Ele disse a *Ikú* que havia aprendido sua lição; ele havia aceitado que os seres humanos nunca ficariam satisfeitos. Ele argumentou com *Ikú*, prometendo que nunca mais seria desapontado, mas que, ao invés disso, seguiria os caminhos e as recomendações de *Èṣù* e de *Ifá*. Uma parte do verso contendo esta história diz:

Olórí Ilú ṣòro	*Estar em posição elevada vem com dificuldades*
Ifá gbà mí	*Ifá, resgate-me*
Ọmọ ènìyàn ṣòró o	*Os filhos dos homens são muito difíceis*

A história narra como confusão e ressentimento mental podem causar o nosso isolamento da comunidade e como escolhas feitas quando estamos em um estado emocional negativo podem levar a mais escolhas ruins. Assim, a salvação reside na aceitação. Ao se isolar do seu povo, *Ajàgùnnà* conseguiu irritar as Anciãs da Noite e foi atacado com *àjé*. Essa aflição foi algo que ele provocou ao permitir que o desapontamento e que o estado emocional negativo ditassem suas escolhas. Uma decisão ruim leva a outra.

IFÁ: UMA FLORESTA DE MISTÉRIOS

Esse tema é mencionado novamente em relação à árvore *ògùngun* (*Adansonia digitata*), mais conhecida como baobá, que é sagrada aqui e é relacionada a presságios. O nome *Yorùbá* significa algo que é repetido e dá ressonância; a presença desta árvore no mundo nos convida a ler presságios na natureza. O baobá é uma árvore solitária e pode viver até dois mil anos. Ela ilustra o prestígio encontrado neste *odù*, mas também a tendência ao isolamento, pois baobás são raramente vistos juntos, ficam sozinhos, guardando seus frutos e suas muitas propriedades curativas maravilhosas em solidão.

Muitas das histórias em *Òṣé* falam da desilusão se transformando num ódio pelo mundo: isto toma o lugar da doçura e da prosperidade mencionadas neste *odù*. Em algumas situações, vemos que isso toma a forma de isolamento autoimposto do mundo; em outras, de um espírito vingativo que procura infligir dor no mundo. Esses temas são exemplificados pela ferroada do escorpião. *Òjógán*, o escorpião, ganhou seu ferrão e seu veneno neste *odù*. A história fala de um tempo no qual ele era assediado e intimidado por muitos inimigos. Um dia, ele foi ao seu *awo* para buscar uma solução para aquela situação e o *awo* disse-lhe que fizesse sacrifício para *Èṣù* com agulhas e espinhos junto de ervas venenosas e um bode. *Òjógán* fez como instruído e assim que o sacrifício foi feito, *Èṣù* pegou uma agulha do *ẹbọ* e, preenchendo-a com veneno, prendeu-a à sua cauda. Ele foi instruído a ferroar quem quer tentasse atacá-lo e causou a morte dos seus inimigos e foi louvado como: *Tí yóó máa firu ṣà'gun ọta rẹ* (aquele que conquista seus inimigos pela virtude de seu pênis).

Algumas vezes, este *odù* trata de desistir da vida e de permitir que se sucumba à indulgência sensual ou à atividade ilegal. Neste contexto, nós encontramos uma história sobre dois ladrões. Eles se tornaram ladrões por não enxergarem nenhum progresso em seu trabalho e, então, decidiram embarcar numa vida de crimes como um atalho para a riqueza. Eles tiveram sucesso por um tempo, mas acabaram sendo humilhados pelo seu próprio povo e, com as suas reputações arruinadas, nunca conseguiram embarcar em nada útil; estavam simplesmente marcados para a vida. Neste *odù*, qualquer forma de trabalho ilegal é sempre mencionada como uma consequência de se tornar impaciente com a espera pela boa sorte e de se desejar um atalho para isso ou como resultado de se desistir do mundo e procurar retribuição num espírito egocêntrico. Isso está implicado no conceito de *ojúkòkòrò*, que é a palavra *Yorùbá* usada para "cobiça", "inveja" e "avareza". A palavra ela mesma, significa "enxergar o mundo como um inseto". Assim, exibir estes atributos é sinônimo do efeito invasivo dos microrganismos e dos vírus, e é considerado uma doença espiritual que põe em perigo a nossa boa sorte.

Essas tendências são encontradas em uma história coletada por Ibie que fala sobre como *Ògún, Ọbalúwayé, Ṣàngó* e *Olókun* vieram à terra em busca de riquezas. Eles convidaram *Òrúnmìlà* para tomar parte na expedição, mas ele se recusou e lhes disse que preferia que a riqueza o encontrasse. Estes *irúnmọlẹ* foram à terra e começaram a cavar buscando tesouros. *Ògún* havia trazido todas as ferramentas necessárias e foi o primeiro a cavar. Ele cavou fundo e, em dado momento, a terra o cobriu em uma avalanche e ele foi rejeitado pela terra com quatro búzios colocados em seu peito. *Ọbalúwayé* foi depois de *Ògún* e começou a cavar, mas ao chegar muito fundo, uma avalanche de terra o cobriu e a terra o rejeitou com dezesseis búzios em seu peito. O mesmo destino acometeu *Ṣàngó* e *Olókun*. Ao redor dos corpos havia montes de tesouros e os búzios que eles haviam desenterrado. Notando que os *irúnmọlẹ* demoravam a retornar, *Òrúnmìlà* perguntou a *Ifá* o que estava acontecendo e foi instruído a fazer sacrifício de duas escadas e algumas outras coisas. Ele desceu até à terra pelas escadas e viu seus amigos mortos e os montes de tesouros e de dinheiro, os quais ele trouxe de volta ao *Òrun*. Ele deu à família de cada um dos mortos uma compensação de acordo com os búzios em seus peitos e ele mesmo se tornou um homem rico. Portanto, este *odù* também é conhecido como *Òṣégùn*, que é um termo que descreve o uso excessivo da força na busca do que é belo; neste caso, riqueza. Essa forma de cobiça costuma trazer à tona o que é traiçoeiro nas pessoas, uma ambição sombria, que nos faz excluir e machucar os outros para que possamos nos deleitar em uma abundância que nem sempre é nossa. Ibie (1986:236) resume bem a mensagem essencial neste *odù*:

> *O arco-íris corta o céu por inteiro e não em metades*
> *É um pássaro mau que tenta*
> *Impedir que outros pássaros*
> *Voem no céu*
> *Meu anjo da guarda*
> *Permita-me prosperar junto*
> *Dos meus contemporâneos*

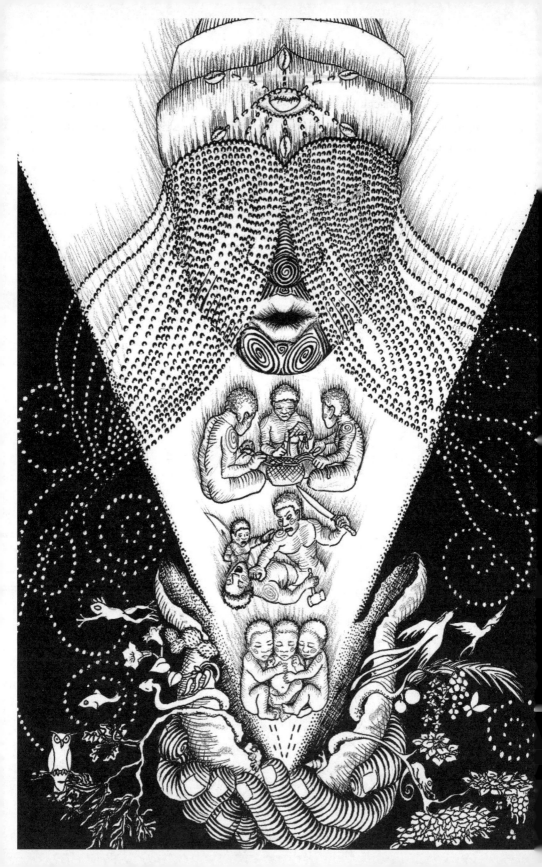

Òfún Méjì

A CABAÇA DO CARÁTER

Òfún méjì é geralmente representado pelo ovo, uma referência à cabaça fechada da criação e do caráter. A possibilidade de todas as coisas é encontrada em *Òfún* e por isso temos um provérbio *biní* afirmando que foi este *odù* que deu a todos os outros *odù* suas leis e vibrações. *Òfún* significa "dar brancura" e também é conhecido como *Òràngún méjì* uma referência ao progenitor do povo *Yorùbá*, a força que permitiu que a sabedoria de *Ifá* se espalhasse pelo mundo. *Òràngún* é descrito da seguinte maneira:

A fún yinyin	O que está brilhando na escuridão
A kàn yinyin	Claridade que se espalha
Òyinyin a kàn bì àlà	Alvura que brilha na escuridão

De acordo com a história e a genealogia iorubana, *Òràngún* foi o quarto filho de *Odùduwà*, o primeiro rei de *Ilé Ifè* e o ancestral do povo *Yorùbá*. Esse quarto filho era, de fato, chamado *Fagbamila*, mas recebeu o apelido de *Òràngún*, que significa "a retidão jaz dentro", em referência a sua perfeição em todos os seus modos. *Òràngún* recebeu um cutelo chamado *Ogbo* (o Ancião) de *Odùduwà*, que ele usou para abrir dezesseis caminhos em todas as direções saindo de *Ilé Ifè* para garantir o espalhamento do legado de *Odùduwà*. Isso repete o tema da realeza, que nós vimos anteriormente no caso de *Ṣàngó*, o quarto governante do estado de *Ọyọ*. Novamente, deparamo-nos com o quarto tomando uma posição particular. O quarto *odù* é *Òdí méjì*, que é associado ao conceito de *àtúnwá* ou renascimento. Em outras palavras, *Òràngún* trouxe um princípio místico à perfeição por meio do nascimento de um governante que continha o mistério da criação dentro dele mesmo e que era verdadeiramente reto de caráter. Nós podemos, portanto, compreender *Òràngún* como sendo uma força que foi bem-sucedida em espalhar a mensagem de *Odùduwà*, cujo nome significa "o caráter vem do ventre" ou "o caráter jaz na escuridão do ventre".

Aqui, *Ifá* é revelado como sendo, no fim das contas, uma filosofia do caráter e da sua diversidade. *Òfún* fala de três tipos de pessoas: os conquistadores, aqueles que os seguem e os espectadores. Ele ainda fala que aqueles que são sábios em suas conquistas serão sempre reconhecidos pela sua disposição calma e alegre. Disso, podemos ver que *Òfún,* como progenitor do nosso mundo, deu-lhe duas coisas, caráter reto e diversidade. *Òfún* afirma que os seres humanos vieram a esse mundo para fazer o bem, para serem maus ou para não fazerem nada, e isso demonstra os três temperamentos principais representados pelas três cores, branco (calmaria), vermelho (vibração) e preto (escuridão). As classes sociais nasceram desses temperamentos e, com a divisão social, veio inveja e julgamento, ambição e aspiração, assim como a resistência contra o destino pessoal. *Òfún* afirma, em um verso que *Ifá,* é "mais doce do que o mel", o que serve para nos lembrar de que qualquer fado é destinado a ser feliz e que cada um de nós é o autor do nosso destino. Nosso destino é uma busca por completude, felicidade e abundância, mas o destino é um poder que pede escolhas constantes em relação a qual ato é mais adequado para esse fim.

Essas ideias são representadas pelo papagaio, um pássaro muito importante em *Òfún,* no qual ele é um símbolo de nobreza. Um verso fala de como o papagaio queria ser visto como mais do que meramente bonito e fez sacrifícios a *Èṣù,* que o investiu com todos os tipos de poderes e o instruiu a como colher a boa vontade de vários *òrìṣà.* Ele passou a ser visto como um assistente poderoso, um poder nobre em si mesmo, mediante uma assistência leal e inabalável a *Ọbàtálá*. Consequentemente, as penas vermelhas da sua cauda são usadas em todas as iniciações, como um sinal de autoridade espiritual propiciando clareza de mente.

Òfún fala de como o homem é livre para escolher entre o bem e o mal e destaca a importância de compreender as plantas e os animais como um auxílio sobre como se aplicar sabedoria em nossas escolhas. É um *odù* que fala de como tudo é conectado à sua fonte. *Òfún méjì* conta como os dois polos da criação são um esplendor de luzes ofuscantes que se origina de uma fonte única e de como a nossa experiência no campo que fica entre o esplendor da direita e aquele da esquerda cria um cenário de contrastes e de extremos. A jornada humana é situada nesse campo. Nós aprendemos por meio da acumulação de experiência e da prática do caráter que as pernas de *Òfún* se firmam solidamente na luz e na sombra, e entendemos que somos seres de caráter reto. *Òfún* é a fonte da luz. A luz torna-se manifesta em *Èjì Ogbè,* que abriu a estrada para a experiência humana crivada de escolhas; juramentos e quebras de juramentos; compromissos e quebras de compromissos; amor e ódio. Nosso ser e nossas experiências são reflexos de várias formas de luz, raios, frequências, percepções de possibilidades liberadas por *Òfún,* pois o mundo foi criado com o propósito único de nos levar à realização daquela luz e alvura originais nas quais nosso caráter nasceu. O início e o fim da jornada humana jazem na realização de um caráter retilíneo. Em um verso, o estado do mundo, conforme gerado por *Òfún*, é exposto da seguinte maneira:

Ayé yíí Ayé yíí ò ṣe o
Ayé ní nfọn na eérú
Ayé yíí Ayé yíí o ṣe o
Ayé ní nro ka l'éépẹ̀
Ayé yíí Ayé yíí o ṣe o
Ayé yíí Ayé yíí ò ṣe o Ayé náá níí sọgbá d'ògbun
Ayé yíí Ayé yíí ò se o
Ayé náá níí fon'ná Ògúlùntu

NICHOLAJ DE MATTOS FRISVOLD

Tí wọ́n fi njó raa wọ́n

Día fún gbogbo ọ̀kànkànlénú irúnmọlẹ̀

Wọ́n pé jó lọọ́s'àjọ

Ẹbọ ní wọ́n ní ki wọ́n wáá ṣe

O mundo, o mundo transborda com perversidade

O mundo é o que coleta as cinzas no lugar do fogo para se cozinhar

O mundo, o mundo transborda com perversidade

O mundo é o que transforma areia em comida para outros

O mundo, o mundo, perversidade em todos os lugares

O mundo é o que transforma a cabaça em um buraco

O mundo, o mundo está espalhando perversidade para todos os lugares

*O mundo é o que coleta pedras vermelhas quentes para pressionar contra
  os corpos dos outros*

Essa foi a leitura oracular de Ifá feita para os 401 irúnmọlẹ̀

Quando eles estavam se unindo em harmonia

Eles foram instruídos a fazer sacrifício

Esse verso se refere à história da cabaça quebrada em *Èjì Ogbè*, na
qual a cabaça do caráter foi trazida do céu à terra e derrubada quando *Ọbàtálá*
pisou na montanha do mundo e seu conteúdo foi espalhado por todos os
cantos. Portanto, *Ifá* ensina que nosso mundo está quebrado, que precisamos
reagrupar os fragmentos de sabedoria em sua unidade original, tanto em nível
pessoal quanto global. A restauração do mundo é confiada à fundação da
sociedade *Ọgbọ́ni*, que é atribuída a esse *odù*. A sociedade *Ọgbọ́ni* é um concílio de anciãos de *Ifá* que veneram *Ọ̀nilé* e que receberam o dever de consertar
o mundo por meio do alinhamento deles próprios com a sabedoria *Ọ̀nilé*.

O Dr. Abosed Emanuel (2000) revelou algumas partes do mito de
fundação da *Ọgbọ́ni* em seu livro *"Odù Ifá"*. Ele escreve sobre como *Òfún*
encontrou uma mulher sem membros no portão do *Òrun*, em uma de suas
jornadas entre a terra e o céu. *Òfún* apiedou-se da mulher e a convidou a re-

412

IFÁ: UMA FLORESTA DE MISTÉRIOS

tornar à terra com ele para que pudesse curá-la e lá fazer-lhe um lar. Ela concordou e voltou com ele. Quando eles chegaram à junção tripla que separava a terra do céu, ela pediu a *Òfún* que parasse e lhe disse que a sua condição a proibia de morar na cidade ou de viajar durante o dia. Enquanto eles esperavam na encruzilhada, *Aṣipa*, o guardião da junção, veio e os ajudou a cortar uma estrada pelo matagal até que encontrassem uma clareira na qual fizeram uma cabana, que ele decorou com folhas de palmeira para que ela nela vivesse. Essa cabana não tinha entrada natural e a árvore *akòko* foi plantada ali para marcar a sua localização. O lar da mulher sem membros foi chamado *Iledí*, significando "a entrada da casa é estranha". Após assentar a mulher em sua habitação reclusa, *Òfún* foi ao seu confidente, *Apena*, para lhe falar. *Apena* estava procurando por uma esposa e *Òfún* achou que a mulher sem membros seria perfeita para ele. *Apena* concordou e foi até a sua cabana dela pedi-la em casamento. Ela aceitou com a condição de que ele jurasse nunca revelar sua condição a ninguém e que quaisquer visitantes para ela teriam de ser vendados, exceto *Òfún* e sua corte de sacerdotes de *Ifá* (ou seja, os membros da *Ọgbóni*). O casamento entre *Apena* e a mulher sem membros era bom e eles tiveram dois filhos. O primeiro foi chamado de *Ogbo*, o Ancião, em referência à sabedoria, e o segundo de *Oni*, uma palavra que significa possuir algo profundamente, o que nós poderíamos traduzir como "guardião". É dos nomes dessas duas crianças que nós derivamos *Ọgbóni*, "guardiões da sabedoria dos anciãos".

Nós encontramos esse mistério codificado na maneira pela qual a sociedade *Ọgbóni* é organizada. A Anciã da sociedade *Ọgbóni* é uma mulher. Ela é iniciada para *Odùdùa*, "o ventre primordial". *Odùdùa* não é *Odùduwà*, mas sim o primeiro fruto de *Odùdùa* tomando forma como o progenitor do povo *Yorùbá*. O senhor de *Odùdùa* na sociedade *Ọgbóni* tem uma relação próxima com a chefe da sociedade *Ìyàmí* e estão em diálogo constante. O chefe da *Ọgbóni* tem dois assistentes, *Apena* e *Gesi*. *Apena* é um sacerdote de *Òbàtálá* que age como a mão direita de *Odùdùa* (*otun*), doador de abundância e de

413

sorte, enquanto *Gesi* tem o poder de regular tabus e segredos, conforme representado pela mão esquerda (*osi*).

Ọgbọ́ni venera *Ònilé*, mas *Ònilé* é venerado pelo espírito conhecido como *Ẹ̀dán*. A palavra *Ọgbọ́ni* é geralmente traduzida como "cajado" e se refere ao caráter ereto e reto de *Ogbo*, assim como ao pênis ereto atribuído a *Òòṣàoko* como símbolo de prosperidade e de vitória. Isso é associado à nova plantação de inhames depois dos campos terem sido queimados e preparados para receberem novas sementes. *Ẹ̀dán* é a encarnação do caráter retilíneo.

Um verso de *Òfún* fala de *Ẹ̀dán* como "aquele que irá consertar o mundo, como se reparasse uma cabaça quebrada." Esse verso também fala de como *Ẹ̀dán* era o companheiro de *Òrúnmìlà* no *Òrun*, o que guarda associação com os dois filhos de *Òrúnmìlà*, *Ìwà* (Caráter) e *Eṣàn* (Retribuição).

Òfún sustenta que o bom caráter está alicerçado sem se possuir paz interior, paciência, amor e perdão. Baba Adéwuyì escreve em sua obra máxima ainda não publicada *"Secrets of Odù Ifá"*: *"a marca (Òfún) significa o estabelecimento da escuridão que tem raiz no fenômeno místico"*. Isso significa que nós precisamos desenvolver nossa luz interior e perceber nossa verdadeira origem espiritual para que possamos encontrar nosso caminho pela escuridão, o que é a prática do caráter. Como diz outro verso:

> *Se o verme da terra presta homenagem à terra*
> *A terra lhe dará acesso*
> *Uma criancinha nunca presta homenagem e ocorre*
> *Que é destruída em consequência disso*

Este *odù* fala da primeira criação do mundo e de como quando *Òfún* foi confrontado com a maldade da terra, ele chamou *Òṣé* para governar o mundo juntamente com ele. O próprio *Òfún* era rígido, impiedoso e se mantinha implacavelmente fiel ao que era correto e puro, enquanto *Òṣé* tinha prazer em punir toda a perversidade. Em algum momento, os habitantes da terra ficaram cansados das suas maneiras despóticas e se reuniram numa tenta-

Ifá: Uma Floresta de Mistérios
===

tiva de expulsar *Òṣé* e *Òfún*. Após esse incidente, *Òfún,* junto de *Ògún* e de *Olókun*, decidiu que *Òrúnmìlà* deveria ser o chefe do mundo. *Òrúnmìlà* trouxe o espírito de *Èlà* à terra e permitiu que a sua sabedoria nela penetrasse, assim como se dera no céu, de maneira que tudo na criação pudesse ser sábio. *Èlà*, entretanto, preferiu habitar cavernas e túneis subterrâneos, onde ela tem comunhão com *Odùdùa*. *Èlà* foi a primeira *Bàbáláwo* do *Ilé Ifè*, o próprio princípio da sabedoria, cujo nome é usualmente traduzido como "o céu conhece a salvação", num chamado para os seres humanos trazerem a sabedoria divina para as suas vidas de maneira que a escuridão possa ser iluminada.

Òfún explica a razão de tendermos a enxergar o mundo em termos dualistas como a mão esquerda e a direita brigando entre si. Isso é causado pelo panorama da experiência humana saindo da escuridão para a luz. *Òfún* é a cabaça fechada do mistério, mas quando o mistério é exposto, a experiência gera várias formas de percepção e de filosofias de acordo com o conceito de diversidade encontrado aqui.

O retorno à origem é feito possível por meio de *téfá*, iniciação em *Ifá*. *Téfá* ocorre em *Igbódù*, a floresta de mistérios. Essa palavra fala sobre o local no qual *Igbádù* está presente; ou na floresta, onde ela é naturalmente encontrada, ou em um espaço designado, no qual a sua presença foi trazida. *Òfún* estatui que o primeiro nome do *odù era Òrò Iṣekúṣe*, significando "a palavra profunda se revela por meio de caminhos e atos tortos." Nessa primeira forma, ela foi levada a um local chamado *Igbódù*, na floresta, para ser criada. Ali é aonde vão todos que fazem a iniciação em *Ifá*.

Òfún diz respeito à união e à perfeição, e a como a diversidade é uma experiência necessária para se alcançar essa realização, a qual é alcançada pela unificação do topo e do fundo da cabaça, ao se enxergar tudo como variações originando-se do uno. *Ifá* alcançou isso entrando num casamento com *odù* e, nessa união, um profundo conhecimento da harmonia codificada no mundo foi revelada a *Òrúnmìlà* nos 256 *odù Ifá*. Foi dessa aliança que *Òrúnmìlà* concluiu que os segredos do caráter reto seriam encontrados no brilho da luz primordial nas águas frescas da origem, como diz um verso:

Adéyẹrí lawo Aláràán

Adétutù lawo Àjíf̣òrògbogbolà

A dia fún Òrúnmìlà

Ó jí ní kùtù

Ó nlọ Lee gbólómitútù níyàwó

Ayé Ifá tutu jomi lọ

Ayé Ifá tutu jomi lọ ò

Ayé Ifá tutu jomi lọ

Afèdèf̣eyò ló gbólómitútù níyáwó

Ayé Ifá tutu jomi lo

Adéyẹrí, a coroa que convém a essa cabeça, o sacerdote de Ifá de Aláràán,

Que vestiu o Egúngún em roupas imaculadas

Adétutù, a coroa é muito fria, o sacerdote de Àjíf̣òrògbogbolà,

Que desperta para o benefício de todos

Eram aqueles lendo o oráculo de Ifá para Òrúnmìlà

Que acordou cedo pela manhã

Para se casar com "aquela que apenas se banha na água fria"

O mundo de Ifá é mais frio do que a água

O mundo de Ifá é certamente mais frio do que a água

O mundo de Ifá é mais frio do que a água

"Aquele que fala todas as línguas" foi o que se casou com ela

"Aquela que apenas se banha na água fria"

O mundo de Ifá é mais frio do que a água

O brilho de *Òfún* é encontrado nos *ojú* (olhos). Os olhos foram criados por *Òbàtálá* para serem os desbravadores do corpo e da alma. Com essa posição, veio grande responsabilidade e, assim, os olhos se tornaram os guias do ser humano. Em *Ifá*, os olhos são relacionados aos dias e horas e à experiência da primeira luz. A palavra *ojú* é relacionada aos dias da semana e aos meses do ano, denotando capacidade de observação. Os olhos apontam o caminho e observam o mundo, mas o uso que fazemos da experiência do mundo transmitida pelos olhos está fora do seu domínio. Os olhos não julgam, é o *orí* que julga.

Conforme mencionado no início deste capítulo, este *odù* trata de diversidade, de papeis sociais e de classificações. Consequentemente, ele também fala de sucessão e de atemporalidade, além de tratar de como as fases da nossa vida podem ser mutáveis, como a posição social. Nós encontramos, aqui, uma história sobre *Òràngún*, que não tinha filhos apesar da sua grandeza. Ele tinha muitas esposas, mas não era capaz de gerar um filho com nenhuma delas. Ele foi ao seu *awo* para consultar o oráculo e lhe foi dito que ele iria, de fato, gerar um filho. Seria um menino que seria famoso e prestigioso. Antes do fim do ano, ele de fato teve um filho chamado *Ariwoọlá*. Entretanto, na cerimônia de nomeação da criança, *Òràngún* foi comunicado de que *Ariwoọlá* ofuscaria seu já glorioso pai. Assim, *Òràngún* decidiu mandar seu filho para fora da cidade de *Ìlá* para ser criado por pessoas em que ele poderia confiar que não revelariam sua herança real. *Ariwoọlá* cresceu rapidamente e ganhou prestígio, honra e seguidores e era tratado como a realeza. Quando ele atingiu a maturidade, ele decidiu visitar seu pai em *Ìlá* e se vestiu de branco, glória e esplendor com uma legião de seguidores na sua trilha, a fim de testemunharem a visita. Conforme *Ariwoọlá* entrava na cidade de seu pai, o povo de *Ìlá* dizia que um rei ainda maior do que o grande rei *Òràngún* havia chegado. Nenhum deles sabia que aquele era o filho do seu rei. Eles receberam *Ariwoọlá* como um verdadeiro rei e seu pai percebeu que havia chegado a hora dele abdicar do trono em favor do filho, o que ele fez. *Ariwoọlá* entrou para a história *Yorùbá* como um dos maiores reis de todos os tempos. O verso fala sobre a importância de se dar espaço para novos poderes e de se reconhecer que o trabalho de uma pessoa está concluído, para que seja possível seguir em frente para novas experiências, tanto quanto fala da importância de se aceitar o estado mutável do *Ayé*. *Òràngún* demonstrou grandeza em sua aceitação e na maneira pela qual ele evitou a resistência; dessa maneira, ele perpetuou os seus legado e nome para o benefício de todas as pessoas.

Aceitação e resistência são relacionadas a *Olóríre*, o Sortudo. *Òfún* comunica que o conceito de sorte – de se estar no lugar certo na hora certa e com os meios para tirar vantagem da situação – jaz no espírito de aceitação e de interesse. O remédio de *Ifá* conhecido como *oṣẹèrò* foi criado aqui, como um meio de atrair a sorte e de repelir a resistência. *Oṣẹèrò* é uma combinação de encantamentos e de pós fundidos com sabão preto (*oṣẹdúdú*) que expulsa a negatividade e cria uma abertura para a sorte e a boa fortuna. Esse remédio foi oferecido a *Olóríre* num momento no qual as pessoas estavam tentando 418ata-lo por inveja e ele queria encontrar uma solução alternativa à retaliação. Ele usou o *oṣẹèrò* e a hostilidade deles logo se transformou em louvor e fama. Essa fuga do ódio e da inimizade está em contraste com a história de *Èrùúbàmi*.

Èrùúbàmi era uma fabricante de bolos de feijão e era bem conhecida pela qualidade dos seus produtos. Entretanto, ela era gananciosa e invejosa dos seus bolos de feijão e se recusava a dar qualquer coisa de graça a qualquer um, mesmo que estivessem famintos ou se fosse para demonstrar a boa qualidade dos seus produtos. Um dia, a chefe das bruxas foi ao mercado no qual *Èrùúbàmi* estava fritando bolos de feijão e lhe implorou por uma prova. *Èrùúbàmi* se recusou, mas a bruxa insistiu e suplicou até que *Èrùúbàmi* a mandou sumir dali, pois não estava trabalhando por caridade. Quando a noite caiu, a chefe reuniu as outras bruxas e lhes contou sobre como havia sido humilhada no mercado por *Èrùúbàmi*. Elas decidiram que ela deveria ser punida pela sua falta de generosidade. Na noite após o incidente, as bruxas enviaram pássaros e animais sobre os quais tinham controle para residirem no lar de *Èrùúbàmi* e, dali em diante, terror, pavor e pesadelos infestaram sua vida. Em poucos dias ela tinha mirrado tanto de horror que esperava a morte a qualquer momento. Foi então que ela foi ao seu *awo* para uma consulta oracular. Ele lhe disse que essa situação havia sido gerada pelo seu comportamento insultuoso e pela sua falta de caridade, de modo que ela precisava fazer as pazes com as bruxas oferecendo-lhes, gratuitamente, bolos de feijão pelos próximos três dias. Ela assim o fez e, na terceira noite, os pássaros e animais que haviam sido enviados para atormentá-la se retiraram. Depois disso, ela retornou ao mercado apenas para descobrir que seu negócio havia sumido. Outra pessoa havia tomado seu negócio, as pessoas preferiam comprar dessa pessoa e não estavam mais interessadas no que *Èrùúbàmi* tinha a oferecer.

Essa é uma história importante, pois dá destaque à compaixão, à generosidade e à caridade. Nós estamos todos na mesma situação, a jornada humana, e nessa jornada uma mão que auxilia recebe auxílio em retorno. A atitude exibida por *Èrùúbàmi* atraiu uma vibração negativa. A história diz que as bruxas causaram essa situação, mas, nesse incidente em particular, não foram as *àjé* que foram até ela, mas outra intrusão espiritual que é conhecida como *èèmò*. *Èèmò* é uma força destruidora que se alegra em inspirar dor e sofrimento e em alimentar sujeira corporal para disparar sentimentos de pavor, medo e estados mentais negativos. Essa é uma classe interessante de espíritos, pois eles são renomados por inspirar atitudes rebeldes e antinomianas que são vistas como uma enfermidade da alma que atrai amigos falsos ou, como diz *Òfún*, "companheiros de escuridão comum."

Não importa o quanto tentemos mudar os perversos, nós precisamos estar preparados para a persistência da perversidade, pois é algo que nós atraímos na jornada humana. É uma consequência das escolhas ruins. Se escolhas ruins forem perpetuadas, mais se seguirão. Você com certeza se encontrará em ambientes hostis à medida que a vida progride e cada situação hostil convida a aceitação e a resistência, a retribuição e a bênção. Em cada dilema no qual as emoções estão quentes e a provocação está próxima, um caráter calmo e fresco sempre proverá a melhor solução. O verso seguinte captura isso bem:

Bágbọ́n ó ṣoro a tìdí bọlé

Bídà ó ṣoro a téèkù bàkò

Kòròwò àgbagbà ni wọ́n dífá fún

Nígbá ti nje nírògbun òtá

Wọ́n ní ki àgbagbà ó rúbo

Ó si rú u

Ó si ṣégun àwọn òtáa rẹ̀

Ó wáà nyin àwọn awo o rẹ̀

Àwọn awo o rẹ̀ nyin Ifá

Ó ní bágbọ́n ó soro

A tìdí bọlé

Bídà ó ṣoro

A tèèkù bàkò

Kòròwọ̀ àgbagbà ni wọ́n dífá fún

Nígbà ti njẹ nírògbun òtá

Òrúnmìlà ló dòsùrùnsùrù

Oba Aládé ntorí òtáá bọmi

Quando a vespa procura ferroar, ela aponta seu ânus para a colmeia

Quando a espada procura golpear, seu pomo aponta para a sua bainha

Foi aquele que fez a leitura do oráculo para a bananeira alta

Quando ela vivia entre inimigos

A bananeira foi instruída a fazer sacrifício

E ela o fez

Como resultado, ela conquistou seus inimigos

Ela louvou os sacerdotes de Ifá

E os sacerdotes de Ifá louvaram Ifá

Ela disse, "quando a vespa procura ferroar, ela aponta seu ânus para a colmeia

Quando a espada procura golpear, seu pomo aponta para a sua bainha"

Foi aquele que fez a leitura do oráculo para a bananeira alta
Quando ela vivia entre inimigos
Ọ̀rúnmìlà disse que ele afundaria repetidamente na água
A cabeça do inimigo

Há uma história que combina esses elementos de sorte, limpeza, aceitação, generosidade e resistência que ocorrem nas narrativas de *Èrùúbàmi* e de *Olóríre* e fala da importância do amor. Essa história fala sobre como *Ọ̀rúnmìlà* ia se casar com *Ijó* (Dança), *Ayò* (Alegria) e *Adùn* (Doçura). Ele foi aconselhado a tratar essas mulheres com respeito, reconhecimento e amor. Inicialmente ele assim o fez, mas conforme a vida ia bem, ele se tornou descuidado com tudo, desde a sua higiene pessoal até o cuidado com seus clientes e negócio. Sempre que suas esposas tentavam argumentar, ele as mandava se afastarem e deixarem-no em paz. Um dia, elas não aguentaram mais sua atitude e deixaram-no. Com sua partida, todas as coisas alegres, doces e valorosas deixaram sua vida. Nessa história, a higiene corporal de *Ọ̀rúnmìlà* é discutida com base no fato de que todos os outros problemas da alma e da mente seriam resolvidos por meio do cuidado com a limpeza do corpo. *Ọ̀rúnmìlà* resolveu esse problema coletando 201 folhas de *Ifá*: ele as reduziu a cinzas enquanto recitava palavras de poder sobre elas e as misturava num sabão preto. Ele fez uma cerimônia para seu *orí* e seu *Ifá*; lavou seus *ikín* e corpo, comprometendo-se com a limpeza do corpo, da mente e da alma. Ao fazer isso, ele aceitou amor, alegria, doçura e boa fortuna em sua vida. Uma parte de um verso diz:

Fífẹ́ tí a fẹ́ ni la fí n bá níí ṣe
Mímọ̀ ti a mọ'ni la fí n bá níí lò
B'ẹ́ni ò tilẹ̀ fẹ́ ni mọ́
B'ẹ́ni ò tilẹ̀ m'ọ̀níyàn mọ́
Kí kálukú máa dá ṣe iṣẹ́ araa rẹ̀

É o amor que dividimos que nos faz ligarmo-nos uns aos outros
É o reconhecimento que damos uns aos outros que estimula a bondade
  interior
Se o amor se encontra em falta
E se não reconhecemos uns aos outros
Que andemos todos em estradas separadas

Òfún trata de abuso de poder e de se superestimar a capacidade de alguém tanto para dar quanto para resistir. Ele nos provê várias histórias sobre fracasso de boas intenções ou de aspirações que não são completamente alcançadas. Òfún fala da importância de completarmos nossas tarefas e de ajustarmos objetivos importantes que possamos perseguir diligentemente. Ao fazer o bem aos outros, lembre-se primeiro de fazê-lo para a sua família.

Cerca de 70 ervas, arbustos e árvores são associados a Òfún. As árvores que são mais importantes, sagradas e indispensáveis ao *odù*, em geral, são:

Òdúndún *(Kalanchoe crenata)*, uma planta comestível como muitas propriedades medicinais. Pode ser usada para acelerar a recuperação de ferimentos e de problemas respiratórios. Ela serve como um remédio para remover irritação dos olhos e é associada à gentileza e à doçura espalhando-se pela terra. Ela prospera melhor na floresta, em locais úmidos e escuros, mas pode prosperar sob o sol e em solo seco.

Tẹtẹrẹgún *(Costus sp.)*, uma planta sagrada para Òbàtálá. É uma parente do gengibre e do açafrão, sendo associada à ancestralidade e à sabedoria ancestral. Essa espécie de planta é uma das poucas que existe em uma simbiose saudável com as formigas. A planta provê cobertura para as formigas e, em retorno, elas protegem os bulbos das suas sementes, ao invés de consumi-los. A planta é usada para afastar a morte e os inimigos, conforme demonstrado pelo seu uso medicinal na cura de mordidas de cobras venenosas.

Rinrin *(Peperomi 422elúcida)*, também conhecida como Erva de Jabuti, é usada para lavar os olhos do *awo* antes de ver *odù*, portanto é vista como a planta usada para a construção da cabana da mulher aleijada que se tornou a chefe da *Ọgbóni*. Ela possui várias propriedades medicinais, uma das quais é combater inflamação, irritação dos olhos e uma variedade de outros problemas que vão desde reumatismo e febre até gota e desordens renais. A planta é comestível e rica em nutrientes. Prefere locais úmidos e possui uma capacidade extraordinária de se espalhar e de tomar áreas abandonadas ou rochosas.

O que essas plantas têm em comum é a capacidade de se espalharem e de entrarem em ligações amistosas com qualquer clima e solo com o qual sejam confrontadas. Elas demonstram a importância de se manter de pé e ereto, transbordando com qualidades que trazem saúde, alegria e clareza da mente. Essas plantas são como montanhas de poder e de cura, e a montanha é sempre um símbolo de caráter reto, como o verso seguinte afirma:

Àtẹ́lẹsè abara pẹ́lẹ́bẹ́	*"As solas dos pés sempre são chatas"*
A día fún ẹni-apáòká	*Foi o que o awo adivinhou para*
	"Aquela que não pode ser subjugada"
Ẹni apáòká lorúkọ à á pòkè	*"Aquela que não pode ser subjugada"*
	é outro nome para a montanha
Ogún ọdún òní o	*Hoje e por outros vine anos*
Òkè mbẹ láìkú gbọingbọin	*A montanha estará viva e forte como*
	sempre
Gbọingbọin mò ni tòkè	*A montanha sempre será tão forte*
Òkè, òkè gboingboin	*A montanha, a montanha que é firme*
	e forte
Ọgbòn ọdún òní o	*Daqui a trinta anos*
Òkè mbẹ láìkú gbọingbọin	*A montanha se manterá forte para sempre*
Gbọingbọin ni tòkè	*A montanha constantemente se manterá*
	forte para sempre
Òkè, òkè gbọingbọin	*A montanha, a montanha sempre será forte*
	e firme

```
 |    |
||   ||
 |    |

 |   ||
```

ÒṢÉTÚRÁ

ÈṢÙ E O PROJETO DO MUNDO

Òṣétúrá detém uma posição única no *corpus* de *Ifá*. É este *odù* que permite a comunicação entre os reinos visível e invisível por meio da intervenção de *Èṣù*. Como a ponte da comunicação, é este *odù* que torna possível a magia o mundo, bem como possibilita a resposta às preces. Ele fala do nascimento de *Èṣù* como um companheiro de *Ifá*.

Òṣétúrá é a semente do começo, a semente ígnea que levou os 16 poderes primordiais a interagirem e geraram os 240 *omo odù* ou combinados *dù*. Assim, *Èṣù* pode ser considerado o +1 para os dezesseis *méjì*. Òṣétúrá aborda diretamente o fundamento da criação e revela o mistério do início. É apropriado, portanto, concluir este livro com algumas palavras sobre Òṣétúrá, vez que isso colocará a cauda da serpente na sua boca.

O universo veio à existência de uma fonte que, então, se dividiu em quatro vibrações, os primeiros quatro *odù*. Essa fonte de *odù* é conhecida como *òyígíyigì*, que significa "pedra do começo". Esses quatro *odù* interagiram um com o outro e geraram doze *odù* adicionais, num total de dezesseis. O poder que levou *òyígíyigì* a se separar nos primeiros quatro *odù* e, então, interagirem uns com os outros para gerar os dezesseis *odù méjì* e, assim, os 240 *omo odù*, num total de 256 vibrações, foi causado pela potência conhecida como *Èṣù*, a semente da geração e da criação, da separação e da coagulação.

Òṣétúrá fala de como a criação e a terra foram dotadas com essas energias pelo trabalho dos 401 *irúnmọlẹ*, que auxiliaram o estabelecimento harmonioso das energias vibrando a partir de *Odù*. A primeira harmonia que eles estabeleceram foi a floresta e, na mata da floresta, eles abriram um bosque, onde *Odù* habitaria. Esse lugar foi chamado *Igbódù*, a "Floresta de *Odù*" ou a "Floresta de Mistérios" e se tornou associado com o poder das orações, canções e encantamentos. Eles criaram uma outra clareira e chamaram *Egúngún* para habitar ali. Depois disso, um terceiro bosque foi consagrado, a floresta de *Ifá*, e, então, um quarto, que foi consagrado aos *òrìṣà*. Esses locais de veneração também foram chamados de *ojúbọ̀*, que abrange a ideia de uma "floresta de visão" que demanda respeito.

Ọ̀ṣétúrá nos conta que o *ìrúnmọlẹ̀* enviado para assegurar essa ordem primordial foi *Ọ̀ṣun*. Ela foi eleita porque era tão repleta de *ìwà pèlè* que *Olódùmarè* lhe deu uma coroa de cristais a fim de que ela pudesse refletir esses poderes magníficos em todas as direções. Os *ènìyàn*, contudo, estavam relutantes em aceitar *Ọ̀ṣun* e trataram-na com pouca consideração. A história fala de um ponto de virada; em algumas versões, diz-se que a população do mundo se recusou a construir uma cabana para ela, levando ao seu isolamento na floresta; noutras versões, conta-se como lhe foi negada comida. Eu usarei a última versão, que fala de um tempo em que a população do mundo estava enviando os animais dela para a panela. Depois de uma caçada exitosa, havia muita comida para preparar e *Ọ̀ṣun* fez muitos pratos maravilhosos. Ela os levou para a festa realizada para celebrar o sucesso da caçada. Embora ela tivesse preparado a comida, não lhe foi permitido participar da festa. Como resultado desse desrespeito, *Ọ̀ṣun* invocou os poderes de *Ìyàmí Àpákì* (a grande mãe que amamenta o abutre) para bloquear a boa sorte. Com a presença desse poder no mundo, nada que os *ènìyàn* fizessem dava qualquer resultado. Eles se sentiram como se *Olódùmarè* tivesse lhes virado as costas. Como a situação ia de mal a pior, as pessoas do mundo foram a *Ọ̀rúnmìlà* para fazer leitura oracular e foi *Ọ̀ṣétúrá* que apareceu para eles. *Ọ̀rúnmìlà* trouxe quatro dos seus alunos consigo e preparou-se para ir até *Olódùmarè* para esclarecer a questão. No caminho, ele encontrou *Èṣù*, que lhe disse o que estava se pas-

IFÁ: UMA FLORESTA DE MISTÉRIOS

sando e como remediar a situação. *Òrúnmìlà* voltou para o mundo e disse às pessoas que elas deviam reparar o desrespeito demostrado a *Òṣun*, oferecer-lhe plena participação nos assuntos humanos e reconhecer a sua dignidade. Como diz o verso:

Olódùmarè níkí wọ́n lo fimọ̀ ṣe tire	*Olódùmarè disse-lhes que eles deveriam ir e dar o devido respeito a Òṣun*
Wọ́n wá padà wá sílé ayé	*Eles voltaram para a terra*
Wọ́n wá fimọ̀ṣe t'Òṣun	*e deram o devido respeito a Òṣun*
Nígbànáà gbogbo èro àti ìṣe	*foi então que seus esforços tiveram sucesso*
Wọ́n bèrè síí gún	*e que as coisas começaram a dar certo para eles*
Nítorínáà, a fimò jé t'Òṣun	*Por causa disso, damos o devido respeito a Òṣun*
Yèyé wa a bá wọ́n pé nímò	*Nossa mãe sempre presente*

Eles fizeram como lhes foi dito e *Òṣun* dispensou os poderes de *Ìyàmí Àpákì*, declarando que ela aceitara a mudança de sentimentos deles. Mas ela também disse que deixaria a terra como consequência da última ofensa. Antes da sua partida, ela predisse que daria à luz um menino que tomaria o seu lugar e que ela precisaria da assistência dos *awo* do mundo para que isso acontecesse. Por nove dias e nove noites, eles ajudaram-na em sua gestação, pois a semente que ela carregava era feminina, mas era indispensável que a criança nascesse como um homem para assegurar o sucesso em seu trabalho na terra. Na nona noite, ela deu à luz um menino. *Òrúnmìlà* veio com seus adivinhos e todos eles foram à floresta de *Odù* para consultar o oráculo a respeito do nome da criança e do destino que ela encarnaria. Antes da leitura oracular, os *awo* do mundo disseram que seu nome deveria ser *Àṣẹtúrá*, significando "nós geramos este poder", enquanto *Òṣun* disse que ela preferia que ele fosse conhecido como *Akín Òṣó*, "o poderoso que semeia discórdia". Uma vez que o *odù* que veio para a criança foi *Òṣé* à direita e *Òtúrá* à esquerda, *Òrúnmìlà* disse que ele deveria ser conhecido como *Òṣẹ́túrá*. *Òṣun* aceitou, mas acrescentou que ele também deveria ser chamado de *Akín Òṣọ́*, por causa dos grandes poderes que nele residiam. *Òṣun* disse que agora eles deveriam respeitar o décimo sétimo entre eles, pois sem ele, nada frutificaria. *Òrúnmìlà* concordou e declarou que o trabalho fora bem-feito.

     Òṣun deixou o mundo, mas quando *Òṣẹ́túrá* ainda era muito jovem, uma seca assolou a terra. Três anos se passaram sem chuva e a situação tornou-se crítica. O povo da terra foi a *Òrúnmìlà* para uma consulta oracular para ver o que poderia ser feito. Foi-lhes dito que deveria ser preparada uma oferenda para *Olódùmarè* e *Ayélalà* (a comunidade de poderes femininos do *Òrun*). Foi-lhes dito que *Èjì Ogbè* e *Òyẹkú méjì* tinham de levar o *ẹbọ* até as portas do *Òrun*, mas que *Akín Òṣọ́ Òṣẹ́túrá* deveria entregá-lo lá. Eles estavam relutantes em enviar o jovem menino em uma missão tão importante e decidira que os dezesseis *méjì odù* deveriam ir em vez dele. Cada *méjì* tentou entrar no *Òrun* sucessivamente, mas as portas estavam fechadas para eles. Eles, então, admitiram que a tarefa deveria ser dada aos mais jovem deles, *Òṣẹ́túrá*. *Òṣẹ́túrá* foi se preparar para a jornada, mas, no caminho da sua casa, encontrou um espírito que se lhe apresentou como "muito antigo e misterioso". Esse espírito disse-lhe que ele deveria se abster de comida antes de seguir em sua jornada, a fim de colher toda a honra e o respeito a ele prometidos. Ele fez como aconselhado e, ao partir ao encontro de *Olódùmarè*, encontrou *Èṣù*, que lhe perguntou o que ele pensava que estava fazendo. *Òṣẹ́túrá* disse que estava indo entregar um sacrifício para *Olódùmarè* em nome do povo do mundo. *Èṣù* ofereceu-lhe comida para comer antes da jornada, mas *Òṣẹ́túrá* disse que fora aconselhado por um espírito misterioso a não comer nada antecipadamente e perguntou a *Èṣù* se ele tinha algum outro conselho para ele. *Èṣù* sorriu e disse que tudo ficaria bem, que ele encontraria as portas totalmente abertas e que ele mesmo o acompanharia na viagem. Como prometido, as portas estavam completamente abertas e eles entraram na presença de *Olódùmarè* e entregaram o sacrifício. Em troca, *Olódùmarè* deu fardos de chuva e muitos outros segredos a *Ọṣétúrá*. Quando eles começaram a jornada de volta, *Ọṣétúrá* deixou cair um dos embrulhos de chuva e a terra tornou-se novamente fértil e abundante. Quando *Ọṣétúrá* chegou no mundo, ele viu plantações e plantas pleno florescimento, os rios cheios e alegria em todo canto. Quando o povo o viu, aproximaram-se dele com gratidão e respeito, conferindo-lhe honra e dignidade, exatamente como haviam prometido à sua mãe *Ọṣun*. Adicionalmente, trouxeram-lhe muitos presentes, uma cabana e comida. *Ọṣétúrá* deu esses presentes e a maior parte da comida a *Èṣù Ọ̀dàrà* em gratidão pelo seu conselho sábio e pela sua companhia, declarando que *Èṣù* seria sempre o primeiro a ser servido, pois a missão não teria sucesso sem ele. Assim, a última parte deste verso de *Ọṣétúrá* diz o seguinte sobre os poderes com que *Èṣù* foi investido (Bascom 1969 a: 466):

> *'Dor de garganta tira o bom do prato'*
> *Foi aquele que lançou Ifá para todas as pessoas na*
> *Terra quando estavam afligidas com doenças. Èṣù*
> *Diz que o sacrifício será eficaz se eles*
> *Fizerem o que ele diz. O povo da terra veio e fez sacrifícios*
> *A partir daquele dia, o mundo começou a ser bom*

E desta história temos o seguinte *orin* (canção) que celebra esta função de *Èṣù*:

Èṣù bọ̀ wá bá wa ré ìkóríta	*Venha aqui, Èṣù, e siga-nos até a encruzilhada*
Èṣù gbà	*Èṣù, receba isto*
A gbé ẹbọ rè ìkóríta	*Trago-lhe o sacrifício para a encruzilhada*
Èṣù gbà	*Èṣù pegue isto*
Lègbàrà gbé ẹbọ rè ìkóríta	*Lègbàrà, traga o sacrifício para a encruzilhada*
Èṣù gbà	*Èṣù pegue isto*
Ọba ló ni òpó	*O rei pertence ao trono*

Èṣù Ọ̀dàrà ló ni ikórita	*Assim como Èṣù Ọ̀dàrà pertence*
	à encruzilhada
Èṣù gbà	*Receba-o, Èṣù*
Jé a mu àṣẹ bọ̀ ikórita	*Assim, o retorno à encruzilhada é feito*
	de maneiras poderosas
Èṣù gbà,	*Èṣù, receba-o*
Jé a mu àṣẹ bọ̀ ikórita	*O retorno à encruzilhada é feito*
	de maneiras poderosas
Èṣù gbà	*Èṣù, receba-o*

O nascimento de *Ọ̀ṣétúrá* trouxe harmonia entre as forças de *Ìyàmí Ọ̀sòròngà*, as *àjé*, e as dezesseis forças primordiais. Nesta capacidade, *Ọ̀ṣétúrá* encarna o conceito de salvação mais comumente associado a *Èlà*, o espírito de *Ọ̀rúnmìlà*, na forma de retribuição e de resposta aos pedidos e súplicas. *Ọ̀ṣétúrá* afirma que a salvação e a resposta às preces são possíveis por causa da mulher, como exemplificado por *Ọ̀ṣun*, a primeira *apetẹbi* (esposa) de *Ọ̀rúnmìlà*. É aqui que vemos como a mulher tem acesso ao *àṣẹ* da abundância e às *àjé*, as forças espirituais que bloqueiam a boa sorte. Devido à importância da mulher neste *odù*, também encontramos a crença de que o aparecimento de uma mulher no momento em que se realiza o sacrifício é uma manifestação de *Ọ̀ṣétúrá* confirmando a aceitação do trabalho realizado.

Essa crença é relacionada a uma outra história neste *odù*, que é mais explícita em detalhar a natureza da união misteriosa entre *Ọ̀ṣun* e *Ọ̀rúnmìlà*, que deu nascimento a *Ọ̀ṣétúrá*. Nesta história, a criança é chamada *Tí Ọ̀ṣun Tù Wá*, que significa "uma parte de *Ọ̀ṣun* e uma parte de *Òtúrá*". Essa história misteriosa fala de como *Ọ̀ṣun* era tão bonita que todos os *irúnmọlẹ* a desejavam, mas nenhum conseguia chegar perto dela. *Ọ̀rúnmìlà*, contudo, com o auxílio astuto de *iròkò*, conseguiu estabelecer um campo em sonhos no qual a união ocorreu. Essa união no reino dos sonhos finalmente levou ao casamento entre *Ọ̀ṣun* e *Ọ̀rúnmìlà*. *Ọ̀ṣétúrá* é o filho dessa união misteriosa, a qual deu

IFÁ: UMA FLORESTA DE MISTÉRIOS

nomes laudatórios a *Èṣù* como *Ọ̀dàrà*, "mago poderoso e misterioso". *Èṣù* tem 201 nomes laudatórios definindo qualidades da sua expressão, muitos deles referindo-se a ele como o resultado de uma união misteriosa, ao passo que outros se aplicam à sua função. Alguns desses nomes laudatórios são: *Ẹ̀lẹ́gbà/ Ẹ̀lẹ́gbárá*, "o poderoso que conhece os poderes que geram sucesso/salvação"; *Láàlú*, "o famoso"; *Ẹ̀bìtà Ọkùnrin*, "homem forte sólido como a primeira pedra"; *Alàgbárá*, "aquele que influencia as vidas das pessoas a fim de que se tornem fortes"; *Alágógo Ìjá*, "senhor que detém o sino da discórdia"; *Bàrà*, "detentor do poder/ *àṣẹ*"; *Alakétu*, "senhor da terra de *Ketu*"; *Látọ́ọ́pa*, "o perfeito que estabelece a ordem dos mundos"; *Yangí*, "possuidor da primeira pedra"; *Ẹlẹbọ*, "aquele que traz o sacrifício", *Okòtó*, "detentor de todas as coisas infinitas"; *Okoburú*, "possuidor do porrete perverso"; *Iná*, "o ardente"; *Ẹlepo*, "aquele que bebe/possui azeite de dendê"; *Laroyé*, "aquele que reverencia humildemente as Mães".

Ọ̀ṣétúrá está sempre envolvido na conclusão de qualquer sacrifício, pois é apenas por meio desta potência que a estrada entre os reinos pode ser aberta e que a comunicação entre o mundo dos seres humanos e o mundo invisível torna-se possível. Um verso famoso fala da intensa relação que encontramos entre *Èṣù*, *Ọ̀rúnmìlà*, *Odù* e *àjé*, e de como *Èṣù* é a força que transforma o azar em sorte e traz estabilidade e ordem. Este verso é emprestado da obra *"The Sacred Ifá Oracle"* de Epega e Neimark (1995: 528):

> *Akakanika, Akakanika, Alakakanika, Alapasapa ijaka'lu*
> *Ẹyẹkan fo fẹẹrẹfẹ o wọle*
> *Akakanika li a ape Ifá*
> *Akakanika li aape Odù*
> *Alapasapa-ijaka 'lu li aape Èṣù Ọ̀dàrà*
> *Ẹyẹ kan fo fẹẹrẹfẹ o wọle li aape Ajé ọmọ Olókun sande*
> *Ọba olubu-omi,*
> *Ọ̀gò Ọwoni*

Èṣù Òdàrà, iwọ liotẹ ilú yi do

Iwo nikiijẹki ebi kiopa Aláwo ilú

Iwo nikiijẹki ebi kiopa Onìsegún Ilú

Iwo nikiijẹki ebi kiopa Adáhunse ilu

Emi Aláwo ilú yi ree

Emi Oníṣegùn ilú yi ree

Emi Adáhunṣe ilú yi ree

Èṣù Òdàrà majẹk'ebi pa mi ati bẹẹbẹẹ

Akakanika, Akakanika, Alakakanika, Alapasapa ijaka'lu

"Um pássaro voou violentamente para dentro da casa"

Akakanika é o nome dado a Ifá

Alakakanika é o nome que damos a Odù

Alapasapa-ijaka'lu é o nome que damos a Èṣù Òdàrà

"Um pássaro voou violentamente para dentro da casa" é o nome
que damos para

Ajé, filha de Olókun sande, dono das águas

Ògò Ọwoni

Èṣù Òdàrà, você estabeleceu esta cidade

Você libertou os Bàbáláwos desta cidade da fome

Você libertou os médicos desta cidade da fome, assim como fez
com os herbalistas

Eu sou o Bàbáláwo daquela cidade

Eu sou o médico, herbalista e Bàbáláwo daquela cidade

Èṣù Òdàrà você não vai me deixar morrer de fome (e assim por diante)

Como vemos desta breve apresentação de um intenso mistério de 201 camadas, *Èṣù* é o produto da beleza e da sabedoria e é a força que assegura estabilidade ao mundo. *Èṣù* executa a tarefa de *Ọ̀sun*, supervisionar a ordem dos mundos. Essa ordem é mantida pela ação realizada em qualquer situação na qual fazemos uma escolha, representada pela encruzilhada. O trabalho de *Èṣù* na encruzilhada diz respeito, principalmente, a nos fazer perceber a escolha correta e a agir de acordo com ela e, secundariamente, a nos fazer perceber que, querendo ou não, somos parte de uma comunidade. Essa comunidade é com *Ẹgbẹ* no *Ọrun*, com a natureza, com forças espirituais e com nossos companheiros seres humanos.

Ifá é uma filosofia do caráter e é o cultivo do bom caráter que nos permite fazer escolhas acertadas e atrair abundância e estabilidade às nossas vidas. É pelo cultivo de um bom caráter, com um pé na beleza e outro na sabedoria, que caminharemos pelo mundo suavemente e encontraremos *Èṣù* como o nosso companheiro nesta agridoce, mas sempre abençoada jornada que empreendemos como seres espirituais em forma humana, como *ènìyàn*, e conquistaremos o desafio apresentado no seguinte verso de in *Èjì Ogbè* (tradução de Karenga):

> *Mo ṣípá; mo yan gede*
> *A dífá fún Ọrúnmìlà*
> *Wọ́n ní Baba ò ní lè rẹrù rẹ̀ dalẹ́*
> *Èmi nìkán ni n ó rẹrù mi dalẹ́*
> *Mo ṣípá; mo yan gede*

> *Eu levanto meus braços e caminho com alegre satisfação*
> *Este foi o ensinamento de Ifá para Ọrúnmìlà*
> *Eles disseram que Baba não seria capaz de cumprir*
> *Suas responsabilidades até o fim de sua vida*
> *Mas eu vou cumprir minhas responsabilidades até o fim da minha vida*
> *E então eu levanto meus braços e ando com*
> *Dignidade e movimento refletido*

GLOSSÁRIO

Àbíkú
Literalmente "nascido para morrer". Refere-se ao conceito de reencarnação, especialmente tratando de uma criança que retorna à terra, mas que é constantemente chamada de volta pelas suas ligações à sociedade de seres no céu; veja: **Ẹgbẹ**; Disso segue o fenômeno conhecido com síndrome da morte infantil.

Adé
Coroa.

Adému
Ofertas de comida.

Àdúrà
Prece.

Àfòṣẹ
Encantação/encantamento.

Àgbá
Ancião, pessoa sábia, pessoa velha.

Agbo
Medicina.

Àjé
Uma referência aos poderes de Ìyàmí Ọ̀sòròngà, a "mãe poderosa que possui os pássaros da noite". Esses poderes são associados a pássaros e a emoções "quentes".

Ajogún
Espíritos do infortúnio, que trazem perda, pobreza, morte.

Álá
Luz que ilumina num sentido espiritual.

Àlà
Sonhos, brancura, tecido branco.

Apeteَbi
A esposa de *Ifá*, uma referência a uma mulher que é casada com um *Bàbáláwo*.

Àṣẹ
Poder espiritual e dinâmico que tem potencial para causar mudança.

Aṣọ
Tecido.

Awo
Segredo, mistério, também usado em referência ao adivinho de *Ifá*, veja: **Bàbáláwo**.

Ayé	A nossa terra, o lugar no qual humanos, ancestrais e espíritos se encontram.
Ayélalà	O espírito coletivo das "Mães."
Baba	Pai, também uma referência a uma pessoa velha o suficiente para ser o pai de quem a chama.
Bàbáláwo	Pai dos segredos, o nome dado aos antigos e experientes *awo*/adivinhos de *Ifá*.
Burú	Algo destrutivo, negative, perverso.
Dafá	Oráculo de *Ifá*.
Dúdú	Preto, escuridão, Escondido.
Dùn	Doçura.
Ẹbọ	Sacrifício, oferenda a *Egún* ou a uma força espiritual.
Ẹbọra	Uma referência às forças espirituais que auxiliaram na criação da Terra e tomaram papéis protetores na criação, uma palavra que denota bravura e coragem.
Éègun	Ossos humanos.
Efun/Ẹfun	Giz branco.
Égún/Egún	Ancestral.
Ẹgbẹ	Companheiro, sociedade, comunidade; também uma referência à sociedade de pares no *Ọrun*/céu/reino invisível.
Èmí/èmí	Alento, espírito de vida.
Ènìyàn	Ser humano iluminado/empoderado.
Èpè	Maldição.
Ẹpọ	Azeite de dendê.
Ewé	Erva, planta, folha.
Funfun	Brancura, também uma referência à classe de forças espirituais relacionadas à consciência primordial e à luz, como *Ọbàtálá* e *Olókun*.
Gbẹ̀rẹ́	Incisão, corte, marca feita com um objeto afiado.

IFÁ: UMA FLORESTA DE MISTÉRIOS

Ìbà	Homenagem, reverência, louvor.
Ìbeji	Gêmeos.
Ìbó	Objetos simbólicos de *Ifá*, usados na adivinhação para definir a orientação da leitura.
Ibòji	Sombra confortante.
Ide	Braceletes com contas, indicando que uma forma de iniciação foi realizada.
Igbá	Cabaça, recipiente.
Igbámọ́lẹ̀	Cabaça da luz/brancura.
Igbó	Floresta.
Igbódù	"Floresta de mistérios", uma referência ao processo de iniciação.
Ìkín	As nozes sagradas de palma utilizadas no oráculo de *Ifá*.
Ìkọ̀lè	Reino.
Ikú	Morte.
Ilé	Casa, terreno.
Ìmọ́lẹ̀	Esplendor da claridade/conhecimento
Iná	Fogo.
Ìràwọ̀	Estrelas.
Ire	Boa fortuna.
Ìrúnmọlẹ	Seres primordiais e atemporais da claridade primordial.
Ìwà	Caráter.
Ìwà rere	Caráter bom, alegre, calmo e contente.
Íwín	Espíritos da floresta aos quais são atribuídas qualidades similares àquelas de um "fantasma" ou "fada".
Ìyàmí	Mãe poderosa.
Ìyàwó	Esposa, também um termo usado para definir os novos iniciados, assim como o termo é utilizado para os recém-casados.
Ìyèròsùn	Pó usado no oráculo de *Ifá*.

Lálá	Sonhar.
Méjì	Dois, par.
Ọba	Rei.
Obi/Obì	Noz de cola.
Ọfọ̀	Palavra de poder.
Ogun	Guerra, batalha.
Ọjà	Mercado.
Ojú	Olho; enxergar.
Ọkàn	Coração.
Oko	Fazenda
Oluwo	Adivinho chefe da *Ọgbóni*.
Ọmọ	Criança.
Omi	Água.
Onílé/Ọ̀nilé	"Senhor da casa/terra/chão", nome de louvor do espírito da terra.
Óògún	Remédio mágico.
Ọ̀pẹ̀lẹ̀	Esposa de *Ọ̀rúnmìlà*; também é o nome dado à corrente oracular do *awo*.
Ọpọn	Bandeja de adivinhação.
Orí	Consciência, cabeça, cume.
Oríkì	Prece.
Orin	Canção.
Òrìṣà	Força espiritual na natureza.
Òrò	Palavra, também o mesmo nome para o espírito da palavra identificada com a lei, a justiça e a regulação social.
Orógbó	Noz de cola amarga.
Ọ̀run	O reino invisível no qual os ancestrais e os espíritos imortais vivem, o verdadeiro lar da humanidade.
Ọṣẹdúdú	Sabão preto.
Òṣì	Esquerda.

Òṣó — Espírito da transformação misteriosa e poderosa.

Osùn — Sândalo africano.

Ọtí — Bebida alcóolica.

Òtún — Direita.

Owó — Dinheiro/búzios.

Oyin — Mel.

Pupa — Vermelho/Vermelhidão.

Rere — Bondade, gentileza.

Sùúrù — Paciência.

Ṣòótitọ — Verdade.

Tutu — Fresco, calmo.

Referências Bibliográficas

Abimbọla, Wande (1997). Ifá: An Exposition of Ifá Literary Corpus. Athelia Henrietta Press, New York, US.

——— (1977). *Ifá Divination Poetry*. Nok Pub, Nigeria.

——— (ed.) (1975). *Yoruba Oral Tradition*. Ibadan University Press, Nigeria.

Abosede, Emanuel (2000). *Odun Ifa* (IFA Festival). West African Book Publishers Limited, Nigeria.

Adekson, Mary, O. (2003). *The Yoruba Traditional Healers of Nigeria*. Routledge, US.

Adeoye, C. L. (1979). *Àsà Àti ìse Yoruba*. Oxford University Press, Nigeria.

Adewuyi, C. www.akamara.com.br

Awolalu, J. Omosade (1996). *Yoruba Beliefs & Sacrificial Rites*. Athelia Henrietta Press, New York.

Babayemi, S.O. (1980). *Egúngún among the Oyo Yoruba*. Board Publications Ltd, Ibadan, Nigeria.

Barnes, Sandra, T. (ed.) (1997). *Africa's Ogun*. Indiana University press, Indiana.

Barros, José Flávio Pessoas de (1993). *O Segredo das Folhas*. Universidade do Rio de Janeiro, Rio de Janeiro.

Bascom, William (1969a). *IFA Divination: Communication between Gods and Men in West Africa*. Indiana University Press, Indiana.

——— (1969b). *The Yoruba of Southwestern Nigeria*. Waveland Press, Illinois.

Bastide, Roger (1978). *The African Religions of Brazil: Towards a Sociology of the Interpenetration of Civilizations*. Johns Hopkins, Baltimore.

Bockie, Simon (1993). *Death and the Invisible Powers: The World of Kongo Belief*. University of Indiana Press, Indiana.

Boethius (2010). *The Consolation of Philosophy*. Harvard University Press, US.

Courlander, Harold (1973). *Tales of Yoruba Gods & Heroes*. Original Publications, New York, US.

———— (1996). *A Treasury of African Folklore*. Marlowe & Co., New York.

Deleuze, Gilles (1995). *Difference and Repetition*. Columbia University Press, US.

Drewal, Margaret Thompson (1992). *Yoruba Ritual*. Indiana University Press,

Bloomington.

———— & Henry John Drewal (1983). *Gelede: Art and Female Power among the*

Yoruba. Indiana University Press, Indiana.

Edwards, Gary & John Mason (1985). *Black Gods:Órìsà Studies in the New World*.

Yoruba Theological Archministry, New York.

Elebuibon, Ifayemi (1994). *Apetebii, the Wife of Orunmila*. Athelia Henrietta Press, New York.

———— (2000). *The Healing Power of Sacrifice*. Athelia Henrietta Press, New York.

Ellis, A. B. (1894). *The Yoruba-Speaking Peoples of the Slave Coast of West Africa*. Chapman and Hall, London.

Epega, Afolabi A. & Phillip John Neimark (1995). *The Sacred Ifa Oracle*. Harper

Collins, San Francisco.

Fakinlede, Kayode, J. (2003). *Modern Practical Dictionary. Yoruba – English*. Hippocrene Books Inc., New York.

Fáládé, Fásínà (1998). *IFÁ: The Key to its Understanding*. Àrà Ifá Publishing, California.

Fama, Chief (1992). *Fundamentals of the Yoruba Religion (Òrìsà Worship)*. Ilé Òrúnmìlà Communications, California.

——— (1994). *Sixteen Mythological Stories of Ifá*. Ilé Òrúnmìlà Communications, California.

Fatunmbi, Fa'lokun (1992a). *Awo: Ifá and the Theology of Orisha Divination*. Original Publishing, New York.

——— (1992b). *Esu–Elegba: Ifá and the Divine Messenger*. Original Publishing,

New York.

——— (1994). *Ìbà se Òrìsà: Ifà Proverbs, Folktales, Sacred History and Prayer*. Original Publishing, New York.

——— (2001). *Dafá*. Awosina Publications, Ohio.

——— (2006). *Family Spirit*. Athelia Henrietta Press, US.

——— (2013). *Ebora: Ifa and the Hero's Journey* (The Metaphysical Foundations of Ifa Vol. 2) CreateSpace Independent Publishing Platform.

Frisvold, Nicholaj de Mattos (2006). *Arts of the Night*. Chadezoad, US.

Guénon, R. (2001). *Symbols of Sacred Science*. Sophia Perennis Press, US.

Herbert, Eugenia W. (1993). *Iron, Gender and Power: Rituals of Transformation in African Societies*. Indiana University Press, Indiana.

Hounwanou, Remy, T. (1978/97). *Lê Fa: Un Géomancie Divinatore de Golfe du*

Benin. Lês Nouvelles Editions Africaines, Cotonou, Benin.

Ibie, C. Osamoro (1986). *Ifism: The Complete Work of Orunmila*. Efehi Ltd., Lagos, Nigeria.

Idowu, E. Bolaji (1994). *Olódùmarè: God in Yoruba Belief*. 2nd edition. Original

publishing, New York.

Johnson, Samuel (1920). *The History of the Yorubas*. Routledge & Kegan Paul,

London.

Joseph, Ifawumi (2003). *The Ogboni Society Iconography and Metaphysics.* Ifogbontaayese Newsletter, issue number 8, Oyo, Nigeria.

Karenga, Maulana (1999). *Odù Ifá: The Ethical Teachings.* University of Sankore

Press, USA.

Karp, Ivan & Charles S. Bird (eds.) (1980). *Explorations in African Systems of Thought.* Indiana University Press, Indiana.

Lawal, Babatunde (1996). *The Gèlèdé Spectacle.* University of Washington Press, Washington.

Màkindè, M. A. (1983) 'Ifá as a Repository of Knowledge.' *Odù: A Journal of West African Studies,* 23: 11–121.

Màkindè, Olù (1984). *Fundamentals of Guidance and Counselling.* Macmillan, UK.

Mason, John (1985a). *Black Gods: Òrìsà Studies in the New World.* Yoruba Theological Arch-ministry, New York.

———— (1985b). *Four New World Yoruba Rituals.* Yoruba Theological Arch-ministry, New York.

———— (1992). *Orin Òrìsà: Songs for Selected Heads.* Yoruba Theological Archministry, New York.

Moura, Carlos Eugênio Marcondes de (ed.) (1994). *As Senhoras do Pássaro da Noite.* Universidade de São Paulo, São Paulo.

Mudimbe, V. Y. (1988). *The Invention of Africa: Gnosis, Philosophy and the Order of Knowledge.* Indiana University Press, Indiana.

Odùgbemi, Ifáshade (n.y). *Ifá Ìwè Odù Mimo.* Nuevosescritores, Venezuela.

Peel, John, D. Y. (2000). *Religious Encounter and the Making of the Yoruba.* Indiana University Press, Indiana.

Plotinus (1991). *The Enneads.* Penguin, US.

Pópóọlá, S. Solágbadé (1997). *Practical Ifá Divination.* Athelia Henrietta Press, New York.

———— (2009). *Ifá Dídá.* Àsèfín Media, Lagos.

Prandi, Reginaldo (2001). *Mitologia dos Orixás*. Companhia da Letras, São Paulo, Brazil.

Ray, Benjamin C. (1976). *African Religions: Symbol, Ritual & Community*. Prentice-Hall, NJ.

Salami, Sikiru (1990). *A Mitologia dos Orixás Africanos*. Editora Oduduwa, Brazil.

———— (1999). *Poemas de Ifá e valores de conduta social entre os Yoruba da Nigéria*. Ph.D dissertation. University of São Paulo, Brazil.

Santos, Juana Elbein dos (1975). *Os Nagô e a Morte*. Editora Vozes, Petrópolis,

Brasil.

Santos, Orlando (1993). *O Ebó No Culto aos Orixás*. Pallas, Rio de Janeiro.

Thompson, Robert Farris (1983). *Flash of the Spirit*. Vintage Books, New York.

Turner, Victor (1967). *The Forest of Symbols: Aspects of Ndembu Ritual*. Cornell

University Press, Ithaca.

Verger, Pierre Fatumbi (1998). *Notas Sobre o Culto aos Orixás e Voduns*. Editora da Universidade de São Paulo, Brazil.

———— (1995). *Ewé. O Uso das Plantas na Sociedade Ioruba*. Companhia da Letras, São Paulo.

IFÁ

Uma Floresta de Mistérios

Uma publicação da Arole Cultural

Acesse o site
www.arolecultural.com.br